世界史丛书

齐世荣 丛书主编

拜占庭文明

陈志强 著

北京师范大学出版集团
北京师范大学出版社

本书属于国家社科基金重大项目"拜占庭历史与文化研究"（14ZDB061）的阶段性成果

总　序

　　"世界史丛书"选取世界古代到世界现代历史进程中所发生的重大的标志性事件，集世界历史中的重大专题于一体，地域上包括欧、美、亚、非几个大洲，计划出版 38 卷。这 38 卷本之间既互有联系，又可独立成篇，力图反映人类从远古到当代、从分散走向整体的发展历程。

　　20 世纪初，笔者曾经策划通俗读物"精粹世界史"20 卷，由中国青年出版社出版，社会反响很好。"精粹世界史"所涉及专题较少，而我本人也产生了扩大选题范围的想法，正好与编辑的设计不谋而合，由此便有了本丛书的策划。本套"世界史丛书"注重普及性，以普及世界历史知识为目的，内容要求有学术深度，写法则力求深入浅出、通俗易懂，力求通俗性与专业性兼顾，以期引起读者的兴趣。书末加简短的大事件年表、主要参考书目，以方便查阅或供读者进一步研究探讨之用。

　　经济全球化要求人们必须更多地了解世界，而学习世界历史就是了解世界的一个重要的途径。学习世界史可以汲取世界性的经验，使国家和社会建设少走弯路。本套丛书力求在此方面能有所贡献。

　　盛世修史，近年来我国世界史学科建设取得了迅速发展。首先，相关材料积累日渐丰富，不但各图书馆引进了大量的材料，学者个人的资料也十分丰富，网络电子资源更是宏大；其次，中外学术交流十分频繁，包括观点的冲击和材料的交流，使得相关研究更为深入、更为透彻，研究领域更为广泛；再次，世界史研究队伍迅速成长，人才储备丰厚，为将来的世界史研究打下了坚实的基础。广大史学工作者吸收新理论、利用新材料、采用新方法、研究新问题，取得了丰硕的研究成果。本丛书动员了全国世界历史研究方向的精干力量，作者为学术有成的中青年骨干。这么大规模的历史创作策划可以说是少有的，十分感谢各位作者的大力支持以及出版部门的辛勤运作。本书的付梓，希望能够产生良好的学术影响和社会效益。

世界历史学科已经划入一级学科，世界史研究和世界史学科建设正向着更高更好的方向发展，前景光明。可以说本套丛书就是奉给这一盛事的献礼！

齐世荣

2014 年 6 月

目　录

前　言

我国的拜占庭研究开始于20世纪50年代以后，与历史学其他研究领域相比，起步较晚。很长一段时间内，我们一直在消化苏联学术界的研究成果，翻译相关的论文和简史，偶尔也会写些论文。[①]直到20世纪末，有学人对我国的拜占庭学进展作了调查，认为这项研究进入了快速发展期。[②] 如今看来，这个判断基本准确。20世纪末以前，我国普通读者能够找到的中文拜占庭历史与文化方面的书籍只有几部而已，如今这样的书籍总计超过了40部（其中3/4是在21世纪问世的）。现在，我国学者撰写的涉及拜占庭研究的文章每年都在30篇以上，这相当于20世纪后半期发表的文章数量的总和。过去，我国大学中没有拜占庭史相关课程，现在开设相关课程的大学超过了10所，很多学校已经或正在建立和完善从本科到博士研究生培养的体系。毫无疑问，我们的事业在发展，我国的拜占庭学之树正在茁壮成长。还有什么能让我们这些终生致力于此项研究和人才培养工作的人感到更高兴的？当我们这一代人逐渐步入花甲之年时，看到我们的事业后继有人，看到我们苦心经营的这片园地里鲜花盛开，绿树成荫，硕果正在成熟，正在成为春满大地的祖国学术沃野的重要一隅，不由得内心充满了欣慰。每有机会，我总是会到图书大厦浏览一番，总是不由自主地去关注相关的图书，也总是为我国读者不断增长的旺盛需求心存感激。从这里，我们这些作者深刻地感受到改革开放以来我国现代化事业的快速发展，感受到我们伟大祖国和平崛起的时代脉动，感受到中华民族

---

① 张联芳、马细谱编译：《世界各国对拜占庭学的研究状况》，载《世界历史研究动态》，1979(1)；齐思和：《苏联历史学家对拜占庭研究的卓越贡献》，载《历史研究》，1957(11)。

② 郑玮：《中国学者对拜占庭史研究综述》，载《史学理论研究》，2000(1)。

伟大复兴的理想正在变为现实。我们有充足的理由对我国拜占庭学发展的美好前景和光明未来充满憧憬。

本书涉及拜占庭文明史。这一"史"字很重要，区别于目前流行的同类书籍。一个"史"字强调的是对相关复杂发展线索叙述的逻辑性，强调的是对曲折多变史事讲述的连贯性，强调的是对持续发展过程分析的透彻性，总之，是让本书的读者通过阅读抓住拜占庭文明发展的主要线索和重要转折点。拜占庭帝国千余年的历史，留下了丰富的精神和物质遗产，后人著书应力争使之清晰易懂，使读者掩卷后仍有回味余地。相信对于有志于更深入研究拜占庭文明史的人来说，这类书籍难以满足他们的需要，他们需要阅读更多外文书籍作为引路指南，直至阅读拜占庭作家留给我们的作品。那时，我们可以高兴地说我们又多了一个学术同人。希望本书能够做到这一点。

这里，还是要感谢出版界的朋友，特别是北京师范大学出版社的策划与支持，希望这本书能为读者带来阅读的喜悦。

陈志强
2013 年 7 月

第一章　拜占庭简史

　　了解拜占庭文明，首先要具备初步的拜占庭历史知识，因为只有大体掌握了拜占庭历史发展的主要线索，才能比较准确地理解拜占庭文明的各个方面。"拜占庭史"是拜占庭帝国历史的简称。但是，古代文献中，并没有这个"拜占庭帝国"，因为古人大都自称为"罗马帝国"和"罗马人"。"拜占庭帝国"是近现代学者为了区别古典时代的希腊而使用的名称。所谓拜占庭帝国，就是指那个以博斯普鲁斯海峡西侧古城拜占庭为首都的帝国。而拜占庭帝国的历史就是从这个都城正式启用的 330 年开始的，没有正式政治中心——都城的帝国不能称其为帝国，特别是不能叫作"拜占庭帝国"。新帝国以这个首都为核心，持续了千余年，最终于 1453 年被奥斯曼土耳其军队攻克且长期占领为结束。

　　在关于拜占庭史整体叙述的通史作品中，读者能够找到许多经典书籍，其中国际口碑最好的至今仍是奥斯特洛格尔斯基（George Os-trogorsky）和瓦西列夫（A. A. Vasiliev）的拜占庭史著作，他们的书尽管完成于半个世纪以前，但是仍然继续获得了国际拜占庭学者普遍的推崇和认可，绝大多数拜占庭学者认为这两部书仍是拜占庭史学习和研究的入门书和必读书。[①]　由曼格（C. Mango）和特里格尔德（W. T. Treadgold）分别主编或撰写的拜占庭通史书属于近年来问世的佳作，正在受到更多关注，但是要得到国际认可尚需时间。与奥斯特洛格尔斯基和瓦西列夫相比，曼格和特里格尔德的书吸收了更多最新的

　　[①]　G. Ostrogorsky, *History of the Byzantine State*, tr. J. Hussey, Oxford, 1956, 1968. A. A. Vasiliev, *History of the Byzantine Empire*, Wisconsin, 1958.

1

学术信息，无论在历史叙述的手法上还是在理论思维上都有其优长之处。① 但是，就历史学习和研究而言，奥斯特洛格尔斯基和瓦西列夫的著作还是略高一筹，显得更为厚重。奥斯特洛格尔斯基的作品长于叙述的合理性和提供基本原始史料信息的完整性，瓦西列夫的作品长于学说史介绍的条理性和写作语言的可读性，曼格的作品长于初级教学和观点多样性，而特里格尔德的作品增加了社会史研究的新颖性。这些拜占庭通史书籍应该配合阅读，相互比较，各取其优长，逐步加深理解。为了使读者更好更快地了解拜占庭帝国历史，这里还要推荐由笔者本人和徐家玲分别完成的几本中文书籍作为参考。②

拜占庭学界对于拜占庭历史开端和分期存在不同意见是非常正常的，因为历史发展无始无终，本无阶段划分，其连贯演化之复杂性迫使后人被迫作出分化以便理解，故仁者见仁、智者见智。拜占庭学术界通常为便于掌握这段历史发展的脉络，将拜占庭帝国的历史划分为早、中、晚 3 个时期。而我们根据教学和研究的需要，又对各个时期作了进一步的划分，以便突出拜占庭历史发展的几个重要转折时代：

早期拜占庭帝国史（330—610）：包括君士坦丁时代（330—518）、查士丁尼时代（518—610）2 个大的阶段；

中期拜占庭帝国史（610—1056）：包括伊拉克略时代（610—711）、毁坏圣像运动时代（711—867）、"黄金时代"（867—1056）3 个大的阶段；

晚期拜占庭帝国史（1056—1453）：包括衰落时代（1056—1204）、尼西亚流亡时代（1204—1261）、帕列奥列格时代（1261—1453）3 个大的阶段。

事实上，这样的历史分期反映出作者如何理解拜占庭帝国历史发展的主要线索，而拜占庭帝国历史发展的曲折复杂性是决定上述历史

---

① C. Mango (ed.), *The Oxford History of Byzantium*, Oxford, 2002. W. T. Treadgold, *A History of the Byzantine State and Society*, Stanford, 1997.

② 陈志强：《拜占庭帝国史》，北京：商务印书馆，2003、2006 年版。徐家玲：《拜占庭文明》，北京：人民出版社，2006 年版。

分期的重要依据。正是由于拜占庭学者对于拜占庭历史的不同观察、解释，才形成了对于拜占庭帝国历史的多样性看法。将拜占庭帝国历史作 4 段划分的有之，作 5 段划分的有之，都有各自的道理，不可一概否定。因此，这里提供的拜占庭历史分期只代表笔者的意见。

第一节　早期拜占庭帝国史

早期拜占庭帝国经历了君士坦丁（Constantine）王朝（324—363）、塞奥多西（Theodosios）王朝（379—457）、利奥（Leo）王朝（457—518）和查士丁尼（Justinian）王朝（518—582）4 个王朝的统治。它们与古罗马帝国"拟制血亲继承制"有所不同，全都实行血亲世袭皇权继承制度。尽管这些王朝的统治者在解决他们各自面临的问题时采取了不同的政策，但当时皇帝们应对着的却是共同的时代难题：即如何摆脱"公元 3 世纪大危机"持续的影响，他们努力寻求使拜占庭帝国走出危机，确保王朝统治长治久安的出路。这个时期的皇帝素质有区别，治国能力有高下，在解决共同面对的时代难题时，不同的皇帝因各自的性格与品质不同采取的政策不同，取得的政绩也不同，他们对后世的影响也有着天壤之别。在这些王朝中，最值得注意的是君士坦丁王朝和查士丁尼王朝，而君士坦丁一世和查士丁尼一世也因为他们各自取得的政绩从众多皇帝中脱颖而出，被后人视为最杰出的君主。

一、君士坦丁时代

"君士坦丁时代"揭开了拜占庭史的开端。由于王朝的创立者君士坦丁一世开始推行皇位血亲世袭和皇帝专制统治，特别是他采取的一系列政策决定了拜占庭帝国历史发展的方向，因此后人将这个历史时期冠以他的名字。换言之，君士坦丁一世推行的内政、外交国策影响了拜占庭帝国历史发展的整个过程。正因如此，这个时代也是学习和研究拜占庭历史的重点。

君士坦丁一世所处的时代环境属于动荡不安的晚期罗马帝国。公元 3 世纪大危机曾使整个罗马帝国遭到沉重打击，不仅造成整个罗马社会经济全面崩溃，繁荣的古代商品经济彻底瓦解，城市破败，商业凋敝，人口锐减，土地荒芜，农村赤贫，而且，帝国政治剧烈动荡，军阀混战，争权夺地，武装割据，自立为帝。严

4 世纪君士坦丁一世及其金币

重动荡的政治经济环境也使得社会各个阶层人人自危、朝不保夕、精神颓废、道德沦丧，宗教盛行，迷信活动遍及国中，怪异思想极端混乱。这场无法自救的大危机完全打乱了帝国经济、政治、文化、宗教等社会物质和精神生活的正常秩序，综合国力迅速下滑，军队分解，边关吃紧，无力抵抗来自境外的日耳曼诸民族入侵。因此，如何摆脱危机，尽快阻止帝国迅速衰亡的趋势，逐步走出危机造成的困境，这是当时历任皇帝面临的时代难题。

以君士坦丁一世为代表的皇帝们主要采取了以下几方面的措施，力图解决时代难题，恢复帝国秩序，稳定王朝统治。

第一，针对晚期罗马帝国军阀割据的现状，以君士坦丁一世（Constantine Ⅰ，306—337 年在位）为代表的皇帝们首先致力于帝国的政治和军事统一。早在 3 世纪末，罗马皇帝戴克里先（Diocletian，284—305 年在位）为解决中央政府指挥不灵的问题，就施行了"四帝共治制"，任命马克西米安（Maximianus，286—305 年在位）为帝国西部副皇帝，也称"奥古斯都"（Augustus）。两位皇帝再各自统辖一位"恺撒"，即伽勒例（Galerius）和君士坦提乌斯（Constantius），他们分管伊里利亚（Illyricum）、高卢（Gaul）、西班牙（Hispania）、不列颠群岛（Britannia）。所谓罗马帝国东部包括伊利伊里利亚省（Prefecture of Illyricum)和今非洲苏尔特(Khalij Surt)湾以东直到两河流域的广大地区，其实际控制区包括巴尔干(Balkan)半岛西北部地区，即今阿尔巴尼亚(Albania)、希腊(Greece)和前南斯拉夫(Yugoslavia)部分地区，以及小亚细亚(Asia Minor)、叙利亚(Syria)、巴勒斯坦(Palestine)、埃及(Egypt)地区。庞大的罗马帝国本来就是通过军事征服和暴力统治建立起来的，根本无法将大西洋直到两河流域以西广大地区统一起来，更无法消除该区域内复杂的多样性。因此，这一制度无非是承认帝国军事寡头横行的现实，事实上反而强化了帝国的政治分裂，只是通过控制各路军阀子弟为人质勉强维持所谓的政治统一。戴克里先这位太上皇一去世，各地军阀便都自立为帝，相互厮杀起来。

君士坦丁(一世)的父亲君士坦提乌斯就是各路军阀中的一个，统领高卢大区全部兵马，主持该大区事务。戴克里先和马克西米安于305年退位后，君士坦提乌斯便控制了罗马帝国西部地区，只是由于这个地区寒冷贫瘠，资源匮乏，难以形成气候。君士坦提乌斯于306年病逝，时年33岁的君士坦丁正作为人质被软禁在戴克里先的宫中，他巧妙地从东方大区脱身，返回不列颠，并被部下拥立为皇帝。久在江湖的他深知帝国政治的险恶，对当时帝国政治体制的弊端也谙熟于心，因而着手进行统一帝国的斗争。当时，罗马帝国军阀混战，几个正副皇帝相互之间争权夺利、钩心斗角，时而爆发血腥的厮杀。君士坦丁运筹帷幄曲意周旋，巧妙地利用各派势力之间的矛盾，先是获得伽勒俐的支持，得到恺撒(Caesar，即副皇帝)的称号，后又与马克西米安结盟，使其皇帝地位得到正式承认，称奥古斯都。为了联合帝国东部皇帝李锡尼(Licinianus，306—324年在位)共同进攻帝国西部政敌马克辛迪乌斯(Maxentius)，他多方玩弄权谋，甚至利用亲妹妹的婚嫁把李锡尼拉拢住。312年，他们联手彻底击败后者。君士坦丁稳坐西部唯一皇帝的宝座，成为这场较量最大的赢家。在统一了帝国西部地区后，他便开始进行统一整个帝国的斗争。此时的李锡尼对他而言不仅毫无用处，反而成为巨大的障碍，故弃之如敝屣。为了消灭这个最后的政治对手，他强化对军队的控制，完善军事建设，在其统治区域内，轻徭薄赋，实行宗教宽容政策，从而极大地增强了自身的实力。
324年，他在其长子的协助下于帝国东部阿纳多利亚（Anatolia）地区的
克里索波利斯（Chrisopolis）击败李锡尼，迫使其投降；后不顾亲戚关
系，将其处死在塞萨洛尼基（Thessaloniki）。这样，君士坦丁就通过精
明的政治和军事手段消灭了所有割据势力，完成了统一帝国的事业。
此后，他采取措施强化中央集权，对所有军政官员进行直接控制，不
仅划分出上百个省区防止地方势力坐大，而且将行政和军事权力分开，
令其相互掣肘，消除了军阀割据的条件，从制度上确保皇帝的最高权
威。"新罗马"正式启用后，拜占庭帝国（又称为东罗马帝国）的皇帝们
始终坚持君士坦丁一世开创的政治统一原则，并为此展开了不懈的
努力。

第二，君士坦丁时代的基督教化政策是影响最为深远的举措，这
一政策的推行不仅使拜占庭帝国从此开始逐渐演变为基督教帝国，而
且促使基督教转变为国家教会，从此在欧洲地中海世界稳定扩展，并
最终成为欧洲的核心信仰。事实上，这一具有深远历史影响的演变过
程始于君士坦丁一世。作为当时最杰出的政治家，君士坦丁皇帝深刻
了解基督教发展的现实，充分认识到势力不断增强的基督教是实现其
政治目标的最佳工具。当君士坦丁在约克郡（York）被其父部下拥立为
皇帝时，他即开始利用基督教应对面临的险恶形势，因为在军阀割据
的几大势力中，君士坦丁的实力最为弱小，一则其所辖高卢地区比帝
国的伊利里亚、东方和意大利诸大区疆域小，开发得晚而相对落后贫
穷；二则其控制的军队人数比较少，士兵的素质远不能与训练有素的
其他大区军队相比。为了改变不利局面，他一方面在政治上采取精明
策略，在军事上扩充实力；另一方面，他在高卢地区推行富国强兵措
施的同时，通过多项保护基督徒的法令，明令辖区军政官员在对基督
教徒执法中减少流血冲突，争取民众支持，从而揭开了其基督教化政
策的序幕。他继位后立即在不列颠、高卢和西班牙等辖区取消了前朝
皇帝颁布的各项迫害基督徒的法令，下令各地军政官吏停止迫害行动，
要求他们尊重基督徒的信仰自由。他还在各种场合公开斥责因为信仰

不同而采取野蛮残暴的行径。事实上，君士坦丁之所以采取保护基督教的政策并不像一些西方学者所说，是纯粹出于虔诚的信仰或因信仰而产生的仁慈，而是当时社会变革的总形势使然。当晚期罗马帝国在经济、政治、文化和道德上发生总崩溃的时候，社会精神生活也陷入危机，传统的自然神和多神教信仰失去了吸引力，人们对摆脱现世的困苦感到绝望，各种传统的多神教仪式无法为民众提供思想上的安慰。基督教作为一神教不仅简化了宗教崇拜的仪式使之更符合动荡生活中民众的实际情况，而且将原本更为直接的"神恩"转变为更为虚空的上帝恩典，从而为现实生活中苦难的心灵提供了美好"希望"（千年王国），适应了当时晚期罗马帝国的政治现实，比多神教更充分地满足了社会各阶层的需要，因此发展成为跨国界多民族、阶级成分复杂的世界性宗教。

基督教早在君士坦丁时代之前就已初步发展成为比较成熟的宗教，它不仅具有完整的信仰和教义，深奥的神学体系，而且具有严密的教会组织，不断增多的广大信徒，并出现了专门的神职人员，形成了最初的教阶制度。这个重要的宗教组织在帝国东部势力更为强大，基督教早期历史上出现的 5 大教区，除罗马教区外，其他 4 个（亚历山大［Alexandria］、安条克［Antioch］、耶路撒冷［Jerusalem］和拜占庭）都在帝国东部地区。许多处于社会下层的被压迫民族和被剥削民众纷纷接受基督教信仰。其中，大批信仰基督教的哥特人进入帝国军队，构成君士坦丁军事力量的重要部分。在此形势下，君士坦丁作为精明的政治家，必定会认识到基督教是可利用的社会力量。他吸取了前任皇帝镇压基督徒失败的教训，在其高卢辖区内实行保护基督徒的政策，使高卢地区在遍及帝国的宗教大迫害中独享安宁，逐渐赢得民众的支持，在群雄并起的割据形势中日益壮大。君士坦丁保护基督教的政策稳定了军心，鼓舞了士气，增强了为其作战的哥特将士的凝聚力。君士坦丁巧妙地利用基督教作为其建立政治联盟，分化政治对手以图各个击破和瓦解敌军，消除分裂割据势力的工具，其基督教政策在统一帝国战争中成为克敌制胜战略的重要组成部分。312 年，君士坦丁进军意大利，他选择李锡尼为盟友，推行支持基督教的政策。次年，双方在米兰共同颁发《米兰敕令》(*Edict of Milan*)，明确宣布基督教为合法的宗教，还首次允许基督教会拥有财产。君士坦丁还利用基督教鼓舞士气，统一全军官兵的思想，振奋士兵的精神。君士坦丁在进军意大利途中，编造了上帝显灵托梦的神话，公开打出带有十字架标志的拉伯兰(Labarum)军旗，进而使其发动的统一帝国的战争具有神圣的色彩，使其劳师远征的战争行为归于天意，以此掩盖其称霸整个帝国的政治野心，以基督教信仰统一全军将士的思想，使普通士兵和广大民众支持这场战争。而后，君士坦丁借口李锡尼对基督教徒进行迫害发动进攻，利用基督教作为其最终完成帝国政治统一的工具。君士坦丁在统一帝国战争中合理地利用基督教，扩大消灭分裂割据势力的阵营，按照其统一帝国斗争的政治需要，有步骤地打出支持基督教的旗号，最终达到了建立统一的中央集权的专制君主统治的目的。在君士坦丁专制皇权统治下，基督教从被利用的工具逐渐变成被控制的对象，成为其维护王朝集权的工具。他利用基督教作为精神统治的工具，维护帝国统一，缓和宗教矛盾，防止发生动乱，强化中央集权。他充分利用基督教教会协助恢复帝国行政管理系统，将1800名主教分派到各行省，其中1000名在东部，800名在西部，主教之下的各级神职人员的活动范围深入到村庄农户，行使官方任命的司法和宗教权力，有效地控制了庞大帝国社会的精神生活。君士坦丁授予基督教免税权、财产继承权、司法审判权、接受捐赠权等各种特权。他还大肆宣传君权神授理论，宣称其对世界的统治权来自上帝，他本人则成为上帝意志的执行者。他在新建的君士坦丁堡中心广场上树立起高大的皇帝雕像，其右手不仅持有象征统治世界的地球，而且有象征君权神授的十字架。

在多神教和基督教信仰并存的时代，君士坦丁出于维护统一帝国的政治需要，实行宗教宽容政策，无论对基督教正统派，或基督教异端阿利乌派(Arians)，还是对多神教派，都给以宽容和支持，但前提是要拥护和效忠皇帝。为了减少因神学争论造成的社会分裂，君士坦丁皇帝亲自主持召开了尼西亚宗教会议(Council of Nicaea)，统一教义和神学。尼西亚会议标志着原始基督教的质变，实质上已成为罗马帝国的国教，正因如此，基督教至今还把这次会议作为"第一次大公会议"。他还采取多项措施力图使多神教徒和基督徒之间能融洽相处，在推行宗教政策中力图保持一种没有倾向性的最高仲裁权，在实际行动中极力消除宗教对立。甚至在他宣称皈依基督教之后迟迟没有受洗，这位被后世基督徒尊崇为"第一位基督教的皇帝"直到临终前才接受洗礼，以便保持其超乎所有派别之上的最高仲裁者的特殊地位。

君士坦丁时代其他皇帝中除了朱利安（Julian，361—363年在位）皇帝外都继承和大力推行帝国社会基督教化的政策，特别是在塞奥多西王朝统治时期。该王朝针对欧洲地中海世界从古代向中古社会转变期间，多神教和基督教派别林立的现实，强化对基督教的支持力度，采取比较坚决的措施清除多神教残余。塞奥多西一世（Theodosius Ⅰ，379—395年在位）于388年胜利平息马克西姆（Maximus）叛乱后，亲自参加在米兰召开的元老院会议，说服元老们以多数票否定了以大神朱庇特（Jupiter）为主神的多神教崇拜，促使帝国各地贵族和元老脱去祭司的长袍，换上基督教教父的外衣。该王朝于395年颁布的法令正式确定了基督教的国教地位，甚至动用武力镇压多神教徒的反抗。在塞奥多西的公开支持下，各地基督教教士毫不犹豫地成为打、砸、抢、烧、杀的能手，主教们一改斯文仁慈的面孔，亲自率领狂热的教徒冲击多神教神庙，砍伐献祭给古代神祇的月桂树，虐待甚至杀死顽固不化的多神教信徒。东部各省普遍发生了基督教与多神教信徒间的流血冲突，帝国政府出动军队帮助基督教取得最后胜利。与此同时，君士坦丁的继承者们还继续坚持了皇帝对教会的"至尊权"，即控制了召集基督教大公会议权、任免高级教士权、教义解释权、宗教事务争端的仲裁权等。不难看出，从君士坦丁一世开始的基督教化政策有助于欧洲地中海世界秩序的恢复，有利于拜占庭帝国的形成，也有利于中央集权制的王朝统治。而令制定和推行该政策的拜占庭帝国皇帝们没有想到的是，基督教也因此获得了全面发展的机会，从此开始从地中海渗透到整个欧洲各地，从君主宫廷到穷乡僻壤，逐渐建立起庞大而紧密的教会网络，从典礼仪式到意识形态，日益主宰了整个欧洲的精神文化生活。当我们今天观察欧美基督教信仰和遍布全球超过半数人口的基督徒活动时，都会不由自主地想到君士坦丁大帝及其基督教化政策。

第三，君士坦丁时代还面临范围广泛的古代民族移民运动，当时的皇帝们审时度势，变罗马帝国武力排斥抵御"蛮族"入侵为灵活利用日耳曼人，推行了成功的"蛮族"政策。所谓"蛮族"，不过是罗马公民对周边原始落后民族的蔑称。现代研究认为，古代民族移民运动是个极为复杂难解的课题，特别是涉及移民运动原因的探讨，更是见仁见智。但是，蛮族入侵成为晚期罗马帝国面临的严重外患和亟待解决的问题却是不争的事实。4世纪时，日耳曼（Germans）各部落在匈奴人（Huns）的进攻压力下加快了向西迁徙的速度，拜占庭军队几乎无法阻挡其涌入帝国的浪潮，被迫采取接纳和利用蛮族的政策。君士坦丁一世接受哥特人（Goths）为帝国的臣民，允许他们在帝国边境地区定居垦荒，交纳赋税，提供劳役和军队，而且大量使用哥特人雇佣兵，在帝国军队中建立哥特人兵团，吸收哥特人担任军官，甚至担任高级军职。哥特人的进入，对拜占庭社会生活产生了多方面的影响。首先，哥特人为拜占庭国家经济注入了新的活力，带来了一种全新的方式，即普遍存在于日耳曼各部落的农村公社。这种经济生活方式，就个体而言，与拜占庭帝国早期历史上逐步发展起来的小农经济十分相似。因此，拜占庭政府从一开始就允许定居在巴尔干半岛和小亚细亚地区的哥特人保持其农村公社制度，让他们继续按照其过去的习俗生活。由于大批哥特人按照约定向拜占庭人交纳赋税，从而缓解了拜占庭国家的财政困难。其次，哥特人为拜占庭军队提供了兵源。一方面，他们作为士兵，以整个部落组成的兵团形式参与拜占庭军队对外战争，由于他们勇敢尚武、忠诚团结，使拜占庭军队作战能力得到提高。据记载，君士坦丁皇帝的军队中有4万名哥特士兵，其中一些人还担任罗马军队重要职务。另一方面君士坦丁及其后人大胆任用哥特人担任军中要职，使用哥特御林军代替经常哗变的拜占庭贵族卫队，个别哥特将领甚至进入了元老院。哥特人补充到拜占庭军队中并将家眷驻扎在边境地带不仅有助于拜占庭国家抵御外敌，有效地阻止了其他游牧民族对拜占庭帝国领土的进攻，而且为士气不振的拜占庭军队注入了一些生气，习惯单兵作战的哥特将领也部分地改变了陈旧的罗马兵团式作战的战略战术。显然在无力抵抗日耳曼民族迁徙带来的压力情况下，合理安置充分利用这些新生力量就不失为早期拜占庭皇帝们的明智之举。

塞奥多西王朝统治时期，帝国政府继续沿袭君士坦丁皇帝的政策，采取安抚利用"蛮族"的政策，一方面允许多瑙河(Danube)以北的哥特人进入色雷斯(Thrace)地区定居，另一方面，积极招募哥特人加入帝国军队，重用哥特将领。当时，多次侵入帝国的斯基泰人(Scythians)、撒克逊人(Saxons)、摩尔人(Moors)和萨尔马提亚人(Sarmatians)尚处于原始社会末期，凶猛彪悍，好战尚武，特别是哥特人熟悉罗马军队的战法，因此，拜占庭帝国对于这些难以征服的"蛮族"只能采取怀柔利用政策，因为这种"以夷制夷"的策略是有利可图的政策。帝国政府分化瓦解了哥特人新首领阿拉里克(Alaric)，允许其组织部落联盟，收编哥特人散兵游勇，并在马其顿(Macedonia)和色雷斯地区为臣服的哥特人划定定居区，自行安排农牧业生产。皇帝塞奥多西还仿效君士坦丁一世，吸收数万哥特人进入拜占庭军队，组成"同盟者"军团。395年，哥特人在阿拉里克(395—410)的率领下发动民族起义，从巴尔干半岛北部向南进攻，侵入色雷斯和马其顿地区，兵锋直指君士坦丁堡(Constantinople)。拜占庭朝野极为震惊，立即展开外交斡旋，说服阿拉里克改变进攻计划，挥军南下希腊阿提卡(Attic)和伯罗奔尼撒(Peloponnese)半岛，而后转向西方的意大利。剩余的哥特人在400年首都君士坦丁堡民众发动的反哥特人起义中遭到屠杀，哥特人在早期拜占庭国家的军事势力从此被清除，哥特贵族对拜占庭帝国政治军事生活的影响从此逐步消失。5世纪威胁拜占庭国家的东哥特人(Ostrogoths)领袖塞奥多里克(Theodoric the Great，471—493)也是在拜占庭人的劝说下前往意大利，灭亡了奥多亚克(Odoacer，476—493)领导下的西哥特(Visigoths)王国。君士坦丁时代的拜占庭帝国因此解决了

"蛮族"入侵的问题，而没有像西罗马帝国在"蛮族"入侵的打击下最终灭亡。一些学者认为，拜占庭帝国所处的东地中海沿海地区与西欧相比，具有某种交通上的便利，有助于日耳曼人的移民运动，因此早期拜占庭帝国政府不仅可以对外来移民采取利用政策，也可以采取"祸水西引"的措施，从而具有规避民族迁徙浪潮冲击的优势，避免了西欧地区的罗马帝国残余势力在"蛮族"入侵浪潮下覆灭的命运。这种认识，有一定合理的因素。

第四，君士坦丁时代的皇帝们大力推行旨在强化中央集权的行政改革和发展经济的政策。他们继续强化皇帝专制制度，建立和完善由皇帝控制、只对皇帝个人负责的庞大的官僚机构，通过将地方行政权和军事权力分离的方法削弱地方权力，皇帝严格控制对军、政高级官员的任免。为了加强中央权力，君士坦丁刻意扩大朝廷各部门权力，增加中央官吏的数量，并把许多原来由地方控制的权力收归中央各个职能部门管理。他还委派 1200 名钦差大臣巡视各地。这些大臣成为中央政府加强对地方控制的工具，随时将监视地方官员动向的报告提交给皇帝。为了有效地防止和克服军阀割据的现象，他废除了戴克里先曾推行的"四帝共治制"，将包括高卢、意大利、伊里利亚和东方大区在内的整个帝国重新划分为行省，均由中央政府严密控制。君士坦丁改革后行省的数量增加到 120 个左右。为了强化皇权，君士坦丁一改晚期罗马帝国皇帝任命皇位继承人的拟制血亲制度，抛弃了在位皇帝收养"义子"的传统习俗，建立了血亲世袭的王朝制度，任命其两宫皇后所生的 4 个儿子为副皇帝，作为其皇权继承人。这一举措可以被看作是罗马帝国皇帝继承制度的重要改革。君士坦丁行政改革的方向和成果基本上为其后的皇帝们所坚持，特别是在塞奥多西一世统治时期，中央政府采取一系列措施打击罗马旧贵族的反抗，削弱元老院的权力，加强皇帝为首的中央政府的权力。塞奥多西二世（Theodosius Ⅱ，408—450 年在位）在位时还组织法学家编纂了著名的《塞奥多西法典》，该法典于 438 年正式颁布，成为 6 世纪编纂的《罗马民法大全》的蓝本。

君士坦丁时代大力强化中央集权，其采取的最强有力的措施之一

拜占庭古城遗址

是修建东都"新罗马"。这是君士坦丁一世皇帝专制政策的又一重大举措。新都的前身是古希腊商业殖民城市拜占庭，该城占据着独特的经济地理和军事战略优势位置。它坐落在博斯普鲁斯（Bosphorus）海峡欧洲一侧的小山丘上，南临马尔马拉海（Sea of Marmara），北靠"黄金角"海湾，东面扼制博斯普鲁斯海峡，控制赫勒斯滂（Hellespont，Dardanelle，今达达尼尔）海峡，把守马尔马拉海北向黑海出口，西面居高临下俯瞰色雷斯平原，易守难攻。它还是罗马帝国重要的军事大道埃格南地亚（Egnantia）大道和小亚细亚地区军事公路的汇合点，是通向亚洲的必经之地。同时，由于它控制黑海（Black Sea）经由爱琴海（Aegean Sea）进入地中海（Mediterranean Sea）的水上交通要道，因此具有重要的战略意义。尤其值得一提的是，为了兴建新都，远离古代民主残余影响深厚的罗马旧都，君士坦丁煞费苦心。他不仅继承了戴克里先皇帝偏居帝国东部的传统，而且刻意按照罗马旧城打造新都，以显示其新都的正统性。324 年，君士坦丁一世发布命令兴建"新罗马"，并亲自跑马勘测、圈定城市界标。他不仅看中了拜占庭古城特殊的军事战略优势位置，而且圈定了古城及其周围的 7 个高地为新都的范围，以此效仿古都"七丘之城"的传统。他调集帝国各地的建筑师和能工巧匠，按照罗马城的样式精心设计，全面建设。大量的奇石异物从各地运到工地，无数古代的建筑和艺术杰作被拆除，强行从罗马、雅典、亚历山大、以弗所（Ephesus）和希腊各地运往拜占庭城，黑海沿岸原始森林的优质原木、爱琴海各岛屿出产的彩色大理石源源不断运抵黄金角海湾。为了加快施工进度，他特地调动已无战事的4万名哥特士兵投入建筑工作。经过5年精心施工，新都基本完工，古城拜占庭荡然无存，一座规模宏大、豪华典雅的"新罗马"坐落在博斯普鲁斯海峡上。"新罗马"的中心是大皇宫，占地60多万平方米，是全城的制高点。由此向西建设了大量优美的建筑，包括元老院议事大厦、公共学堂、大赛场、剧场、公共和私人浴池、沿街柱廊、谷仓、引水渠、法院、教堂、宫殿和数千所私人豪宅。全城主要街道、广场和建筑物前都布满了精彩绝伦的艺术品。城市最西侧建有君士坦丁城墙。这里后来又加修了塞奥多西城墙。330年5月11日，君士坦丁一世亲自开启新都，举城欢庆40日。从此，人们又把"新罗马"称为"君士坦丁堡"，意即"君士坦丁的城市"。此后，帝国政府采取了一系列措施提高新都的地位，使新都迅速发展成为欧洲和地中海世界第一大城。君士坦丁一世曾亲自批准罗马贵族免费迁入新都贵族住宅，君士坦丁堡元老院也获得了高于罗马旧元老院的法律地位。君士坦丁还鼓励和命令原罗马城骑士以上的贵族全部迁居新都。这一系列特殊政策极大地推动了新都的发展。城市人口急剧增长。在数十年内，君士坦丁堡城区居民数达到数十万人，最多时，人口达百万。这里是全帝国的神经中枢和心脏，一切政令都从这里发出，通过遍布帝国的公路网，传送到各地。很快，作为帝国权力核心的新都就迅速吸引了地中海世界的大小政客和文人学者，凸显出它在宗教、文化等社会生活方面的特殊地位。君士坦丁堡大教长成为东部各教区的首领。由这里推动的尚古之风迅速扩展到全国，学习古希腊语、搜集抄写古籍蔚然成风，研究古代哲学和戏剧、钻研古代文法和修辞也成为知识界的"热门"。君士坦丁堡特殊的文化环境使它成为地中海世界和欧洲各国王公贵族和其弟子向往的求学之地，来自各国的年轻人和拜占庭学生一同在君士坦堡各所学校中接受教育。君士坦丁大帝修建新都的初衷也许是出于当时政治和军事的考虑，但是此举产生的长远影响却是他始料不及的。因为，新都的开启揭开了一个新的时代，开始了拜占庭帝国的历史。从此以后，这个千年帝国的中心始终围绕在新都周围，以至于近现代学者把东罗马帝国也称作拜占庭帝国。

　　人们有充足的理由相信，君士坦丁时代也是恢复经济、发展农业、奖励工商的盛世，尽管相关的史料比较零散，但是从现代考古学的新发现可以推测，这个时代的皇帝们大力推行经济改革政策产生了良好后果。自公元 3 世纪大危机以后，地中海古代经济生活迅速瓦解，物价飞涨，货币贬值，贵金属货币逐渐消失，许多城市的商业活动都倒退到以物易物的状况。当时最显著的经济特征是人口锐减，灌溉系统崩坏，耕地荒芜。晚期罗马帝国的内战使帝国陷入混乱，恶劣的政治环境破坏了经济生活的正常秩序，上层军事将领和政客们乘机聚敛财富的行为和国家官吏的普遍贪污腐败不仅侵蚀国家政治和经济机体，而且扩大了社会各阶层之间的贫富差距，激化了他们之间存在的深刻矛盾。正是在普遍的危机中，君士坦丁时代的皇帝们大力支持新型隶农生产形式的发展，推动盛产谷物的叙利亚和小亚细亚地区多种农业经济形态的活动，当地长期存在的诸如永佃制和代耕制等形式的自由小农租种土地的制度使得隶农和自由小农的人数迅速增加。人身的部分解放和农民对相对独立的小农经济利益的追求激发了农村劳动力的积极性，提高了农业生产率，活跃了农村经济，从而为拜占庭帝国渡过危机奠定了坚实的物质基础。同时，帝国工商业兴起，一方面，农业生产为城乡工商业提供了丰富的农副产品和原料；另一方面，城乡经济交流的加强和国内商品

7 世纪皇帝伊拉克略一世
统治时期铸造的金币索里德

市场的形成也为国际商业贸易的兴起奠定了基础，使君士坦丁堡的商业地理优势得到充分发挥。最值得注意的经济现象是君士坦丁一世发行了标准的贵金属货币，建立了稳定的金本位货币系统。诚如拜占庭学家所说："君士坦丁大帝发行了一种相当稳定的货币体系。该体系以金币索里德为基础，标准索里德每枚重 4.48 克，每镑黄金等于 72 枚索里德。与之相应的是重 2.24 克的银币塞里夸，相当于 1 索里德的 1/24，这是因为黄金和白银的比值为 1：12。这一货币体系具有相当长的生命力。在长达整整 1000 年间，君士坦丁的索里德（希腊语称为 νόμισμα，后称 υπέρπυρον）奠定了拜占庭货币体系的基础，并在几个世纪里享有国际贸易'硬通货'的美誉。"[1]

我们不敢说这个时期经济繁荣到何种程度，但是一种货币能够稳定地使用数个世纪，其体系维系了千年之久，恐怕在人类中古历史上是绝无仅有的。

6 世纪拜占庭皇后阿利雅德尼的象牙雕像

综上所述，君士坦丁时代是早期拜占庭帝国在剧烈动荡的社会转型过程中，通过政治经济、军事外交、宗教文化等社会生活各个方面的改革，努力探索在困境中求发展，从危机中找出路的历史时期。应该说，这一时期以君士坦丁一世、塞奥多西一世和阿纳斯塔修斯一世（Anastasios Ⅰ）为代表的拜占庭皇帝初步解决了拜占庭国家形成初期面临的各种难题，确定了拜占庭国家未来发展的方向，奠定了中世纪拜

① G. Ostrogorsky, *History of the Byzantine State*, p. 38.

占庭社会演化的基础，基本上完成了历史赋予他们的使命。随着这个时代利奥王朝统治的结束，君士坦丁时代也进入了尾声。

二、查士丁尼时代

查士丁尼一世（527—565 年在位）是早期拜占庭历史上重要的皇帝之一，是这个时代的核心人物，在近一个世纪期间发挥了决定性影响，因此，后代学者将其所在的历史时期称为"查士丁尼时代"。与君士坦丁时代相比，查士丁尼时代面临的问题略有不同，当时虽然拜占庭帝国暂时摆脱了危机的困扰，但是以查士丁尼一世为代表的皇帝们仍然需要找到适合拜占庭国家生存和发展的模式，查士丁尼力图在罗马帝国旧体制的框架内解决这一难题。

6 世纪拜占庭镶嵌画《查士丁尼一世及其群臣》

查士丁尼生于乱世，出身低下，其父是巴尔干半岛达尔达尼亚（Dardania）行省贝德里亚纳（Beriadeni）的农民。也有人推测他具有斯拉夫人血统。青年时代因家境贫苦随其舅父从军，最初在拱卫皇宫的禁卫军中服役。从军期间，他充分利用身处君士坦丁堡浓厚的文化氛围中的机会，刻苦读书，广泛涉猎，并积极参与帝国上层社会的活动，既对宫廷内的争权夺利非常了解，同时对下层民情也深有体察。

518 年 7 月，皇帝阿纳斯塔修斯去世，查士丁一世（Justin Ⅰ，518—527 年在位）被部下拥立为帝。他任命其外甥查士丁尼一世为恺撒（副皇帝），辅佐他治理帝国。查士丁尼在任恺撒的 9 年和任皇帝的 38 年里推行"清除内患，化解外争"的政策，任人唯贤，唯才是用，克勤克俭，尽心竭力建立"一个皇帝、一部法律、一个帝国"的新秩序，为实现重建昔日罗马大帝国的理想拼命工作，取得了诸多影响深远的政绩。

我们不可能在有限的篇幅里简略介绍查士丁尼在位期间全部行为，只能按照影响大小，将其政绩顺序排列，介绍一二。首先应该提到的是查士丁尼主持对《罗马民法大全》的编纂。查士丁尼一世即位之初，为稳定拜占庭帝国动荡不安的形势，采取了一系列强有力的改革措施。上台后，他针对当时成文法律极为混乱的情况，下令组成由著名法学家特里波尼安为首的 10 人法律编纂委员会，正式启动法典编纂工作。当时，拜占庭法律存在前代立法版本混乱、立法概念和规定相互矛盾的现象，特别是以往的法典内容过于庞杂，部头太大，使用极不方便。针对这类问题，新法典删除过时和矛盾的内容，按照"人"、"物"等立法主题重新编纂法典。529 年，10 卷本的《查士丁尼法典》（Codex Jus-tinianus）问世。该法律一经颁布，立即取代其他旧法，成为拜占庭帝国唯一具有权威性的法典。533 年，由 17 名法学家组成的新委员会又完成了 50 卷本的《法学汇编》（Digestum）。为了普及法律知识，培养法律人才，查士丁尼下令编辑了 4 卷本的《法学总论》（Institutiones），它以通俗易懂的语言和明确的法学概念简明系统地总结了《法学汇编》的全部内容，并补充了大量前述两部法典未能表明的法学定理和定义。565 年，查士丁尼统治末期，他又命令法学家将自己在 534 年以后颁布的法令编辑成《查士丁尼新法》（Novellae Leges）。这样，《罗马民法大全》（Corpus Juris Civilis）的编辑工作就顺利完成，它为查士丁尼的改革和整顿工作提供了统一的尺度，为理顺社会各种关系提供了理论依据。由于它是欧洲历史上第一部系统完整的法典，因此它不仅成为拜占庭帝国此后历代皇帝编纂法典的依据和蓝本，而且成为欧洲各国的法律范本。不仅如此，由于这部法典明确地确定了公法和私法的概念，为阐明私有制商品社会的复杂关系提供了法律依据，因此对近现代世界法律史发展的影响也极为深远。

《罗马民法大全》通过总结和整理古代立法对现实的改革作出理论上的规范，反映了查士丁尼重建罗马帝国的原则和思想理念。第一，该法强调皇权和国家政权至高无上的地位，宣扬皇帝专制思想，提出"君权神授"和"君权神化"的理论，并明确规定出皇帝拥有的各项权力，包括立法权、控制国家的最高主权，以及皇帝对国家其他经济、政治、司法、军事、宗教等多方面的权力。第二，该法提出公法优先于私法的原则，它对两者作出明确划分，即"公法是有关罗马帝国政府的法律，私法是有关个人权益的法律"，将私有制的法律内涵作了系统的阐述。这样，公法的所有权就表现为国家对捐税劳役的合理征收使用，而私法权利则表现在对人、物、人权、物权和民事诉讼方面，私法的自由则是免税权。第三，该法肯定了教会在国家中的地位，它不仅拥有主管道德和义务的权力，而且拥有参与国家司法活动的权力。教会法具有民法的效力，教会法庭甚至具有高于世俗法庭的地位。第四，该法继续承认奴隶制，但是，规定教、俗各界应释放奴隶，改善奴隶的地位，承认奴隶具有人的地位。根据这部法典，奴隶不再像古代罗马法律规定的那样被视为"会说话的工具"，而是不具有法人地位的"人"，他们触犯法律将由其主人承担法律责任。第五，该法确定了社会各阶层的权利和义务，以及各阶层之间的关系，力图以法律形式稳定社会各阶层的流动。如工匠的后代只能世代做工，农夫的儿女必须永远务农，隶农则世代固着在土地上，农村的邻里之间负有相互帮助、共同完成国家税收的义务，等等。第六，该法还对婚姻、财产继承等社会生活其他方面作了法律规定。

其次应该论及的是查士丁尼继续加强以皇帝为首的中央集权的改革举措，这一政策是其重建古罗马帝国理想的核心和政治目标。皇帝专制制度是拜占庭帝国核心的政治制度，皇帝拥有血亲世袭的皇权，他总揽国家所有权力并担当帝国最高立法者和执法者。这种由君士坦丁一世强化的制度在早期拜占庭历史上面临两种势力的威胁：其一是代表大土地贵族和旧王朝贵族势力的复辟力量，其二是不满现状的普通民众。这两种势力在532年的君士坦丁堡大起义中争相登台，充当了起义的主要角色，并几乎推翻了查士丁尼的统治，但是最终遭到王朝军队毁灭性的镇压。这次起义爆发于532年，由君士坦丁堡蓝、绿两色"吉莫"（Demes，意为赛区）党人首先发难，而后迅速扩散到各个阶层，形成大规模民众骚乱。民众高呼"尼卡"（Nika，希腊语意为"胜利"）的口号，杀死宫廷宠臣，袭击政府机关，释放监狱囚徒，焚烧市政大厅，引发全城大火。但是，起义最终遭到镇压，贝利撒留（Belisarius）率领伊苏里亚（Isaurians）雇佣兵对被诱骗到大赛场的3万多名起义骨干进行了灭绝性的屠杀。在随后进行的清算中，查士丁尼无情地剪除任何异己势力，包括被起义民众临时推举为皇帝的伊帕迪奥斯（Hypatius）及其家人，许多支持或参与起义、甚至态度犹豫不决的异己贵族也被株连。一时间，君士坦丁堡成为查士丁尼清除异己分子和民众民主活动的行刑场。这一血腥恐怖政策消除了皇权的敌人和威胁王朝统治的隐患。与此同时，他强制推行皇帝崇拜礼仪，要求所有晋见皇帝者对他和皇后行"吻靴"跪拜大礼。毫无疑问，查士丁尼打击贵族的政策有效地消除了敌对势力的威胁，减弱了侵蚀中央集权的分离因素，在同时代作家普罗柯比（Προκόπιυς，490—562）笔下，查士丁尼打击贵族的政策表现得十分明显。

在行政体制方面，查士丁尼为加强皇权采取的另一项改革是逐步取消君士坦丁时代的行政制度，将数量众多的小行省联合扩大为大省区，并将地方军、政权力重新结合，特别是在东部的亚洲领土上率先推行军、政权力合二为一的政策。他还在意大利的拉文纳（Ravenna）和非洲的迦太基（Carthage）试行总督制，使这些边远地区的最高长官能够总揽当地各方面的权力，及时应付紧急情况。这一系列强化中央集权专制政策的措施确实保证了查士丁尼王朝的统治，稳定了社会秩序，使他梦寐以求的"一个皇帝"的君主专制得到强化。为了进一步彰显皇帝的权威，查士丁尼重新修建君士坦丁堡。他在尼卡起义中遭到

严重损毁的城市中心区大兴土木，聘请当时著名的建筑师伊塞多利
(Isidore)和安赦米奥斯(Anthemius)进行规划设计，亲自监督施工。历
时5年的工程结束后，君士坦丁堡再放光辉。据普罗柯比的记载，新
建的建筑物包括元老院、纪念碑、圆柱、青铜雕像、30多所教堂、济
贫院、收容院、修道院、女忏悔所、避难所、宫殿、广场、大皇宫、
公共浴场、花园、饮水渠、蓄水池、柱廊大道、码头等等。其中最具
代表性的建筑物是圣索非亚(St. Sophia)教堂，其大厅高达50余米，
中心穹顶直径30余米，不仅是拜占庭建筑风格的代表作，而且是欧洲
地中海世界最高的建筑物，堪称中古时代的一大奇观。

　　第三个应该提到的是查士丁尼一世的经济改革政策，其成效主要
体现在调整税收制度和发展国内外商业贸易两个方面。拜占庭帝国税
收制度是在罗马帝国税制基础上发展而来的。最初，拜占庭国家的税
收属于"土地人头税"，即在税收中包括耕地、劳动者和劳动工具等诸
种因素，在一定期限内，国家对税户进行资产和劳力核算，确定税收
额度。中央政府根据各地核算的结果，登记各省区的纳税额度。由于
拜占庭帝国地方官吏的腐败，上述核算过程被做了许多手脚，纳税额
度掺杂了极大的水分；特别是当时流行的"包税制"严重破坏了拜占庭
帝国税制。查士丁尼通过立法废除了包税制，下令全国重新登记各省
纳税单位，指示各地税务官员必须以最大的力量和最有效的办法促使
纳税人完成政府规定的税收，还将普通税从原有的实物形式变为实物
和货币混合税。与此同时，他针对逃避国家税收的现象，加大了对等
级税的征收，对日益兴起的大土地贵族势力进行打击，重点征收贵族
土地税。查士丁尼取消了贵族地主享有的免税权，要求大地主根据各
自土地的多寡和劳动力的人数按时按量完成税收。他还借口大地主在
税收问题上的违法行为，对最有势力的地主采取没收地产、强迫捐献
和依法惩处的措施。他对教会地产的限制也同样严厉。他坚决清理包
括高官显贵在内的全国税户，重新核准确定税收等级，增加新税种，
整顿全国税收机构，精简各级官府，裁减官员，严厉整肃税收机构和
官僚队伍。他通过法律要求国家官吏必须关心国家利益，保证税收，

尽一切可能增加国库收入，特别要按时收缴国家已规定税额的税收。大批钦差大臣被派往各行省，检查税收情况，各地的主教也被委以监督税收的职责。凡被发现犯有违反法律规定的官员均受到查处，撤职监禁，财产充公，而为官清廉、办事公道、税收得力的官员则受到奖励和加官晋爵。

查士丁尼经济政策的另一项重要内容是发展商业贸易。早在罗马帝国时代，东西方商业贸易就已经十分活跃，著名的"丝绸之路"已经存在了几百年。拜占庭帝国凭借有利的地理位置，在东西方贸易中获得了巨大的利益。但是，查士丁尼对此并不满足，他希望拜占庭帝国能在对东方的商业活动中占有更大的份额。当时，来自远东的中国丝绸和印度香料等贵重商品并不是直接到达安条克、亚历山大等拜占庭帝国各口岸城市，中途需经过萨珊波斯(Sassanid Persia)控制的陆路和阿拉伯人(Arabs)控制的海路，巨额利润要经过多次瓜分。特别是在拜占庭和波斯两国关系紧张时期，垄断东方货物几乎成了波斯人手中的一张王牌。因此，查士丁尼决心打通新的商路，发展海上势力，建立东西方之间直接的商业往来，打破波斯人的垄断。在这一政策的鼓励下，拜占庭商人积极投身到开发远东商路的活动中。为了保护拜占庭帝国的商业利益，他发动战争，与波斯人展开了争夺红海贸易的激烈斗争。正是在查士丁尼的支持下，拜占庭人从中国引进育蚕技术，促使拜占庭帝国从此发展起自己的丝织业，在科林斯(Corinth)、伯罗奔尼撒半岛形成了几个丝织业中心，它们又成为中国育蚕丝织技术西传的中续站，而欧洲也从此开始了其丝织业的历史。与丝织业同时发展起来的还有手工业，贵金属加工、兵器生产、珠宝首饰制作等都发展成为享誉世界的拜占庭民族产业。

查士丁尼的宗教政策是为其建立统一帝国的总目标服务的。早期拜占庭帝国历史上曾发生过3次重大的神学争论，即4世纪发生的所谓阿利乌派学说之争、5世纪的聂斯脱利教义(Nestorianism)之争和6世纪中期激化的一性论(Monophysites)之争。这些争论都是围绕着如何解释基督具有的神、人两性进行的。查士丁尼时代主要面临的是一性论的争论。一性论神学主张基督在所谓道成肉身后，其神性和人性合二为一。这种神学思想在埃及、叙利亚和巴勒斯坦等拜占庭帝国东部地区广泛流行。当时，一性论之争达到了白热化的程度，这种思想混乱的状况是查士丁尼一世不能容忍的。他认为在一个皇帝统治下的统一帝国只能有一种宗教信仰，他要通过对宗教事务的干预恢复皇帝对教会的绝对权威，强化至尊权。553年，查士丁尼召集君士坦丁堡宗教大会，此后他和塞奥多拉(Theodra)在皇宫中举行500名教士和信徒参加的大会，讨论一性论神学。事实上，他更多思考的是如何加强皇帝的至尊权。查士丁尼公开宣布自己是正统国教的保护人，大力支持基督教教会，兴建了许多教堂和修道院，并授予教会多方面的特权。他一方面强令所有异教徒改信国教，另一方面以高压手段打击不愿屈服的宗教信徒。529年，查士丁尼关闭了被视为古典思想中心和传播异教学说基地的雅典(Athens)学院。同时，他下令所有持非正统教义的信徒限期3个月皈依国教，否则，剥夺其政治和宗教信仰权，并以重税和劳役实行经济上的迫害。548年塞奥多拉病故后，他主持召开第五次基督教大会，决定严厉迫害一性论派信徒和所有反对其宗教政策的人士。这些宗教迫害措施激起东部各省的起义。显然，查士丁尼从政治角度处理宗教问题，以高压和武力方式处理宗教问题，或调解各教派与政府之间的关系，或调和各教派之间的矛盾，最终都未能解决拜占庭帝国内部的宗教分歧。事实上，围绕一性论进行的神学争论不仅反映了基督教正统和非正统教派间的斗争，而且反映了拜占庭帝国各种深刻的社会矛盾，亦即经济上比较富裕的东部各行省不满于帝国中央政府沉重的剥削，亚洲各被统治民族对西部贵族的长期政治歧视和压迫心怀仇恨，他们利用宗教问题与朝廷对抗，而查士丁尼的基督教政策强化了这些复杂的矛盾，埋下了这些地区日后脱离帝国统治的祸根。

最后应该提到的是这个时期的对外扩张战争。查士丁尼文治武功最显明的成就表现在对外战争中，在收复失地、恢复帝国领土、重振昔日罗马帝国雄风的追求中，查士丁尼是突出的代表，他发动的多次对外战争完成了"光复帝国"的"伟大事业"。查士丁尼对外战争主要包括汪达尔（Vandals）战争、哥特战争和波斯战争。贝利撒留这位拜占庭历史上最杰出的军事战略家和战争指挥者帮助查士丁尼实现了梦想，为拜占庭帝国恢复罗马帝国昔日疆域立下赫赫功绩。正是在这些战争中，拜占庭军事技术和战争艺术得到长足发展。查士丁尼为全力进行西地中海战争，首先进行抵抗波斯人入侵的战争。531年，他委派贝利撒留率领边防军在东部边界的达拉斯（Daras）城击溃入侵的波斯军队。而后，查士丁尼全

6 世纪拜占庭金质奖章

面整顿边防，撤换作战不力的贵族军官，征兵充塞补充边防力量，还向当地豪门地主征集备战资金，使东部边防力量得到增强。此后，贝利撒留乘波斯残余部队南撤到美索不达米亚（Mesopotamia）地区之机，亲率精锐骑兵万余迅速追击，最终挫败了波斯国王侯斯罗埃斯（Chosroes，531—579 年在位）夺取西亚的计划。532 年，两国订立和约。

而后，查士丁尼利用汪达尔新国王盖利摩尔（Gelimer）推翻老国王希尔德里切（Hilderic）之机发动西地中海战争，任命贝利撒留为最高军事指挥，于 533 年统领 1.8 万名将士和百余条战舰渡海直取当时控制西地中海的汪达尔王国。此前，拜占庭军队曾两度远征汪达尔王国，均以失败告终，被迫承认其对北非的占领。查士丁尼登基后，将汪达尔人视为眼中钉，他不能容忍拜占庭帝国在西地中海的利益受到汪达尔人的破坏和剥夺，认为不能坐失富庶的北非地区。因为北非的谷物、油料和酒在历史上曾对罗马帝国经济产生重要影响。拜占庭帝国时代，北非丰富的农牧业产品对东地中海地区仍然具有重要意义，不仅为拜

占庭帝国带来大量的商业利润，而且是拜占庭人日常生活不可缺少的物资。查士丁尼决心以武力征服汪达尔人，消灭汪达尔王国，迫使其或承认拜占庭皇帝的宗主权，或成为帝国的行省。贝利撒留于534年从汪达尔人防务薄弱的卡布特瓦达（Kaputbada）登陆，袭击汪达尔人的右翼，而后多次击溃汪达尔军队主力，使其力量遭到毁灭性打击。最终在伊彭城（Ippon）迫使盖利摩尔投降。被俘的汪达尔人后来被编为拜占庭军队中的汪达尔人兵团，最终在拜占庭人对外战争中消耗殆尽，这个古代民族也逐渐从历史中消失了。汪达尔战争胜利后，查士丁尼于535年发动哥特战争，再度派遣贝利撒留率军出征意大利。当时，东哥特王国控制亚平宁半岛数十年，成为查士丁尼一世重建罗马帝国的主要障碍。查士丁尼借口为被杀害的亲拜占庭帝国的东哥特王后复仇，下令贝利撒留领军向西渡海作战。贝利撒留审时度势，诱骗东哥特军队投降。但是，贝利撒留在意大利取得的成功并没有为他带来荣誉，相反却加深了查士丁尼对他的猜疑。贝利撒留返回君士坦丁堡后，受到皇帝的冷落。这样，查士丁尼重新将地中海变成拜占庭帝国的内海，罗马帝国昔日的疆域似乎重新恢复。查士丁尼的对外战争使拜占庭帝国的领土面积几乎扩大了一倍，地中海沿海地区和海上各大岛被拜占庭帝国所控制，地中海似乎再次成为帝国的内海。拜占庭帝国似乎真正成为昔日地跨欧、亚、非三洲的罗马大帝国，它西起沟通大西洋和地中海的直布罗陀海峡，东至两河流域中上游，北自多瑙河和黑海北岸的克里米亚（Crimea）半岛，南抵尼罗河（Nile River）第二瀑布和马格里布（Maghreb），幅员广阔。

如何评价查士丁尼一世一直是拜占庭研究的热点问题。应该说，农民出身的查士丁尼生前基本上实现了他的政治理想，无论在内政还是在外交方面，都取得了令其后人羡慕的成就；尤其值得称道的是他主持编纂的法典无论在当时还是对后世均意义重大，影响深远。他推行的政治、经济和社会改革都取得了成效，尤其是在对外战争中取得的军事成就一度再现了罗马帝国辉煌时代的疆域，而他在位期间的种种成功改革奠定了其后多个王朝继续改革的基础。作为一个从社会底层爬上皇帝宝座的君主，查士丁尼的一生还是成功的，他留给后世的诸多遗产也证明他是早期拜占庭历史上一位杰出的皇帝。确实，并非所有的拜占庭皇帝都能够取得青史留名的业绩。就个人品格而言，当时人认为查士丁尼一生克勤克俭、勤政为民、事必躬亲、不尚享乐。他一生挚爱塞奥多拉，从无寻花问柳之事。但是，查士丁尼生前取得的成就在其身后未能持久，对于其中的原因，后人评价多多。比较公认的意见认为，他的好大喜功、穷兵黩武、大兴土木耗尽了帝国的资源，而他将帝国战略中心从东方转移到西方是错误的选择，加之以暴力对待信仰的宗教政策都加剧了其昙花一现大帝国的脆弱性。我们在评价查士丁尼一世成败得失时更应该具有历史感，应该注重分析他在应对时代难题时的表现和成效，就此而言他是成功的。至于他身后的帝国是否能够长久，似乎不在他的权限范围，而更应要求其后的皇帝。查士丁尼于565年去世，早期拜占庭帝国重温罗马大帝国的荣耀很快便烟消云散，古罗马帝国的旧梦很快便成为后人的回忆。对于查士丁尼之后半个世纪内拜占庭帝国迅速衰落的原因需要作多因素的考虑，除了从君士坦丁时代到查士丁尼时代历代皇帝试图恢复古罗马帝国努力的最终失败外，还应该注意那些自然灾害特别是流行于地中海世界的大瘟疫的影响，正是在此后一个世纪反复多次爆发的鼠疫沉重打击下，拜占庭帝国陷入了空前严重的衰退。如果说，查士丁尼积极的内外政策加速了地中海世界的人员和物资流动，无意间造成了疾病的流行的话，那么其严重后果也是当时统治者始料不及的。我们对历史人物不必苛求。

第二节　中期拜占庭帝国史

中期拜占庭帝国探寻到一条适合拜占庭国家生存之道，故出现了近500年的上升期，期间经历了伊拉克略时代（Herakleios，610—711）、毁坏圣像运动时代（Iconoclasm，711—867）、"黄金时代"（867—1056）3个阶段，分别由伊拉克略王朝（610—711）、伊苏里亚王朝(Isauri-ans，717—802)、阿莫利王朝(Amorian，820—867)和马其顿王朝(Macedonian，867—1056)进行统治。伊拉克略一世(Heraclius I)开始推行的军区制(Themes)改革使拜占庭帝国地方统治机构全面军区化，社会组织军事化，以此应对查士丁尼去世后拜占庭帝国面临的多种危机。这项涉及政治、军事、经济等各领域的社会改革，确立了一种适合拜占庭帝国生存的国家组织制度，因而能够使拜占庭帝国此后经历大约 5 个世纪的稳定和强盛。在这个时期最杰出的皇帝，如伊拉克略一世、利奥(Leo)和瓦西里二世(Basil II)的努力下，拜占庭帝国逐渐进入其"黄金时代"，达到了拜占庭历史发展的鼎盛阶段。

一、伊拉克略时代

伊拉克略王朝(610—711)统治百余年，共经 6 代皇帝，最杰出的皇帝是伊拉克略一世(610—641 年在位)。该王朝统治时期，成功地推行了军区制改革，加快了帝国社会组织的军事化进程。由于拜占庭军事和行政改革的顺利进行，境内外恢复了安定局面，小农经济获得较大发展，进而增强了帝国的财政和军事实力。伊拉克略王朝凭借日益增强的国力，对入侵拜占庭帝国东部地区的波斯军队发动大规模军事远征，彻底击败了宿敌波斯人，最终直捣波斯陪都泰西封(Ctesi-phon)，迫使波斯国王投降。

军区制改革是一场有关军事和行政制度的改革，由于这场改革以解决军事问题为主、且最终普遍建立军区，故被称为军区制改革。拜占庭帝国的军区称为"塞姆"，是由 6 世纪末拜占庭帝国"总督区"演变而来。查士丁尼时代曾经在北非的迦太基和意大利东部的拉文纳两个地区试行总督区制度，因为这两个总督区远离首都，是拜占庭中央政府控制西地中海霸权的立足点和重要的贸易港口。总督区实行的总督一元化领导管理形式有利于总督统一指挥，应付紧急军务。尽管总督区仍然保持军事、行政两套管理机构，但是总督一人总揽大权有利于克服这些边缘省区远离中央政令迟缓的弊病，而总督作为军事最高长官的管理模式为后来的军区制改革奠定了成功的先例。出生于迦太基总督之家并在总督区长大的伊拉克略，首先在边防局势异常严峻的东部小亚细亚地区建立亚美尼亚（Armeniakon）和奥普西金（Opsikion）军区。而后，该王朝其他皇帝又先后建立了基维莱奥冬（Cibyrraeots）、阿纳多利亚（Anatorikon）军区和色雷斯军区。新建立的军区具有两个重要特点：其一是管理机构采取战时体制，不仅军、政权力由军区最高首脑"将军"控制，而且军区的各级权力机构也按军事建制设立，行政权力则附属于军事系统，这种军政权力合一的举措有效消除了管理中两权相斗互相掣肘的问题；其二是军区制内形成了相对稳定的农兵阶层，他们与小农并存，成为拜占庭帝国军事的中坚力量和财政的主要来源，对于加强拜占庭国力，稳定形势起了相当重要的作用。军区制改革加速了拜占庭国家组织的军事化，使之得以适应对外战争频率不断提高的新情况。

罗马帝国时代就有长期驻守边境的职业军队，称为"边防部队"。拜占庭帝国初期的边防军区也继续保持过去的传统。军区制改革在此基础上作了调整，每个驻守特定地区的军区由 2～4 个师级单位组成；师级单位再分别由 5～7 个团级单位组成，其下分设营、队等下级单位。团级单位依据不同兵种人数又有区别，骑兵团人数在 50～100 人，而步兵团人数在 200～400 人。人数最多的师级单位大约有 3000 人，其基层部队军官称为"百夫长"和"十夫长"，从名称上可以了解其大概人数。军区所辖地区的军事和行政权力合一，由"将军"总领各种管理权。这样，各级军官体系自上而下地取代了地方行政管理系统，过去行省、地区和村社的行政管理机构或是向军事序列靠拢，或是被军事机构所取代。地方行政管理的军事化和单一化为军区制提供了行政管理制度上的保证。军饷则在此基础上加以确定，最初每隔 3 年或 4 年分批发放。为了解决中央政府财力不足的困难，伊拉克略王朝便采取以田代饷，建立军役地产，这一措施促进了农兵阶层的形成。军役土地制是军区制最终形成的关键，因为军役土地制造就了一个农兵阶层，他们成为军区制的基础。不论何种兵种军阶的士兵都把经营军役田产的收入作为他们支付军事开支的经济来源。他们及其家眷定居在其部队驻守的地区，平时经营军役田产。军区将军以下各级官兵自给自足，自备兵器装备(包括武器、铠甲、粮草等)，战时集中起来作战。在服役期(一般为 15 年)内，其土地不可剥夺，享有免税权。这种"士兵田产"一旦颁给士兵，即可永久占有，士兵可自由处理，可以买卖，也可以赠送他人，还可以将田产连同军役义务一同转给继承人。拜占庭士兵通过直接或间接方式履行兵役义务。

军区制改革对于中期拜占庭帝国发展意义重大，后人评价虽然有高低，但其积极作用却无人否定。这一改革暂时解决了拜占庭帝国面临的人力资源短缺和财源枯竭的困难，因为这一制度将本国公民作为军队的主要兵源，使军队建立在广泛的本国人力资源基础上，它将成年公民按照军队的编制重新组织起来，屯田于边疆地区，平时垦荒种地，战时应召出征，平时以生产为主，战时以打仗为主，帝国因此既获得了广泛而稳定的兵源，又解决了财源不足的问题。军区制下的农兵占用的军役田产可以世袭，各级官兵均自备所需的武器、装备和粮草，而不依靠国库供给，从而减轻了中央政府的财政负担。同时，军区制下军事首脑的一元化领导也极大地提高了地方管理的效率和军队的应急能力。军区制的推行扫除了地方管理中的扯皮现象，将权力集中于将军一身，使之能集中处理辖区内一切事务。而行政长官或作为将军的幕僚听命于将军，或被挤出权力机构。地方管理组织一元化和军事化极大地提高了地方统治的效率，特别是应对大规模入侵时，军队指挥机构能立即抽调其属下部队前往增援，相对独立地指挥，充分提高了军队的应急能力，加强了拜占庭帝国的国防力量。现代拜占庭学家高度评价军区制改革，认为它是赋予拜占庭帝国新活力的大胆改革，其意义极为深远。

尤其值得注意的是，随着军区制的推行和农兵阶层逐步形成，小农阶层也因而得到发展，这个阶层的兴衰对于拜占庭历史的演化影响深远。拜占庭国家是农民占主体、农业为主要经济部门的农业社会，因此尽管由于其具有特殊地理位置而使拜占庭工商业收入可观，但是其农业生产仍然是国家收入的主要来源，农业经济的盛衰决定拜占庭财政盈亏，进而影响国力的强弱。6 世纪后半期，由于连年战争和自然灾害，小农大量破产，纷纷逃亡，弃耕荒地日益增加，特别是在战事最频繁的小亚细亚地区，昔日盛产谷物的田地被战祸夷为荒野。然而，军区制改革为小农经济的复兴创造了条件。军役土地制实际上造就了一个负有军役义务的小农阶层。当农兵的长子继承其父的军役义务和军事田产后，其他的儿子便补充到负有军役义务但不从军作战的自由小农中。因此农兵和自由小农并肩兴起，两者在经济和社会地位方面没有本质的差异。小农阶层在军区制带来的相对安定的环境中，经过百余年的恢复性发展，不断壮大。由于小农经济的恢复和兴起，拜占庭国家税收大幅度增加，财政状况根本好转。军区制的推行使拜占庭帝国以巴尔干半岛南部和小亚细亚西部为中心的疆域逐步稳定，国力迅速恢复，不仅在迅即开始的对波斯人的战争中取得了决定性胜利，而且迫使已经进入巴尔干半岛的斯拉夫人臣服，逐渐转变为拜占庭帝国的臣民。同时，拜占庭凭借逐步恢复的经济实力和外交活动，实现了与阿瓦尔人等其他民族之间的和平。特别是在抵抗阿拉伯人军事入侵的战争中，军区制继续发挥了决定性的重要作用。但是从拜占庭帝国整个历史看，军区制仍然存在种种深层次问题和其自身无法克服的内在矛盾，它们成为日后拜占庭社会危机及帝国衰落的基本因素。

伊拉克略王朝在有效解决了内部稳定问题后，外敌入侵便成为紧迫的压力。在对外战争中，该王朝制度改革的成效很快便在与波斯人的战争中不断取胜中体现出来，而胜利的对外战争彻底消除了拜占庭帝国面临波斯人入侵这一长期为患的主要威胁。由于拜占庭国家推行军区制增强了军事实力，使伊拉克略皇帝得以全部精力从事波斯战争。他首先任命两个儿子为共治皇帝留守君士坦丁堡，并指定其亲戚尼基塔斯（Niketas）为摄政王主持朝政。而后他在小亚细亚东部前线建立兵站，招兵买马，整军备战。622 年春夏之交，具有战略天赋的伊拉克略避开波斯军队前锋主力，挥军从侧翼进攻两河流域源头的波斯军队，拉开了波斯战争的序幕。627 年，伊拉克略在亚述古都尼尼微（Ninevi）附近的古战场打败波斯主力，打通了进攻波斯首都泰西封的战略要道，取得了最终击败波斯人的决定性胜利。同年底，拜占庭军队攻占了波斯国王位于幼发拉底河畔的陪都泰西封，迫使敌军将领杀死其国王起义。新国王即位后投降议和。根据双方订立的和约，波斯人被迫同意割让整个亚美尼亚、交换战俘、赔款，并交还从耶路撒冷抢夺的基督教圣物。波斯战争终以拜占庭军队的胜利结束，困扰拜占庭帝国数百年的波斯入侵问题终于画上了圆满的句号。此后，波斯国家陷入内乱和无政府状态，不久即被新兴的阿拉伯人灭亡。

伊拉克略王朝取得的另一项军事成就是抵抗住阿拉伯人的军事扩张。634 年，新兴的阿拉伯国家开始大规模军事扩张，其骑兵攻占了拜占庭东部许多边防重镇。这是阿拉伯半岛统一后，哈里发（Caliph）国家发动的重大扩张战争。这场战争的根本原因是阿拉伯半岛各游牧民族在争夺草场、淡水等生活资源和商路控制权等商业资源的冲突中，将内部矛盾转移到外部世界，从阿拉伯半岛扩张到整个欧亚非旧大陆。由于穆斯林（Muslim）将士习惯于艰苦的沙漠游牧生活，出征作战时仅带若干马匹骆驼，无须大批粮草辎重，故而行动极为迅速，凭借奇袭取得成功。他们大都精于骑射，单兵作战能力极强，而其周边以步兵为主要战斗力的农耕民族对此十分陌生，因此阿拉伯骑兵成为无坚不摧的攻击力量。这些将士被许可占有被征服地区的土地和财产，因而战斗力极强。在阿拉伯军队的攻击下，拜占庭帝国失地丧城，军队节节败退，领土迅速缩小。正是在阿拉伯西路军的打击下，拜占庭帝国丧失了其在北非和埃及的领土，拜占庭帝国在埃及和北非地区数百年的统治从此宣告结束。655 年，阿拉伯舰队首次兵临君士坦丁堡城下，重创拜占庭帝国皇帝君士坦丁二世（Constantine Ⅱ，641—668 年在位）亲自指挥的帝国舰队，切断了帝国首都与外界的水上联系。只是由于倭马亚（Umayyads）王朝争权夺利的内讧才暂时中断了阿拉伯人的进攻，给了拜占庭人喘息的机会。直到拜占庭皇帝君士坦丁四世（Constantine Ⅳ，668—685 年在位）统治时期，拜占庭帝国才通过加强军队建设，调整阿拉伯战争的战略方针，并凭借新式武器"希腊火"击溃阿拉伯军队。所谓"希腊火"（Greek Fire）是一种以石油为主体、混合了易

8 世纪古籍插图《拜占庭士兵使用"希腊火"作战》

燃树脂和硫黄等物质的黏稠油脂，可以在水面上漂浮和燃烧，而且容易附着于物体表面。拜占庭士兵们使用管状铜制喷射器将它喷洒向敌人，然后射出带火的弓箭将它点燃，借助风力烧毁敌船。拜占庭守城部队就是依靠这种新式武器消灭了 678 年夏季进攻君士坦丁堡的阿拉伯海军，迫使阿拉伯人接受和谈，并订立 30 年和约，哈里发表示降服，愿意每年向拜占庭帝国进贡。现代历史学家高度评价拜占庭军队在 678 年夏季取得的胜利，认为这是阿拉伯军事扩张势头正处于强劲时遭到的最严重的挫折和阻遏，阿拉伯人征服欧洲的计划因此最终破产。当代著名拜占庭学家奥斯特洛格尔斯基指出，这一胜利使欧洲免遭阿拉伯军队的蹂躏和伊斯兰教文化的征服，其重大的历史意义远远超过胜利本身，它可以被视为世界历史发展的一个重要转折点。这里，除了军区制改革带来的变化，"希腊火"的出现也具有决定性意义。在冷兵器时代，这种火器无异于中古的"核武器"，其威力令阿拉伯将士胆战心惊，反映在这个时期的阿拉伯文献中。其复杂的配方一直是拜占庭人严密把守的国家机密，直到 1453 年热兵器时代开始阶段的君士坦丁堡战役，"希腊火"仍然发挥重要的作用。因此，我们在分析伊拉克略王朝军事胜利的时候，也不应该忽略其军事技术发展的因素。

二、毁坏圣像运动时代

毁坏圣像运动开始于伊苏里亚王朝（717—802），结束于阿莫利王朝（820—867）统治时期。这场运动是中期拜占庭历史上的重大事件，教、俗统治集团均深陷其中，其涉及面之广，影响之大，足以左右当时的历史发展，因此学者们以这场持续了150年左右的运动作为这个时代的标志，称这一个半世纪的历史为"毁坏圣像时代"。

伊苏里亚王朝的皇帝利奥三世（Leo Ⅲ，717—741年在位）于726年夏季颁布《禁止崇拜偶像法令》是毁坏圣像运动正式开始的标志。人们可能会产生这样的问题，基督教长期存在的关于圣像问题的争论为何在这个时候演化成为自上而下的社会运动？这场运动的爆发与该王朝确立其统治有直接关系。当时，拜占庭帝国经历了伊拉克略王朝末期政治危机的内乱，来自伊苏里亚的将领利奥创立新王朝后，帝国恢复稳定。统治之初，利奥为抵抗入侵巴尔干半岛的北方强敌保加尔人（Bulgars）和侵入小亚细亚地区的阿拉伯军队，实行以逸待劳坚守不出的战略，利用拖延战术令敌军疲惫，而后伺机出击，打垮敌人。他还全力组织君士坦丁堡城防，充分利用"希腊火"的杀伤力，多次瓦解敌军的海上攻势。同时，他命令各军区分头出击，切断敌军的补给线。孤军深入的阿拉伯人处境日益艰难，军中瘟疫流行，被迫败退。阿拉伯军队的失败迫使奥马尔（Omar）哈里发不得不与拜占庭帝国再次订立和平协议。而后，利奥三世通过建立反阿拉伯同盟，发动反攻，稳定东部边界于小亚细亚东部。对北方强敌，利奥推行和亲政策，促成了其子君士坦丁与保加尔汗国公主伊琳尼（Irene）的联姻。740年，拜占庭军队在阿克洛伊农（Acroinon）战役大败阿拉伯主力部队，收复失地。747—750年，拜占庭人乘阿拉伯阿巴斯（Abbasids）王朝取代倭马亚王朝的内战之机，在亚美尼亚、卡帕多西亚（Cappadocia）和阿纳多利亚军区边境地区发动反攻，将东部边界重新推进到两河流域上游。

外敌入侵的威胁消除后，帝国形势稳定，这为伊苏里亚王朝开始发动毁坏圣像运动创造了条件。利奥三世颁布《禁止崇拜偶像法令》后，立即引发首都和各地基督徒的反抗，受命执行拆除圣像命令的士兵被愤怒的妇女们杀死，希腊和爱琴海地区爆发了民众起义，君士坦丁堡大教长日耳曼努斯（Germanus）则成为反对利奥毁坏圣像政策的代表人物。这场有关如何对待圣像的争论迅速地从教会扩展到社会各个角落，从教堂修道院深入到家庭住户，人人关心，各抒己见。利奥三世遂于730年召开宗教大会，撤换了反对毁坏圣像政策的大教长，代之以拥护毁坏圣像的大教长阿纳斯塔西乌斯（Anasthasius）。会议还制定了毁坏圣像的宗教法规，使这场由皇帝发动的运动获得了宗教理论上的依据。利奥之子君士坦丁五世（Constantine Ⅴ，741—775年在位）继位后，对崇拜圣像派大肆迫害，毁坏圣像运动因此进入新时期。754年的宗教会议重新发布毁坏圣像法规。而后，掀起了新的毁坏圣像高潮。大量圣像艺术品被砸烂焚毁，教堂内的圣像壁画被石灰水覆盖，坚持崇拜圣像的人被毒打、抄家、游街、批斗、投入监狱、没收财产，甚至被处以死刑，一些高级教职人员被流放至偏远的山区和荒凉的孤岛，他们所在的修道院则被关闭，财产充公，其修士修女被强迫还俗。在毁坏圣像运动的高潮中，修道院和修道士成为扫荡的主要对象。在小亚细亚个别省区，迫害活动达到顶峰，修道院被洗劫，修士和修女被集中在广场上，侮辱性地要求他们牵手通过哄笑的人群，强迫他们在服从皇帝并还俗结婚和被刺瞎眼睛并流放塞浦路斯岛之间作出选择。许多人因忍受不了迫害而逃亡，仅意大利卡拉布利亚（Calabria）地区就接受了约5万名希腊流亡者，有的人甚至流亡到阿拉伯国家。罗马主教乘机最终摆脱了拜占庭皇帝的控制，在法兰克宫相矮子丕平（Pippin，后任国王）的支持下，建立起教皇国。

半个多世纪后，幼年的君士坦丁六世继位，毁坏圣像运动发生了重大转折。以摄政皇后伊琳尼为首的崇拜圣像派大举反攻倒算，不仅全面废除了以前历代皇帝毁坏圣像的法令和宗教法规，而且对参加毁坏圣像运动的教、俗人士大肆迫害，运动的第一阶段遂告结束。786年，君士坦丁堡大教长塔拉西乌斯（Tarasios）在首都召开宗教会议，取消了毁坏圣像立法。伊琳尼则撤换支持毁坏圣像的军队将领，甚至解散了强力支持毁坏圣像的小亚细亚军区。次年召开的尼西亚宗教会议通过决议和法规，公开反对毁坏圣像，并为所有因崇拜圣像而受到迫害的教士和受到牵连的普通信徒平反。伊琳尼的对内复辟对外退缩政策导致朝野上下和武装力量的反对，军事将领尼基弗鲁斯（Nikephorus）发动政变。皇帝利奥五世（Leo Ⅴ，813—820 年在位）继位标志着毁坏圣像运动进入第二阶段。利奥五世重新推行前代毁坏圣像派皇帝颁布的法令，废除 787 年尼西亚基督教会议的决议，并开始新一轮对崇拜圣像派的迫害。反对毁坏圣像政策的君士坦丁堡大教长尼基弗鲁斯（Nikephorus）被撤职，代之以坚定的毁坏圣像派领袖塞奥多杜斯（Theodotos）。这个阶段的毁坏圣像运动比较缓和，特别是阿莫利王朝的几位皇帝并没有采取激烈的迫害措施，拜占庭社会长期的动荡逐渐平息，为最终结束毁坏圣像运动创造了良好氛围。842 年，皇帝塞奥菲罗斯（Theophilos，829—842 年在位）之子米哈伊尔三世（MichaelⅢ，842—867 年在位）继位，作为幼帝母亲的皇后塞奥多拉摄政。她颁布反对毁坏圣像的法令，并通过宗教会议肯定崇拜圣像的《尼西亚法规》，同时实行宗教安抚政策，为在这次运动中受到迫害的人士平反，从而最终结束了这场时断时续长达百余年的运动。

　　一场运动持续了 150 年左右，看起来匪夷所思，但其中确实有深刻的原因。毁坏圣像运动的直接起因主要来自宗教争论。关于圣像的争论实际上直接涉及基督教基本教义的"救赎"理论，它是将晦涩难懂的教义和普通信徒的日常宗教生活密切联系起来的教规之争，也是基督教神学和哲学力图摆脱犹太教神学和古典希腊罗马庸俗哲学的影响、并最终形成独立的神学体系的结果。基督教神学一方面以一神论取代多神论，以确立上帝至高无上、无所不在、无所不能的地位，进而奠定以上帝为最高目的的世界体系哲学的基础；另一方面以三位一体的基本信条克服犹太教绝对一神论的神秘主义影响，用基督这一人神同形、同性、同格、同质的形象在人与神之间建立起"交流"的渠道，从而形成了救赎论的神学基础。这一争论对于普通信徒而言显得难以理解，但是却直接涉及数百年来形成的基督教传统和宗教仪式，使得广大信徒在上层统治集团的争斗中无所适从，公众精神活动因此陷入混乱，社会也因此陷于分裂。从政治层面分析，毁坏圣像运动是统治阶级内部不同利益集团之间斗争的产物。发动毁坏圣像运动的皇帝们以宗教争论为契机，力图推行一场旨在抑制教权膨胀的社会改革。他们从一开始就把遏制教会和修道院政治经济势力的发展作为其宗教政策的出发点，力图恢复皇权对教权的控制，重新确立皇帝至高无上的地位，特别是在教会势力迅速发展、直接威胁皇权对全社会统治，以及外敌入侵、亟待统一全国力量的时期，这场运动就成为中央集权化的重要步骤。可以说，毁坏圣像运动是拜占庭帝国教、俗统治集团之间政治较量的结果。事实上，在教、俗权力政治较量的背后还存在着经济利益的冲突。毁坏圣像运动开始前，教会通过多种渠道和数百年的积累，拥有庞大的地产和浮财，教会控制的庄园遍布帝国各地，而教会享有的免税权直接导致国家税户的减少。教会收入的快速增加是与国家收入减少成正比的，这就引起世俗君主的极大担忧，进而招致世俗君主的不满，特别是在国库入不敷出、国家财政吃紧的情况下，这种不满就显得更加强烈，对立升级就顺理成章了。教会的富有对世俗君主有极大的诱惑力，后者千方百计征用教产，但遭到教会的反对。另外，教会吸引大批青壮年成为教职人员或修道士，加速了国家控制下的劳动力的减少，加剧了拜占庭人力资源短缺的困难。俄罗斯学者甚至认为，教会控制的人力资源占据了拜占庭总人口的1/10。显然，8世纪上半叶开始的毁坏圣像运动是多种社会矛盾冲突的结果，是拜占庭教、俗统治集团争权夺利的较量。

这场旷日持久的毁坏圣像运动对拜占庭历史发展影响极大。首先，毁坏圣像运动直接削弱了教会急剧发展的实力，皇权在较量中取得了胜利。这场自上而下的斗争使教会元气大伤，势力迅速下降，此后很难再与皇权对抗。843年的法令确定了崇拜圣像的教义，同时再次明确皇权对教会的控制，皇帝曾经掌握的"至尊权"得到加强，教会一度出现的摆脱皇权控制的趋势被遏止。在拜占庭历史上，东正教教会始终未能像罗马教会那样发展成为凌驾一切的至高权力，其重要原因是毁坏圣像运动对教会势力的致命打击，这或许也可以被视为毁坏圣像运动的远期影响。其次，这场运动清除了政治分裂势力，强化了中央集权。在整个运动中支持毁坏圣像的皇帝大部分来自拜占庭帝国的东部，他们凭借军事权力夺取皇权后，必然与以官僚为主体的西部贵族势力发生冲突。为了巩固统治地位，军事贵族集团利用毁坏圣像运动打击西部贵族势力，对希腊和爱琴海军区的贵族进行残酷镇压。毁坏圣像运动实质上是拜占庭皇帝努力恢复皇权至高地位，在拜占庭教、俗各界重新确立"皇帝崇拜"的举措。同时，毁坏圣像运动以明确的立法和政策支持东部军区毁坏圣像的主张，稳固了军心，安抚了东部将士，进而鼓舞了东部各军区的士气。再者，毁坏圣像运动遏止了教会产业的急剧膨胀，阻止国家人力资源的流失。在毁坏圣像运动中，皇帝们强行收回了许多地产和教会的免税特权，甚至大幅度提高对教会的税收，进而有效地实现了皇帝们从经济上打击教会的目的，大幅度增加了国家的税户，进而增加了国家的收入。而拜占庭帝国教、俗权力之间的关系也得到清理，长期受制于皇权的罗马教会以丧失部分省区的利益换取了最终摆脱拜占庭皇帝控制的自由，得到独立发展；而希腊教会则彻底臣服于皇帝的绝对权威之下。最后，我们还应提到毁坏圣像运动在拜占庭文化发展过程中所起的重要作用。在毁坏圣像运动的高潮中，兴起了世俗艺术的热潮，在石灰水刷掉圣像的墙壁上出现了以皇帝图像和花草动物等自然物景为主的世俗绘画，其中不乏对重大战役、皇家生活、围猎和公众活动，以及赛车竞技等场面的描绘。事实上，正是由于毁坏圣像运动对教会文化的打击，才遏止了5世纪以后教会文化迅速发展的势头，并为世俗文化的复兴提供了机会。此后，拜占庭教、俗文化在不同的领域共同发展，形成了拜占庭文化的一个重要特征。

逐渐归于平静的拜占庭帝国为阿莫利王朝的统治提供了良好环境，该王朝得以继续推行军区制改革的政策，建立新军区，引进新移民，并凭借不断增强的军事力量加强边防建设，抵抗外敌侵扰。特别值得一提的是，农业经济因此得到发展，农村生活逐渐安定繁荣。根据这个时期拜占庭农村普遍使用的《农业法》(*Nóμος γεωργικός*)，我们了解到拜占庭农村生活是以村庄为基层单位。村庄内以农民为主体，以农民的住区为中心，周围分布着生活区域和生产区域，前者包括各种生活设施和果园菜地，后者包括多种份地和其他生产设施，还有羊栏、马厩等家畜区和公共用地。村庄是纳税的基本单位，同在一个村庄的农民们共同承担完税义务，同时拥有使用弃耕农田的优先权。国家通过立法杜绝土地荒芜，以强制村庄集体纳税来保证财税收入。在一定的税收年度期间，政府测定的地方纳税额度是固定的，因此解决弃耕土地问题的最好办法是耕用荒地。这就是拜占庭农村特有的税收"连保制"。农民以"份地"的形式耕作农田，农民份地之间以"沟渠"为界。公共土地则为村民共有，分散在村庄周围，用于放牧和砍伐生活用材。政府每3年进行一次农村土地清查登记，以确定税收额度。在此期间，村民对变更的土地进行重新划分。这一时期，拜占庭农村中似乎不存在不劳而获的地主和控制依附农民的贵族领主，这种情况显然与同期西欧农村中普遍发展的庄园制和领主制有极大区别。《农业法》在拜占庭农村中被广泛应用，这说明小农生产生活方式在拜占庭帝国中期历史上比较发达，成为拜占庭帝国强盛的基础。

三、"黄金时代"

拜占庭帝国经过几个世纪相对稳定的发展，在其自查士丁尼时代以后极大收缩的核心地区内逐渐强盛起来，到马其顿王朝（867—1056）统治时期，进入其"黄金时代"。马其顿王朝是由马其顿地区农民之子瓦西里一世（Basil Ⅰ，867—886 年在位）创立的。瓦西里一世他行伍出身，

瓦西里一世

凭借其掌控的军队势力推翻旧王朝，建立新王朝。该王朝统治的近200年期间，拜占庭帝国出现了前所未有的繁荣和强盛，被后人视为帝国历史上的"黄金时代"。

处于"黄金时代"的拜占庭帝国政治稳定，中央集权强盛，特别是王朝血亲世袭继承皇权的"正统"体制已经成熟。在早期和中期拜占庭历史上，包括马其顿王朝在内的8个王朝都是由军人建立的，其中通过政变建立的王朝有4个。可见宫廷政变仍然是拜占庭帝国改朝换代的主要途径，而军队在宫廷政变中的作用依旧十分强大。军事将领在政变后成为皇帝的传统始于古代罗马帝国。晚期罗马帝国的历史充斥了军阀割据、自立为帝的现象，这对拜占庭帝国政治生活产生了强大深远的影响。强化皇权交接的稳定性是皇帝专制统治的关键环节，也是历代皇帝千方百计加以解决的大问题。而开始于7世纪的军区制改革是以中央政府向地方下放权力为特征的，这项改革有利于拜占庭国家地方组织军事化，进而使军人和军队在国家政治生活中占有更重要的地位。值得注意的是，王朝一经建立，皇权血亲世袭继承就成为基本的继承原则，王室血缘也是所有觊觎皇帝宝座的人必须具有的天赋条件。这一点成为朝野共同接受的政治传统。这一传统减少了保持拜占庭中央集权制稳定的成本，换言之，它排除掉许多有能力争夺皇权的野心家，也降低了对最高权力争夺的风险。因此，拜占庭王朝统治的时间越来越长，这一历史现象反映了皇权血亲继承的必要性。在血亲继承的总原则下，父死子继、长子继承、兄终弟及、父死女继、姊妹相继等皇位继承形式同时并存，以此弥补拜占庭基督教婚姻法对皇帝继承制造成的不足。任何人无论其能力如何超群，其控制的势力无论多么强大，都不能超越血亲世袭继承这一"皇统"的底线，突破这一"红线"者必然要付出生命的代价，而巧妙利用这一原则则成为许多觊觎皇权的野心家成功的秘籍。

皇位继承制度是拜占庭政治生活的核心制度。这一制度经过数百年实践，保证了拜占庭国家中央集权制政权相对稳固，也是拜占庭国家处于鼎盛时期的标志之一。马其顿王朝时期这一传统趋于成熟。以皇帝为核心的政府强化中央集权，限制和打击大贵族，镇压反叛势力，削弱分裂势力，保证了皇帝作为帝国最高权威实施其政治、经济、司法、军事、宗教等权力。以瓦西里二世为例，他为扩大中央集权统治的基础，颁布立法，保护农兵和小农，从而行使了立法者、执法者和监察者的多种权力。为了使小农摆脱困境，他不顾大贵族的反对，强制推行税收改革，大幅度提高贵族纳税额度，减免无力纳税的小农税收劳役，使拜占庭国力和军事实力大为加强，也为他进行对外军事征服与扩张提供了坚实的物质基础。

马其顿王朝强化皇权最为成功之处在于颁布了一系列立法，该王朝历任皇帝都十分注意通过立法加强中央集权。瓦西里一世即位后即编纂大型法典，对查士丁尼一世以来颁布的所有帝国法律进行重编，颁布了 40 卷的《法律草稿》(Prochiron)，其中包括《民法大全》所有的基本概念和刑法的详细目次。他还颁布了 60 卷本的《法律详解》和 40 卷本的《法律介绍》(Epanagoge)，具体规定了皇帝，大教长，各级教、俗官员的权力和职责，清楚地阐明了拜占庭国家和教会之间的关系，以及社会和公共生活的结构。瓦西里一世法典对马其顿王朝后代君主影响极大，并被翻译为斯拉夫民族多种语言在东欧地区广泛传用。利奥六世在位期间颁布了多部法典，其中 60 卷《皇帝法律》(Eparch)是最重要的一部，它以《法律草稿》为蓝本，重点解决当时拜占庭社会面临的问题。尼基弗鲁斯二世时期的《市长立法》则是君士坦丁堡社会生活立法书，它详细规定了首都各阶层的地位及其相互之间的关系，其中提到工商业各行各业的行会规则。上述立法活动为建立中央集权控制下的正常社会生活秩序提供了坚实的理论基础和法律规范。仅以马其顿王朝颁布的有关小农的法律为例，可以看到立法对社会生活的深刻影响。为了削弱日益发展的大土地势力，保护小农及农兵利益，马其顿王朝的皇帝们采取措施限制大地主的土地兼并，一方面保证小农使用土地的优先权，规定小农及其所在村社享有优先购买、租用田产和农舍的权利，要求过去 30 年期间以任何方式得自于农兵之手的军役土地必须无条件归还其原来的主人；另一方面，严禁大地主以任何方式，包括遗赠、捐赠、购买和承租等，接受贫困小农的田产，996年为此再次颁布法令。当然，这些法令具有瓦解地方分裂主义，加强中央集权的政治意义。

外交是内政的延续，马其顿王朝在强化中央集权、保持内政统治稳固的同时，大力开展强势外交和军事扩张，取得了突出的成果。当东、西方教会为争夺最高宗教权力发生冲突时，皇帝任命对拉丁教会态度强硬的佛条斯（Photios，810—893，858—867年、877—886年任大教长）进宫担任皇太子的教师，还担任大教长。1054年，两大基督教派别因争夺对南意大利教区的管辖权再起争端，互不相让，最终导致互相开除教籍，成为基督教第一次大分裂的标志性事件。这次事件是东、西两大教会势力互有消长，长期争夺基督教世界最高领导权的必然结局，也是以罗马教廷为首的天主教自8世纪中期脱离拜占庭皇帝控制独立发展的结果。作为这次争执焦点的圣餐使用发酵或不发酵面饼问题看起来有些滑稽，但是它涉及两派教会谁占据理论制高点并进而夺取最高宗教权的核心问题，因此从这个看似不起眼的事件中，我们看到了两大教会分裂的导火索。尽管有些学者并不看重这个事件，但是从历史发展的长远影响观察，基督教的第一次大分裂意义深远，也凸显出马其顿时代拜占庭帝国意识形态领域的强势。

马其顿王朝统治下的拜占庭军队在对外战争中取得了彻底击溃保加利亚（Bulgarians）人的胜利，使称雄一时的保加利亚王国一蹶不振。马其顿王朝统治之初，拜占庭帝国便对保加利亚王国发动了积极的文化与宗教攻势，并取得巨大进展。当时，保加利亚人和其他斯拉夫人一样，社会文化发展极为落后，尚未形成本民族文字，他们在与拜占庭人的接触中，逐步开化，感受到先进文化和社会生活的优越性，因而迫切希望引进外来文化，弥补社会精神生活的不足，以适应建立大国和强权的需要。同时，由于东欧政局的变动和加洛林帝国的东侵，造成巴尔干半岛各种势力的激烈较量。最先请求并接受拜占庭教士传教的摩拉维亚（Moravia）大公国就是畏惧加洛林和保加利亚结盟后对其形成夹击之势，转而投靠拜占庭帝国，首先提出接受希腊教会传教的要求。而后也走上同一道路的保加利亚人也是担心自己腹背受敌，接受了希腊教会的传教。862 年，著名学者教士君士坦丁（Constantine，也称希利尔 Cyril，826—869 年）及其兄美德多斯（Methodius）受任前往两国传教，使用拜占庭希腊语作为斯拉夫方言拼音文字的基础，创造了一种为斯拉夫人所理解的文字，称为"希利尔（Cyril）文字"。这种语言日后便成为所有其他斯拉夫文字发展的基础。他们还与自己的弟子们从事《新约》等宗教经典和古典文史哲著作的翻译，帮助斯拉夫各民族迅速进入文明化进程。大力支持拜占庭传教士工作的保加利亚国王伯利斯一世（Tsar Boris of Bulgaria，852—889 年在位）也被后人尊为保加利亚文化的奠基人，而他在选择接受拉丁教会还是希腊教会传教时颇费了一番周折。

然而，宗教与文化传播并没有彻底解决保加利亚人在不断崛起中产生的矛盾，说到底，拜占庭人与保加利亚人之间的战争就是两个古代民族国家争夺巴尔干半岛控制权的较量。长期以来，继承罗马帝国传统的拜占庭帝国千方百计强化其在这一地区的统治地位，历代拜占庭君主都视巴尔干半岛为其传统疆域，而将斯拉夫人和其他民族当作自己的臣民。随着保加利亚人在发展中军事实力的不断增强，他们力图摆脱甚至取代拜占庭人的控制，成为该地区的霸主。双方的战争伴随着保加利亚人的崛起越来越频繁，冲突的规模越来越大。马其顿王朝统治初期，保加利亚沙皇西蒙（Symeon，893—927 年在位）就曾打败过拜占庭军队，兵抵君士坦丁堡，只是由于拜占庭帝国首都城防坚固难于攻克，西蒙才同意订立合约，结束战争。瓦西里二世统治时期，拜占庭军队不顾四面作战的困境，重点打击长期为患的保加利亚人。当时，重新崛起的保加利亚王国称为第一保加利亚王国，在沙木埃尔（Samuel）统治时期进入最强盛阶段。其军队一度实际控制巴尔干半岛 2/3 地区，并占领了通往意大利的沿海地区，直接威胁拜占庭第二大城市塞萨洛尼基。瓦西里二世亲临前线，坐镇塞萨洛尼基，整顿防线，制定反击战略，并大败沙木埃尔。鉴于保加利亚人言而无信、出尔反尔、经常倒戈的现实，他放弃了"以夷治夷"的政策，残酷迫害战俘，以酷刑使所有被俘的保加利亚人致残。1014 年夏，双方在瓦拉西察山谷地区决战，拜占庭军队大获全胜，保加利亚军队主力全部被歼灭。瓦西里二世下令将成千上万的俘虏处以瞽目的酷刑，全部致残，放回保加利亚。沙木埃尔痛心不已，脑血管崩裂，不治身亡。拜占庭军队乘胜追击，挥军横扫罗得比（Rhodope）山脉以西山区，彻底捣毁保加利亚残余力量的根据地，收复了全部失地。1018 年，保加利亚末代国王

瓦西里二世

再度起兵，在底拉西乌姆（Dyrrachium）战役中阵亡，拜占庭人遂彻底征服保加利亚全境，建立起新军区。拜占庭帝国北方前线重新推进至多瑙河一线。

　　马其顿王朝除了彻底解决消除了保加利亚人威胁的问题外，还成功抵抗住了阿拉伯人、罗斯人（Rus）、帕臣涅格人（Pechenegs）等外族的入侵。马其顿王朝统治初期，阿拉伯人就开始从北非和西亚两个方面对拜占庭人发动进攻。阿拉伯海军一度占领西西里（Sicily）岛，侵入南意大利沿海地区，这个地区当时是拜占庭帝国属地。只是由于 10 世纪前半期阿拉伯帝国解体，诸多小王朝相互战争，才缓解了拜占庭帝国东线边境和西部海岛的压力。马其顿王朝统治中期，拜占庭军队发动全面反击，从罗曼努斯一世（Romanos Ⅰ，920—944 年在位）到瓦西里二世（Basil Ⅱ，976—1025 年在位）时期，拜占庭军队大体上收复了其在亚洲的失地，著名军事将领约翰·库尔库阿斯（John Kourkougas）在小亚细亚和两河流域连续击败阿拉伯军队，将拜占庭帝国东部边界

推进到幼发拉底(Euphrates)河东岸和耶路撒冷附近。在海上,拜占庭军队也发起强大的反攻,收复了东地中海的主要岛屿和西里西亚(Cilicia)及西亚沿海广大区域,特别是塞浦路斯(Cyprus)岛的收回对拜占庭人重新建立东地中海控制权具有重要意义。在征服叙利亚阿拉伯人后订立的和约中,阿拉伯人被迫归还拜占庭帝国领土,同意进入阿拉伯国家的拜占庭商队正常经商,保证修复和重建被战火毁坏的基督教教堂,并取消对基督徒的迫害政策。法提玛(Fatimids)王朝也因此极为注意和拜占庭帝国保持友好关系,两国基本上维持长期和平局面。拜占庭军队击溃阿拉伯军队取得的胜利也改变了西亚的政治格局,对其他外部民族政权产生强烈震撼。正是在这一时期,拜占庭人与罗斯人建立了密切联系。为了解决双方时战时和,关系发展不稳定的问题,马其顿王朝皇帝加强宗教与文化攻势,促进罗斯大公奥尔加(Olga)访问君士坦丁堡,并促使弗拉基米尔(Vladimir the Saint,980—1015年在位)于988年接受基督教为国教,全体罗斯人受洗信仰基督教。这进一步保证了双方维持了半个世纪之久的友好关系。而罗斯公国接受希腊教会传教和全面接受拜占庭文化则有利于东斯拉夫民族的文明化,加快了罗斯古代民族国家的形成。

同样在马其顿王朝统治时期,拜占庭帝国在意大利的统治也得到强化。当时,拜占庭帝国在意大利的领地包括西西里和伊奥尼亚(Ionian Sea)海诸岛,以及巴里(Bari)、拉文纳和威尼斯(Venice)等意大利南部和东部沿海的城市。由于阿拉伯人占领西西里岛,并经常袭击拜占庭人控制的南意大利城市。拜占庭人遂联合意大利各地势力,联手抵抗阿拉伯海军的扩张。瓦西里一世时期甚至承认原隶属于拜占庭帝国的新兴的威尼斯人建立独立的圣马可(St. Mark)共和国,并与之进行对等的贸易,企图利用威尼斯的海军力量打击阿拉伯人。同时,瓦西里一世积极推进与路易二世(Louis Ⅱ)结盟,以共同对付日益猖獗的阿拉伯海上袭击。"神圣罗马帝国"(Holy Roman Empire,962—1806)建立后,德意志皇帝积极发展其在意大利的势力,与拜占庭帝国在当地的利益发生冲突,奥托一世对拜占庭帝国的意大利属地多次发动进攻，彻底破坏了拜占庭人联合西方力量抗击阿拉伯海军入侵的计划。为此，拜占庭帝国皇帝约翰·吉米斯基（John Ⅰ Tzimiskes，969—976 年在位）采取政治联姻措施，主动和亲，将拜占庭公主塞奥发诺（Theophano）嫁给奥托（Otto）之子奥托二世（Otto Ⅱ）。10 世纪末和 11 世纪初，拜占庭帝国在意大利的卡拉布里亚和朗苟巴底亚（Longobardia）两个军区被合并为意大利军区，其统治范围包括亚平宁（Appennino）半岛东、南沿海部分城市及西西里的墨西拿（Messina）地区。直到马其顿王朝统治末期，拜占庭帝国借助威尼斯舰队的海军力量阻止了阿拉伯人的海上攻势。

马其顿王朝时期是拜占庭文化发展的重要阶段，其文化活动异常活跃，学术发展非常迅速，教育水平为整个欧洲地中海世界之冠，文化成果极为丰硕，出现了一大批在拜占庭文化发展史上闻名遐迩的杰出人物。现代拜占庭学家瓦西里认为："这个时代目睹了拜占庭文化典型特征的最清晰的展示，显现出世俗因素和神学因素紧密结合的发展，或者是古代异教智慧和基督教新思想的融合，促使普遍的、包罗万象的知识大发展，最终显得缺乏原始原创的特征。"[①]最值得一提的是著名学者"数学家"利奥（Leo），据说他通过深入研究修道院图书馆的藏书而获得了渊博的学问。当他在君士坦丁堡的私塾中传授哲学、数学、天文学和音乐时，其学识为公众所认可，并被皇帝任命为国家教授，享受俸禄。后来他在宫廷官学中担任校长，继续讲授哲学，而在他任命的几何学、数学、天文学和修辞学 4 大讲席教授中，包括他的亲戚和资助人，也是当时非常著名的学者佛条斯。这所皇家大学一直得到皇帝的重视，君士坦丁七世就是其积极而热心的支持者。正是由于这批著名学者的任教，马其顿王朝时期出现了一大批学识超群能力不凡的优秀人才，而这个时期的文化水平得到显著提升。诚如现代拜占庭学家曼格所说："可以肯定地说，在 9、10 世纪期间，希腊文学的水平大为提升，或者说变得更为精致讲究……正如我们所知道的那样，这

---

① A. A. Vasiliev, *History of the Byzantine Empire*, I, p. 361.

种情况在历史写作中表现得十分突出。"①另一位"大家"是两度担任过君士坦丁堡大教长的佛条斯，他一生不懈追求学问，完成了著名的读书笔记，涉及290部380种古代作品。其博闻强识和融会贯通的治学能力，使他完成了青史留名的《书目》(*Bibliotheca*)一书，其中不仅对他阅读过的每本书都做了多达几行至十几页的记录，而且附有读者对它们的评价。据现代学者统计，该书涉及的作品包括233种基督教古书，147种"异教"或世俗古书，不包括教科书、诗歌和戏剧，全部属于传世精品。正是佛条斯的学问使他赢得了广泛的声誉，并受到皇帝的赏识，一度担任皇家教师。作家普塞罗斯(Michael Psellos，1018—1080)也是拜占庭文化史上的重要人物。他出生于君士坦丁堡中等的殷实之家，其父母极为重视对他的培养，送他师从当时多位学者，故而造就了他教、俗知识兼通的学问，奠定了日后发展的基础。普塞罗斯是当时思想活跃、学识渊博的学术新星，在首都知识界脱颖而出。36岁时，他进入奥林匹斯山修道院研修，不久重返首都政界，成为宫廷学者，在多位皇帝庇护下专研知识，并在当时的文化建设活动中发挥了重要的政治和学术作用，曾任帝国哲学院院长，类似我国古代翰林院大学士。普塞罗斯是位多产作家，其流传后世的作品涉及历史、哲学、神学、法学、韵律诗歌、散文、札记和书信。该王朝的几位"文人"皇帝也值得提及，他们虽不是治国理政的能手，但不仅终生致力于学问、著述高深、佳作丰硕，而且由于他们对知识和学术的由衷热爱而催生了追求高雅智慧的文化热潮。拜占庭历史上第一位亲自撰写文史书的皇帝是君士坦丁七世(Constantine Ⅶ，905—959)，他虽然生于皇家，身为皇帝亲生儿子，但却命运多舛，其皇家继承人的身份长期得不到承认，因此被排斥在王朝权力中心之外长达40年。但是他的这种特殊经历为他提供了生活条件优越而又置身权力斗争之外的环境，因此也为他追求学问、实现其好学天赋创造了条件。他一生向学，热爱古代文化，大力支持学术，褒奖各种文化活动，吸引大批学者在其

---

① C. Mango（ed.），*The Oxford History of Byzantium*，p. 216.

周围，推动"马其顿文化复兴"。他是真正的学者，亲自参与和撰写多种文体的作品，在其多部关于拜占庭帝国军区、政府、宫廷礼仪的著作之外，他还主持编纂了《皇帝历史》这类史籍。他还为后人留下了《礼仪书》、《帝国政府》、《论军区》等极其重要的文献，都成为今人从事研究的主要依据。他在位期间实施了一系列图书整理编纂计划，整理出珍贵的古籍文本，例如《农书》(Geoponica)涉及古代晚期的农业，《兽医学》(Hippiatrica)涉及当时的兽医科学。君士坦丁七世还下令编纂了医学百科全书和动物学百科全书，而最浩大的图书整理计划是《史典集成》(Excerpta historica)。这部著作是从历史作品中广泛挑选出来的作品摘录集，涉及从希罗多德时代一直到 9 世纪修道士乔治(George the Monk)时期的所有作家。从本书主题标注的"皇帝的敕令"、"胜利"、"公开演讲"、"狩猎"、"婚姻"和"发明"等 53 个题目可以看出，整部书卷帙浩繁，如此丰富的藏书编目大概只有皇帝有能力进行编纂，这不禁使我们联想到我国的《册府元龟》、《古今图书集成》和《四库全书》了。

总之，马其顿王朝时期的内外政策及其繁荣的经济、文化生活，特别是对外战争取得的胜利都表明，拜占庭帝国进入了发展的鼎盛阶段。这一"黄金时代"是建立在中期拜占庭帝国有效推行的军区制改革基础上的，是军事外交胜利和政治相对安定促进的生产发展和实力增强的结果。但是，如同世界上所有古代帝国一样，拜占庭帝国也在经历了"黄金时代"以后，开始走下坡路，在马其顿王朝末期，这种预兆已经显现。

第三节　晚期拜占庭帝国史

拜占庭帝国存在深刻的社会矛盾，这些矛盾在马其顿王朝统治末期开始暴露，相互冲突交错发展，诸如皇帝专制集权和地方贵族分裂、中央政府和军区权力、统治民族和被统治民族、大地产和小地产(包括军役土地)、大地主经济和小农经济、城市和乡村等因素互相对立，其中一些矛盾逐步发展成为难以克服的社会弊病。例如小农经济衰败和军区制的瓦解，进一步促进大贵族势力兴起，并对中央集权政治造成破坏，一批经济势力强大并在政治上权大位高的大贵族显赫一时，他们不仅在地方称王称霸，而且积极参与皇室内讧，左右朝政。杜卡斯王朝(Ducas, 1059—1081)、科穆宁王朝(Comneni, 1081—1185)、安茸鲁斯王朝(Angelus, 1185—1204)和末代的帕列奥列格王朝(Palaeologi, 1261—1453)的相继建立均是大贵族参与宫廷政治的结果。这些问题日益严重，成为晚期拜占庭帝国无法克服的社会痼疾，使拜占庭国家经历了由盛到衰的深刻转变。

一、衰落时代

拜占庭帝国衰落的原因很多，其中重要因素是其军事化社会结构的解体和中央集权的衰弱，这是11世纪以后拜占庭社会发生的最深刻的变化之一，而军区制的持续瓦解和大贵族势力的迅速兴起并在政治上形成尾大不掉的局面是明显的外在标志。自7世纪开始推行的军区制曾加速了拜占庭帝国社会组织的军事化，使拜占庭军事和经济实力得到增强，国力得到恢复，有力地促进了以巴尔干半岛和小亚细亚地区为中心的拜占庭帝国疆域的稳定。但是，随着军区制在全国的推行，其内在的深层次矛盾逐步发展，在以大地产主为核心的军事贵族悄然崛起的同时，以农兵为主体的小农阶层遭到侵害。拜占庭小农经济十分脆弱，难以抵御自然灾害和战乱的打击，特别是随着占有大地产的军事贵族迅速兴起，小农经济瓦解的过程大大加速。大地主利用小农破产之机，以提供庇护权为借口兼并小农土地，并对小农的自由权利实行控制，迫使小农人身依附于大地主。11世纪以后，小农阶层日益沦为大地主的农奴。虽然马其顿王朝的皇帝认识到保护小农对于维持统治的重要意义，也采取立法措施限制大地主的扩张，但是却未能采取切实有效的措施打击大地主，因为皇帝们在发展和维持军区制的同时必须借重大军事贵族的政治势力，维护其在地方的统治。打击大军事贵族就意味着削弱军区制，小农经济也难保存。特别是在大地主贵族势力已经相当强大的情况下，对大地产贵族的真正打击就等于取消军区制，以农兵为主的小农亦将同归于尽。因此，皇帝的立法并未得到切实贯彻，而皇帝们对小农经济的瓦解也无能为力，听之任之。到11世纪，随着军区制的瓦解，拜占庭帝国国有小农几乎完全消失。军区制是早期拜占庭帝国经历长期动荡，并在中期拜占庭帝国推行的军事和政治经济管理制度改革，是拜占庭统治者取得成功的改革成果。但是，军区制从推行之初自身内就孕育着深刻的矛盾。拜占庭统治者为了推行军区制以有效应付外敌入侵，就必须依靠和重用军事将领，这就为军事贵族势力壮大创造了条件。随着军区制的发展和军事贵族的兴起，小农土地必遭侵蚀，小农经济必然趋于衰败，从而瓦解了军区制存在的经济基础。拜占庭帝国统治者企图通过相对自主的地方管理有效地维护和保证中央集权统治，结果就不可避免地产生扩大地方权力，削弱中央集权和瓦解小农经济基础的后果。他们无法克服中央集权和地方分裂、大地产和小地产、大地主和以农兵为主的小农之间的矛盾。换言之，军区制发展的同时也准备了自身毁灭的条件。正是由于这些深刻矛盾的演化才使军区制这种适合拜占庭帝国统治需要的制度归于衰败，进而造成拜占庭国力的衰落，也促成了拜占庭帝国在外敌的连续打击下最终灭亡。

晚期拜占庭帝国政治生活的一个重要现象是出现了许多权贵家族，这些大贵族势力的兴起在政治上对拜占庭帝国中央集权制造成直接威胁，成为晚期拜占庭社会政治动荡和国家分裂的主要因素。许多地方大贵族参与王室内讧，有些军区大贵族的叛乱甚至造成王朝的倾覆。军事贵族形成的政治势力与中央政府的官僚势力争权夺利、明争暗斗，他们之间的较量构成了晚期拜占庭帝国政治生活的主线。为了克服地方分裂势力，10世纪以后的拜占庭皇帝不断采取措施，将原有的军区分划为更多更小的军区。最初在全国建立的6大军区此时被分划为25个，11世纪时，这一数字上升为38个，例如原亚美尼亚军区被分划为10个小军区。同时，中央政府重新委派行政官员分担军区"将军"的行政权力。这种分权措施实际上将军、政权力重新分立，恢复了军区制以前的军、政两元化领导体制。至 12 世纪,军区制被完全取消。由于军区制被破坏,以本国兵源为主体的农兵日益减少,拜占庭帝国被迫大量使用雇佣兵。雇佣兵为金钱而战,极易发生哗变,他们不仅掏空了晚期拜占庭帝国的国库,而且经常反叛,肆虐各地。晚期拜占庭帝国涌入大批土耳其人、诺曼人、斯拉夫人、瓦兰吉亚人雇佣兵,他们在巴尔干半岛流窜抢劫,进一步加速了拜占庭帝国的衰落。

衰落时期的拜占庭帝国经历了杜卡斯王朝、科穆宁王朝、安茸鲁斯王朝和帕列奥列格王朝的统治,其中科穆宁王朝统治时期,拜占庭社会变动最为剧烈。该王朝创立者依沙克一世(Isaac Ⅰ,1057—1059 年在位)曾经推行强化中央集权的政策,采取了一系列打击大官僚贵族集团的改革措施,包括没收贵族产业,增加官僚贵族的纳税金额,严厉惩罚拖欠国家税收的官吏,削减官吏人数,精兵简政,减少官吏薪俸等改革措施,并对教会贵族课以重税。这些措施有效地打击了官僚贵族的势力,使国家收入明显增多,但也遭到贵族广泛的反对,最终皇帝本人遭到软禁,被推翻下台。依沙克一世的侄子阿莱克修斯一世(Alexios Ⅰ,1081—1118 年在位)凭借军事实力和政治手段夺取皇位,逐步强化皇权,恢复了打击大官僚贵族的政策,对所有异己力量,包括独立于科穆宁家族的贵族均采取打击排斥措施,而对效忠皇帝的贵族加以严格控制利用,但是决不委以军权。他特别重用皇族子弟,通过调整官职和贵族爵位清除对皇权造成威胁的因素,因此在他强有力的统治下,几乎没有出现军、政叛乱。同时,他颁布立法取消了教会几个世纪享有的免税权。就是在这个时期,小亚细亚地区突厥人兴起,改变了东地中海地区的政治格局。为了对付突厥游牧民族的入侵,阿莱克修斯向教皇发出求援呼吁,希望西欧雇佣军帮助他打击入侵者,但是,后来的事态发展给拜占庭帝国带来长期的灾难性后果。虽然,阿莱克修斯请求教皇援助只是希望后者派遣一支雇佣军,在他指挥下抗击突厥人。但事与愿违,由此引发了长达几个世纪的十字军运动。

拜占庭皇帝在塞尔柱突厥人的强劲攻势压力下,被迫向教皇求援。这一请求立即得到教皇的回应,他公开号召西欧各国封建主和广大基督教信徒参加"圣战"，帮助东方的基督教兄弟反击异教徒。同年年底，他再次发出发动"圣战"的号召，敦促基督徒解放被穆斯林占领的耶路撒冷圣地。教皇的鼓动很快在西欧各国引起强烈反响，在法国南部克莱芒（Clermont）市举行的盛大集会上，数以万计的狂热基督徒和数千封建骑士热烈响应教皇的号召，高呼口号，当即立誓出征。由于他们将十字标志缝在各自的服装和旗帜上，所以被称为十字军战士，他们所从事的战争也被称为十字军战争。十字军战争的爆发绝非偶然，有其深刻的社会背景。11世纪时，经历了几百年社会变革与动荡的欧洲社会趋于安定，西欧社会经济生活日益繁荣，人口急剧增加，农业耕地等物质资源不足的问题越发突出，人口数量的急剧增加和物质资源开发的相对缓慢之间的矛盾日益激化。西欧各国封建世袭领地制曾产生了一批以作战为职业的骑士，在相对和平的环境里，他们失去了赖以为生的战争机会，无所事事、游手好闲、频生事端，成为社会不安定的因素。同时，随着商品经济的发展，西欧上层封建领主对物质生活提出更高的要求，西欧各地普遍流行的农奴制剥削已经不能满足其需求，因此，迫切希望找到新的财源。而处于社会底层的西欧农奴越来越不能忍受封建领主的压榨，他们也迫切希望改变现状。西欧的商人特别是意大利商人早就觊觎东方贸易的丰厚利润，希望分享东地中海国际贸易的"大蛋糕"，打破拜占庭帝国在这一区域的商业垄断权。事实上，拥有强大舰队的威尼斯和热那亚（Genoa）人早在10世纪时即开始从拜占庭皇帝那里得到了东地中海贸易优惠权，并因此获得了巨大的商业利益。但是，仅仅建立商业据点分享国际贸易的利润还不能满足他们的贪欲，他们要垄断东西方贸易。教皇的算盘是借此掌握基督教世界最高宗教权力。他的号召无疑给西欧社会各阶层提供了机会，带来了希望，贪婪的上层封建主希望在战争中夺取新的土地和无尽的财宝，狡诈的商人计划利用战争建立自己的商业霸权，没落的骑士们幻想在战争中一展身手，重新建立骑士的伟大事业，而深受剥削的农民和下层民众则希望摆脱农奴制的压迫，在新的土地上重建小家园。这些出发点各异的梦想迅速汇集成征服东方的狂潮，形成了延续200

年的"十字军东征"运动。

1096 年春季，十字军东侵的序幕猛然拉开，穷人和流浪汉组成的乌合之众首先踏上征程；而后由封建领主领导的十字军相继前往东方。十字军骑士进行了骇人听闻的洗劫。在十字军征服的小亚细亚、叙利亚和巴勒斯坦地区，城市破败，农田荒芜，昔日繁荣的经济生活完全消失，当地文化遭到彻底破坏。前 3 次十字军战争不仅对伊斯兰世界破坏严重，而且也给拜占庭帝国造成了诸多负面影响。因为，往来于拜占庭领土的十字军骑士如同兵匪，使拜占庭帝国惨遭破坏。十字军历次进军经过的地区都被贪婪的西方骑士大肆抢劫，希腊与拉丁(Latin)民族的矛盾空前激化，这是阿莱克修斯一世始料不及的，进而导致了第四次十字军骑士攻占君士坦丁堡事件的发生。对君士坦丁堡的富

有早已垂涎很久的第四次十字军骑士，特别是威尼斯商人以拜占庭皇室内讧为借口，乘君士坦丁堡内乱于 1204 年占领了这座都城。而后十字军纵兵 3 日，对这座被誉为"万城之城"、"众城的女王"的城市进行抢劫，高举"圣战"旗帜的十字军骑士和道貌岸然的随军教士抛弃伪装展开了抢夺金银财宝的竞赛。君士坦丁堡近 900

1204 年，十字军攻占君士坦丁堡

年积聚的文化艺术品和古代图书手稿，以及来自世界各国的奇石异物和各种金银器物都是他们洗劫的对象，教堂、大赛车竞技场、国家图书馆、公共会议厅和私人宅院均被抢劫一空。这场抢劫在历史上绝无仅有，其抢劫之残暴、手段之凶狠、洗劫之彻底、赃物数量之多都是没有先例的。十字军抢劫财物，坐地分赃，公开拍卖，所有的骑士都因此发了大财。他们把抢劫得来的战利品纷纷运回本国，整个西欧被这些从君士坦丁堡抢来的珍宝和艺术品装饰一新，大部分西欧教堂都

得到了抢来的宗教圣物，成为它们各自的镇堂之宝。十字军除了抢夺财物外，还对拜占庭帝国土地、宗教权力和政治权力进行分赃。他们在拜占庭帝国的废墟上建立起拉丁帝国（Latin Empire）、塞萨洛尼基王国（Thessaloniki Kingdom）、雅典和提比斯公国（Athens Lordship）、阿塞亚侯国（Principality of the Achaea）、安条克王国（Kingdom of Antioch）、耶路撒冷王国（Kingdom of Jerusalem）等大小封建领地，将拜占庭帝国彻底肢解。

拉丁帝国（1204—1261）实际上是一个内部关系极为松散的西欧封建领主的联合体，它按照西欧分封制的原则改造拜占庭社会结构。其首都君士坦丁堡被一分为二，由拉丁帝国首任皇帝鲍尔温和威尼斯总督丹德罗分别占有，各自管理。皇帝鲍尔温一世（Baldwin Ⅰ，1204—1205 年在位）仅控制色雷斯和小亚细亚西北部分的狭小地区，对其他独立小国保持名义上的宗主权。这些小国在理论上附属于皇帝，以皇帝为最高封主，但实际上完全独立。各级封建领主又结成以土地分封为基础、以封建等级义务为纽带的领主与附庸之间的主从关系。君主和各级封建主将土地再依次分封给自己的下属，并对附庸的土地财产和人身安全提供保障，同时，附庸要向领主宣誓效忠，承担军事、司法和其他若干义务。拉丁帝国在其 57 年统治期间，不仅没能统一内部，也不能完全征服外部，"帝国"的称号虽然一直存在到 14 世纪，但是名存实亡。

第四次十字军攻占君士坦丁堡和拉丁帝国的建立产生了极为恶劣的深远影响。统一的拜占庭帝国的物质基础和社会组织遭到彻底摧毁，一方面，它把统一的帝国撕成大小不等的碎片，在原拜占庭帝国版图内分立起各自独立的帝国、王国、公国、专制君主国、骑士领地和自由城市共和国，它们相互攻讦，矛盾错综复杂，很难重新统一起来。另一方面，西方封建制度被全面引入拜占庭社会，瓦解了中央集权制国家统一的社会基本结构，使晚期拜占庭帝国长期陷入类似于西欧中古社会的无政府状态，再也没有能力重新发展成为统一的中央集权制的帝国。如果从更广阔的视野考察，就巴尔干半岛历史发展而言，第四次十字军东侵是半岛历史发展的转折点，其影响极为广泛深刻，它的余毒至今保持在当地生活中。它中断了拜占庭帝国统合巴尔干半岛的努力，促使巴尔干半岛其他民族脱离以拜占庭帝国为中心的政治文化体系，各自独立发展，强化各自的民族特色，进而导致巴尔干半岛地区共同利益和共性的减弱，保加利亚、阿尔巴尼亚、塞尔维亚、罗马尼亚(Romania)、匈牙利、希腊等地区发展的差异性和不平衡性进一步得到强化，各民族特殊性得到加强，进而给该地区留下了沉重的地区分裂的历史包袱。从这个意义上说，第四次十字军是打造今日巴尔干"火药桶"的第一批工匠。

二、尼西亚流亡时代

君士坦丁堡被数千人的十字军攻克，对拜占庭帝国造成的伤害不仅体现在物质层面，而且还反映在心理层面，拜占庭人不再相信高大的城墙和坚固的工事可以阻挡一切入侵者，也不再相信基督教"兄弟情谊"了。但是，与1453年时相比，拜占庭帝国的气数未尽，拜占庭人还在，只不过是被迫流亡到小亚细亚地区的尼西亚和其他地方了。科穆宁王朝皇帝的女婿、拉斯卡利斯家族的塞奥多利(Theodore Ⅰ Laskaris，1205—1221年在位)被大批逃亡贵族高官拥立为皇帝，他们先在布鲁萨城(Brusa)暂避风头，后在尼西亚定居下来，这是得到突厥素丹支持的结果，因为后者担心拉丁帝国可能势力东扩，侵犯其领地。由于拉斯卡利斯王朝的势力发展迅速，并公开宣布继承拜占庭帝国传统，该流亡政权被称为"尼西亚帝国"(Nicaea Empire，1204—1261)。拉斯卡利斯王朝偏居尼西亚，励精图治，奋发图强，以光复京城再造帝国为己任，半个多世纪后最终实现了复辟理想。

新建的拉丁帝国担心拜占庭势力的反扑，故而追剿攻击尼西亚流亡政府，它并没有放过这个东方的基督教"同胞"，急欲彻底铲除而后快。1204年，拉丁帝国骑士出兵小亚细亚，一度打败过立足未稳的拜占庭残余军队，并占领了比塞尼亚(Bithynian)地区的城镇。基督教世界自相残杀给了西亚穆斯林喘息之机，也使他们看清了基督教共同信仰的脆弱性。正当此危难之际，拉丁帝国后院起火，巴尔干半岛的色雷斯希腊人和保加利亚人发动起义，塞奥多利利用拉丁帝国军队被迫回师的机会，大力扩充实力，并于次年联合保加利亚人全歼拉丁帝国军队，俘虏鲍尔温，击毙路易斯（Lewis）伯爵，拉丁帝国受到致命打击。稳定了根据地后，拉斯卡利斯王朝逐步统一小亚细亚地区各希腊人独立政权，将分散的拜占庭人势力统一起来。而后，拉斯卡利斯王朝致力于恢复拜占庭帝国固有政治制度，建立中央和地方的统治机构，按照拜占庭帝国旧制全面整顿政府各部、教会、军队和法庭。由中央政府控制的东正教大教长职位也得到恢复，米哈伊尔·奥托利亚努斯（Michael Ottolianus）被任命为大教长。这样，尼西亚政府就成为拜占庭人反拉丁帝国的政治和宗教中心。1211 年，突厥人与拜占庭人反目，罗姆素丹国（Sultanate of Rum）军队对拉斯卡利斯王朝发动进攻，但遭到塞奥多利的反击，素丹被击毙。这次胜利彻底解除了尼西亚帝国的外部威胁，极大提高了拉斯卡利斯王朝的地位。从此，尼西亚帝国的疆域基本稳定，拉斯卡利斯王朝遂着手进行富国强兵的内政改革。可以说，尼西亚时期的拜占庭帝国死灰复燃东山再起不仅是帝国活力未灭的表现，而且是拉斯卡利斯王朝自救图强、革除故弊、加大革新、励精图治成功努力的结果。

在拉斯卡利斯王朝的各项改革中，首先要提到全面实施旨在休养生息、恢复生产的轻徭薄赋政策。该王朝减轻农牧工商各业的税收，免除过去因天灾人祸拖欠的税款。在重建官僚体系中精兵简政，重树清廉之道，提高管理效率。为了保证边区的安定，他们有步骤地建立军区，恢复早已经废弃的军区制。军区制的推行，解决了尼西亚帝国的兵源和财源问题，而社会组织军事化则保证了该帝国有效应对周边的军事入侵压力。朝廷采取一系列促进农业生产的措施，改善农业和畜牧业的生产条件，实行优惠政策，调动农牧民的积极性。为激励民众生产热情，皇帝亲自下田耕作，建立皇帝示范农庄，并亲自经营农、牧、渔、园艺业，亲手养殖家禽，留下了诸多佳话。尼西亚帝国农牧业迅速恢复繁荣，农民积极投身生产，使尼西亚帝国成为东地中海和小亚细亚地区最富裕的国家。拉斯卡利斯王朝还充分利用自身的地理优势，坚持自力更生和自给自足的原则，积极发展国内贸易，削减进口，建立关税壁垒，减少过境贸易的不利影响，终止前朝政府授予意大利各航海共和国的商业特权。政府鼓励出口，特别是对贫穷的突厥人国家的农副产品贸易十分活跃，从中获得了巨大利润。为了缓和由于社会贫富不均产生的矛盾，降低社会内部分裂的可能，拉斯卡利斯王朝推行社会公平化政策，一方面通过土地限额和高额税收限制贵族和官僚的发展，另一方面慷慨赈济贫民、扶助农工。政府不仅规定贵族拥有土地的最高限额，而且没收了许多违法贵族官吏的地产和浮财。同时，朝廷建立了许多救济院、孤儿院、医院，分配土地帮助农民生产。皇帝们在限制大贵族的同时，毫不吝啬地将土地赏赐给中下级官员和将士，大力发展军区制，以此培植新的政治势力，削弱大贵族的力量。事实上，拉斯卡利斯王朝的社会公平化政策带有明显的中央集权化目的。

在尼西亚帝国的各项改革措施中，重建军区和恢复军区制是最重要的一项。拜占庭军区制早在 12 世纪时便废弃不用了，拜占庭国家实力因此大为衰落。尼西亚王朝吸取前朝的教训，在稳定了王朝统治后，立即着手恢复军区制。在重建军区的工作中，中央政府坚持伊拉克略时代的原则，实行军、政权力合一的一元化管理体制，军区中最高首脑"将军"（Strategus）由皇帝亲自面试挑选任命。各级军事官员和士兵在重新占领和控制的地区按照原军事编制驻扎下来，并以皇帝的名义根据兵种和级别重新分配土地。在色雷斯、马其顿和小亚细亚地区，中央政府都建立起大小不等的军区。军区的农兵以终身服役换取经营小块军役地产（Stratiotika ktimata）的权利，平时携家带口耕种农田，遇有战事便从军作战。农兵除负担有限的军事劳役，如修桥补路外，还要通过经营土地满足军事方面的各种需求，例如兵器和装备、粮草和马匹都由农兵自备。中央政府还仿照 10 世纪安置斯拉夫移民的方法，将受到蒙古人入侵打击而大批进入尼西亚帝国的库曼人（Cumans）编入拜占庭军队，驻扎在边境地带。军区制的恢复解决了尼西亚军队的兵源问题，减轻了长期战争造成的财政负担，特别是建立起边境地区的防务体系，对稳定形势起了重要作用。尼西亚帝国正是凭借重新恢复军区制不断发展实力，并最终夺回君士坦丁堡。

文化建设是尼西亚帝国重振拜占庭帝国的重要举措之一。该帝国的经济昌盛为其文化繁荣提供了雄厚的物质基础，拉斯卡利斯王朝发展文化事业的活动使尼西亚成为 13 世纪东欧和东地中海新的文化中心。该王朝统治者把发展文化作为稳固新政权的措施之一。他们邀请分散在原拜占庭帝国各地的学者，特别是被拉丁骑士占领地区的希腊学者到尼西亚帝国，并在皇帝的直接支持下，从事写作和教育。当时，流亡东地中海地区的拜占庭学者纷纷投靠拉斯卡利斯王朝，各类知识分子云集尼西亚皇宫，他们成为直接推动文化复兴运动的主角，在发展拜占庭文化事业中发挥了重要作用。尼西亚皇帝们推进文化发展政策的一个重要措施是为文化和教育发展提供优越的条件，为学者们创造良好的环境。皇帝们亲自过问国立学校的建立，下令在各城市建立公共图书馆，特别是艺术博物馆和科学技术图书馆，派遣学者到各地收集古代书籍，能够购买的不惜重金加以收购，不能买到的则指派博闻强记的学者前往阅读，记录笔记或写下摘要。当时，尼西亚派出的文化特使遍布地中海各地。皇帝们将广泛收集到的书籍分发给各所国立图书馆，并允许读者将图书带回家去阅读，开了欧洲公共图书馆借阅制度的先河。正是拉斯卡利斯王朝倡导文化发展的政策，造就了一大批拜占庭文化的著名学者和作家，他们集聚在皇宫，有的著书立说，有的担任皇家宫廷教师。著名的历史家尼西塔斯（Nicethas）被任命为宫廷史官，创作了许多文学作品，其中《东正教的宝藏》影响极大，流传后世，为我们提供了有关当时社会生活和宗教活动的珍贵资料。更为知名的学者布雷米狄斯（Blemmydes）是当时最博学的文化人，曾任皇帝与罗马教廷谈判的顾问，他在皇帝的支持下建立学校和修道院，培养年轻学者，并写作了大量科学和神学教材。他曾接受派遣游历各地，抢救出大量古代手稿和民间流传的图书。他的一些作品至今仍然是希腊、前南斯拉夫和俄罗斯（Russia）东正教（Orthodox）教会的晚祷词。值得一提的是，尼西亚帝国文化重建过程中表现出明显的恢复古典文化的特点，当时的学者特别崇尚古典希腊文化，他们不仅在国家的支持下收集和整理古典作家的作品，而且在文学创作和教育活动中研究和使用古代作品。尼西亚帝国的文化繁荣增强了民族复兴的凝聚力，提高了拜占庭人驱逐拉丁人统治、收复拜占庭帝国首都的信心，使该王朝占据了领导复兴帝国斗争的中心地位。

自拜占庭帝国朝廷流亡尼西亚时起，拉斯卡利斯王朝便积极领导推翻拉丁帝国统治的斗争。该王朝在小亚细亚根据地立足稳定后，发动肃清小亚细亚拉丁骑士的攻势。1216 年，他们乘拉丁帝国皇帝亨利（Henry，1206—1216 年在位）去世之机，企图通过联姻方式名正言顺地重回君士坦丁堡。但是，皇帝塞奥多利的不幸去世中断了拜占庭人"和平演变"的努力。约翰·瓦塔基斯（John Ⅲ Ducas Vatatzes，1221—1254 年在位）皇帝在加强内部调整和建设的同时，频繁出击，先后攻占了爱琴海主要岛屿，如莱斯伯斯岛（Lesbos）、休斯岛（Chios）、罗得岛（Rhodes）、萨莫斯岛（Samos）和伊卡里亚岛（Icaria），几乎未遇抵抗地通过达达尼尔海峡进入并占领了色雷斯全境，使拉丁帝国成为一座孤城。而后，尼西亚帝国皇帝推行静观其变、坐山观虎斗的策略，不参与拜占庭人其他派别的争斗，在巴尔干半岛各种力量的角逐中"退避三舍"，等待其他派别自相削弱力量，而后坐收渔人之利。1236 年，占据伊庇鲁斯（Epirus）山区的另一支拜占庭人势力在专制君主约翰（John of Epirus）的带领下承认尼西亚帝国的宗主权，使得尼西亚军队控制了巴尔干半岛大部分地区。此后，尼西亚帝国皇帝约翰三世（John Ⅲ）主动结好正在进行西征的蒙古人，利用保加利亚人势力衰落的机会，稳固尼西亚军队对巴尔干半岛的占领。这样，尼西亚的拜占庭军队就已经做好了夺取君士坦丁堡的一切准备。1261 年，800 人组成的尼西亚巡逻部队意外夺取君士坦丁堡，拉丁帝国末代皇帝鲍尔温二世（Boldwin Ⅱ，1240—1261 年在位）如惊弓之鸟，乘船仓皇出逃，返回西欧。同年，尼西亚军队司令米哈伊尔（Michael Ⅷ，1259—1282 年在位）以皇帝身份举行入城典礼，失陷了 57 年的君士坦丁堡重新回到拜占庭人手中，拜占庭帝国似乎重新站立起来。

拜占庭帝国在尼西亚流亡时期，取得了多项成功经验，值得分析。首先，适合拜占庭帝国生存的军区制重新得到恢复，这表明拜占庭帝国皇帝及其统治团队非常清楚这种制度对于帝国强盛的决定性意义。在此基础上，尼西亚政府推出的奖励农牧工商各业政策都取得了良好的成效，国家实力在不过两代人左右的时间便迅速恢复，救亡图存大业得以成功。事实一再说明，帝国兴衰，与政策相关；制度成败，改革最关键；而事业成败的决定因素还在于人，特别是皇帝这个帝国的决策者。其次，保护拜占庭帝国安危的军队建设得到加强，尼西亚时期的帝国没有或者极少招用雇佣兵，而是依靠军区制培养的农兵和本国兵源，这支武装力量在击溃拉丁军队、打败突厥军队、收复巴尔干半岛、重新占领君士坦丁堡等行动中发挥了决定性作用。这充分说明，拜占庭帝国的生命线在于军队，在于以本国士兵为主的军队的强大，特别是具有优良军事素质的军队总司令皇帝发挥了关键作用。削弱甚至放弃军队建设，就像12世纪那些惧怕军事贵族的皇亲国戚、官僚贵族自毁军队，无异于从内部解除拜占庭帝国的武装。尼西亚时期的拜占庭帝国成功的经验表明，帝国存亡，系于军队；强军之最，还在本土；而拜占庭皇帝在这个方面又是关键性人物。最后，维系拜占庭帝国经济命脉的对外贸易权益重新被收回，帝国经济自我保护的壁垒重新得到建构，经济上自强图存的多种利益得到保护。这表明，前此出现的恶性循环可以被打破，衰落之势可以被遏止，拜占庭帝国在国际贸易中的先天优势可以重新发挥出来。这里的关键还在于集中了全部帝国权力的皇帝及其大臣，他们是否具有身处逆境卧薪尝胆的毅力，是否具有凝聚民心重振帝国的大志，是否具有洞察局势运筹帷幄的判断力，是否具有掌控全局高效果断的执行能力。尼西亚帝国的成功案例再次提示我们，拜占庭帝国的衰落并不一定走向灭亡。可惜，末代王朝缺乏明君，衰落中的拜占庭帝国只有死路一条。

三、帕列奥列格时代

帕列奥列格王朝是拜占庭历史上最后一个王朝，其统治长达192

年，是拜占庭历史上统治时间最长的王朝，同时也是最衰弱的王朝。1261年，拉斯卡利斯王朝末代皇帝约翰即位时年仅7岁，摄政王米哈伊尔兵权在握，斩杀了对立派贵族后，废黜小皇帝，自立为皇帝，建立新王朝。为了显示新王朝的合法性，他将幼帝的娃娃皇后娶为妻子。但是，这种伤天害理的行为只能表明，新王朝统治下的拜占庭国家只是个不伦不类的帝国。重新占领君士坦丁堡的新王朝全面废除了尼西亚帝国的成功制度，沿袭拉斯卡利斯王朝之前的旧制，加之拉丁帝国遗留下的严重时弊，拜占庭国家可谓问题成堆、积重难返，帝国之名虚不副实，政治混乱、经济衰退、社会动荡、军队瓦解，列强任意欺辱，外敌肆意蹂躏，周旋在强国之间，苟延残喘，只待灭亡。

帕列奥列格王朝控制下的拜占庭领土仅包括君士坦丁堡及其郊区、塞萨洛尼基城、莫利亚（Morea）、塞萨利（Thessaly）地区和靠近色雷斯海岸的利姆诺斯岛（Lemnos）。远在黑海南岸的特拉比仲德（Trebizond）名义上是拜占庭国家的领土，但实际上独立于中央政府。而伊庇鲁斯地区一直与中央政府对抗，始终不承认帕列奥列格王朝的宗主地位。在这些零散的领土之间，散布着保加利亚、突厥等外族敌对势力。作为拜占庭国家政治中心的君士坦丁堡已经完全破败，据当时的旅行家皮罗·塔夫（Pero Tafur）记载，该城完全不像城市，到处种着庄稼，人们只能从农田和菜地露出的空隙中看到坍塌的宫殿、教堂和修道院的废墟。在空旷的城区里，为数不多的居民衣衫褴褛、面露窘色，在痛苦的炼狱中挣扎。政治上的分裂和中央集权的瓦解是帕列奥列格王朝统治时期最明显的特征。昔日组织严密的中央政府和地方管理体制完全瓦解，中央各部形同虚设，人员很少，政令不出京城。分散在巴尔干半岛和小亚细亚的几个小省份大多独立，除了承认君士坦丁堡的宗主地位外，和中央政府没有其他联系，既不纳税也不提供士兵。皇室成员分封土地更加剧了拜占庭国家的政治分裂，第二大城市塞萨洛尼基和莫利亚地区都成为皇帝兄弟们的领地，不承担任何义务，各自拥兵自重、各自为政，相互大打出手，血腥厮杀。这样一幅没有前途和希望的末世景象被所有到过那里的作家记录了下来。

这个时期的政治混乱加剧了国家经济的崩溃，特别是农业经济在内战和外敌入侵的双重打击下几乎被完全摧毁，国家赖以生存的农业税收无从征取，传统的以谷物和农副产品为主要商品的国内贸易几乎消失，由此引发的传统民族产业如珠宝和贵金属加工也完全消失，丝绸手工业彻底衰败。尼西亚帝国时期一度恢复的军区制再度被放弃，不仅由于外敌侵蚀，土地资源急剧减少，使国家无地用来屯田，而且由于居民逃亡，人口大量流失，使国家无人用作农兵。一度成为拜占庭人谷仓的富庶农业地区，如小亚细亚和色雷斯地区大多沦陷于保加利亚和突厥人，大片土地无人耕种，变为荒地。国家直接控制的纳税小农纷纷托庇于大地主和地方贵族，成为丧失了人身自由的农奴。国家因此收入锐减，国库日渐空虚，靠变卖皇家财产、土地和借款度日。约翰五世（John V）以 3.5 万杜卡特（Ducat）金币把扼守海峡入口的泰尼多斯岛（Tenedos）卖给威尼斯人，以及以 2.5 万杜卡特和几条战船为代价将皇冠抵押给威尼斯人，都是这个王朝留给后人的笑柄。朝廷采取杀鸡取卵的政策，增加税收量和新税种加重了对所剩无几的税户的剥削，但未能缓解财政危机，反而加剧了国家税户的流失。14 世纪时，拜占庭国家的年收入仅相当于中期拜占庭年收入的 2.18%。拜占庭人曾经具有极大优势且获利巨大的国际贸易也因为出让商业贸易特权，几乎全被热那亚和威尼斯等意大利商人控制。位于君士坦丁堡北郊的加拉大（佩拉）商业特区成为热那亚和威尼斯人控制拜占庭国际商业贸易的基地。拜占庭金币的国际货币地位迅速被意大利城市共和国的金币所取代，不断贬值，最终以发行毫无含金量的合金铜币充数。

晚期拜占庭国家土地资源急剧减少，人口流失现象严重，直接造成国家兵源枯竭，军队士兵无以为续。拜占庭朝廷被迫大量使用雇佣兵，使得拜占庭疆域内到处游荡着为金钱而战的外国雇佣兵，其中主要包括西班牙卡塔兰人（Catalan）、突厥人、热那亚人、威尼斯人、保加利亚人、塞尔维亚人（Serbs）、盎格鲁-撒克逊人（Anglo-Saxons）、瓦兰吉亚人（Varangians）等。他们名为士兵，实为匪徒，在各地城乡肆意妄为，稍有不满即大动干戈，无情洗劫当地居民。特别是当拜占庭政府无力支付或稍有拖延支付其高额军饷时，他们的洗劫就更为彻底，抢劫的范围更大。拜占庭人雇用热那亚和威尼斯舰队的代价就是拱手让出其在爱琴海、黑海和地中海的全部商业利益，拜占庭海上霸权彻底丧失。直到 1453 年，君士坦丁堡战役守卫城墙的主要兵力仍然是雇佣兵，而他们撤出战斗是导致该城市失守的直接原因。

晚期拜占庭国家内外交困，陷入剧烈的社会动荡，其原因在于大地主贵族的兴起和农民的破产使社会贫富差距迅速加大，普遍的形势恶化将农民推入绝境，他们沦为大地主的农奴，处境极为悲惨，成为社会的最底层。与此同时，城市里两极分化的现象也进一步加剧，中等的业主经受不住大商人和高利贷者的盘剥，沦落为工匠，而手工业工匠和雇佣工人则变为贫民，各个城市都充满了流浪汉和乞丐。城乡人民起义此伏彼起、愈演愈烈。富人和穷人、贵族和平民、官吏和百姓的矛盾冲突极为剧烈，1328 年君士坦丁堡人民起义迅速蔓延全国，引发了 1341 年的全国性人民起义，其中塞萨洛尼基人民运动最具代表性。起义民众洗劫贵族和大商人，杀死积怨最大的城市官员。次年，起义民众在"狂热派"领袖阿莱克修斯（Alexius）和米哈伊尔（Michael）领导下建立了"塞萨洛尼基共和国"，并多次击退皇帝军队的进攻，这次起义延续了 9 年之久，是拜占庭历史上规模最大、持续时间最长、影响最深远的人民起义。

晚期拜占庭国家战乱不断，最为恶劣的莫过于帕列奥列格王朝的多场皇族内战，其中主要包括两安德罗尼库斯之战、两约翰之战和约翰祖孙之战。两安德罗尼库斯之战是老皇帝与同名孙子之间进行的 8 年内战。战争的起因是皇位继承人小安德罗尼库斯（Andronicus Ⅲ，1328—1341 年在位）因争风吃醋而雇凶杀害胞弟，致使其父、当时的共治皇帝米哈伊尔九世（Michael Ⅸ，1294—1320 年在位）悲痛过度而亡，老皇帝因此废除了小安德罗尼库斯的太子资格，另立皇帝继承人。这一事件为大贵族约翰·坎塔库震努斯（John Ⅵ Cantacuzene，1347—1354 年在位）所利用，他支持后者反叛自己的祖父，从而揭开了内战的序幕。持续数年的内战，最终以老皇帝失败被迫退位为结束。这场内战不仅使本来就极为衰弱的中央集权遭到彻底削弱，而且更为危险的是内战双方都投靠或借助某个强大的外国势力，新兴的土耳其人、塞尔维亚人和保加利亚人都应拜占庭人的邀请参战，他们在衰败不堪的拜占庭境内大打出手，发展各自的实力。紧接着发生的两约翰之战中，大贵族约翰·坎塔库震努斯仍然是主角，他在安德罗尼库斯三世去世后，与皇后安娜（Anna）为首的贵族集团争夺摄政权。双方在战争中都积极勾结外国势力，安娜依靠保加利亚军队，约翰则雇佣塞尔维亚人和土耳其军队。约翰正是依靠奥斯曼土耳其人的支持，赢得了战争第一阶段的胜利，并强迫小皇帝约翰五世（John Ⅴ Palaeologos，1341—1391 年在位）娶其女儿海伦娜（Hellena）为妻，他本人则以共治皇帝身份登基，史称约翰六世。1351 年，已经成年的约翰五世起兵进攻其岳父约翰六世，由此揭开了内战的第二阶段。约翰五世联合塞尔维亚人，约翰六世则依靠奥斯曼土耳其士兵。最终，约翰五世在热那亚海军帮助下，乘首都人民起义之机，推翻约翰六世的统治。此次内战使奥斯曼土耳其军队顺利进入欧洲，并在巴尔干半岛建立了桥头堡和军事基地，他们在此后数百年间将成为欧洲人的劲敌和拜占庭国家的掘墓人。约翰祖孙之战又是一场因废长立幼而引发的皇室内战。但是，这次内战并不是真正意义上的内战，而是外国列强打着皇室对立双方旗号进行的瓜分拜占庭国家利益的斗争。靠内战稳固统治的约翰五世在这场内战中依靠威尼斯人，其长子安德罗尼库斯和长孙约翰则依靠热那亚人，他们分别代表着争夺拜占庭商业特权的威尼斯人和热那亚人。对于拜占庭人而言，内战没有胜利者，因为最终占据上风的威尼斯人摄取了所有贸易利益。

拜占庭国家实力因帕列奥列格王朝内外政策的失误而进一步下降，彻底衰落到巴尔干半岛小国地位。1346 年，为了巩固其傀儡皇帝的地位，约翰六世将亲生女儿塞奥多拉（Theodora）许配奥斯曼土耳其素丹乌尔罕（Orkhan）。1371 年以后，约翰五世也投靠土耳其素丹，缴钱纳贡，送交人质，心甘情愿地成为奥斯曼土耳其帝国的附属国。皇帝曼努埃尔二世（Manuel Ⅱ，1391—1425 年在位）丧失了自救的信心，完全仰仗西欧国家的援助，他虽然向教皇、法、英、阿拉冈、威尼斯等西欧国家求援，但没有得到任何实质性的帮助。同样，皇帝约翰八世（John Ⅷ，1425—1448年在位）也是在游说威尼斯、匈牙利和米兰等国君主中耗费了主要精力，最终空手而归。1438年，拜占庭皇帝亲自率领希腊教会代表团参加教皇主持召开的佛罗伦萨（Florence）宗教会议，企图以一纸《佛罗伦萨东西教会统一协议》换取教皇发动反土耳其人十字军。结果，援兵没有盼来，却因对教皇让步而引发东正教徒的普遍反对。帕列奥列格王朝的内外政策对整个形势的恶化起了推波助澜的作用，其外交活动没有成为强化内部改革的补充，也没有为加强国力创造有利的外部条件，而只是成为他们寻求援助和救护的渠道。该王朝统治的近200年期间，几乎没有施行任何旨在富国强兵的措施，甚至连在尼西亚流亡期间成功进行的改革也被废止，从而错过了从内部救亡的时机，消除了从内部挽救国家的可能性，特别是该王朝统治者引狼入室的行为对衰弱的拜占庭国家是最后的致命打击。

可以说，正是末代拜占庭统治者的短见无识为土耳其势力的崛起创造了有利的国际环境，奥斯曼土耳其人凭借帕列奥列格王朝推行的错误的内外政策而顺利发展并最终成为拜占庭国家的掘墓人。早在13世纪时，拜占庭人完全有能力清除新兴的奥斯曼土耳其隐患，但他们或是未能预见其潜在的威胁，或是忙于内战而任其发展。而后拜占庭朝野贵族更将凶猛彪悍的土耳其人作为内战和对斯拉夫人作战的主力，使之发展更为迅速。正是由于该王朝的支持和保护，奥斯曼土耳其势力才没有被扼杀在发展的初期阶段，也没有像巴尔干半岛各小国那样在相互牵制中难于发展。也是由于该王朝的亲土政策，使土耳其人获得充足的理由和借口大肆扩张，在很短的时间里便完成了对小亚细亚和巴尔干半岛地区的征服。还是由于该王朝的屈服，奥斯曼土耳其帝国的征服扩张活动被合法化。当拜占庭人养虎为患使土耳其人势力强大后，拜占庭人又唯土耳其人马首是瞻，充当奥斯曼土耳其军事扩张的帮凶。约翰五世时期，作为苟延残喘的弱小国家的皇帝，完全听从奥斯曼土耳其素丹的命令。他不仅于1355年与土耳其素丹乌尔罕订立割让色雷斯地区的条约，而使他们对色雷斯地区的占领合法化，而且还不得不接受土耳其人将其首都从小亚细亚地区的尼西亚迁入欧洲巴尔干地区的亚得里亚堡的事实，续而，他曲意迎合奥斯曼土耳其帝国在巴尔干半岛的扩张，在谈判中处处让步。1374年，约翰五世和其他巴尔干国家一样正式承认素丹的宗主地位，并将次子曼努埃尔送入素丹宫中作为人质。也是在素丹的命令下，他将长子安德罗尼库斯和孙子约翰的眼睛刺瞎。

　　特别值得注意的是，衰落中的拜占庭国家缺少杰出的皇帝，在帕列奥列格王朝，几乎没有出现"一言以兴邦"的卓越政治家，无论是皇帝亲王还是高官显贵，或是将军武士文人学者，都对东地中海和欧洲形势缺乏必要的理解，对国家的前途缺少应有的洞察力，以致在外交活动中采取了许多短视行为，政策忽左忽右。他们既没有将执政重心放在整顿朝纲和内政改革方面，也没有确立稳定的外交方向来为富国强兵服务，更没有足够的智慧在大国强权中周旋。另外，由于他们不能清醒地认识本国国情和周围世界的形势，因此做了不少"不可为之事"，采取了许多愚蠢的外交措施。他们不能正确估计本国民众对罗马天主教反感的情绪和西欧各国内部动荡、无心东顾的局势，因此在争取西方援助的外交努力中付出的代价太大，损失的精力太多，浪费的时间太长，而没有取得任何成果，白白浪费了多次自救的机会。同样，由于他们不能正确判断土耳其人迅速崛起的趋势和其称霸地中海和黑海世界的野心，因此采取了许多有利于奥斯曼土耳其人发展扩张的政策。他们认敌为友、引狼入室、相互厮杀的行径无异于自掘坟墓，最终走向灭亡。

四、尾声：拜占庭国家的灭亡

　　拜占庭国家的掘墓人是土耳其人，他们是在13世纪小亚细亚原罗姆素丹国衰落以后，开始建立奥斯曼土耳其国家和奥斯曼王朝统治的。14世纪前半期，奥斯曼土耳其国家发展迅速，基本完成了对小亚细亚最重要的核心地区的征服。奥斯曼土耳其人之所以迅猛崛起，主要原因有两个：其一为内在原因。新兴的奥斯曼土耳其国家接受了伊斯兰教统治方式，重视军队建设，建立起政教合一的军事封建专制制度。从游牧向农耕生产生活方式的转变、高度中央集权的政教一体化专制权力和彻底的全民军事化使这个新兴的国家生机勃勃，具有强大的生命力。其二为外在原因。奥斯曼土耳其人生逢其时，拥有良好的发展环境。当时的西亚地区，特别是小亚细亚地区没有强大的敌对势力，能够与之争锋的罗姆素丹国已经瓦解，阿拔斯王朝也归于灭亡，拜占庭国家贫弱无力，内外交困无暇东顾，这些使新兴的奥斯曼土耳其人发展顺利，迅速崛起。在有利的国际环境中，土耳其人大举扩张。到14世纪中期，土耳其人已经控制了黑海、马尔马拉海和爱琴海沿海的小亚细亚西北地区，奠定了奥斯曼土耳其帝国发展的基础。1345年以后的半个多世纪，奥斯曼土耳其人将势力扩大到欧洲，并完成了对整个小亚细亚地区和巴尔干半岛部分地区的占领，控制了这一地区周围各个海域，成为名副其实的奥斯曼土耳其帝国。

奥斯曼土耳其帝国取代拜占庭帝国在东地中海的地位，夺取了原来隶属于拜占庭帝国的疆域。在这广大的领土上，素丹迫使其他民族臣服，或称臣纳贡，或送子献女以为人质和妻妾，素丹以宗主身份对各国君主发号施令，左右各国朝政，决定君主兴废，如有不从和反叛则无情镇压。土耳其人对于具有反叛倾向的波西尼亚人（Bosinia）、瓦兰吉亚人、罗马尼亚人和保加利亚人残酷镇压。到15世纪初，素丹已经为最后攻占君士坦丁堡做好了准备。征服君士坦丁堡灭亡拜占庭国家的事业是由穆罕默德二世（Muhammed Ⅱ，1451—1481年在位）完成的。当时的形势对土耳其人极为有利，因为巴尔干半岛各国已经臣服，色雷斯、马其顿、保加利亚和希腊早已处于奥斯曼土耳其帝国的直接统治下，塞尔维亚、波西尼亚、瓦兰吉亚和莫利亚也承认了素丹的宗主权，缴纳贡赋、提供军队。奥斯曼土耳其帝国乘西欧各国君主忙于强化各自专制王权无暇顾及东地中海的时机，发动夺取君士坦丁堡的最后攻势。根据著名拜占庭学家仁西曼（Steven Runciman）的分析，奥斯曼土耳其人长期专注于攻取拜占庭首都不仅仅是为灭亡不堪一击的拜占庭国家，还有更为深远的战略目的，即在欧洲扎根，这一分析为后来的历史事实所证明。

穆罕默德二世比其先辈野心更大，具有政治家的精明和军事家的战略洞察力。他即位后着手实施围攻君士坦丁堡战役的准备，通过外交活动，全面孤立拜占庭人，切断了所有可能援助君士坦丁堡的通道。在全面封锁这座千年古城的同时，他组织大规模军火生产，侧重生产用于攻城作战的军事机械，高薪聘请匈牙利火炮制作工匠乌尔班（Ur-ban）指导铸造出当时世界上最重的巨型火炮，其口径达99厘米，可发射1200磅（相当于448千克）重的石弹。仅仅为了将这些攻击君士坦丁堡高大坚固城墙最有效的武器运抵炮位，他就动员了数千人花了几个月的时间。他还在博斯普鲁斯海峡最窄处建立鲁米利·希萨尔（Rumeli-Hisar）城堡和炮台，配置强大的火炮，与海峡对面的阿纳多利·希萨尔（Anatolia-Hisar）城堡隔水相望，有效地封锁海峡，以阻止从海上可能对君士坦丁堡的援助。1453年4月6日，攻城战正式开始。据不同史料记载，参加这次战役的攻城将士达10万～20万人，其中包括奥斯曼土耳其帝国精锐禁卫军团上万人和阿纳多利亚军团万余人，各类火炮50多门，战船120艘。而守城的拜占庭将士不足万人，他们凭借陈旧的武器和"希腊火"拼死抵抗，坚持了一个多月。这场实力对比极为悬殊的攻防战持续了53天，于5月29日凌晨结束。拜占庭末代皇帝君士坦丁十一世战死在巷战中。君士坦丁堡最终陷落了。君士坦丁堡的陷落标志着拜占庭帝国这个具有千余年历史的国家寿终正寝。为了防止拜占庭帝国死灰复燃，穆罕默德在此后14年中继续剿灭帕列奥列格王朝后裔；1460年吞并了该王朝最后一块属地。王朝最后的男性继承人迪米特里（Dimitres）和托马斯（Thomas），一个被关押在君士坦丁堡，另一个客死科浮岛。1461年，穆罕默德灭亡了最后一个希腊人国家，即由科穆宁王朝统治的特拉比仲德帝国，将皇帝大卫一世（David，1459—1461年在位）及其7个儿子扣押在君士坦丁堡，几年后，将他们全部杀害。

当代著名拜占庭学者在分析拜占庭帝国衰落灭亡的原因时提出过

种种假说，发表了许多颇有说服力的意见，学者们从宗教束缚、经济停滞、政治腐败、社会分裂、精神颓废、生产水平低下、信仰分裂等各个方面提出根据，得出仁者见仁、智者见智的结论。但是，所有学者一致认为，拜占庭文化在中古时代起了相当重要的作用，是人类文化宝库中重要的组成部分。奥斯特洛格尔斯基写道："1453 年拜占庭灭亡了，但是其精神永存。其信仰、文化和政治生活的概念仍然发挥作用。其影响不仅在曾经是拜占庭领土的那些国家，而且在拜占庭帝国旧疆界以外的国家中仍然存在。""拜占庭文化在东欧和西欧甚至具有更深远和强大的影响。"[①]仁西曼也不无惋惜地写道："1453 年 5 月 29日，一种文化被无情地消灭了。它曾在学术和艺术中留下了光辉的遗产；它使所有的国家摆脱了野蛮，并给予其他国家文化精华；它的力量和智慧几个世纪中一直是基督教世界的保护。君士坦丁堡在 11 个世纪中始终是文明世界的中心。"[②]

拜占庭帝国的灭亡产生了多方面的影响。作为一个欧洲地中海世界的千年帝国，它的灭亡标志着中古时代的结束，连同政治经济、军事外交、思想文化、宗教信仰都逐渐为新时代的新事物所取代。欧洲从此开始了新生活，一个原始资本主义工业文明开始萌芽发展，冷兵器也逐步让位于热兵器，古老的城堡悄然改变成适于抵抗火炮的棱堡。民族国家在血与火的较量中逐渐形成了新的国际关系准则。"沉舟侧畔千帆过"，已然就木的拜占庭帝国静静地目睹新时代的变迁。然而，这个帝国留下的还不仅仅是精神文化遗产。放眼望去，东欧广袤的大地上还保留着它的身影，沙皇俄国自称接过了东罗马帝国的衣钵，成为高举东正教旗帜的正统的"第三罗马帝国"。如今在世界范围工业化浪潮中，拜占庭帝国已成昔日旧梦，正在沉淀于历史长河丰富的河床上，逐渐远离后人的视线，只有学者们不时揭开其神秘的面纱。

① G. Ostrogorsky, *History of the Byzantine State*, pp. 508-509.

② S. Runciman, *Byzantine Civilization*, London, 1933, 1959, p. 299.

第二章　拜占庭政治生活

第一节　皇权与皇帝

在 15 世纪中期以前的欧洲，拜占庭帝国是少数几个实行皇帝专制的国家之一，中央集权制是其政治生活的显著特征。当日耳曼人和斯拉夫人各部落大举迁徙定居欧洲，并在欧洲各地建立"蛮族"国家时，古代世界的政治制度随着罗马帝国的灭亡而逐渐融合到日耳曼各部落立法中，日耳曼诸王国在罗马帝国废墟上建立起封建式国家，推行封建制度，形成大小不等的封建领地。一些国家有君主但不专制，国王只是大小诸侯中势力较小、容易任人摆布的小封建主；一些国家则四分五裂，地方君主各自为政。只有东罗马帝国(拜占庭帝国)继承了罗马帝国大一统的国家制度，保持并发展了皇帝专制政治体制。拜占庭帝国的皇帝们力图在已经变化的环境中复兴旧帝国的光荣，因此在罗马帝国政治制度的基础上逐渐形成拜占庭帝国的皇帝专制统治。这一体制的核心是皇权，其代表是皇帝，中央集权则是其基本制度。

一、皇帝

拜占庭帝国存在了 1100 余年，皇帝始终处于帝国复杂政治结构的中心。

在拜占庭帝国，皇帝集政治、军事、经济、宗教等所有公共权力于一身，被称为"统帅"、"奥古斯都"、"君主"、"皇帝"、"国王"、"专制君主"等。"统帅"的拉丁语原文意为"领袖、统帅、皇帝"，该名称来源于皇帝作为军队统帅的职能。"奥古斯都"这一拉丁语名称意为"神圣、伟大、光荣"，是古代罗马帝国第一位元首屋大维(Gaius Julius

Caesar Octavianus，公元前 27—公元 14 年在位）"还政于民"时被元老院授予的称号，后来演变为皇帝的荣誉称号。"君主"一名是皇帝戴克里先（Gaius Aurelius Valerius Diocletianus，Diocles，284—305 年在位）推行帝制改革时开始使用的皇帝称号，拉丁语原意为"主宰、君主、统治者"，它取代了"元首"成为皇帝的专用名称。"国王"是拜占庭皇帝使用最多的称号，来源于古希腊人对国王的称呼，自 4 世纪君士坦丁时代，该名称开始用于对皇帝的称谓，并正式出现在官方的文件中。"皇帝"一名的希腊语原文意为"自由权力、君主"，在 6 世纪以前其含义相当于拉丁语领袖和统帅，但是缺少后者包含的军事意义，6 世纪以后该名称就成为皇帝的主要称号，具有绝对专制的含义，以区别于共治皇帝。"专制君主"是皇帝的希腊语称号，始见于 12 世纪以后的拜占庭帝国文献，此前多用于东正教大教长、主教，确切含义为"主、主人"。拜占庭皇帝名称多种多样，含义也非固定不变，反映出皇帝作为拜占庭帝国最高权力的象征所具有的广泛的权力。

拜占庭帝国是皇帝专制国家，皇帝拥有至高无上的多种权力。早在戴克里先时期，君主制即成为罗马帝国的统治制度。戴克里先公开立法，宣称皇帝不再仅仅是罗马帝国的第一公民和元首，他与其臣民的关系也不再是"公仆"和公民的关系，而是主仆和君臣之间的关系；皇帝不是凡人，而是神之子，是神的化身，是神派驻人间的"总督"，因此"君权神授"。皇帝实际上独揽国家大权，其政策和思想倾向决定着帝国的内外方针政策，决定其臣民的身家命运；他可以按照自己的意愿任命或解除任何官员（包括教会最高领袖）的职务，没收贵族的财产；他是帝国最高的立法人，颁布的命令具有法律效力；他还严密地控制国家的财政权力，任意决定提高税额或增加新税种；他还是帝国军队的最高指挥官，拥有直接调遣和指挥军队的权力；根据罗马帝国的传统，皇帝还是最高祭司。应该说，在皇帝拥有的广泛的多方面的最高权力方面，拜占庭皇帝与我国古代皇帝具有共性。

这里我们要特别探讨的是东、西方古代社会皇帝制度表现的不同特点。拜占庭皇帝的权力带有明显的罗马帝国政治传统的痕迹，它受到几种因素的制约。首先，皇帝的独裁统治一直受到法律的约束。皇帝虽然被神化，但是，他必须承担其尊重"罗马法律"的基本义务，因为，"皇帝本人是根据法律而享有最高权力的"，"人民已把他们的全部权力通过王权法转移给他"。① 在查士丁尼时代及其以后的拜占庭立法多次阐明了君主权来自于上帝的思想，拜占庭帝国的皇帝们似乎并不羞于公开宣布皇权是受到罗马人民的委托。很明显，这种皇权来自人民的思想观念是罗马帝国时代公民政治传统的残余，它在拜占庭帝国立法中一直保存下来。直到811年在对保加利亚战争中身负重伤的皇帝斯达乌拉焦斯临终前，威胁说要把帝国还给人民。把皇权还给人民，并非他善心大发，而是对皇亲国戚争权夺利的行为深感失望。尊重法律是拜占庭帝国皇帝的特点之一，在涉及对人及其权力、财产等问题的处理上，皇帝必须依据法律行事，他有权罢免官员，但在没收其财产时必须经过法律程序。这也是为什么拜占庭历史上历代王朝注重编纂法典的重要原因。

其次，拜占庭帝国皇帝人选的确定虽然有血亲世袭原则为指导，但是仍然受到来自元老院、军队和人民诸种力量的约束，这是人民行使自己权力和表达自己意愿的主要形式。拜占庭皇帝在理论上拥有指定继承人的权力，而且他们大都在生前确定皇权继承人。但是，在拜占庭历史上，特别是在13世纪以前，皇帝在登基前必须得到元老院、军队和首都民众这几种势力的认可和拥戴，而后才能举行皇帝加冕仪式。当然，对皇帝权力的认可不是某个人或某个权贵集团任意决定的，而是严格依据成文法和习惯法。如果登基的皇帝为上述几种势力所接受，他即可以成为最高权力的代表，可以实行专制统治。但是，如果他是无能之辈或昏君恶主，那么这几种势力中的任何一个将有可能重新确定新的皇帝，他们或者策划宫廷政变，或者通过军事反叛，或者发动（首都）民众暴乱，另立新主。拜占庭历史上12个王朝的建立大多是这类政变、反叛、暴乱的结果。

---

① ［罗马］查士丁尼：《法学总论》，张企泰译，北京：商务印书馆，1996年版，第8页。

　　总的看来，军队在各种力量中占有更主要的发言权，是皇权转移的决定性因素。拜占庭历史上十几个王朝的建立都与军队有直接关系。靠军队叛乱篡权的皇帝，如果能够得到元老院和君士坦丁堡民众的承认，他就获得了合法的地位，而不必考虑血亲世袭继承的原则。元老院的权力虽然不断缩小，但是在确定皇帝的人选问题上仍有一定作用。有时皇帝由于宫廷政变而被废黜，篡位者就要千方百计地争取元老院的支持，以元老院推荐的皇帝候选人的身份出现，如伊苏利亚王朝统治时期的尼基弗鲁斯一世和米哈伊尔一世即是在军队的支持下篡位，而后争取到元老院的支持，以皇帝候选人身份获得合法地位。在这种情况下，元老院常常成为军队干预政治的工具，为某个将军和党派服务。如 457 年，元老院就成为哥特人军事领袖阿斯巴尔控制的工具，他任命其亲信利奥一世（Leo I）为皇帝。君士坦丁堡人民对皇帝继承问题的作用不是独立发挥的，经常是通过人民起义，与军队叛乱相结合，左右政局。例如，因为其父利奥六世的婚姻问题而一直得不到元老院贵族正式承认的君士坦丁七世，在君士坦丁堡人民的支持下于 945 年再度登基成为皇帝；又如，1042 年君士坦丁堡人民不满意米哈伊尔五世对马其顿王朝皇位继承人邹伊公主的戏弄，起义拥戴塞奥多拉公主与邹伊为帝国共治皇帝。11 世纪以后，军事贵族在拜占庭政治生活中成为决定性因素。

　　军队在选举和保障皇帝人身及权力安全方面的重要作用是拜占庭帝国特殊国情决定的。拜占庭帝国地处战略要点，在享受经济贸易交流便利的同时，常年遭受外敌入侵的威胁。因此，武装力量在国家事务中发挥举足轻重的作用，对皇权的稳定交接和皇帝的去留也有重要的发言权。通常情况下，有能力的军事将领往往能够建立新王朝，也能够保证帝国长治久安；反之，国家就陷入动荡。故而，源自于古代晚期罗马帝国的这一政治传统得以在拜占庭帝国千年政治生活中长期保留。

二、皇帝继承制

　　拜占庭皇帝的至高权力是拜占庭帝国复杂政治生活的核心，而拜占庭皇帝继承制则构成拜占庭帝国政治制度中最重要的部分。要了解拜占庭政治制度的演化，有必要研究其皇帝继承问题。

拜占庭帝国 1120 余年历史中在位皇帝共有 93 人，其中在位时间最长的 50 年，最短的几个月。他们作为拜占庭帝国的主宰和所有公共权力的集中代表，对拜占庭历史发展起了极为重要的作用。长期以来，西方学者注重考察拜占庭皇权理论的形成与发展，或者深入探讨皇帝制度的细节，或者将注意力集中在个别皇帝的继承问题上。美籍拜占庭学家德沃尔尼克的《早期基督教和拜占庭政治哲学》和希腊籍拜占庭学家卡拉扬诺布鲁斯的《拜占庭政治理论》可视为典型之作。[①] 拜占庭皇帝继承制度主要有以下几个特点：

首先，拜占庭皇帝继承方式表现出明显的多样性。拜占庭帝国近百个皇帝中有 65 个属于王朝亲族继承，即由皇室宗亲继承皇权的。其中长子继承的有 24 例，诸子继承的 11 例，兄弟继承和情人继承各 5 例，遗孀、远亲继承各 4 例，侄甥、姐妹、女儿继承的分别为 3 例，父母和孙子继承分别为 2 例和 1 例。有将近半数皇帝是由皇室男女宗亲，即兄弟姐妹、女儿、女婿、孙子、父母、遗孀、侄子和外甥等亲戚，甚至皇帝继承人的情人构成。如此混杂的皇帝继承人和复杂的继承制度，在古今中外均属极为罕见。相比之下，我国商代的"父子继承制"，和周代以后"祖孙父子直线继承制"[②]要单纯得多，古代苏格兰、日本和英格兰实行的兄终弟及制，以及古代蒙古、鞑靼、突厥等民族

[①]　F. Dvornik, *Early Christian and Byzantine Political Philosophy*, 2 vols, Washington DC, 1966. I. Karagiannopoulos, *Η Πολιτική Θεωριατων*, Θεσσαλονικη, 1988. 这两部专著以主要篇幅考察皇帝制度的理论，对拜占庭全部皇帝的个体研究论文也很多，这些微观研究的成果对宏观考察帮助极大。德国拜占庭学家 H·宏格尔在其主编的《拜占庭皇帝像》(达姆斯塔德 1975 年版)一书中对拜占庭皇帝继承问题的总体研究很不充分，反映了西方学者忽视研究拜占庭皇帝继承制度的特点，特别是在拜占庭皇帝继承制度的总体研究方面仍有缺陷，这是一大不足。H. Hunger ed., *Das Byzantinische Herrscherbild*, Darmstadt, 1975.

[②]　赵锡元在其《论商代的继承制度》一文中论证了商代王位继承制度的实质是父子继承，特别指出兄终弟及的现象不过是传子制中必要的补充形式。载《中国史研究》，1980(4)。

实行的幼子继承制①也比拜占庭皇帝继承制度单一。

　　虽然拜占庭皇帝继承方式多种多样，但是，长子继承仍是拜占庭皇帝继承的主要方式，是维系王朝世系的基础。而其他几种继承方式则作为皇帝权力继承制度的辅助组成部分，它们是长子继承形式的补充，其中最重要的是诸子继承，既包括了次子、幼子继承，也包括诸子共同继承的方式。一般而言，儿子继承制度的出现，反映父系氏族社会解体后，财产和社会权力私有化程度的加深，这在世界上许多民族和国家发展的历史中是一种带有规律性的普遍现象。拜占庭皇权继承中长子继承 24 例，诸子继承 11 例，两项合计刚刚超过皇帝血亲继承总数的 53.85%。

　　按照查士丁尼一世的立法，被继承人的直系血亲卑亲属，即死者的子女、养子女等属于第一顺序继承人，直系血亲尊亲属，即被继承人的亲父母和全血缘的兄弟姐妹等属于第二顺序继承人，同父异母的兄弟姐妹属于第三顺序继承人，其他旁系血亲属于第四顺序继承人。②在同一顺序中，按照继承人与被继承人之间亲等的远近来确定先后顺序，父母与子女为一亲等，祖父母与孙子女为二亲等。这个继承法强调子女继承的优先地位，在拜占庭皇帝继承实践中得到充分的体现。但是，皇权继承又有其特殊性，虽然继承法承认女性与男性具有同等的继承权，但在实践中，第二顺序男性继承人仍然优先于第一顺序女性继承人。

　　拜占庭历史上有男性继承人的合法皇帝共有 41 人，其中 35 个皇帝的男性继承人继承了皇位，其继位成功率达到 85.37%。换言之，诸子继承方式排斥其他继承方式，当在位皇帝有第一顺序一亲等男性

---

　　①　辜燮高先生认为，兄终弟及制度是母系氏族社会的残余，是父死子继制度形成的必经阶段。《苏格兰、日本、英格兰和中国的兄终弟及制》，载《世界历史》，1986(4)；《从继承看马克白斯在苏格兰历史上的地位》，载《世界历史》，1981(6)。杨升南在其《是幼子继承制，还是长子继承制？》一文中对幼子继承制提出异议，不仅对周公以前实行幼子继承制的意见表示否定，而且对是否存在这种继承制度表示怀疑。本文作者认为，在世界范围内，幼子继承制是客观存在的历史事实。杨文见《中国史研究》，1982(1)。

　　②　周枏：《罗马法原论》，北京：商务印书馆，1996 年，第 512～517 页。

继承人时，其他皇室亲属的继承权力自动消失。只是在个别特殊情况下，儿子的继承权力被剥夺。拜占庭历史上有 6 个男性继承人被取消了继承权，其一是君士坦丁一世的长子，因被怀疑与其年龄相仿的后母有染而被其父赐死，殒命于其父之前，当然谈不上继承皇权问题。还有 3 人，即查士丁尼二世之子、君士坦丁六世之子和米哈伊尔七世之子，均因其父皇统治被推翻而丧失皇位继承权。在这种情况下，父皇的权力尚且难保，儿子就无权力可继承了。这里要提出的是两个特例，一是利奥一世，一是塞奥多利一世，他们都在生前将皇位传给了外姓人。前者取消其子继承皇权的原因是当时政治局势险恶，他在位期间为剪除把持朝政的日耳曼人军事领袖阿斯巴尔，联合伊苏利亚人军事将领泽诺，并将亲生女嫁给泽诺，临去世时指定泽诺之子利奥二世继承皇位，泽诺为摄政王。显然，他预见到，如果传位于自己的儿子，则不仅江山不保，而且儿子也将难逃厄运。在这里，同属一个继承顺序的两位继承人，二亲等的利奥二世优先于一亲等的利奥一世之子。塞奥多利一世传位于女婿约翰而不传位于儿子则是出于对才华出众的女婿的重用。当时，拜占庭政府流亡尼西亚，图强自救的任务十分紧迫，约翰在军政各方面均是塞奥多利的得力助手，是重新恢复拜占庭帝国的实干政治家，深得皇帝赏识。塞奥多利一世不仅将其招为东床快婿，而且将皇权传给他。历史证明，塞奥多利的这一选择是意义深远的明智之举。从法律角度看，约翰三世的即位是代表了第一顺序一亲等女性继承人，即塞奥多利一世女儿的继承权，排除了皇权继承的特殊性而恢复了拜占庭继承法的原则。显然，这两个特例并不影响父死子继在拜占庭皇位继承制度中的首要地位。

父死子继制度的重要前提之一是在位皇帝必须有男性继承人，如果缺乏这一条件，父死子继制度就要落空。为了保证政治形势的稳定和不使皇权旁落，其他继承形式即成为必不可少的辅助继承方式。其中首推兄终弟及，以下顺次为女儿继承、姐妹继承、遗孀继承等。有的学者认为兄终弟及的继承方式是原始社会母权制残余的反映，甚至认为，兄终弟及制度是父死子继制度形成的必经阶段。但在拜占庭帝国，这一继承方式则成为父死子继的补充，它不仅体现了男性继承的原则，而且维护这一原则，因为它是在父死子继无法实现的情况下才发挥作用。例如，马其顿王朝的皇帝瓦西里二世终身未娶，去世时没有男性继承人，其弟君士坦丁的即位就使王朝得以延续。同样的情况也发生在帕列奥列格王朝的末代皇帝君士坦丁十一世身上。其兄约翰八世在位 23 年，3 次结婚无出，死时只好将皇位传给其弟，以续皇室血统。可惜，当时拜占庭帝国气数已尽，皇室宗亲继承皇位也未能挽救帝国命运，5 年后拜占庭帝国灭亡。641 年，伊拉克略一世去世，由时年 28 岁的长子君士坦丁即位。皇后玛尔提娜为使亲生儿子伊拉克罗纳斯即位而毒死君士坦丁三世，由于后者留下 11 岁皇子，因此伊拉克罗纳斯的即位使兄终弟及与父死子继的模式发生冲突。在这两种继承方式的冲突中，伊拉克罗纳斯代表了兄终弟及，而皇子代表了父死子继。最终，伊拉克罗纳斯不仅被迫加冕皇子君士坦斯二世为共治皇帝，而且于同年被贵族会议废黜，兄终弟及对父死子继的挑战以失败告终。可见，兄终弟及只能是父死子继的辅助方式，而不能取代后者，否则，将引发政治危机。在拜占庭历史上，一般来说，当某个王朝因无男性后嗣而面临断绝时，女性后嗣就自然成为合法继承人；如果皇帝既无儿女，又无兄弟姐妹时，继承权就可能转移给皇帝的任何亲属，如侄子、外甥、孙子、父母等，甚至皇帝的义子和皇后的情人也可能登上皇位。例如，马其顿王朝皇帝君士坦丁八世死后，其次女邹伊先后将 4 个情人扶持上皇位，只是由于她不能生育，王朝难以为继。

　　拜占庭皇帝继承方式表现出的多样性是拜占庭社会特定环境造成的。多样的继承方式确实从表面上维系了拜占庭王朝的延续，但是也加剧了拜占庭皇权继承过程的复杂、激烈和曲折。这是拜占庭皇帝继承制度的又一个特点。拜占庭 93 个皇帝中有 44 人病死，46 人被害，3 人死于原因不明的意外，正常死亡和非正常死亡各占半数左右，亦即每 2 个皇帝中即有 1 人死于非命，为争夺皇位而展开的血腥斗争从这一组数字中充分显现，其激烈的程度由此可见一斑。特别值得指出的是，在非正常死亡的皇帝中被处决的皇帝人数竟然高达 31 个，占皇帝总数的 1/3。很明显，拜占庭皇权继承是在极为险恶的环境中进行的，难怪著名的法国学者孟德斯鸠(1689—1755)以鄙视的态度写道："希腊帝国①的历史除了连篇累牍的叛乱、暴动和背信弃义别无其他内容。"②孟德斯鸠的意见虽然代表 18 世纪法国启蒙运动时代的一般看法，难免偏激，但却形象地反映了拜占庭皇权继承斗争的激烈状况。

在拜占庭历史上，通过军事叛乱成为皇帝的 31 人，其中包括皇室成员 13 人。按照拜占庭继承法，皇室血亲都有不同程度继承皇位的权利，都有当皇帝的可能。他们之所以迫不及待、不惜铤而走险以暴力和非法手段夺权，主要原因是其继承权受到威胁，或者其法定的继承优先权不明显造成的恐惧。拜占庭历史上那些继承权受到威胁的皇室成员几乎都通过军事叛乱和政变夺取皇权，如君士坦丁三世即死于其后母之手，其异母弟弟登上皇位。在这一事件中，皇帝的半血亲弟弟属于第三顺序继承人，其继承权受到皇帝之子的威胁。末代王朝的安德罗尼库斯三世和安德罗尼库斯四世都因老皇帝取消他们的继承权而发动叛乱，引发长期内战。

为了保证皇权在皇室内继承，皇帝们生前都确定继承人。拜占庭皇帝确定继承人的制度来源于古代罗马帝国。但是，拜占庭皇帝彻底改变了罗马帝国继承制的内容，继承人的称号也有很大变化。罗马帝国皇帝的继承人一般通过拟制血亲方式确定其地位，他们被皇帝收为义子，可能是皇帝的亲属，也可能只是皇帝的得力将领。3 世纪，戴克里先皇帝实行行政改革，在皇帝之下设置恺撒一职。一般来讲，恺撒即是皇帝继承人。11 世纪以前，恺撒始终是最高级贵族的头衔，在君士坦丁王朝时期，还兼有皇帝继承人的意义，君士坦丁一世的 3 个儿子和朱利安都被任命为恺撒，并继承皇位。塞奥多西王朝以后，恺撒作为皇帝继承人的作用逐渐被"奥古斯都"取代，直到 8 世纪中期利奥三世为其子君士坦丁加冕为共治皇帝。此后，皇帝继承人虽被称为"共治皇帝"，但是在老皇帝在世时，共治皇帝不拥有皇权，仅辅助皇

---

① 指拜占庭帝国——笔者。
② ［法］孟德斯鸠：《关于罗马帝国兴衰的思考》，北京：商务印书馆，1997 年版，第 437 页。

帝处理国务。他们的继承人资格虽然也通过加冕方式得到确认，但是在继承皇位时仍然要举行正式的加冕仪式，由君士坦丁堡大教长加冕。共治皇帝的皇冠与皇帝皇冠的区别在于缺少皇冠顶部的十字架，意味着其权力和地位尚有待上帝的赐予。在拜占庭帝国，不仅皇帝合法继承人能够而且必须获得恺撒或共治皇帝的称号，许多非法篡位者为使其篡权行为合法化，也强迫被推翻的皇帝为之加冕。为了获得继承人资格，拜占庭宫廷斗争从未间断过，平均每位皇帝经历过两次以上宫廷阴谋的冲击，其中 35 人在斗争中失利，或被流放，或遭监禁，或被削鼻剜眼成为残废，可见其斗争的残酷性。影响拜占庭帝国皇帝继承过程复杂、斗争激烈的根本原因是拜占庭国家高度集中的中央集权的皇帝专制制度。皇帝至高无上的权力使其可以根据自己的意愿确定继承人。一般情况下，他们不违背拜占庭继承法的规定。但是，皇帝专制制度又使他们有可能随时破坏皇帝继承制度，使拥有继承权的皇室成员经常处于丧失继承权的恐惧之中，迫使皇帝的各顺序继承人从非法途径确保其合法权利。同时，"家天下"的皇位世袭原则使皇室内拥有继承权的成员都有夺取皇权的欲望和可能，加剧了皇权继承的复杂性。

拜占庭皇帝继承制度造成其王朝统治时间短暂，使皇权继承的结果表现出明显的不稳定性。拜占庭帝国 1100 多年历史中共经历了 12 个王朝的统治，皇帝平均在位时间为 12 年余。如果不计算各王朝之后出现的分裂时期的话，则每个王朝平均统治时间只有 86.38 年，皇帝平均在位时间为 14 年余。统治不足 3 代而终的王朝竟然有 7 个，占王朝总数半数以上。

拜占庭帝国何以会出现王朝统治时间短、继承代数少的现象呢？除了许多外在的因素外，拜占庭皇室男性继承人少是最重要的内在因素，而拜占庭婚姻制度是造成皇室男性继承人少的决定性因素，对皇权继承具有深刻影响。罗马法学家莫德斯体努斯曾对婚姻作出以下定义："婚姻是一夫一妻的终身结合，神事和人事的共同关系。"[①] 早期拜

———————

[①] 转引自周枏：《罗马法原论》，第 164 页。

占庭时代继承罗马法中婚姻的基本含义，但是修改了罗马法关于夫权和离婚的规定，允许离婚和再婚；5—6世纪的许多法律都有类似的规定。《查士丁尼法典》允许再婚，以生儿育女、延续继承权。此后，随着教会法影响的扩大，社会只承认一次婚姻的神圣性，谴责第二次婚姻，但仍然不禁止再婚，条件是夫妻双方必须接受两年以上的独身"惩罚"；至于第三次婚姻，教会法加以严格的限制，并坚决反对第四次婚姻。拜占庭历史上皇帝第四次婚姻的例子仅有两次，都发生在马其顿王朝，其一是利奥六世，其二是王朝末代女继承人邹伊公主。利奥六世前三次婚姻曾产生一子三女，但其子早亡。他为王朝延续而举行的第四次结婚遭到教会的激烈反对，引发长期的教、俗斗争。为此，他罢免大教长。他死后，其第四次婚姻生下的儿子的合法地位经多年才得到认可，王朝得以延续。邹伊为君士坦丁八世的次女，为了王朝的延续，先后4次结婚，只是由于她天生没有生育能力，王朝终难继续。生子与结婚有必然联系，但是，结婚不能保证必然生子。在拜占庭历史上，未婚皇帝8人，结婚而无子的皇帝有22人，还有的皇帝甚至无后，连女性继承人也没有。有近1/3的皇帝由于没有结婚或无子而无法进行正常的皇权继承，这就使以父死子继为主要继承方式的拜占庭王朝必然出现经常性的皇帝继承斗争，进而也使拜占庭帝国大多数王朝统治极不稳定。

　　此外，拜占庭帝国还有与我国古代极不相同的立法防止婚外关系。在我国古代，王朝都有较为完善的夫人系统。以唐朝为例，皇后之下，依次设贵妃4人，贵嫔9人，婕妤9人，美人9人，才人9人，宝林27人，御女27人，采女27人。[①] 这样的系统可以保证产生皇权继承人。拜占庭社会杜绝蓄妾，其立法改变罗马帝国时期蓄妾成风的情况，特别是基督教立法坚决禁止重婚和蓄妾，早期拜占庭的教士们攻击蓄妾无异于嫖娼。《查士丁尼法典》记载了君士坦丁一世以后诸帝吸收教会法、明文禁止蓄妾的皇帝法律，对违反者处以剥夺罗马公民权的惩

---

① 王超：《唐朝皇帝制度的发展与完善》，载《南京大学学报》，1985(4)。

罚。这样，在婚姻制度不能保证产生皇帝继承人的同时，禁止蓄妾的制度又堵塞了解决问题的其他途径，拜占庭皇帝继承中的危机始终难以缓解。君士坦丁王朝和塞奥多西王朝因无男性继承人，被迫将皇权转交第二顺序继承人的姐妹继承。

拜占庭传统婚姻制度对皇权继承的消极影响还表现在婚龄滞后和未成年皇帝继承人数量增多。虽然，拜占庭立法规定年满 14 岁的男子和年满 12 岁的女子为适婚人。但是，婚姻法规定合法婚姻的要件之一是"须家长或监护人等的允诺"。4—6 世纪的多项法律规定女子在未满 25 岁以前，非经其父同意不得结婚。拜占庭帝国初期的立法规定，年满 25 岁的男子为成年人，这一年限至查士丁尼一世时下降为 20 岁。事实上，合法婚姻的一系列立法限制使拜占庭██婚龄偏大，因为，家长和子女在对待次数受到严格限制的婚姻中采取了十分谨慎的态度，他们要取得一致的意见需要更多的时间。婚姻当事人也是如此，他（她）们虽然拥有 14(12) 岁结婚的权利，但很少人实行早婚。晚婚在皇室中尤其常见，因此，皇帝与继承人之间的年龄差距较大。例如，君士坦丁一世与其 3 位继承人的年龄差为 44 岁、49 岁和 43 岁；塞奥多西一世与阿尔卡迪奥斯的年龄差为 30 岁；伊拉克略一世与其继承人相差 37 岁；利奥三世与其继承人相差 33 岁；瓦西里一世与利奥六世的年龄差为 30 岁；利奥六世与君士坦丁七世相差 39 岁；生长在皇宫中的君士坦丁七世也实行晚婚，34 岁才得子；阿莱克修斯一世与其继承人相差 30 岁。拜占庭皇帝晚婚现象直到拜占庭帝国后期的帕列奥列格王朝才有所改变，而且皇帝私生子女增多。拜占庭皇帝晚婚的直接结果是出现了许多未成年皇帝。查士丁尼一世以前，不足 25 岁的未成年皇帝即有 6 人。查士丁尼王朝以后，有年龄记载的皇帝中就有 15 位是不足 20 岁的青年人，其中 15 岁以下的皇帝有 6 人。这样，处于未成年皇帝统治下的拜占庭帝国与缺少继承人的拜占庭帝国一样成为争夺皇权的斗争旋涡。

缺少皇权继承人使拜占庭社会政治局势经常处于动荡之中，为许多有可能篡夺皇位的势力提供了机会。而屡次出现的权力真空状态直接为皇亲国戚和高官显贵篡夺皇权创造条件，加速了帝国中央集权政治结构的解体。14世纪以后，所有皇室成员，特别是拥有皇权继承权的皇子们都要求得到封地，他们成为"专制君主"，独霸一方，甚至在土耳其军队征服巴尔干半岛、拜占庭帝国灭亡在即的时候，仍然不能联合抗敌，继续相互厮杀，最终被各个击破。

由此可见，拜占庭帝国皇权继承制这种相当完善的专制制度在发展过程中不断采取补充措施堵塞漏洞，以确保拜占庭帝国长治久安，但是仍然无法彻底解决稳定的权力交接问题。其中重要的原因在于，拜占庭帝国各种公共权力过于集中，而皇帝及皇室又无法真正总揽全局，致使最高权力变相转移，成为官僚贵族和军事贵族，特别是一批野心家争夺的目标。当血亲世袭继承的"皇统"思想逐步成熟深入人心后，这种争权夺利的血腥较量就从皇族外转移到皇族内，加剧了亲室操戈手足相残的激烈程度。当皇帝这个拜占庭帝国统一权力的象征失去了其神圣性和神秘感时，拜占庭帝国的内在凝聚力便丧失了。灭亡时期的拜占庭皇帝君士坦丁十一世就是这样的悲剧性人物，连他自己的亲兄弟对他都不以为然，在最后的守城战中，他只剩孤家寡人一个，不要说命令不出京城，就是他说出的话都无人在意。这样的帝国还能存在吗？

三、皇帝的尊严

皇帝作为拜占庭帝国最高权力的象征，登基后要通过加冕仪式得到确认。皇帝和臣民有许多区别，他们的衣食住行都不同。皇冠是皇权的象征，被称为"斯蒂马"。这一名称最初产生于戴克里先时代，学者认为王冠和加冕的观念来自于波斯，后者的国王是由波斯最高大祭司加冕。戴克里先在强化皇权时，废除罗马大祭司的特殊地位，因此，他为自己加冕。这一方式为拜占庭帝国的皇帝所继承。君士坦丁时代的皇冠是戴在头上的布圈，据君士坦丁七世撰写的《礼仪书》记载，布料的颜色以红、黄、蓝、绿为主，上面缀饰珍珠宝石和金银宝石坠饰。后来，发带式皇冠变化成为头盔式皇冠，顶部饰有十字架。加冕仪式最初是由确定皇帝人选的那些地位最高的贵族主持。例如，君士坦丁堡市长曾主持过这种仪式。5 世纪以后，东正教势力迅速发展，君士坦丁堡大教长遂成为为皇帝加冕的最佳人选。利奥一世由安纳多利欧斯大教长加冕，被认为是拜占庭历史上大教长为皇帝加冕的开端。从此，这成为皇权得到承认的定制。而皇帝加冕的地点最初是在君士坦丁堡城外的圣海德蒙教堂举行，从 7 世纪以后通常在君士坦丁堡圣索非亚教堂，只有拜占庭帝国末代皇帝君士坦丁十一世是个例外，他是在希腊米斯特拉大教堂加冕的。在加冕仪式上，元老院、军队和君士坦丁堡市民代表到场，军队和民众则在教堂外列队向皇帝欢呼。

加冕的日期一般确定在礼拜六。在加冕仪式举行的前一天，各军区、行省、各部大臣、所有的元老、君士坦丁堡卫戍部队和各阶层臣民代表在各自领导人的带领下向皇帝宣誓，表示效忠。而皇帝在加冕仪式举行前需向东正教大教长作出明确保证，即保持现存教会的法规，接受教会的信条，承认教会的各项权利，遵守教会的各项规章制度，保护教会的利益，反对任何为教会所斥责的东西。这些规定使皇帝的地位得到确认，但是同时，也确保拜占庭帝国皇帝是东正教的信徒。5 世纪以后，任何非东正教徒都不可能成为拜占庭帝国的皇帝。由东正教大教长为皇帝加冕也使皇帝得到神化，成为"全能的主的总督"。利奥三世曾公开宣布："我是皇帝和教士"，"上帝任命的牧养其子民的代表，像彼得一样的使徒君主"。[①] 为皇帝继承人"共治皇帝"加冕的习惯可能始于瓦西里一世，只是加冕仪式主持人不是大教长而是皇帝本人，加冕的地点不是在教堂而是在皇宫，以此表示这种加冕只是在位皇帝对继承人的认可，尚缺乏上帝的认可，因此在该继承人成为真正的皇帝时还要举行皇帝加冕礼。

皇帝对教会拥有的权力是皇权的重要方面。自君士坦丁时代皇帝便获得"至尊权"，包括解释《圣经》和教义权、任免高级教职人员权、召开宗教大会权和仲裁教会内部争端等项权力。查士丁尼一世则得到

---

① S. Runciman, *Byzantine Civilization*, p. 66.

皇帝颁布宗教信条的权力，此后，几乎每任皇帝都力争在位期间颁布宗教信条法规，但每次都引发重大争议。皇帝有权主持各类教会会议，特别是全体主教参加的"大公会议"。君士坦丁堡大教长事实上成为皇帝的被保护人，只有皇帝同意的候选人才能得到教会的选举，但是在教、俗统治者发生矛盾时，皇帝的意旨占有优先权。例如利奥六世为了使自己的第四次婚姻合法化，就罢免了反对派大教长而任命支持自己的新大教长，这样的案例在拜占庭历史上比比皆是。

为了提高皇帝的尊严，拜占庭帝国推行一系列复杂的礼节和宫廷仪式，而且这样一套复杂烦琐的典礼仪式越来越严格。普通臣民从来没有机会面见皇帝，即便高官贵族也要达到相当的级别才能觐见皇帝。朝拜皇帝时，包括贵族在内的所有臣民必须匍匐跪拜，五体投地，且爬行到皇帝和皇后御座前行吻足大礼。甚至外国使节拜会拜占庭皇帝时也被要求跪倒在皇帝面前。这种对臣民属下屈辱性的礼节被认为是一种荣耀，而蔑视皇帝则是最严重的罪行，将受到死刑惩处。5 世纪的拜占庭作家尼基弗鲁斯记载过这样的故事，一位内宫侍女因无意中将口水吐到皇后的棺木上而被判处蔑视君主的大罪，终被处死在皇后的墓地里。为了凸显皇帝的神圣至高地位和显赫权威，皇帝的宝座被设置在高台上。随着皇帝专制制度的加强，皇帝的座位越来越高，甚至动用了罗马传统的机械装置。在皇帝接见外国使者的大殿中，皇帝的宝座被设计在人控升降机上，皇帝端坐其上，有重臣当面转达皇帝谕旨。在皇帝四周还有许多机械黄金鸟和机械黄金狮，它们不时发出阵阵悦耳的鸣叫和低沉的吼叫。在会见外国客人时，这些机械将随着阵阵香雾运转，把皇帝升高于众臣之上，被接见者必须仰视才得见皇帝尊容。

拜占庭皇帝大多是男性，妇女除个别外很少有成为皇帝者。但是，由于拜占庭帝国施行基督教婚姻法，在位皇帝与其继承人的年龄差距较大，致使很多继位皇帝或未到成年或仅是幼年，故由其母亲或者教会贵族或官僚贵族担任摄政王。皇帝多为男性的主要原因是皇帝必须履行诸如指挥军队等职责，多数皇帝需御驾亲征。这些属于男性的军事职能女性难以胜任，故而妇女从不担任军队统帅，个别女性皇帝即便有幸在位，也只能将此职责转交其夫君代理。特别是按照东正教传统，妇女被禁止充任教会首脑，这也成为女性称帝的障碍。当皇帝加冕时，皇后一般陪伴在侧，皇后的加冕则由皇帝本人亲自执行。在拜占庭历史上，被加冕的皇后很多，但是只有伊苏利亚王朝的伊琳妮、马其顿王朝的邹伊和塞奥多拉 3 人正式成为皇帝，她们在位的时间都很短，均为过渡性人物，其大部分皇帝职责由其夫君代行。

年幼的皇帝都由摄政王辅佐，有时由皇后为代表的皇亲国戚任摄政王，有时则由官僚贵族和大教长为代表的高级大臣组成摄政会议。10 世纪以前，辅佐幼主的贵族大体是这两部分人。10 世纪初以后，随着军事贵族势力的兴起，军队将领干预朝政的情况日益普遍，他们经常乘皇权继承之机取得摄政王的地位，几乎所有的小皇帝都处在军事将领的"保护"下，后者则千方百计通过与皇室的联姻使其地位合法化，摄政王一职也几乎为军队将领所垄断。马其顿王朝时期，海军司令罗曼努斯一世就在控制幼主君士坦丁七世后，将自己的女儿嫁给小皇帝，并取得摄政王地位，使其篡权行为合法化。同一王朝的军队将领尼基弗鲁斯和杜卡斯朝时期的罗曼努斯四世都仿效罗曼努斯一世的做法，最终夺取皇权。末代王朝最有实力的大贵族约翰六世也是在内战中击溃皇亲国戚摄政王后，将自己的女儿嫁给约翰五世，使自己合法登上帝位的。

皇帝尊严的提高是和人民参与政治传统的逐步丧失同时发生的。拜占庭帝国继承了晚期罗马帝国举行大型竞技的传统，但取消了基督教反对的血腥角斗表演和斗兽表演。在帝国历史之初，君士坦丁堡保持着经常举行马拉战车赛事的传统，观众按赛场划分的蓝、绿、红、白色四色分区就座，各区观众为本区赛车呐喊助威。能够容纳近 10 万人的大赛场常常举行这种活动，由政府指定的贵族资助赛事。频繁举行的赛季成为全城重大的公众聚会，各个看台按 4 种色彩组织"车迷协会"，称为"吉莫"（意为赛区）。吉莫不仅通过组织城区灭火队和街道花园清洁队等手段深入居民日常生活，而且发展成为具有政治倾向的党派。各吉莫活动家们主要通过组织体育竞赛各方的拉拉队进行活动，并经常代表本区民众表达政治意见，逐渐被称为"吉莫党"。他们在制定本党口号时常常超越比赛拉拉队的内容，而融入更多表达政治倾向和意愿的口号，希望乘皇帝及其高官显贵观看比赛之机，向他们表达出来。当时，蓝党代表元老院贵族和君士坦丁堡上层居民的利益，而绿党则代表商人和富裕居民的要求，他们支持一性论派的信徒。红、白两派因势力较弱附属于蓝、绿两党。各党群众经常利用观看比赛的机会表达对当局政策的意见，或发泄对现实的不满。据记载，君士坦丁堡的居民几乎都参与吉莫党组织的活动，他们不是参加这方便倒向另一方，都自觉或不自觉地公开表明自己的政治立场，否则在首都难以生活。吉莫党势力在 6 世纪时达到顶峰，他们之间的冲突以及对政府的批评直接威胁皇帝的权威。532 年的尼卡起义是吉莫党人组织的最大规模的起义，遭到查士丁尼一世的残酷镇压，当场杀死数万骨干分子。在随后进行的清算中，查士丁尼无情地屠杀任何异己势力，消除了对皇权和王朝统治造成威胁的隐患，基本上改变了君士坦丁堡民众参与政治的传统。7 世纪以后，吉莫党仅保留其社区服务性组织的作用，不再具有任何政治色彩。

元老院在拜占庭历史上一直是政治生活中比较重要的因素，其全盛时期是 6—7 世纪。元老院的成员包括所有高级官员和贵族以及他们的后代。与罗马元老院不同的是，拜占庭帝国的元老院不是权力机构，而是立法咨询机构，称为"大会"，社会各界最重要人物、富豪和名流都是元老院的成员。为了保持元老院的贵族性质，查士丁尼一世以前的法律禁止元老与平民通婚。平时，元老院是皇帝的咨询顾问机构，发生皇帝继承危机时，元老院将发挥确定继承人的重要作用。查士丁二世统治末年患精神病，不能视事，元老院遂一时成为帝国中央最重要的权力机构。伊拉克略一世发动波斯战争后，常年远离京城在外作战，元老院就承担起辅佐其 10 岁儿子的重任，由一位元老和大教长担任摄政王。7 世纪末，查士丁尼二世与元老院发生冲突，颁布一系列立法削弱元老院的权力；从此，元老院开始衰落。9 世纪末和 10 世纪初，皇帝利奥六世因元老院在其第四次婚姻问题上支持教会，颁布立法废除元老院。但是，利奥死后元老院再度恢复。马其顿王朝末代女皇塞奥多拉临终前召集元老院会议，将国库和她任命的皇帝名单交给元老院的代表，要求他们："以国家利益为上，帮助新帝。"①安娜·科穆宁娜在她著名的《阿莱克修斯传》中记载，皇帝经常与元老院的贵族们商讨军国大事，但仅仅商讨而已，元老们政治上的重要性仅仅在于他们作为皇帝的顾问提供咨询意见。13世纪后，元老院成为荣誉机构，年轻的贵族以"进入元老阶层"表示其已经成年。

拜占庭皇帝的尊严还通过其他活动表现出来。例如，皇帝几乎每天都要参加各种典礼仪式、节日庆典，要召见大臣、会晤外国使节，有时还要在大批随从陪伴下去观看大赛车场的竞技比赛。在这些活动中，最重要的活动是上朝，皇帝主持宫廷每天例行的重臣会议，与他们讨论军国大政方针。皇帝如果不是军人，他就必须学习军事，在拜占庭历史上，有作为的皇帝都是优秀的军事将领，即使他原非军人出身，也必须努力学会军队指挥艺术，如马其顿王朝的瓦西里二世，从骑马学起，最后成为令周边国家胆寒的优秀将领。

拜占庭皇帝集中了帝国政治、经济、军事、外交、司法、立法、宗教、文化等各种权力于一身，但在这些权力中，最重要的是政治和军事权力，前者赋予他使用国家暴力的合法性，后者保证其他权力的正常运行。特别是在拜占庭帝国特殊的地理地貌条件中，在拜占庭帝国外敌入侵不断战事不绝的环境中，军事权力具有特别重要的意义。而皇帝是否具有军事天赋和才能，或者是否能够充分利用好其掌控的军事权，是其统治是否成功的关键因素。在拜占庭历史上除了个别碌碌无为、吃喝玩乐的庸才和只知重典、滥用暴政的暴君外，文采出众者有之，虽著述高深但不是治国的高手；理财超群者有之，虽使国库充盈但难成兴邦之主；而大多数富有军事才能者，都可保其帝国安定进而促成一时繁盛；唯文韬武略者寥寥无几，他们是拜占庭帝国历史

---

① Theophanes，*The Chronicle of Theophanes*，trans. by H. Turtledove，Philadelphia，1982，p. 177，p. 255.

上少数可圈可点的杰出皇帝，为后世留下了丰厚的遗产，产生了长远的影响。

第二节　政府机构

拜占庭帝国中央集权和君主专制要求帝国必须建立庞大的高效率的官僚机构，必须系统地培植一批专业素质极高的专职政府官员具体贯彻皇帝的决定。在拜占庭早期历史上，元老院曾经发挥政府机构的作用，因为，早在罗马帝国时代，奥古斯都曾使元老院享有与帝国元首同等的权力，使之成为罗马帝国两元政治的重要机构。直到戴克里先皇帝实行独裁统治，元老院的政府职能才开始逐步消失。拜占庭帝国皇帝在作出重要决定时必定召开小型元老咨询会议，包括教会和贵族元老的代表都要参加，且发表见解提出建议。例如在镇压尼卡起义的过程中，查士丁尼一世召开的咨询会议包括其主要的助手、君士坦丁堡市长、教会大教长和元老院的代表等人。又如，在812年米哈伊尔一世召开的决定是否对保加尔人开战的咨询会议上，大教长和各地的教会主教成为主要的发言人，事后元老院的代表抱怨他们几乎没有发言的机会。皇帝根据"集议"的意见，作出最终决定。对于经常能够提出有益建议的高官显贵，皇帝不仅有所赏赐，而且会视为宠臣；反之则被逐渐排斥出国务决策圈，被皇帝冷落甚至受到怀疑。

拜占庭帝国庞大的官僚体系有利于维持其皇帝专制集权统治。皇帝之下的各级官吏属于不同序列和等级。现代拜占庭学者认为，拜占庭官僚体制是最不容易弄清的问题，[①] 因为，各个王朝实行的政府管理制度并不统一，变动频繁。某些权倾一时的官职不过数年便无足轻重了，而一些貌似位高权重的官职实质上只是名义上好听而已，相反一些表面上不起眼的官员却掌握着朝廷大权。因此，笼统地描述拜占

---

① 我们对拜占庭管理体制的研究，主要依据3种比较完整的文献记载，即5世纪的《荣誉者介绍》，9世纪末和10世纪初的《公职表》和14世纪的《官职表》。其他的材料大都比较零散，只能作为辅助材料。

庭帝国官僚贵族很容易对读者产生误导，必须根据时间地点具体说明不同官职和贵族。本书对此只作简略介绍，提醒读者在涉及相关问题时必须核实史料深入研究。目前比较一致的意见认为，拜占庭帝国官员分为军事、行政、市政 3 类，其沿革比较复杂，我们不可能详细地逐一探讨。其变化总的特点一是官职和荣誉称号混杂，二是荣誉称号数量逐渐增加，获得名号的范围不断扩大。

一、贵族头衔

"恺撒"是皇帝之下最高的头衔，最初封授给皇帝继承人，后来其领受者的范围扩大为皇帝法定继承人、拟制血亲继承人和摄政王，其含义也发生变化。在恺撒封授仪式上，皇帝将没有十字架的王冠戴在恺撒头上。恺撒在拜占庭帝国朝廷文书上排名在大教长之后。例如，提比略就以查士丁二世的摄政王身份获得恺撒封号；伊拉克略一世和君士坦丁五世在确定其长子为皇帝继承人以后，又将他们的次子和第三子加封为恺撒；米哈伊尔三世 2 岁即位，16 岁时为摆脱国戚集团控制，为其叔叔巴尔达斯加冕为恺撒，并依靠皇亲集团的势力控制了朝政。科穆宁王朝时期，恺撒的地位下降，新设立的"尊贵王"名列恺撒之前。至帕列奥列格王朝时期，新头衔"专制君主"排名在"尊贵王"之前，恺撒下降到第三位。皇族成员除了可以成为恺撒外，自科穆宁王朝以后，还可以受封为"贵族王"和"皇宫公"，11 世纪后，这些称号的领受者就不再限于皇室成员，一些贵族功臣也受封为上述王公。安娜·科穆宁娜在其书中提到许多新的头衔，如"尊贵公"、"尊贵大公"和"尊贵大王"等，其祖父还被封为"皇父"的称号。皇族成员的这些头衔除了使其领受人享有政治和经济的特权外，还被许可与皇帝同席进餐。

皇族以外的人也受封各种头衔，其中保持时间最长地位最高的头衔是"罗马缙绅"，它产生于君士坦丁一世统治时期，但这一头衔在当时只封授给极少数元老贵族。后来，随着罗马缙绅人数的增加，增设了地位高于罗马缙绅的"罗马总督缙绅"。10 世纪以后，拜占庭帝国又出现其他贵族头衔，在罗马缙绅之下约有 11 种头衔。至帕列奥列格王朝时期，拜占庭政府经过一段时间的流亡，抛弃过去历代王朝遗留的封号，改用旧官职名称作为封号。而在各类贵族和官员中，宦官拥有特殊地位，他们和普通人一样可以领受头衔，比同级的普通官员享有优先权。10 世纪时，有 8 种头衔为宦官专用。各级贵族依据其拥有的不同头衔佩戴不同的饰物，穿戴不同的服装，如"佩剑贵族"可以在腰间悬挂金柄短剑，罗马缙绅手持象牙雕刻的笏板，官员则被要求身着白色缀金束腰短夹克。拜占庭帝国初期继承自晚期罗马帝国的各种贵族头衔也逐渐失去了相应的官职意义，例如 Nobilissimi（最高贵的）、Pefectissimi（最完美的）、Clarissimi（最著名的）、Spectables（尊贵的）、Illustres（杰出的）等后来都只是头衔而已，没有任何权力，相反 Magistri militum（军队司令）、Comes（伯爵）、Generalissimus（统领）等官职的权力却不断增加。

上述具有头衔的贵族均不承担实际职责，国家实权逐渐转由具体的官僚掌控。拜占庭帝国的官员是依据从中央到地方的政府机构的需求设置的。4 世纪时，帝国分为 4 个行政大区，分别由大区长管辖。大区长是政府中最高的官员，享有行政管理、司法和财政权，他们对所辖大区具有总督权，可以代表皇帝作出终审司法判决。他们甚至可以就辖区内的小问题立法，并按照皇帝的意旨任免大区内各行省地方官吏。大区进一步划分为政区和行省，除了亚洲和非洲两区由皇帝直接控制外，大区长们管理帝国全境。大区长是皇帝任命的行政官员，是皇帝派驻大区的最高权力代表，因此，他们虽然不干涉军队事务，但是，大区军队将领面见大区长时必须行跪拜礼，以示对皇帝的尊崇。官阶仅次于大区长的官员是罗马和君士坦丁堡两城的市长，他们的职责是维持新旧都城的治安，保持城市社会生活的正常秩序，组织和管理城市行政事务，并代表中央政府发放国家免费提供的救济食品。但是，这些贵族和高官的职位随着拜占庭帝国形势的变化而变动，例如大区长的职位随着大区的消失而取消，其行政管辖权力逐步收归朝廷。相反，原本只负责公路交通驿站的"邮政大臣"后来权力增加，甚至主管帝国外交事务。因此在观察拜占庭帝国官僚贵族体系时，切忌望文生义、妄加推测。这方面的系统研究成果也许在适当的时候才能结集出版问世。

二、官制沿革

拜占庭帝国中央政府设立各部门分别管理相应的事务。皇帝的贴身大臣包括：皇宫大法官，即帝国终审大法官，负责审理全国各地上诉给皇帝的司法案件；国库伯爵 2 人，负责管理公共财政收支，相当于财政大臣；皇产伯爵负责管理皇帝个人的庞大产业。主管行政事务的主要官员是执事长官，他是行政官员的首脑。其下设立邮政大臣、机要大臣、皇家礼宾大臣、帝国外事秘书等；此外，执事长官控制许多档案秘书，他们根据各部门的需要随时被派往不同的地方。服侍皇帝的官员属于宦官序列，他们的官职也严格按照等级划分。据现代学者的估计，5 世纪拜占庭帝国行政官吏在册人数为 1 万人。拜占庭帝国中央和地方文武官员分立，军队按作战性质分为禁卫军、野战军和边防军等 5 个军团，分别由 5 名军团长指挥，并统一由皇帝统率。

查士丁尼一世统治时期，对拜占庭帝国政府进行大规模行政改革，取消长期存在的售官制度。按照这种制度，行省以下的官职可以出售，卖官所得的钱财分别由皇帝和大区长占有，官员上任后再从地方税收中补充自己买官的花费。查士丁尼确立国家薪俸制度，行省省长以上的官员由国家发放薪俸。他还重新划分全国政区，改变过去的省区，将富庶的省份与贫穷的省份合并。此外，他取消执政官制度。执政官产生于罗马共和国时代，拜占庭帝国初期按照传统习惯，每年从贵族中选举出执政官。但是，此时的执政官没有任何实际职能，仅仅是为朝廷出资举办各种免费的公共娱乐活动，如大型赛车会、戏剧节等。因此，大部分贵族都不愿意参选这个花费很高的职务。

特别值得提到的是，查士丁尼在迦太基和拉文纳两地实行的总督制使拜占庭帝国的行政编制发生了较大的变化，对后世影响极为深刻。查士丁尼时代，拜占庭帝国大部分地区推行省区管理，但是在汪达尔战争和哥特战争后，建立了迦太基和拉文纳 2 个总督区，由权力相对独立的总督统辖。由于这 2 个总督区是拜占庭中央政府控制西地中海霸权的立足点和重要的贸易港口，加之它们重要的政治经济地位、特殊的地理位置并远离帝国政治中心，因此被确定为总督区。其管理上的特征是逐步实现军政权力合一，由皇帝任命的总督区首脑"总督"控制。总督，一身兼任军团长和政区长，使其不同于一般省区军、政权力分离的管理形式。总督区的管理形式有利于总督的一元化领导，使总督统一指挥，便于应付战时的紧急军务。可以说，查士丁尼时代的总督制是其后伊拉克略王朝军区制改革的行政基础。

7 世纪以后的拜占庭波斯战争和拜占庭阿拉伯战争迫使拜占庭帝国全面军事化。当时，几乎所有的行省都面临外敌入侵的威胁。因此，伊拉克略王朝的皇帝们便首先在亚洲领土上建立亚美尼亚军区和奥普西金军区。此后，又在帝国其余地区建立了 4 个军区。军区虽然是从总督区发展而来，但两者存在重要区别。首先，它们的管理结构不同，总督区虽然由总督区的最高首脑"总督"总揽军政权力，但其各级权力机构与其他省区一样，仍然保持军事系统与行政系统的相对独立性。而在军区内，军权和行政权合一，其管理机构采取战时体制，不仅军政权力都由将军控制，而且军区以下的各级权力机构也按师、团、营等军事单位设立，行政权力附属于军事系统。与总督相比，军区首脑"将军"拥有更大的自治权力。另外，总督区内的社会结构与省区没有区别，没有形成稳定的农兵阶层，军队主要是由领取军饷的职业军人组成，而军区制下则形成相对稳定的农兵阶层，这种兵民结合的社会阶层构成拜占庭帝国的中坚力量。

拜占庭帝国全面推行军区制后，各军区以其所在的地区命名，如阿纳多利亚(意为"东方")军区、亚美尼亚(小亚细亚地名)军区、色雷斯(地名)军区等。军区的大小经常变化，如马其顿军区因保加利亚人的入侵而缩小到亚得里亚堡附近地区，后来更名为塞萨洛尼基(城市名)军区；又如西西里(岛名)军区因阿拉伯人占领西西里而改名为卡拉布利亚军区。拜占庭帝国《官职表》记载，9—10 世纪初，拜占庭全国有 25 个军区，分为东、西两部分，前者主要包括亚洲各军区和马其顿、色雷斯军区，后者包括欧洲地区的希腊和意大利军区。东方军区因在对外战争中地位更加重要而排名在前，成为级别更高的军区，其首脑"将军"的薪俸由中央财政支出，而西部军区地位略低，其俸禄主要来自地方财政。阿纳多利亚军区的"将军"地位最高，官阶仅在东部军队司令之下。各军区地位不同，其将军的年薪也有区别，从 40 至 10 金镑不等。军队中收入最多的军官和收入最少的士兵收入相差约 240 倍。将军府设立管理机构，有 11 个级别的官员协助他的工作。

7 世纪以后的拜占庭帝国中央政府继续实行军、政权力分立的体制，陆军司令和军事将领不参与政府的行政事务。中央朝廷的日常事务由大臣和帝国秘书控制，初期的执事长官名存实亡，只由德高望重但是不负实际责任的老臣担任。大臣中最重要的仍然是君士坦丁堡的市长，其地位在皇帝之下，列诸大臣之首。出现这种情况一方面是因该职位具有悠久历史传统，另一方面是因首都在政治生活中的重要核心地位。当皇帝出外远征作战或巡视时，首都市长常常担任摄政，临时代理皇帝处理国务。他的主要职责是维持首都的法律和秩序。市长衙门分为城市行政和城市治安两部分，前者包括城市商业部、行会管理部、市民生活部、监督指导部等机构，由市长任命的城市总管全面负责，后者包括城市法庭、警察府、监狱等机构，由城市大法官负责。此外，首都市长还配有长官多人，其职能广泛，既包括协助市长起草新法规的立法职能，还包括审理对官员的起诉案件。官方公证人也在市长的控制下，公证机构除了对所有文件进行公证外，还监督臣民遗嘱的公正执行，受理保管被继承的财产等。

三、官吏

大政区总督又称为大区长官，其全称的拉丁文形式为"Praefectus praetorio"，其希腊语形式为"Επαρχός των πραιτωρίων"，在实际使用中常有简化形式。从这个名称上人们就可以看出，它起源于晚期罗马帝国奥古斯都或恺撒控制下的禁卫军。自 4 世纪拜占庭帝国初期，它成为对御林军事务负责的行政官职。查士丁尼主持编撰的《罗马民法大全》公法部分对大政区总督有如下规定："有必要简要讲述一下大区长官(Praefectus praetorio)是从哪里起源的，根据某些文献的记载，在古时，设立大区长官是为了代替骑兵队长，因为，如同以往一样，把最高治权暂时赋予独裁官，独裁官自行任命骑兵队长，骑兵队长作为其军队管理方面的助手，位于独裁官之后行使职务，与骑兵队长相似，大区长官也由皇帝任命。并且皇帝赋予其在修改公共规章方面更广泛的权力。"①大政区是由几个省区组成的，最初是在皇帝戴克里先改革划分4大区的基础上形成的。君士坦丁统一帝国以后，削弱该官职的权力，取消其军事权力，保留其行政司法权力。在拜占庭帝国早期历史上，东方、伊里利亚、意大利和加利亚4大政区设立总督。查士丁尼时代，继续保留了伊里利亚和东方大政区总督，分别驻扎塞萨洛尼基和君士坦丁堡，534年和537年又重新恢复了意大利和非洲大政区，分别以拉文纳和迦太基为首府。作为皇帝和副皇帝的助手，其地位仅次于皇帝。他经常以副皇帝的身份在其所辖区域内行使行政司法职权，负责辖区内的税收、司法、公路、邮政驿站、公共建筑、食品供应、士兵征募、军械兵器生产、区内贸易、商品物价和国立高等教育等项事务，代表皇帝处理上述事务乃至帝国最高法庭的案件。他们有权按照皇帝的意旨起草和公布法规。为了完成工作，大政区总督设立各自的府邸，其属下官员大体可以分为行政司法事务官吏和财政官吏两大类。由于大政区总督权力极大，君士坦丁大帝以后的皇帝，采取逐步削权的措施，其部分职权转移给总理大臣。大政区存在的时间不长，因为这种体制不利于管理，特别是不能及时应付边境区域的外敌入侵活动。因此，在查士丁尼统治时期，省长的作用日益加强，在一些特殊地区如埃及则实行省区总督。大政区总督在7世纪上半期被取消。

司法大臣曾是拜占庭帝国早期历史的高级官吏，由君士坦丁一世开始设立，当时称为"Quaestor sacri palatii"，负责起草皇帝法令，并

①　[意]斯奇巴尼选编：《民法大全选译·公法》，张洪礼译，北京：中国政法大学出版社，1999年版，第97页。

具有呈递皇帝奏折和司法诉状等职责。该官职的希腊语形式为"Κυαί-στωρ"。司法大臣的重要性最初并不明显,其协助皇帝的作用大体上与法律秘书相似,但是,作为皇帝心腹的法律顾问,其影响力极为广泛,且具有很强的发展潜力。随着皇帝专制统治的强化,中央政府各部门权力得到发展,包括司法大臣、总理大臣在内的高级官吏日益重要,地位不断提高。查士丁尼统治时期,最著名的司法大臣是具体主持《罗马民法大全》编纂的特利伯尼安。由于他权势太大,在朝野树敌过多,故君士坦丁堡尼卡起义民众迫使查士丁尼将其罢免。史料记载,查士丁尼一世为了加强司法管理,曾增设君士坦丁堡司法总监,称为"Quaesitor",处理首都政治与司法事务,特别是管理日益增多的外来定居者。司法大臣的地位直到 8 世纪以后逐步下降,最终成为普通法官。拜占庭立法和司法体系完备,法官培养与执法水平较高,他们必须接受 5 年以上法学专门教育、全面掌握罗马民法后,通过严格的国家考试,取得证书,方可从事司法工作。[①] 拜占庭帝国早期历史上,法官享有广泛的司法权,他们中的许多人同时担任行政或财政官职。查士丁尼推行的司法改革要求法官专职化,《新律》第 82 条第 1 款规定建立专业法官团体,其目的在于将执法的法官与立法的法学家区别开来。

总理大臣或被翻译为"执事长官",[②] 其拉丁文形式为"Magistre officiorum",其希腊文形式为"Μαγίστρος των οφφικίων"。这一官职最早见于 320 年的文献,是由君士坦丁一世设立的,目的在于制衡大政区总督权力的发展。最初,该官职是半军事性质的,负责行政事务。后来,大政区总督的部分权力转移给总理大臣。他参与重大国事的决策,与大政区总督、军队司令和司法大臣等一样成为御前会议伯爵。[③] 查

---

① A. H. M. Jones, *The Later Roman Empire 284-602*, Oxford, 1964,Ⅰ, pp. 499-507.

② 博克对总理大臣有专题详细研究(A. E. R. Boak, *The Master of the Offices*),我国学者徐家玲对此也有比较充分的研究,参见徐家玲:《早期拜占庭和查士丁尼时代研究》,长春:东北师范大学出版社,1998 年版,第 62~67 页。

③ 御前会议是皇帝的咨询机构,起源于罗马帝国时代的议事会,由于与会者均站立开会而得名。君士坦丁一世确定的御前会议成员包括大政区总督、总理大臣、司法大臣、圣库伯爵、皇家私产长官和军队司令官,以及部分职能部门的顾问和办事官员。A. H. M. Jones, *The Later Roman Empire 284-602*,Ⅰ, pp. 333-341.

士丁尼时代，总理大臣仍然是朝廷最重要的高级官吏。7 世纪初以前，总理大臣的职权包括：指挥禁军团、检查巡视东方边境部队、派遣稽查使全面监督各级官员、监管全国各级公路和驿站、签发通关文牒、主持外交活动、参与对外谈判和缔结条约、安排外宾接待、掌管宫廷庆典仪式、参与审理重大案件、控制宫廷日常事务、管理皇宫内外全部照明事务。① 查士丁尼时代总理大臣的来源主要是那些能力超群且忠实于皇帝的中下层人士，其职责的特点决定了这一选任的标准。有学者认为，在选任总理大臣时不注重其贵族出身和是否有相应头衔，反映了当时的皇帝消除古代罗马共和传统、削弱元老政治势力的意图。② 7 世纪期间，总理大臣的权力被逐步剥夺，最终仅保留其官名，参加宫廷仪式而已。

国库是中央政府的主要机构之一，包括公产部和私产部 2 部分，由财政大臣管理。7 世纪时，拜占庭帝国全国设有 7 个金库，即国库，曾被称为"圣库"，它们分别是：2 个大区长金库、莫埃思亚金库、叙利亚金库、中央金库以及皇帝直接控制的 3 个私人金库。不久以后，皇帝将部分中央财政权力下放，由一些职能部门和地方财政部门分掌国家财政。但是，所有的金库进出账目统归财政大臣统一监督，随时查验，其总控制权仍在皇帝手中。财政大臣原为皇产总管，伊苏利亚王朝皇帝利奥三世在位期间，皇产总管被提升为各金库总管。其下设中央征税大臣、军需大臣、皇庄总管、地方征税使、国营工场总督、港口伯爵总管、水利伯爵、海关总长等。从财政总管管理的官员可以看出，他负责全国城市经济活动。此后，其称呼也逐渐变为财政大臣。根据学者研究，6 世纪拜占庭帝国财政管理被置于 3 个部门长官监管之下，即大政区总督、圣库伯爵和皇家私产长官。大政区总督控制与公共工程、军队供应和谷物贸易有关的财政事务，因此，他掌管大政区金库"αρχά"。该金库分为"总银行"和"专业银行"两个部门。国库长官在财政上的职责是征收辖区内工商业税收，各种税收测定和薪俸测

---

① M. Clauss, *Des magistor officiorum in der Spatantike*, Munich, 1980, S. 122-160.

② 徐家玲:《早期拜占庭和查士丁尼时代研究》，第 67～69 页。

定。测定的结果由大政区总督下发给政区首脑和省区首脑，最后各地方议会任命的官员负责向纳税人公布税额和具体要求，完成税收。原则上，大政区总督负责管理税收的征收和使用。政区财务部门中有多种官吏分头管理，大政区总督则派遣省级巡视员对地方工作进行监督。圣库伯爵主要负责管理国家金银矿、铸币厂和国家手工作坊，后者包括军械武器生产、高级服装的贵金属装饰、丝绸染色和成衣制作；他还负责发放军饷。为了完成其复杂工作，圣库伯爵主管10个司，分别为教会事务司、岁入统计司、邮驿司、军饷司、铸币司、政区财政事务司、矿务司、工场司、军械司、皇帝服装司。圣库伯爵在各个政区和省区设立办事处或代表，并有独立的运输系统。圣库伯爵还监管国外贸易长官的工作。各司内部管理体系完备，例如铸币司首脑铸币司司长直接控制各铸币厂。查士丁尼时代，设立君士坦丁堡、萨洛尼卡、迦太基和拉文纳4大金币厂，尼科米底亚、安条克、希吉库斯、亚历山大、车绳、卡撒基那6大铜币厂。皇家私产长官负责国家土地的管理和地租的征收。所谓国家土地理论上包括所有国土和附属国捐赠给帝国皇帝的土地。有些地区，例如卡帕多西亚和比塞尼亚，几乎整个属于皇帝私产。皇家私产长官后来被称为皇家私产伯爵，其下属官员再分为若干专门司，如土地转让司、地租司、土地出租司等。他们在各省建立自己的工作机构，监督所属职权范围内的事务。皇家私产部门设立独立的金库，其收入主要用于皇家各项开支，有时皇帝从该金库提取金钱用于公共事业。由于拜占庭帝国早期历史上政府部门变动频繁，财政官员及其名称和职责时常变化，后人难于掌握。据566年的资料，皇家私产部分为5个司：私产司、私产库、卡帕多西亚皇产司、（其他地区）皇产司和意大利皇产司。意大利皇产司显然是查士丁尼胜利进行意大利战争的结果。

在皇帝周围的其他官员中，还有负责救济、档案、秘书等工作的官员，其中特别重要的是邮政大臣，他的实际作用类似于外交部长，控制全国的国家公路和驿站，负责安排外国使节与皇帝的会晤，接待外国来宾，后来其职权扩大到负责安排大臣晋见皇帝的日程。在拜占庭帝国中期历史上，邮政总长的职权呈扩大趋势，而财政总管的地位不断下降，最终前者逐渐取代了后者的地位，邮政总长称号也变为大总管。这种变化反映出拜占庭国家经济衰败，财政部门作用日益削弱的趋势。拜占庭帝国驿站来源于罗马帝国时代遍布全国各地的邮驿制度。拜占庭帝国早期皇帝重新组织规划国家邮驿系统。君士坦丁一世下令将道路分为用于商旅的商道和用于信使军旅的官道两大类，前者因重于商货运输，规定使用牛车，而后者强调快速且通行规模大，规定使用马车和骡车。除了信使外，官道上禁止任何人骑马疾行。沿国家公路，设立了大量国家驿站。《秘史》中记载，一般信使在一天内可以骑马通行 5 至 8 个驿站。驿站中备有过往人员所需要的粮草和休息的房间，以及国家信使换乘的马匹。驿站和道路最初由大政区总督下的邮驿官管理，后来转交总理大臣掌握，至 7、8 世纪专门处理邮驿事务的邮驿长官就上升为邮政大臣。驿站一度成为国家征收紧急物资的工作站。由于驿站所需马匹、粮草等开支成为地方政府的沉重负担，这一体制后来难以维持。

宦官是专制君主制的产物。拜占庭帝国的宦官制度始于戴克里先时代。他们被称为帕匹阿斯，其主要职责是服侍皇帝和皇后个人的生活，管理内宫事务。地位最高的宦官是大皇宫的宦官总管，他有几名副手辅助。这些助手分工专门管理服侍皇帝生活的某一方面，如有的负责皇帝在典礼时穿戴的不同服装，有的专门管理宫廷的家具，皇帝和皇后的饮食也各有专人管理，分别称为皇膳官和服饰官。君士坦丁一世设立了宫廷大总管以取代过去的管家，他的职责是安排皇帝的内室，如寝宫、书房、服装室，并负责安排晋见皇帝的时间表。最初，他的官职地位虽然不高，但是，他作为皇帝的亲信，参与许多重要的事务。到了 5 世纪，他在《官职表》中就上升到与司法大臣相当的地位，皇后可以任命自己的管家。宫廷管家权势的扩大也增加了其他官僚的怨恨，其职权遂被逐渐削弱。由于宫廷生活繁杂，宫廷大总管管理一大批以宦官为主的管家，除了负责内宫生活的管家外，还有负责喂养皇帝坐骑、管理皇家游艇、狩猎、放鹰等各方面的管家。但是，由于内宫管家与皇帝联系更密切，其地位普遍高于其他管家，例如服装管家被称为"圣装伯爵"。宦官与皇帝接触密切，逐渐参与朝政，宦官总管在9—10世纪时成为拜占庭帝国的重要官员。在马其顿王朝末期，宦官制度发展到最高峰。宦官之所以受到皇帝的青睐，主要原因在于他们没有后代和家室，因此其谋求个人利益的动机相对少些；同时，按照拜占庭帝国的政治习惯，宦官不能继承皇位，皇帝因此对他们更加放心，而他们对皇帝则更加忠心。

值得注意的是，在拜占庭帝国领取薪俸的《官职表》中，还名列医生和教师。部分医生和教师被确定为国家官员。晚期罗马帝国的教师大多在各市镇学校教书，拜占庭帝国初期继承了这一传统。由于教师工作的国有性质，他们从国库领取薪俸，并享有免除劳役和税收的经济特权。查士丁尼继续将教师编入国家官吏系列，《查士丁尼法典》第10卷第53条明确规定教师享有的经济特权。但是《秘史》却指责查士丁尼取消了教师的薪俸。这里两种史料提供的信息出现矛盾。根据其他史书记载，拜占庭帝国的教师分为初级学校和高级学校2种教师，前者主要从事相当于今天初中以下的教育工作，收入较低，而后者多为高中和大学教师，由于他们大多是著名学者或科学家，故收入较高。医生的情况与教师相似，他们在拜占庭帝国初期也属于国家"官员"，直到7世纪中期以后，医生和教师才逐渐失去其传统的特权，只有大学教授、宫廷医生和军队医生继续保持在国家官职名单中。

除了上述不同系列不同等级的官吏外，拜占庭帝国中央政府还设立了一些无法分类的官吏，比如负责皇帝和大教长之间联系工作的秘书，皇帝私人的秘书和情报人员，他们只对皇帝个人负责，其工作范围几乎没有限制，也不归属任何政府部门。

四、地方统治

拜占庭帝国地方统治机构的变动一直十分频繁，特别是地处边境地区的军区经常随着拜占庭军队军事胜负而扩大或缩小。例如在小亚细亚东部地区的小军区在拜占庭帝国军事失利时即缩小到师、团，由较大的军区统一指挥，而当军事发展有利，小军区的辖区扩大时，其地位就上升，甚至扩大为军区，有的列入一级军区的名单，如安条克被重新收复后，该军区上升为军事总督区，其首脑"将军"也排列在帝国高级将领中。又如，瓦西里二世在征服保加利亚人以后，于马其顿地区北部设立保加利亚军区和帕利斯特隆军区，原地区边防军的师长即晋升为军区将军。伊琳尼女皇平息希腊地区的阿尔巴尼亚人和南斯拉夫人起义后，在当地设立希腊军区和伯罗奔尼撒军区，当地省区军队将领地位因此上升为军区将军。塞尔柱突厥人在小亚细亚的扩张使拜占庭帝国亚洲领土缩小，当地军区的管辖范围随之缩小，原军区将军的地位下降，其称呼变为"公爵"。

地方总督是拜占庭帝国在某些特殊地区或城市设立的高级官吏，他们不隶属于省区行政机构，而是直接对皇帝或中央政府负责。埃及地区早在罗马帝国时期地位就十分特殊，当时它是皇帝直接控制的行省。戴克里先统治时期，该地区重新得到区划，分为 6 个行省。由于埃及盛产粮食和农产品而成为君士坦丁堡等帝国中心地区城市的主要食品供应地，所以拜占庭帝国初期，朝廷在埃及设立民事和行政机构，直属中央政府。埃及政府机构的首脑称为"埃及总督"，其衙门设在首府亚历山大城，属下官员包括"将军"等武将和"长官"等文臣。382 年立法，确定埃及为高于一般普通省区的政区，其下分为若干地区。查士丁尼于 538 年立法中再度重新区划埃及地区，为强化民事行政和军事权力，特别规定埃及各省区省长总揽各自辖区的军事行政权力，同时地方税收则指派专门官员根据特殊方法征收。拜占庭帝国在埃及地区推行特殊的政治、经济和宗教文化政策，因此在该地区始终设立特殊统治机构。[①] 拜占庭帝国时期的巴勒斯坦比今天包括的地域更广泛，约旦、叙利亚都在其辖区内。5 世纪初，巴勒斯坦地区被划分为 3 个省区，称为"巴勒斯坦甲、乙、丙"，省会分别为凯撒利亚、埃鲁撒和斯基多堡。至查士丁尼时代，该地区首脑地位提升为总督，因为查士

---

① 陈志强：《拜占庭学研究》，北京：人民出版社，2001 年版，第 294～310 页。

丁尼认为巴勒斯坦是上帝之子降临人世的圣地，应该在皇帝的直接控制下，并使它更加繁荣。事实上，查士丁尼加强控制该地区是为对抗波斯人对远东国际贸易的垄断，大力发展东地中海和阿拉伯半岛沿海商业区，以求通过海上贸易突破波斯人的封锁。正是在查士丁尼的特殊政策支持下，巴勒斯坦地区进入繁荣阶段。但是，埃及和巴勒斯坦地区的基督教信徒坚持独立信仰，与拜占庭帝国官方支持的正统信仰长期对立，中央政府在这两个地方多次进行宗教迫害，导致地方离心倾向日益增强，最终酿成 7 世纪中期在伊斯兰军事扩张中完全脱离拜占庭帝国，成为哈里发国家的领土。类似于埃及总督和巴勒斯坦总督这样的官吏在帝国其他地方，如北非和意大利地区也可以发现。

第四次十字军攻占君士坦丁堡后，拜占庭帝国中央集权制遭到彻底破坏，中央和地方统治机构有名无实。尼西亚政府无论在官吏人数还是在政府内部结构等方面都远不如 1204 年以前的拜占庭帝国政府。1261 年帕列奥列格王朝建立后，拜占庭国家已经下降到巴尔干地区小国的地位，其实际控制地区仅在君士坦丁堡周围，不需要保持过多的官吏，也无维持庞大的中央集权政府的财力。西欧封建骑士以西欧封建制度取代拜占庭集权制社会结构，使拜占庭国家再也没能恢复中央集权制的政府机构。14 世纪成书的《官职表》记载了当时各级公职人员的职称、职责和服饰标记，其总人数不足 13 世纪前官员的一半。事实上，这份表格并不反映当时拜占庭官僚机构的实际情况，而只是拟议中的政府各部规划，因为从该时期的其他历史文献中，人们发现该表中记载的许多职位从无任职者，许多荣誉头衔也无人承担。例如大区长、总长和宰相只有其名而无实际的担任者。这一时期，拜占庭中央政府的主要官员是负责皇帝个人事务的皇室大总管、国务大总管、陆军大臣、海军大臣和大教长，他们亲自处理具体事务，而不需要其他官员辅助。

事实上，帕列奥列格王朝统治的地区只包括君士坦丁堡、塞萨洛尼基、莫利亚和伯罗奔尼撒。其中塞萨洛尼基和莫利亚分别为皇室亲王占有，他们除了承认拜占庭皇帝的宗主地位外，几乎与中央政府断绝了任何联系。14世纪后半期，塞萨洛尼基专制君主归顺威尼斯人，而莫利亚则完全分封自立，分割成许多小的封建领地。因此，拜占庭帝国末期的中央和地方政府机构几乎完全解散，拜占庭皇帝实际统治的地区只有京畿地区，保留几个官员就足以维持日常事务。

第三章　拜占庭经济生活

　　拜占庭帝国的经济生活构成其社会生活其他方面繁荣发展的物质基础，当晚期罗马帝国陷于公元 3 世纪大危机和日耳曼民族入侵威胁的时候，帝国东部得益于其多样性经济形式的灵活性而顶住大危机的冲击，并逐步适应新形势，农业生产继续进行，商业贸易持续繁荣，城乡经济活动的效率不断提高。在 4 世纪以后近千年期间，拜占庭帝国首都君士坦丁堡一直是地中海世界最大的经济文化中心，保持最富有的城市生活和最高的文化水平。可以说拜占庭帝国经济史就是中古时期地中海世界的商业史。

第一节　经济管理体制

一、管理机构

　　为了满足中央集权政府的庞大开支，拜占庭人比较早地建立起完善的经济管理机构。中央和地方政府的主要职能是保证税收、组织生产、管理收支。国库是最重要的部门，由国库伯爵管辖。国库分不同级别。6 世纪查士丁尼时代，全国共设 10 个国库，其中一、二级国库各 3 个，三级国库有 4 个；7 世纪时，帝国"圣库"有 7 个；而 12 世纪时，共有 12 个地位相同的国库。除了中央直属的国库外，各省还设立地方国库，它们是中央派驻各地的分支机构，同时也管理分散在各地的存放国库财物的库房。国库的职责包括：征收全国居民的捐税，主要是通过各级行政官吏收缴金银和其他贵金属货币以及实物；管理国家矿业，经营矿业的收入全部收归国库；组织和监督铸币，收回旧币和投放新币，管理国家金融市场，防止伪币和劣币进入流通；通过行会管理国家纺织、印染、武器制造和运输等业；监督管理全国内外贸易，通过海关征收进出口商品税收，通过地方官员征收国内商业税。由此也可以看出，国库财政收入的主要来源包括内外商业税、农业税、矿业收入、国家纺织印染业等收入。国库的支出主要包括军事和行政两方面。在战争年份，国库入不敷出；在和平时期，国库有所盈余。最大的支出项目是每年年初皇帝赏赐各级官员的"新年礼物"，既有实物也有金钱。

拜占庭帝国是农业社会，土地是主要的生产资料，因此国家十分重视地产管理部门。中央设土地产业伯爵进行管理，其下设 4 个具体管理部门。该部门首要职责是管理皇家地产，参与皇家土地的经营，如出租等，负责管理皇家园林和经营皇庄；在无主地或荒地上组织生产经营；代表皇帝接受无继承人的遗产；负责执行没收异教异端神庙及个人土地的法令，检查皇帝没收土地令的执行情况。土地产业伯爵还代表皇帝向各省派遣代表，他们的具体职责是管理皇帝产业，在国有土地上进行税收，维护国有地产的利益，防止私人侵蚀国家土地。各省的国家土地官吏还负责监管森林和牧场，国家牧场则负责向皇帝卫队提供战马。4—5 世纪之交，土地管理更加受到重视，土地管理部从产业管理部门中分离，其组织结构大体类似于过去的地产管理部。

地方经济管理是地方权力的重要内容，各省省长全面主管地方经济，设立若干部门进行具体管理。他们的首要职责是完成中央规定的税收，为保证税收而进行生产组织和监督工作。7 世纪以前，地方财政支出的重要部分是行政官员和军队的开支。有时，中央政府制定新的税收项目，要求地方官员限期完成。拜占庭官吏的贪污腐败是非常著名的，因为中央政府经常拖欠地方财政预算支出，并经常提出额外的经济要求，迫使地方官员在税收过程中大做手脚，以补充损失。一些地方官吏为确保税收和减少麻烦，将税收工作承包给私人，只要中央政府要求的税收额能够完成，就不再过问包税人的具体工作，这就为后者肆意敲诈勒索创造机会。在拜占庭历史上，经济上的司法投诉大多是纳税人抗议贪官污吏的敲诈勒索。

6世纪拜占庭帝国税收组织部门逐渐成熟，大体分为3个机构，即军需处、税收处和税收规划处，前者的主要职责是收缴军事税收，负责满足发放军饷的需求；税收处的主要职责是安排税收的日程表和执行罚款处罚；税收规划处则具体划定税收等级，根据年成和总的经济情况确定税收量。皇帝根据税收规划部门的报告，每年发布各大区应缴纳的税收贡赋额度，大区长按照皇帝的"圣旨"制定和公布各省应上缴的税收和贡赋方案，各省以大区长的方案为基础向所辖分区和城市发出纳税通知单，各地方税收官依此进行税收。在具有自治权的农庄或地产上，农庄主或地产主负责征集和缴纳规定的税收。按照拜占庭政府的统一规定，税收的实物部分即实物税，每年交到地方国库库房，分3次交齐，而货币税每年一次性直接缴纳到国库。

二、税收与劳役

拜占庭帝国税收制度是在罗马帝国税制基础上发展起来的，比欧洲其他国家的税收制度历史更久远、更完善。在拜占庭帝国的初期，税收的基本核算单位是"土地人头税"，包括耕地、劳动者(自由的、依附的或雇佣的)、劳动工具(牲畜等)3种要素，这种单位被确定为固定的纳税额度。凡是达到这个纳税单位标准的就按照这一纳税额度计算，政府则根据各大区和省拥有的纳税单位确定纳税额度。这种计算方法似乎提供了一个"同质同量"的统一标准，但是，实际核算中人们发现农田的肥沃程度不一，土地的条件有别，测量和计算起来非常复杂。例如，农田因土质优劣的区别而划分为一、二、三等，葡萄园、橄榄园、果园也分为一、二等。为了保持纳税单位的"同一性"，政府规定每个纳税单位包括20尤格(面积单位)一等耕地，或40尤格二等耕地，或40尤格山地，或60尤格的三等耕地。葡萄园等的计算方法原则相同。

拜占庭国家土地管理的登记方法是按照税收单位计算的，在登记册上记载某某地区拥有若干纳税单位，地方政府的土地登记内容更细致。一般而言，土地登记工作分中央、大区和地方3级进行。地方土地登记以省为范围，详细记载纳税人的姓名，所在农村，土地的尤格数，以及耕地、葡萄园和橄榄园的等级，其家庭成员，拥有的奴隶和牲畜，以及工具，还有根据统一标准核算的纳税单位数。大区土地登记册比较简明，只记载各分区和省及城市的纳税人及纳税单位名称及其数量，并为中央政府土地登记册提供数据，后者只记载各大区的纳税单位数量。纳税人每 5 年向国家申报一次土地情况，包括土地面积和质量的变化，人力和畜力的变动。税务申报书需经政府官吏进行审核后，按照统一的纳税单位确定税额。税收官员的另一项职责是在常规税收中得到实际证据，以便对纳税人的实际生产能力和经济状况作出估计，重新确定其纳税数额。

拜占庭税收多种多样，税收不仅为满足国库的需要，也经常为满足社会福利需要，税务官吏的职责就是以最大的力量和最有效的办法促使纳税人完成政府摊派的税额。总体分析，拜占庭税收分为普通税和等级税。普通税最初为实物税，后逐渐演变为实物和货币混合税。实物税的内容是根据君士坦丁堡城市生活的需求和军事后勤的需求而制定的。例如，制作军服的布匹，战争中需要的大批战马等。等级税是元老阶层缴纳的土地产业税和城市工商业者缴纳的货币税。除了常规等级税外，逢年过节元老高官和商人们必须向皇帝进献贺礼。这些税收基本上是固定的和直接的。此外，还有大量的间接税，如贸易税、入城税、过境税、不动产转手税、海关税、政府公文使用的印花税、贷款税、公证税、司法税等等。

劳役是拜占庭普通臣民必须履行的义务。在城市里，臣民的义务包括城市生活多方面的劳务需求，例如市民们每年应出公差参加收缴赋税的活动，协助政府官员督促纳税人完成税收；市民们还有义务监护没有生存能力的孤儿和帮助政府照顾孤寡而失去劳动能力的老人和病残者；在提供这类劳役的时候，市民们被要求承担有关的经济开支。他们还要有组织地轮流为维持城市夜间照明提供燃油，富裕的贵族们还有义务为组织大型竞技比赛提供赞助。此外，诸如城市卫生、城市救火、交通等大多由城市政府向市民摊派。在君士坦丁堡繁华时期，这类劳役义务每3～5年轮换一遍。

7世纪初开始进行军区制改革以后，拜占庭帝国经济管理组织发生较大变化，至8世纪逐渐形成了新型管理机构。新旧机构的主要区别在于新的经济管理系统改变了过去由几个高级官吏控制全部活动的情况，代之以独立的、比较完善的经济部门，由一批训练有素的专门人员分担过去由少数人负责的工作，提高了经济管理的稳定性和效率。这一时期拜占庭帝国经济部门主要分为两部分：一是直接为皇帝服务的经济官员，包括皇家总管，负责铸币和金融监督；国库总管负责所有军需战争的物资筹集和保管；服装总管一度是皇家总管的下属，负责皇帝在各种场合下穿戴的服装；皇室地产总管负责管理属于皇室的所有土地，分门别类进行经营，安排宫室建设等。二是政府的经济部门负责人，包括税务总管，负责对各地征税；军区经济总管负责全国各军区的经济管理，例如为所有士兵造册，监督军区农兵的实际状况，检查非军区士兵的给养、军饷等；牧场总管负责经营国家牧场和放养军队所需的战马，以及在必要时大批购买马匹；外事总管负责接待外国客人，其经济职能是管理和准备各种礼品，并为驿站和邮政建设做好经济方面的准备。

7世纪以后拜占庭帝国的税收制度发生较大的变化，"土地人头税"逐渐演化为单纯的土地税，与其他税收分离，计算的方法也逐渐放弃过去税收单位的标准，而代之以土地价值标准。在新的税收制度下，政府根据纳税人耕种土地的面积、土质和耕作物种类综合计算出土地的价值"莫基奥"，并以此确定其应缴纳的税额。莫基奥并非纯粹土地面积的度量衡，而是含有其他计算税收数量的指数在内的综合单位。这个词原为容量单位，在罗马帝国时代相当于20立升，拜占庭时代为30立升，后用于干量计算。在7世纪后的税收制度中，莫基奥相当于土地价值单位，即土地和耕作物价值越高单位莫基奥所含土地面积值越低，例如优质土地的一、二等耕地，每莫基奥相当于200盎司面积，而三等土地每莫基奥相当于288盎司。牧场也是如此计算。优质牧场每莫基奥大约为100盎司，二、三等草地每莫基奥为288盎司。葡萄园虽因土地质量不同而有计算上的区别，但大体每莫基奥为 200 盎司。以土地面积、土质和耕作物确定的土地价值单位莫基奥为基础，进一步计算纳税额，大体如下：耕地每莫基奥按一、二、三等分别征税 1、1/2、1/3 拜占庭金币诺米斯马，优质橄榄园每莫基奥征税 3 诺米斯马，其他等级的橄榄园照此减少，所有各等级葡萄园每莫基奥分别征税 3～10 诺米斯马。这一税收体系后来发生个别调整，如橄榄园不再按面积收税，而是按每百棵橄榄树收税 4 诺米斯马计算。牲畜税大体为总价值的 1/12。举例来说，100 只羊的价值为 12 诺米斯马，则百只羊的税收额为 1 诺米斯马。大牲畜也是如此。人头税也与过去不同，按照各人的财产价值等级确定应收税额，拜占庭政府将所有臣民分为 24 诺米斯马、12 诺米斯马和 6 诺米斯马 3 等，按此分别征收其财产价值 1/24 的税收。[①]

土地和财产调查一直是拜占庭政府十分重视的工作，但是，军区制广泛推行后，很多税务被地方军区所取代，土地和财产调查逐渐减少。在已经发现的有关文献中，我们没有找到具有新意的发展，地方土地册仍然和以前一样登记纳税人的土地价值和面积，其所在的农庄，纳税人的姓名和纳税量等数据，不同之处仅在于土地册包括无主的荒地。中央政府不再保留有关地方纳税人的任何数据，只记载某地区的税收总量。与此同时，随着私人大地产的发展，私人土地登记受到关注，与国家税收土地财产调查形成两套系统，因为私人土地财产调查只登记土地的数量，家庭成员和其拥有的牲畜数。显然，政府对这部分土地不征税，只征人头税。这一变化并不意味着拜占庭税收制度的瓦解，而是反映出拜占庭军区内农兵纳税的特殊方式，他们将本应直接缴纳给政府的税赋转化为军需和军饷，因为，国家以军役土地代替军饷军需，农兵的军事开支由农兵经营土地的收入支出。但是，我们也注意到，和农兵并存着相当多的小农，他们是拜占庭国家主要纳税人，根据所在地区经济水平缴纳不同数额的税。

---

① 资料见 I. Karagiannoulos, *Το Βυζάντινον Κράτος*, Θεσσαλονίκη, 1983, p. 172.

11 世纪末是拜占庭帝国衰落历史的开端，伴随国家经济的衰落，政府的经济管理机构逐渐瓦解，经济管理权力重新集中，特别是在末代王朝统治时期，拜占庭经济资源几乎完全枯竭，经济管理部门的作用也几乎全部丧失。为了维持政府的开支，拜占庭皇帝加强税收力度，增加新税种，但是，已经丧失生产能力的民众难以满足官府的要求。因此，出现了普遍的贫困化，拜占庭历史的晚期就是贫困和衰亡的历史。

第二节　农村经济生活

一、农业

拜占庭帝国农村经济是一个很大的课题，我们这里只概括介绍其中重要的方面。拜占庭帝国和中古其他国家一样是农民为主体的国家，埃及、小亚细亚、色雷斯和巴尔干平原地区是主要的产粮农业区，其农副产品也主要用于地方性消费。只是当大中城市人口膨胀，地区性粮食供应出现紧张的时候，政府才组织大规模粮食贸易。地区性消费决定了农村生产以本地消费为主，因此农副产品主要有谷物等粮食作物，豆类等油料作物，蔬菜水果等园艺作物，以及葡萄、橄榄、蜂蜜等用于再加工的经济作物。从总体看，拜占庭人只是继承古代希腊罗马人农业技术而没有发展，因为在拜占庭农业家的作品中几乎找不到技术方面的革新创造。作为农业重要分支的畜牧业发挥辅助作用，如同渔业和林业一样是拜占庭农业中不可缺少的部分。农民在进行谷物生产的同时，也从事养殖牲畜、捕捞鱼虾和利用树林的工作。

拜占庭农村土地大体分为皇帝土地、教会土地、城市土地和私人土地4类。皇帝土地从理论上讲包括全国所有土地，但是在实际上主要有2类，即皇室土地和国有土地。皇室土地是皇家的私产，其所有权归皇帝，经营土地的收入也是皇帝个人的财产，而国有土地所有权虽归皇帝，但是使用权和土地收入归政府，用于皇帝对臣民的封赐，并因扩张战争和没收私产而增加，随战争失利和对臣民的赠赐而减少。

7世纪以后，两种皇帝土地合二为一，统一管理，其经营和收入支出均由国库掌握。教会土地大多是来自于皇帝赠赐和无继承人遗产，许多贵族和狂热的信徒的奉献也是教会土地的重要来源。在毁坏圣像运动以前，教会地产持续增加，而皇帝土地不断减少，迫使皇帝废除了给予教会的免税权。在这场运动中，皇帝们没收大量教会地产。教会土地的经营主要是由神职人员掌握。城市土地的法权来自于古代，在城市发展过程中，土地继续扩大，例如没有合法继承人的元老和贵族去世后，其土地转交城市，离开城市5年以上的城市居民的土地也归属城市。但是，随着拜占庭经济衰败，城市萎缩，城市土地不断减少。私人土地的兴起是从5世纪末开始的，人们购置地产的热情促使私人土地迅速增加。当时，不仅贵族高官，而且律师、医生、教授、军人和小农都希望通过地产经营确保投资回报，其结果是在拜占庭社会造成大地主和小地主2类私人土地所有者。大土地所有者多为贵族高官和大商贾，他们依靠权势无限制扩张地产，而小地主在大地主的扩张中难以维持，大多破产，从而产生严重的社会问题。7世纪以后，拜占庭军区制广泛推行，逐渐形成军役土地，其主要来源是皇帝土地中的国有土地。军役土地的特点是土地与兵役结合。

拜占庭农村土地的经营有直接和间接两种形式。所谓直接经营是指农民及其家庭独立经营，有时由自由雇工和奴隶辅助经营。而间接经营的情况比较复杂，一般是地主将土地租佃给自由或依附农民耕种，土地收成的大部分被地主占有。为了取得土地使用权，租佃地主土地的农民须缴纳地租。根据《农业法》的记载，地租一般为收成的1/10，有的分成制农民需要缴纳一半收成作为地租。按照上述土地类型，我们首先考察皇帝土地的使用情况。皇帝土地大多采取出租的方式经营，即所谓间接经营。租佃农民为取得土地使用权，必须按年度缴纳地租，他们还负有改善其承租土地的义务。实际上，拜占庭政府在管理皇帝土地中将地租转化为赋税，而几年进行一次的土地测量是对农民经营土地的检查。在皇室所有的皇庄里，耕种者大多是奴隶和丧失人身自由的佃农。7世纪以后，皇帝土地统一管理，主要是使用佃农经营。

佃农与私营的大地主控制下的农奴有区别，前者受制于皇帝为代表的国家，后者则为地主私人控制；前者在缴纳年度税收后经营上有相对的自由，而后者几乎完全依附地主，丧失人身自由；前者具有的自由是以其缺乏直接保护为代价的，而后者以丧失自由换取直接庇护。在拜占庭帝国历史晚期，农民地位普遍下降，成为私人的农奴或国家的农奴，而自由小农几乎全部消失。教会土地的使用既有直接也有间接方式，直接经营者主要为各修道院，而间接经营者多为佃户。最初，佃户使用土地的承租时间没有限制，直到查士丁尼时期，规定承租期限不得超过 3 代人，以防教会土地流失。此后的立法还特别禁止将教会土地租佃给国家官吏，因为后者通过这种方法侵占教会地产的纠纷时有发生。查士丁尼确定的教会土地 20 年租佃期此后长期沿用。10世纪以后，拜占庭政府经常无偿使用教会土地，或是由皇帝出面将大块教会土地赏赐给其亲信和功臣，或由政府出面出售教会土地以满足军费支出。拜占庭末代王朝时期，中央集权瓦解，皇帝不再具有强制使用教会地产的权力，而教会土地最终被入侵的土耳其人占领。城市土地主要用于城市建筑，几乎不进行土地经营。私人土地除了小农直接经营外，主要采取出租等间接经营方式。土地租用的方式在各地因耕种条件和耕作物不同而有很大区别。例如，在 4 世纪小亚细亚地区，承租者承租土地的条件包括自备麦种、牲畜和工具，并保证在承租期间不使土地荒芜和在收获季节缴纳一半收成，而地主则在保证承租者安全的同时，负责向政府缴纳土地税。而在 5 世纪的巴尔干地区，承租土地的条件除了自备工具和向政府缴纳土地税外，向地主缴纳的地租是一定数量的谷物，而不是按比例规定的收成。租佃双方按照立法规定的原则建立关系：其一，地主不能利用租佃关系将农民束缚在土地上，特别是在租佃期满后，农民可以自由迁徙，而承租的农民则不能使土地荒芜；其二，地主不能强制中断租佃关系，亦即不能中止承租农民的土地使用权，而农民在保证土地被耕作的前提下可以更换耕种人，他可以雇工，也可以转手出租。显然，拜占庭政府为保证土地经营和取得收成给予农民更多自由。拜占庭历史上许多立法针对私人土地使用中出现的问题而制定，其数量远远超过对其他土地的规定。8—9世纪，拜占庭帝国出现小农兴起的现象，他们成为私人小土地所有者，其使用土地的情况比较全面地反映在《农业法》中。根据这部法律，小农以农村为单位，耕种各自的份地，他们使用自己的牲畜和工具，集体向政府缴纳税收，并共同使用在农村内和周围地区存在的公共草地、林地，任何人不得私自占有和使用公共土地。份地之间以沟渠或篱笆为界，各村庄之间也以地界分开，使用土地的方式大体如同以上所述。

这里，需要提及所谓拜占庭封建化问题。事实上，拜占庭封建化是一个极为复杂的问题，由于封建化本身即是一个聚讼不休的概念，因此，长期以来学者们在拜占庭是否和何时出现封建社会，封建一词究竟是否应该或能够用于拜占庭历史，拜占庭社会哪些部分出现了封建化等一系列问题上提出多种意见。而问题的关键又在于，究竟应以什么标准衡量拜占庭社会。依据拜占庭隶农、自由小农和农村公社成员向农奴转化为标准的学者曾提出过拜占庭社会在3、7、10世纪封建化说，而以大地产主摄取公共权利为标准的学者则把这一时间确定在14、15世纪。还有的学者将统治集团成员之间的主从等级关系作为标准，认为拜占庭贵族中不存在这种封建等级关系，因此主张把这种西欧特有的封建概念生硬地套用于拜占庭社会就显得十分牵强。笔者倾向于将拜占庭"封建主"定义为占有土地、享有特权并剥削农民的阶层。

二、农村

拜占庭《农业法》，英文译作"*Rural Code*"或"*Farmer's Law*"，是拜占庭农业发展史上最重要的立法文件。拜占庭学者研究的一般结论认为，7—8世纪期间是拜占庭农业经济发生重要变化的阶段。在这个时期，拜占庭帝国统治者放弃了查士丁尼一世致力于在罗马帝国体制内重建旧帝国的经济政策，在全国范围内推行军区制，从而在客观上促进了对拜占庭帝国生存极为重要的小农经济的发展，并奠定了拜占庭帝国此后数百年强盛的物质基础。但是，这一时期拜占庭农业经济发生的变化却没有留下更多资料可供后人研究，我们所掌握的文献资料和考古文物均比较零散，而伊拉克略、伊苏里亚和阿莫利诸王朝的皇帝立法在涉及农村、农业和农民问题方面都不系统，当时的历史作家塞奥发尼（752—818）的《编年史》和君士坦丁堡大教长尼基弗鲁斯（758—829）的《简史》也仅仅提供了有关的补充材料。正因为如此，《农业法》的资料价值就显得更为突出，可以说，要考察拜占庭农业问题必须了解《农业法》，不研究这部农业法就无法研究拜占庭"三农"问题。拜占庭经济史专家格外注意研究这部立法，对其成书年代、性质和其反映的客观情况已经进行过多方面的探讨，并因观点各异而争论不休。《农业法》共有85条，我国学者整理翻译出来的仅有37条，且是从俄文版本转译，存在不少需要斟酌的地方。笔者20多年前曾参照希腊语原文和英译本作过全文翻译。近年来，笔者在对拜占庭农业经济问题的研究中，深感这部立法的重要，因此，本书试图以该法为主要依据，重构拜占庭农村经济图景，并作一些粗浅的分析。① 笔者看重《农业法》还有一个理由，即该法被长期地广泛使用，一方面说明其各项规定能够满足拜占庭农村普遍的法律需求，另一方面表明该法律比较真实地反映了拜占庭农村社会生活的一般状况，至少它关于农村组织、土地利用、农民权益、农民身份等方面的具体规定，可以为后人提供描述8世纪前后以及此后数百年拜占庭农村社会图景的信息。而《农业法》提供历史材料之生动具体，恰恰是其他重于法理阐述的法典所缺乏的。

根据《农业法》，拜占庭农村以村庄为基层组织单位，农民生活在大小不等的村庄中。村庄（χώριο）一词主要是地域概念，泛指有农民居住的某个地区。在一个村庄内以农民住区为核心分布着农民的生活区域和生产区域，前者包括住房、磨坊、谷仓、草垛、酒窖、饲料棚、车库等，后者包括份地、林地、牧场、打谷场、菜园、果园，还有羊栏、马厩等家畜区和公共用地。村庄和村庄之间以地界分开，"古老的

---

① Farmer's Law, trans. by W. Ashburner, *Journal of Hellenic Studies*, 32 (1912), pp. 87-95.

地界"在村庄之间因土地发生争执时是最权威的判断根据。同时，在村庄内农户之间也存在各种形式的地域划分，这在该法律的第 1 条"界沟"和第 57 条"他人地界"的提法中得到证明。

　　值得注意的是，拜占庭农村中的村庄组织具有的纳税单位的含义。《农业法》第 18 条规定："如果农民因贫困不能经营自己的葡萄园而逃匿移居到外地，那么让那些被国库要求负责缴税的人们来采集收获葡萄"；第 19 条规定："如果逃离自己田地的农民每年应缴纳国库特别税，那么那些采集该田地果实和占用这块田地的人负担双倍税收"。税收一词在后一条中为单数形式，而在前一条中随其逻辑主语"被要求的人们"使用复数形式。这两条法规比较清楚地表明农民因破产而迁徙的自由权利，明确地肯定了与逃亡农民同在一个村庄的其他农民们具有使用弃耕农田的优先权，前者强调因农民逃亡成为弃耕土地的使用和该土地产品的归属问题，而后者强调的是纳税义务的转移和完税的责任问题。《农业法》并非为国家税收官员提供服务的立法，因此，涉及税收问题的条款很少。但是，这两条法规向人们透露了重要的信息，即当一块田地成为弃耕田后，该田地原来承担的国家税收义务并不因为原主人的消失而消失，其税收义务不是确定在农民身上，而是承负在田地上；换言之，国家只关心土地税收，而不关心土地经营者，只要能够保证完成政府税收，土地使用权的归属并不重要。而国家确保农民完成土地税收的组织机构是村庄，逃亡农民所在村庄的其他农民以完成该土地税收的责任和义务换取了使用弃耕田地优先权。国家通过立法杜绝土地荒芜，以强制村庄集体完税来保证财税收入。在一定的税收年度期间，政府测定的地方纳税额度是固定的，因此对村庄内农民而言，每块荒芜农田都意味着增加了自身的税收量，解决问题最好的办法是占用弃耕土地。在这里，《农业法》提供了拜占庭帝国税收"连保制"的证据，按照这一制度，荒芜农田的税收由其所在的村庄代缴。[①] 同时，这一信息也有助于加深人们对于拜占庭帝国皇帝多次颁

①　I. Καραγαννόπουλος, *Το Βυζάντινο Κράτος*, Thessaloniki, 1983，pp. 90-99.

布的"保护小农"立法的认识。例如，根据皇帝罗曼努斯一世 922 年立法规定，农民及其所在村社享有优先占用农田和农村建筑的权利，这一法令除了通常人们理解的限制大土地发展，进而加强中央集权的政治含义外，还具有国家保护其税收，维持财政收入的经济含义。① 我们在《农业法》以外发现的有关资料反过来也为我们解读这两个条款提供帮助。

至于村庄的管理机构，《农业法》未作任何说明，显然该法不涉及国家行政问题。但是，从 9 世纪的《官职表》中可以发现，国家通过行省政府实现对地方的管理，地方政府则主要以派遣巡回法官和税收官吏控制农村居民。② 法官不定期地在某一地区各村庄之间巡回，处理农民日常生活中发生的各类纠纷。《农业法》第 7、37 条和第 67 条多处提到"法官"，规定由他们调查和判决有关地界、借用牲畜和利息等纠纷，证明我们关于《官职表》的分析是正确的。同时该法律确定同一村庄由多名农民作证的契约和协议具有法律效力的规定也说明，法官并非常驻一地，而是不定期巡回，在法官离开某村庄期间，农民可以按照法律订立契约。这里，法官具有行政管理的意义，其权力来自于政府任命，通过司法管理来实现。国家对村庄的经济管理则是通过行省税务官员每年 5 月和 9 月征税活动实现的，他们每隔几年重新清查农村土地状况，确定税收额度，这即是《农业法》第 17 条规定"3 年"期限和多处涉及土地"划分"的原因。这种村庄土地"划分"问题，显然是与村庄作为国家税收基本单位的作用紧密相关的。

《农业法》涉及土地问题的法规计有 44 条，占全部条款的一半以上，其中论及土地使用的行为包括农田划分、保存地界、犁耕、播种、交换份地、收获、租佃土地、田园管理、果实分成、土地租期、土地权益等。在村庄内，土地主要用于耕种，农田以"份地"形式分配给农

---

① 参见拙作：《拜占庭军区制和农兵》，载《历史研究》，1996(5)。
② 菲洛塞奥斯的《官职表》完成于 9 世纪，是研究这一时期数百年拜占庭帝国行政管理问题的最重要的资料，目前有多种文本行世。本文参考 J. B. Bury, *The Imperial Administrative System in the Ninth Century*, Oxford, 1911, pp. 131-179 所附原文本。

民，种植谷物等粮食作物的田地不在农民住区附近，采取敞开式耕作方法，农民份地之间以"沟渠"为界。就此，《农业法》第 1 条明确规定合法耕种的农民"不得越过其邻居的界沟"。这里所谓"界沟"是指村庄内农民份地之间的分界，与第 7 条提到的两个村庄之间的"地界"不同。第 78、79 条中禁止农民将牲畜放入其已经先行收割而其他农民尚未收割的农田，说明农民份地之间的分界不足以防止牲畜进入农田。菜园、果园、葡萄园和种植橄榄树的林地①也分配给农民使用，除了后者采取敞开式耕种外，园地都以栅栏和壕沟围起来，防止牲畜啃噬和不法之徒偷盗。各村庄还保存一定数量的公共土地，为村庄所有农民共同使用，它们分散在村庄核心区的农民生活住区和村庄周围地带；放牧用的草场、砍伐生活用材的树林、河流经过的河畔等均为公共土地。

土地划分是说明土地使用状况的重要现象。《农业法》规定："如果划分土地时，在分配份地或分配地点方面错待了农民们，那么他们有权取消这次划分"（第 8 条）；"在尚未划分的地方种植的树木"归种树者所有，其所有权在土地划分以后不变，但是，划分后土地的新主人有权要求用另一棵树换取这棵树的所有权；"土地划分之后在其自己份地上"建筑的磨坊归建筑者，其他农民无权提出异议（第 82 条）。这些规定表明，村庄内的农民经常进行土地划分。那么，为什么要进行土地划分？既然农民已经在自己世代生活的土地上耕种经营，似乎没有理由再进行土地划分，如果村庄里经常出现划分土地的现象，其原因何在？划分哪些土地？由什么人进行划分？每次划分间隔的时间有多久？《农业法》对这些问题作了回答。首先，该法律多次提到农民因"无力耕种"、"无力经营"、"贫穷"和"因贫困不能经营自己的葡萄园而逃匿移居到外地"造成的弃耕土地问题。通过这些内容，我们就确知在村庄里存在着相当数量的弃耕土地。其次，该法律多次涉及公共土地和"尚未划分的地方"。这些弃耕的土地和尚未划分的公共土地就成为村庄土

---

① 橄榄树种植多在贫瘠的山坡地，《农业法》中多处论及，其中使用的词汇为当时拜占庭人习惯用语，这使个别学者产生误解，以为当时拜占庭人放弃橄榄种植。参见 P. Lemerle, *The Agrarian History of Byzantium*, Galway University Press，1979，p. 37.

地划分的内容。从有关村庄集体缴纳税收的研究中人们了解到，村庄为保持完税的能力，必须使弃耕的土地恢复生产，而农村人口的增加又迫使村庄中的农民不断划分公共土地。这样，在村庄中进行的土地划分就不是土地重新分配，而是土地追加分配。《农业法》揭示，非正式的划分平时即在进行，有能力经营的农民们有权参与非正式的土地划分，并占用这种划分后的土地，这种划分具有法律效力。因为，该法律第 21 条明确规定："如果农民在他人田地或份地上建造房屋或种植葡萄园，过了一段时间后，土地的主人们回来了，那么，土地的主人们无权推倒房屋或拔除葡萄藤。——他们可以得到一块相等的土地。"可见，在确保土地生产的前提下，任何农民都可以参与村庄内的非正式土地划分。但是，由政府派遣的税务官吏主持进行的正式土地划分具有决定意义，因为平时进行的非正式土地划分由于多户农民的参与，必然会在划界、地点等问题上产生争执，进而在税收方面造成问题。政府隔几年进行一次的农村土地清查登记，就成为村庄内土地的正式划分。在正式土地划分期间，税务官和法官将按照《农业法》审查认定农民平时进行的土地划分的合法性，同时进行土地税收清查。

划分后的土地即成为农民个人的份地，农民对自己的份地拥有完全自主的使用权和处置权。《农业法》规定："如果两个农民在两三个证人面前互相协商交换土地，并且同意永久交换，那么他们的决定和他们的交换应是牢固、可靠和不容置疑的"（第 3 条）；"两个农民或暂时或永久交换其土地"均属合法行为（第 5 条）；各种种植形式的土地均可以任何方式租佃、代耕和转让，其中包括"什一分成"租佃、代耕、"对分"租佃，等等。农民在自己的土地上具有种植决定权，并有权采取包括筑篱笆、挖壕沟和设陷阱等保护庄稼的措施，并对因此造成的牲畜死亡不负任何责任。《农业法》还进一步将农民的土地权利扩大到农业产品方面，以产品归劳动者所有的原则保护农民的权益，规定虽取得土地经营权力但未进行整枝、松理土地、筑篱挖沟等管理劳动的农民无权获得该土地上的收成；经协商同意，在他人橄榄树林地经营的农民可以享有 3 年该林地的收获。该法律对偷盗或故意毁坏他人劳动果实的行为给予极为严厉的处罚，如偷割他人谷穗和豆荚者遭到鞭打，砍伐他人已经结果的葡萄藤或烧毁他人饲料棚者应被砍手，纵火焚毁他人谷堆被处火刑，屡次偷盗谷物和葡萄酒者被处瞽目。值得注意的是，《农业法》没有关于土地买卖的条款，这是否能够说明在 8 世纪的拜占庭帝国禁止土地买卖，这一问题还需要依据更新的资料作更深入的研究，至少从《农业法》本身还难以得出任何结论。

三、农民

《农业法》提到的农民成分复杂，包括什一分成租佃制和对分租佃制的承租人和租佃人、领取工钱的雇工、收取定金的代耕者、破产逃亡农民、牧牛人、园林看管人、奴隶主人、磨坊主、牧羊人等。这里所谓农民是指在农村生活劳动的居民，他们中既有以种植土地为生的农业劳动者，也有以经营畜牧业为生的牧民，他们贫富不同，生产劳动形式有别，但是，其地位平等，享有同等权利。

根据《农业法》，拜占庭农民均拥有独立财产，其中不仅包括住房、库房、酒窖等固定资产，而且包括份地、果园、劳动工具和牲畜等生产资料，农民对这些私人财产拥有完全的自由支配权，并受到法律的保护。除此之外，农民还享有自由迁徙移居权，当他们面临破产时，可以将自己的土地委托他人经营而远走他乡，而当他们感到在本地的发展更便利时，还可以返回原来的村庄，法律仍然承认其原有的权利。第 17 条规定返回村庄的农民有权收回其原有的土地；第 21 条提出了如果其原有土地的生产条件变动太大难以收回的补充措施，即"可以得到一块相等的土地"。另外，农民均有参与村庄公共事务的权利，他们不仅可以作为证人参加邻里之间的协议，而且可以监督村庄内共有土地和水资源的使用情况，甚至可以否决村庄中不公平的土地追加分配。在《农业法》中，所有的农民，无论是贫穷的还是富有的，无论是土地出租者还是承租者，都是经营自己土地的劳动者，至少该法律没有提供不劳而获的地主和控制依附农民的领主的资料。这种情况显然与同期西欧农村中普遍发展的庄园制和领主制有极大区别。我们是否可以据此提出，以西欧农业发展历史为依据得出的理论模式不适用于拜占庭帝国历史？[①]

　　然而，《农业法》提供的资料表明，虽然农民享有平等的法权，但他们的实际状况却存在较大的区别，主要反映在贫富差距比较大这一事实上。从该法律看，村庄中最富有的农民拥有多份土地，其中除了其自家的份地外，还包括代耕暂时离开村庄农民的土地。第11条提到这种代耕"约定"的实际内容是以犁耕换取分配收成，第16条规定取得代耕权利的农民在收取了代耕定金以后必须履行的义务。这部分农民既种植谷物，又经营葡萄园和橄榄树林，还饲养牲畜或拥有磨坊，甚至放贷取息，该法律对他们的财产明确作出保护。需要指出的是，这些富有的农民与晚期拜占庭历史上的大地产主有本质区别，他们不是有权有势的权贵，而是村庄中的普通成员，不是不劳而获的地主，而是经营份地的劳动者。与此同时，村庄中贫穷的农民只有少量的份地，一些外来农民则没有土地，他们依靠租佃来的土地为生，其中什一分成租佃农民可以占有土地收成的 9/10，而五五对分租佃农民只占有1/2的收成，这里出现的巨大差别可能是因税收造成的，即前者的土地税收由承租人负担，而后者的税收由土地租佃人承担。根据我们对拜占庭帝国中期历史上土地税、园地税、牲畜税、户籍税和各种非常规特殊税的考察，其税收总量大体相当农村人均年收入价值的 1/3。这大概就是《农业法》中两种分成租佃农民占有收成不同比例的原因。由此，我们还可以进一步理解村庄农民逃亡的重要原因在于摆脱国家税收负担，因为逃亡农民在新的定居村庄至少可以逃避部分税收义务，尤其对贫穷农户而言，逃亡可能是减少税收负担的主要途径。

　　《农业法》还提及奴隶，但是根据有关条款记载，他们主要被用于放牧牛羊，可能属于家奴。奴隶与农民的区别在于，奴隶不具有法人地位。第45条规定，"如果奴隶在树林里杀死牛、驴或羊，那么他的主人应给予赔偿"，第47条也明确规定奴隶主负责赔偿其奴隶造成的

---

　　① 我国学术界深受苏联拜占庭史学界观点的影响。苏联的有关学术观点比较集中地表现在［苏］列夫臣柯：《拜占庭》，北京：生活·读书·新知三联书店，1962 年版。

损害。拜占庭帝国时期，奴隶的实际地位介于人与牲畜之间，虽然6
世纪的立法规定杀害奴隶的人以杀人罪论处，但是奴隶本人因无法律
上的人格资质而不承担法律责任，这在《农业法》中得到证明。《农业
法》在拜占庭农村中的广泛应用，说明该法律所涉及的小农生产生活方
式在拜占庭帝国中期历史上比较普遍，成为当时占主导地位的农村社
会关系。这部《农业法》依据以查士丁尼法典为主的前代帝国皇帝立法，
由8世纪伊苏里亚王朝时代的法学家汇编成书。该法律有针对性地规
范了8世纪前后数百年拜占庭农村居民的生产生活行为，因此在相当
长时间内通行于拜占庭帝国。《农业法》比较清晰地揭示出拜占庭农村
基层组织、土地利用、村庄成员构成以及生产关系的一般状况，由于
它以法律形式长期存在，因此其提供的信息真实可靠。通过《农业法》，
我们不难看出，8世纪前后数百年拜占庭帝国农业经济以小土地经济
为主，农村居民以拥有小块份地的自由农民为骨干。这种状况的形成
源于7世纪伊拉克略王朝推行的军区制改革对拜占庭帝国小农经济发
展的促进，而小农经济的复兴也构成了拜占庭帝国国力数百年强盛的
基础。上述结论与拜占庭帝国历史发展的总脉络相吻合，从一个侧面
证明我们对《农业法》的分析基本正确。由此，我们进一步认为，拜占
庭"三农"发展史经历了与西欧社会不同的演变，在考察其发展过程的
研究工作中应实事求是，尊重史料提供的信息，防止主观臆断，摈弃
先入为主的偏见，杜绝教条主义的思考方式，力求使我们对拜占庭社
会经济问题的认识更接近真实的历史事实。

四、不可回避的封建化问题

布洛赫认为："依附农民；附有役务的佃领地（即采邑）而不是薪俸
的广泛使用——薪俸是不可能实行的；专职武士等级的优越地位；将
人与人联系起来的服从—保护关系（这种关系在武士等级内部采用被称
作附庸关系的特定形式）；必然导致混乱状态的权力分割；在所有这些
关系中其他组织形式即家族和国家的存留（在封建社会第二阶段，国家

将获得复兴的力量）——这些似乎就是欧洲封建主义的基本特征。"①这种意见虽然比他以前的学者更宽泛，但是好像还不如其前辈思想家伏尔泰的看法全面，后者认为"封建主义不是一个事件；它是一种有着不同运动形式的古老的社会形态，存在于我们所在半球3/4的地区"②。这里"不同运动形式"和"古老的社会形态"两点具有深刻的理论含义。对西欧封建经济深有研究的马克垚先生也多次谈到类似的观点："经过长期的研究，在前资本主义时代，大土地所有制和小生产的结合，是各国家、民族的共同经济特征，应该是没有问题的。"③他在全面系统地分析了诸多西方学者的意见后，指出："他们大都主张，封建制度主要是一种封君封臣制度，它形成于9世纪查理曼帝国瓦解之后。从西罗马灭亡到查理曼帝国瓦解这400年的过程是封建化过程（当然也有追溯及罗马或主张只是突变等等说法）。在此期间逐渐形成了封臣制与封土制，并使二者结合起来。而在此之前（即9世纪末以前），封建制度在西欧是并不存在的……苏联学者根据历史唯物主义的原理，把封建主义、封建制度看作一个社会经济形态，一个人类社会发展的必经阶段，这和我们是一致的。因此，他们也并不认为封建制度是西欧的特有现象，而是世界范围的现象，大多数国家、民族都要经过它……其特征是封建大土地所有制和农民小生产相结合，封建主阶级通过超经济强制的手段，把农民固着在土地上加以剥削等等。"④笔者浅见，这种观点大概是迄今关于"封建"概念最合理的解释。

依据拜占庭历史各个时期多种文献，学术界通常认为拜占庭"三农"制度经历了不断的变革。在拜占庭帝国早期，土地集中在大地产贵族手中，但他们屈从于强大的中央集权。到查士丁尼一世时，贵族势力遭到彻底打击，不仅是当局的政策，而且是战争形势所迫。有些学者甚至认为，查士丁尼统治后期，拜占庭社会中大土地贵族已经消失

---

① ［法］马克·布洛赫：《封建社会》，北京：商务印书馆，2004年版，第704~705页。

② Voltaire, *Fragments sur quelques revolutions dans l'Inde*，Ⅱ，ed. Garnier，XXIX，p. 91. 转引自［法］马克·布洛赫，《封建社会》，第697页。

③ ［法］马克·布洛赫：《封建社会》，中文版序言，第11页。

④ 马克垚：《西欧封建经济形态研究》，北京：人民出版社，1985年版，第67页。

了。此后在毁坏圣像运动期间，教会这个大土地主的势力也遭到真正的削弱，土地逐渐分散到农耕者和农村公社里。军区制改革强化了这一趋势。但是11世纪随着军区制的瓦解，又出现了大地产制度的复兴。因此，保护小土地持有者的斗争成为从罗曼努斯一世一直持续到瓦西里二世时期的马其顿王朝的重要任务，但是最终还是遭到失败。拜占庭学术界对这样的总结基本上是接受的，认为这一判断大体上还是准确的，但是每个时期的起始和结束的年代还不确定，究竟大土地占有还是小土地占有的形式占了优势，还是不确定的问题。《农业法》普遍适用于拜占庭世界这个事实似乎可以肯定拜占庭小土地占有形式的广泛存在。当然在关注小土地持有者的《农业法》生效的同时，大土地占有也一直存在，只不过无法确定其比例有多大。人们形成共识的是，从查士丁尼时代直到帕列奥列格王朝时期（6—15世纪），小土地占有似乎广泛存在。中央政府一直保护小土地耕种者这样的现象可以做两种解释，一是可能普遍存在小土地占有，二是小农普遍遭遇破产的危险，但这种政策无疑有利于小土地占有制的发展。人们通常将马其顿王朝以及之前个别皇帝进行的反对大土地贵族的斗争，解读为军事、政治和财政因素所致，其目的更多在于解决军事需求，因为如果"军事地产"（农兵）被私人大土地主吞噬的话，那么当局就被迫雇佣外族军队，这笔雇佣军的花费是中央政府巨大的财政支出。末代王朝统治下的拜占庭帝国，大土地贵族已经变成真正的"封建"贵族了，这不仅是因为1204年以后拉丁骑士占领君士坦丁堡后将西欧封建制度移植到拜占庭土地上，而且军区制的瓦解也从内部改变了拜占庭帝国原有的经济政治结构。这些各霸一方的封建贵族频繁发动反叛，甚至夺取皇位。只是这样的封建体制也没有存在很长时间，很快导致拜占庭帝国被奥斯曼土耳其军队灭亡了。

如果我们仔细观察拜占庭农民的实际状况，那么他们不仅拥有独立财产权，而且拥有主要的生产资料，农民对私人财产拥有完全自由的支配权，并受到法律的保护。特别重要的是，农民还享有自由迁徙、远走他乡的移居权，并有权将自己的土地委托他人经营，法律承认他们重返原来村庄的各项权利。另外，农民享有参与所在村社公共事务的权利，有权作证人，有权参与协商和监督村内公共事务，有权否决村中不公平的土地分配。他们都是经营自己土地的劳动者，享有平等的法权。农民中虽然存在明显的贫富差距，但是富有的农民与晚期拜占庭历史上的大地产主有本质区别，他们不是贵族，而是村庄中的普通成员，不是不劳而获的地主，而是经营份地的劳动者。当然，如前文所说，在拜占庭末期王朝统治的一个短暂时期，随着大地产贵族的兴起，农民的这些权益逐渐丧失，地位下降。"普罗尼亚"农民就非常类似于西欧的依附农，即便如此他们仍然享有迁徙的人身自由，与西欧农奴不同。

至于拜占庭小土地持有制度是如何形成的，目前的研究大多属于推测。多数人意见认为，它是在 8 世纪前后流行起来的，[①] 是伴随着前此普遍存在的大地产数量的迅速减少而发展起来的，而这一时期大土地主衰落的主要原因是斯拉夫人、波斯人和阿拉伯人的入侵，加之从查士丁尼一世到福卡斯、查士丁尼二世等皇帝残暴打压贵族所导致。农民总是要生活的，也许缺少了大地主的农村环境使小农生活得更惬意。另外，根据《世界人口简史》估计，600 年时俄罗斯以外欧洲的总人口只有 2200 万，因此出现普遍的农业劳动力不足。[②] 从境外向帝国境内进行的移民，或者省区之间的移民，改变了农业人口的成分。帝国政府的殖民政策推动了新移民区普遍出现小农兴起的现象。在帝国几乎全部省区，甚至那些并没有遭受多少侵扰的省区也都出现了农业移民，新移民人口在其定居的那些无主土地上实行小土地占有制就顺理成章了。同时，拜占庭军区制改革推动帝国管理体制军事化，军区军队规模虽然只有 6 万人，但是由农兵带动的小农经济由此大发展。[③]农兵持有的"军役土地"大多位于原本失去控制而后以各种手段收归的

---

① 苏俄学者强调一种"斯拉夫说"，认为是斯拉夫新定居者带给原来耕种地区农民的。但是这种"斯拉夫说"早已经被斯拉夫人自己放弃了。见陈志强：《〈农业法〉研究》，载《历史研究》，1999(6)。

② ［意］马西姆·利维巴茨：《世界人口简史》，北京：北京大学出版社，2005 年版，第 28 页。

③ 参见陈志强：《拜占庭军区制和农兵》，载《历史研究》，1996(5)。

地区，那里的土地属于国有。由此可以说，拜占庭小农土地占有制是拜占庭帝国历史发展自然形成的。

拜占庭帝国早期和末期历史上出现的大地产现象可能有经济、管理、政治和宗教的多种原因。从政治角度看，皇帝们本身就属于大土地贵族。从一开始，皇家就设有专门管理皇家地产的"伯爵"，而皇帝的专制统治依靠贵族官僚阶级的支持，他们本质上构成了具有共同利益的大土地贵族阶级。只不过在强大的专制皇权下，皇帝可以凭借政治权力打击有可能威胁皇权的大贵族。瓦西里二世就以莫须有的罪名处理过许多大地主贵族。随着军区制的瓦解，"军役土地"制度被放弃，大土地贵族势力逐渐兴起，小农势力必然走下坡路，出现了半农奴式的"普罗尼亚"制度，大地产贵族势力坐大，直至中央政府无力加以控制。有学者认为，十字军采取的西欧模式的（封建）骑士制度对拜占庭王朝具有强大的吸引力。[①] 对于小农经济的破产和大土地经济的崛起，笔者曾在《拜占庭军区制和农兵》一文的最后部分进行专题研究，认为拜占庭军区制改革由中央向地方放权的措施埋下了大贵族势力兴起的祸根，换言之，拜占庭大土地占有制也是拜占庭帝国历史发展的必然结果。包括马其顿王朝那些伟大君主们极力反对大土地贵族的斗争，从本质上无法克服大土地占有和小生产之间的深刻矛盾，因此无论是最初几个世纪的皇帝们还是晚期皇帝们在斗争中都没有取得胜利。

从经济学角度分析，地产在拜占庭社会是最稳定的利益收益来源，因此获得土地是社会富有阶层的不二选择。经济扩展和贵金属增加导致物价上涨，大地产主、数量不少的高级官吏和许多私人业主必然将其手中持有的大量资金投向地产。而大地产主通过农产品价格上涨致富，高级官吏因皇帝恩赐或贪污腐败发财也会在地产上寻求金钱安全。他们既没有今天的投资渠道（银行生息、贸易投机、产业盈利），也被

---

① 有关这类意见请见 N. Iorga, *Histoire de la vie Byzantine*，Bucharest，1934，vol. iii, chap. 1.

禁止放贷生息，严厉的法律限制迫使他们转向地产。^①而商业和手工业由于行会制度和国家控制，产生的利润极其有限。这样，投资农业特别是购买地产就成为唯一有利可图的办法，当国家外部压力减低，城乡人口快速增长时，农业肯定变得利润越来越丰厚，大地产的社会经济基础就显得更为坚实。教会地产也是需要认真考虑的因素，修道院大概是最大的地主之一。在基督教为国教的拜占庭国家，不仅众多虔诚信仰上帝的信徒向教会盲目捐赠，修道院想必会不断接受大量的地产捐赠，而且作为一种政治势力，包括皇帝在内的各级贵族也通过捐赠地产作为拉拢他们的手段。当然修道院本身也千方百计扩大自己的产业，他们在争取捐赠方面不仅毫不落后，而且在发财致富时表现出极大的灵活性。^②不过，在类似于拜占庭中期历史上发生的"毁坏圣像运动"中，当局没收教会地产的事情也时有发生。

在大地产主和小农两种势力的消长中，后者常常处于不利地位，因此成为前者兴起的牺牲品。当经济原因促使"权势贵族"购买土地产业时，"穷困阶层"就因为其脆弱的财政或当局的税收压力而出售土地。小农担负着货币税收的沉重负担，而且还有"劳役"即强制性体力劳动和实物赋税。此外，大量强加于小农的多种义务和不定期赋税加速了小农破产的过程。^③从理论上讲，财政管理法规对富人和穷人一视同仁，同等对待。但是，在实践中，拥有充足资金的"权势贵族"可以在任何情况下完成纳税，而他们处于优势的社会地位使之比小农更容易应付税收官。大地主常常规避纳税规定和规章制度，当局的财政措施对他们都没有构成沉重的负担。但小农却经常遭受国家官吏的侵害，他们甚至不如大地主或修道院门下的农奴，因为后者的生活能得到基

---

① Gregoire Cassimatis，*Les Interets dans la Legislation de Justinien et dans le Droit byzantine*，Paris，Recueil Sirey，1931.

② 在其他资料中，还可参见 *Episkepsis Biou Monachikou*，他是塞萨洛尼基有学问的主教（12 世纪人）。该书 Eustathius 的由 L. Fr. Tafel 于 1847 年用德文出版，名为 *Betrachtungen uber den Monchsstand*.

③ 这类贡赋有些还真是难以预料，例如转嫁给皇帝移置在当地的"野蛮人"领袖的嫁妆税。

本保护，特别在年成不好的时候，还能得到主人的帮助。在拜占庭帝国末期，小农自愿成为农奴或半农奴。

与同时代的西欧相比，拜占庭农业呈现出持久的繁荣。伯松纳德教授进行的研究表明，8、9世纪的拜占庭农村相当富有，不仅能养活帝国人口，而且还能提供出口产品。拜占庭政府大力支持农民种植谷物和栽培园艺植物，鼓励农民进行水果、草药、棉花和桑树等种植。大量的蜜蜂养殖为糖业手工业提供丰富的原料，同时，畜牧业养殖大量畜群，如绵羊、生猪、马匹，既能满足竞技比赛使用，也能满足军需。当然在某些恶劣年份，农业人口因穆斯林和保加利亚人的侵扰而减少，瘟疫和地区性饥荒也推波助澜，致使部分土地荒芜。在某些地区或某些时期，农业发展非常繁荣，同时在其他一些地区情况可能非常糟糕，这是前工业化中古帝国统治的普遍现象。这里，笔者想要说明的是，大地产并不总是对农业产生不利影响，也不必然与经济衰败相联系，因为大地产比小地产更有利于组织生产和分配农产品。有证据表明某些大地产主和修道院事实上做到了这一点。在拜占庭"三农"分析的个案中，我们只是强调了大地产贵族对中央集权制国家的负面影响。12世纪时到访君士坦丁堡的外国旅行家对该城市充足的食品供应感到震惊。8世纪时，一个并不属于大土地贵族的土地所有者拥有100头耕牛、500头菜牛、80匹马和骡子、1.2万只羊，以及大量的农奴。

最后，我们分析一下拜占庭军区制问题。布洛赫认为，拜占庭军区制是"为国家提供军事义务的佃领地。这些佃领地在某种意义上是真正的采邑，但与西欧采邑不同的是，它们只是农民采邑，每一处采邑都由一小块农田构成。此后，帝国政府最关注的事情是保护这些'士兵的财产'及一般的小持有地不受富人和豪强的侵蚀。然而，11世纪末出现的情况是，经济状况使经常陷于债务的农民难以保持其独立性，帝国为这种经济状况所困扰，且进一步受到内部纷争的削弱，不再能够对自由农民提供有效的保护。这样，帝国不仅丧失了宝贵的财政资源，而且发现自己陷于大贵族的控制之下，此后只有这些大贵族才能从他们的依附者中征募必要的军队"①。这样的分析过于牵强，但至少他对 11 世纪以前拜占庭军区制问题作出了较高水平的分析。也许就是为了自圆其说而把整个欧洲纳入其理论体系中，他才出现了这种偏差。

　　拜占庭军区制又称塞姆制，是 7—12 世纪在拜占庭帝国境内推行的军事和行政制度，这种军政兼容、兵农合一的制度促使拜占庭农兵阶层的形成和发展，对加强拜占庭国防力量，稳定社会经济均起到极为重要的作用。尽管对于军区制的起源、推行过程，特别是影响问题，学者们还有不同看法，但是由朝廷自上而下进行的这个国家组织军事化改革并不是"封土建制"的过程，拜占庭帝国也没有因此形成所谓封君封臣关系，更没有出现以采邑为纽带的封建土地制度。农兵平时经营军役土地，战时集中作战。他们经营的是负有军役义务的田产。不论何种兵种军阶的士兵都把经营军役田产的收入作为他们支付军事开支的经济来源。他们定居在其部队驻守的地区，平时经营田产，军区将军以下各级官兵自给自足、自备兵器装备。在服役期（一般为 15 年）内，其土地不可剥夺，享有免税权。这种"士兵田产"一旦颁给士兵，即可永久占有，士兵可自由处理，可以买卖，也可以赠送他人，还可以将田产连同军役义务一同转给继承人。而兵役土地的义务是提供给国家而非"将军"个人的，一般采取直接服役和间接服役两种形式，前者由经营田产的士兵履行服役义务，后者由兵役户提供军需。② 经营军役田产的农兵仍然保持军队编制，随时听从军区将军的命令，集中从事军事工程劳役或随军作战。显然，将军区制比附成封建制是极为不妥的。

　　我国拜占庭学界受苏联拜占庭学家的影响，十分重视所谓的拜占庭封建化问题。苏联拜占庭史学界的部分学者总是力图以西欧历史发展理论解释拜占庭历史，千方百计地将西欧封建制度发展模式套用在拜占庭社会，尤其在拜占庭社会封建化问题上纠缠不休，其代表作品

---

　　① 　按照他的分析逻辑，那么我国古代曹魏时期的屯田和唐代的府兵制也可以算作封建采邑了。参见［法］马克·布洛赫：《封建社会》，第 697 页。

　　② 　A. H. M. Jones, *The Later Roman Empire 284-602*，p. 377.

反映在 20 世纪五六十年代我国翻译的有关论著中，也反映在我国世界史教科书的编写中。事实上，拜占庭"封建化"之所以成为极为复杂的问题，首先在于其概念本身模糊不清，把这种西欧特有的封建概念生硬地套用于拜占庭历史就更显出其理论上的牵强。这种从理论到理论的思维方法，已经将拜占庭"三农"问题研究导入死胡同。因此，我们应该改变研究思路，根据史料实事求是地研究相关问题。如果我们按照广义封建主义的理论概念，对拜占庭"三农"问题进行视野更开阔的考察，也许可以得出更多有益的结论。

第三节　工商业和对外贸易

一、工商业

拜占庭帝国繁荣的国际贸易对国内工商业产生极大的带动作用。拜占庭内贸活动主要与谷物和日用品密切相关，粮食及其他食品交易是内贸的主要项目。7 世纪中期以前，拜占庭帝国盛产粮食的农业区在埃及和西亚。阿拉伯人征服北非和西亚地区后，拜占庭粮食主要产地转移到小亚细亚；13 世纪以后，色雷斯平原成为拜占庭帝国最后的粮食基地。一般情况下，食品是从海路运抵各大都市的。作为中古地中海世界最大城市的君士坦丁堡，食品供应是其面临的重大问题。据现代拜占庭学家估计，君士坦丁堡人口最多时达到百万。为解决如此众多居民的口粮，市长和中央政府必须维持稳定的粮食生产和运粮航道畅通。但是，政府对国内贸易采取严格控制的政策限制商业活动的开展。这些限制主要表现在统一的商业税、包括丝绸和武器等特殊商品的垄断等方面。就全国商业而言，国际贸易集中在大城市，国内贸易分布在中小城市，各城市形成地区性贸易中心，通过定期与经常性的集市或市集与周围农村发生密切经济联系。国内贸易几乎不涉及国际贸易的交易项目，而以农副产品交换食盐、布匹、劳动工具等生活用品为主。但是，由于拜占庭农村社会基本上是自给自足的闭塞的社会单位，农民对外界商品的需求比较小，能够提供给外界的农副产品也十分有限，因此国内贸易的范围虽然广泛，但数量不大，缺乏发展的内在动力。

金融业在商业的基础上逐步发展，活跃的国内外商业活动也促进拜占庭金融业的兴起。在拜占庭帝国，几乎所有的物品都可以估价计值，任何形式的财产均能够生息。国家对银行、钱庄不加禁止，放贷行为也得到政府支持，正如国家参与并支持商业一样，对金融业只有规范性的要求而不加限制。查士丁尼一世时期，政府根据投资风险的程度不同确定各行业投资利率。比如，在投资风险最大的航海贸易业中，投资利息最高可达到 12％，而钱庄银号的放贷利息规定为 8％，私人的投资和借贷利息为 6％，对最具有承担风险能力的富有者，政府规定其放贷利息为 4％。显然，拜占庭人关于"风险"的概念不是单向的，而是包括投资双方承担能力在内的。但是，在计算利率时，我们必须考虑币值的变动问题。当每金镑等于 100 诺米斯马时，6％的利率相当每金镑可得 6 诺米斯马的利息，而当每金镑等于 72 诺米斯马时，6 诺米斯马就相当 8.33％的利率；同理，航海投资 12％的利率也变为 16.66％。然而，拜占庭货币历史即是不断贬值的过程，由于实行金本位体系的币值持续败坏，金镑纯度和重量的下降导致整个金融计算体系的混乱，进而造成投资方向转移。因为投资利率的不断攀升，一方面使偿还利息的能力普遍受到打击，促成社会对放贷业的仇恨和偏见，进而破坏了投资环境；另一方面使投资方产生极大的不稳定感，投资兴趣逐渐从工商业转向土地。这种转移不利于拜占庭工商业的持久繁荣。

拜占庭商品价格与其币值的稳定有密切关系。考古资料表明，4 世纪中期至 10 世纪中期，拜占庭帝国钱币没有发生贬值现象，汇率稳定。货币分为金、银、铜质，每金镑等于 72 金诺米斯马，每诺米斯马等于 12 银米利阿里萨，每米利阿里萨等于 12 铜弗来。11 世纪以后，拜占庭金币开始贬值，出现劣币和伪币，诺米斯马的重量和含金量逐渐下降。科穆宁王朝曾改革币制，发行相当于金诺米斯马的铜诺米斯马，力图扭转货币贬值的局面，遭到失败，最终只是延缓了贬值的速度。13 世纪初以后，拜占庭金币迅速贬值，帕列奥列格王朝的金诺米斯马只相当足值诺米斯马的 1/6，丧失了国际货币的地位。货币贬值伴随物价上涨，14 世纪君士坦丁堡的谷物价格相当 8 世纪谷物价格的两倍。[①]

　　拜占庭政府对工商业的实际控制是通过行会实现的。拜占庭行会与西欧后来出现的自治行会不同，具有官方行会性质，称为"公共行会"，源于晚期罗马帝国时代的官方行会，其成员最初是固定职业的行会成员的后裔。行会分别管理官办工商业和私人工商业。按照官办工商业行会习惯法，拜占庭行会成员世代从事某种职业，不许退出行会，其后代子孙和家产（主要指动产）永远归属行会。这种规定显然是防止行会生产技术水平降低和从国家作坊流转到民间，进而维持国家对工商业的长期垄断。但是，行会成员的自然增加经常会造成行会内部劳动力过剩，为此 426 年的法律允许部分行会成员退职受聘于私人作坊，但是其子孙和动产仍然属于行会。《查士丁尼法典》也明确指出紫色丝绸官服的印染工匠超员，应将他们分散到其他大城市的作坊。7 世纪的法律对进入行会作了严格限制，禁止未成年人或手艺尚未成熟的人进入行会，并同时将"等额顶替"作为行会成员子弟入会的重要条件。行会手艺一般是在家庭成员内世代相传，保持较高的水平，很少有将手艺外传的例子。这样做的重要原因之一是行会成员享受较高的待遇，他们有时被视为拜占庭工匠中的贵族。

　　拜占庭行会组织结构在数百年间没有发生大的变化。行会的最高首脑是城市市长，他向国库派遣官员专门管理行会事务，并设立专门的行政监督官和技术检查官。由于行会管理的官办手工业劳动几乎都集中在一起，相当于近代欧洲出现的手工工场，所以管理相对集中。根据考古发掘，我们知道在君士坦丁堡皇宫外院中设有丝绸作坊，负责生产丝绸成衣，并染色；棉布纺织和裁缝作坊也集中在皇宫里，负责生产各色布衣；金银加工和珠宝加工在巨大的皇宫内院占有一席之

---

　　① 此节资料出自 S. Runciman 的 *Byzantine Civilization*（London，1933，1959）一书有关部分。

地。7世纪以前，手工业的相当部分分散在各行省首府，由省长直接控制，产品上缴给皇帝。7世纪以后，拜占庭手工业逐渐集中到君士坦丁堡，其原因是阿拉伯人和其他民族入侵破坏了地方手工业生存的条件，而军区制改革也迫使除武器生产之外的地方手工业工匠向首都集中。至10世纪，拜占庭帝国设在各地的铸币厂逐步取消，地方丝绸工场也转移到首都。

6世纪以后，拜占庭帝国私营工商业蓬勃发展，私营手工业中的行会也由政府派员管理，他们按照日趋精细的行业分工进行具体监督。以私营丝织业为例，在君士坦丁堡即有抽丝行会、丝织行会、丝绸印染行会、丝绸成衣行会、进口丝织品行会5个行会。这些行会与官办工商业行会的分工区别在于，官办丝绸业行会经营的是上等优质产品，私营行会只经营二等一般产品，这种品质的丝绸是可以进入市

拜占庭丝绸服装

场进行交易的。此外，私营工商业行会成员不是世袭工匠，法律不限制任何人进入行会，只要符合行会的要求即有资格申请。一般情况下，入会需有本行会成员介绍，并缴纳会费，入会者当为自由人，禁止奴隶入会。对于私营工商业的经营范围，拜占庭帝国立法作了明确的规定。例如，查士丁尼为垄断丝绸贸易，在立法中严禁私营作坊从事高级丝绸服装的制作和买卖，违法者处斩。但是，300年后利奥四世立法即改变了查士丁尼的垄断政策，允许私营丝绸行业经营"小块"高级丝绸。10世纪初的《市政法》甚至同意私营丝绸行会印染由官办丝绸行会专营的紫色丝绸，但是禁止私人工匠制作成衣。

拜占庭行会的作用比西欧行会更大，操作制度更具体。每个行会按本行业的需要统一购置原料，而后在本行会成员中平均分配。取得

原料的工匠在自己的作坊里独立劳动，技术和产品规格是统一的。由于原料是固定的，因此产量也是固定的，行业内部几乎没有竞争。私营工商业产品由生产者个人按照政府的统一牌价进行交易。为了杜绝行业内竞争，行会对工匠们的劳动时间和强度也作了规定。例如，面包师和屠夫行会分别规定了他们每天开始工作和关门的时间，面包和各类肉的价格也有统一的规定，即使在粮食紧缺和大饥荒年代，面包和肉类的价格也被压得很低，不允许任何囤积食品的行为。这种强制性的经济立法显然带有稳定社会秩序的政治目的。任何违反行会规定的行为将受到严厉惩罚，其中包括开除会籍、强制停业，如果因报复而犯有纵火罪将受到残废肢体的惩罚。行会作为城市劳工组织还负责从事某些公共劳役，如航运行会有义务进行海上紧急救援等。行会法还规定禁止解雇工匠，但是许可自动迁徙，同时为防止偷懒行为，规定任何有能力工作的行会成员必须工作，否则将被安排参加公共劳役，参加政府组织的公共工程或慈善机构的义务劳动。行会制度在拜占庭大中城市里存在到 14 世纪末，在稳定拜占庭工商业生产和消费方面发挥了比较重要的作用，使城市经济关系得到调整，部分地保证了城市社会生活的正常运行。

二、国际商业贸易

拜占庭帝国经济生活最突出的特点是其繁荣的商业贸易和城市手工业。在中古世界历史上几乎没有任何一个城市像君士坦丁堡那样具有得天独厚的商业地理优势，它处于东西、南北多条商路的交汇点，扼守东西交通陆桥和南北航道要冲。在 15 世纪末世界新航路开通以前，中古世界贸易主要是指亚、欧、非三洲的物产交换，拜占庭帝国因其地理位置而占据其中的主要份额，获得无与伦比的商业利益。繁荣的商业贸易需要相对安定的外部环境，拜占庭帝国中央集权制国家基本上能够提供这样的环境，因此，商业在君士坦丁堡获得突出的发展，而君士坦丁堡也因活跃的商业贸易而繁华。在公元初的几百年间，罗马帝国商人开辟了东、西交通商路，从印度进口香料、香草和珍贵木料，从中国进口丝绸和生丝，向东方出口玻璃和宝石，如《魏略》所记：罗马帝国"又常利得中国丝，解以为胡绫……大秦①多金、银、铜、铁、铅、锡、神龟、白马……大贝、车渠、玛瑙、南金、翠爵……符采玉、明月珠、夜光珠、真白珠、虎珀、珊瑚、赤白黑绿黄青绀缥红紫十种流离……"②拜占庭帝国继承古代活跃的商业传统，积极发展内外贸易。

当时，东、西交通已经开辟，形成多条商路，其中最著名的是陆上的"丝绸之路"和海上的"香料之路"。丝绸之路东起中国西安和洛阳，经过河西走廊，沿塔里木盆地南北两侧向西，翻越帕米尔高原山口，经过中亚地区达到里海东南岸，再分两路向西，一路直抵地中海东岸重要城市安条克，另一路经黑海南岸小亚细亚地区到达君士坦丁堡。在丝绸之路主干线南北两侧分布多条陆路，或相互连通构成交通网，或出孟加拉湾、波斯湾与海上商路连通，或北出天山、里海和黑海进入俄罗斯平原。海上香料之路以中国东南沿海大港口为出发点，首先向南绕过马六甲海峡，向西进入孟加拉湾，这里的港口与中国西南商路相通，再沿近海航道绕过印度次大陆，进入阿拉伯海，而后分两路——或从波斯湾上岸逆幼发拉底河而上到达安条克，或从东非沿红海和尼罗河向北进入地中海。这些商路均首先汇集于拜占庭帝国境内各口岸，使君士坦丁堡等一批东地中海城市成为东方货物的集散地和交易市场。

拜占庭政府始终重视发展国际贸易，一方面开拓海外市场，鼓励本国商人积极开展外贸活动，保护本国商人在海外的商业利益，维护各条海陆商路的畅通，另一方面建立健全的国际商业贸易制度，完善海关体系，创造良好的国际商贸环境。例如在丝绸贸易中，拜占庭人为了打破波斯商人的垄断和高额关税，积极发展红海进入印度洋的海路交通和通过黑海、里海、咸海北部的陆路交通，并与阿克苏姆王国和突厥人就此谈判。6世纪是拜占庭帝国东方贸易迅速发展的时期，

---

① 指罗马帝国——作者注。
② 《三国志》卷30《魏书》。

丝绸原料通过传统的商路源源不断运抵拜占庭帝国设在幼发拉底河中下游流域的尼西比和达拉海关站，然后运往君士坦丁堡、提列和贝鲁图斯的丝绸加工厂制成高级服装。而从海路运来的印度香料和染料则在埃及上岸，贩运到地中海沿岸城市。当时的拜占庭商人哥斯马斯（Kosmas Indikopleustes，6世纪上半叶）即根据其常年从事东方贸易的经历撰写了著名的《基督教国家风土记》（又名《哥斯马斯旅行记》），由于他自称到过印度而被称作"去过印度的航海家"。在这本书中，哥斯马斯认为大地是扁平的，其东部的尽头是印度，而中国"这一丝绸之国位于印度最偏僻的地方，地处那些进入印度洋的人们的左侧……这一被称为秦尼扎的丝绸之国左边由海洋所环绕……运载丝绸的车队要由陆路旅行，相继经过各个地区，时间不长就到达了波斯，而通向波斯的海路要漫长得多……在秦尼扎以远，就再也既不能航行也不能居住了……印度大陆的其他部分由发运丝绸的秦尼斯坦所占据，在此之外就再没有其他地区了，因为东部由大洋所环抱。"[1]这本书论述东方地理和贸易，详细描写锡兰（今斯里兰卡）作为东方货物的集散地的情况，中国的丝绸，印度的棉织物和麝香，东南亚的芦荟、丁香和紫檀香木，南亚群岛的胡椒，孟买的青铜器、锡兰的宝石等东方物产均可在此买到，可见当时东方贸易物种之丰富。他准确描述的波斯商人控制中国丝绸贸易的情况在《后汉书》等中国古籍中得到印证，《后汉书》记载：（罗马）"王常欲通使于汉，而安息（波斯）欲以汉缯彩与之交市，故遮阂不得自达。"[2]拜占庭帝国为开展直接对中国的丝绸贸易，积极发展与红海进入印度洋出口处的阿克苏姆王国的友好关系，使拜占庭商船在其首都阿都利斯停靠，由此将丝货运送到位于西奈半岛的犹大比拜占庭海关。拜占庭帝国在此设有海关大臣，据记载，他每年出访印度以西各基督教商业据点。而拜占庭商人的足迹遍及中亚、锡兰和东非沿

---

① ［法］戈岱司编：《希腊拉丁作家远东古文献辑录》，耿昇译，北京：中华书局，1987，第100~101页。哥斯马斯的绰号Ινδικοπλέυστες被许多人译作"印度水手"，耿昇翻译为"印度航海家"，均有偏差，容易产生误解，最好译为"去过印度的航海家"。

② 《后汉书》卷88《西域传》。

岸,有的地区甚至建立拜占庭商人特区。由于拜占庭金币长期享受国际货币的信誉,因此,其使用范围远及中国西域,《隋书·食货志》记载:"河西诸郡或用西域金银之钱,而官不禁。"①这对拜占庭国际贸易活动大有裨益。在红海和印度洋航海贸易中,阿比西尼亚(今埃塞俄比亚)商人对拜占庭人帮助极大,因此,在后来与波斯人的斗争中,拜占庭人与该民族结为盟友。依靠埃塞俄比亚人帮助,拜占庭商人深入非洲内地,以各种手工制品换取黄金。

查士丁尼一世时代,拜占庭帝国与波斯帝国的冲突更加激烈,丝绸贸易受到严重的不利影响,来自中国的生丝供不应求,拜占庭帝国各地丝织作坊停工待料。为解决燃眉之急,查士丁尼支持僧侣从中国学习育蚕技术。当时的作家普罗柯比记下这一重要事件:"到了这个时代,某些来自印度的僧侣们深知查士丁尼皇帝以何等热情努力阻止罗马人购买波斯丝绸,他们便前来求见皇帝,并且向他许诺承担制造丝绸,以便今后避免罗马人再往他们的宿敌波斯人中或其他民族中采购这种商品。他们声称自己曾在一个叫作赛林达的地方生活过一段时间,而赛林达又位于许多印度部族居住地以北。他们曾非常仔细地研究过罗马人地区制造丝绸的可行办法。由于皇帝以一连串问题追问他们,询问他们所讲是否真实,所以僧人们解释说,丝是由某种小虫所造,上天赋予它们这种本领,被迫为此而操劳。他们还补充说,绝对不可能从赛林达地区运来活虫,但却很方便也很容易生养这种虫子;这种虫子的种子是由许多虫卵组成的;在产卵之后很久,人们再用厩肥将卵种覆盖起来,在一个足够的短期内加热,这样就会导致小动物们的诞生。听到这番讲述以后,皇帝便向这些人许诺将来一定会得到特别厚待恩宠,并鼓励他们通过实验来证实自己的所说。为此目的,这些僧人返回了赛林达,并且从那里把一批蚕卵带到拜占庭。以我们上述的方法炮制,他们果然成功地将蚕卵孵化成虫,并且用桑叶来喂养幼

---

① 《隋书》卷 24《食货志》。

虫。从此之后，罗马人中也开始生产丝绸了。"①查士丁尼王朝诸帝十分重视丝绸生产，帝国在君士坦丁堡和伯罗奔尼撒半岛建立国家作坊，在气候比较温暖的莫利亚等地建立育蚕基地，拜占庭帝国因此迅速发展成为西方第一个丝织业大国，在地中海世界丝绸贸易中占据垄断地位。

7世纪中期，伊斯兰教势力兴起，哈里发国家的军事扩张使东地中海沿岸地区遭到巨大破坏，以安条克为中心的叙利亚和以亚历山大为中心的埃及地区的国际贸易陷于停顿，两地的地中海国际贸易中心地位从此迅速丧失。拜占庭商人乘机大力开展君士坦丁堡国际商贸活动，将上述两大中心区的商人吸引到拜占庭首都。当叙利亚对地中海各地的商业航海一度停止后，拜占庭人积极打通经黑海向东的商路，此后，又恢复了红海航道。8世纪时，经过小亚细亚陆路和从特拉比仲德上船经黑海通向东方的陆路商道再次恢复，包括丝绸在内的远东物产源源不断运抵君士坦丁堡，使该城很快进入最繁荣的时期。丝织业也获得突飞猛进的发展，特别是贵重的高级丝织物生产技术迅速提高，进而执地中海丝织业之牛耳，垄断该项贸易。当时的记载称，阿拉伯人、斯拉夫人、匈奴人等纷纷前往拜占庭帝国购买丝织品，有些特殊丝织物，如混合金银丝线的丝织挂毯还返销中国。

拜占庭帝国对外商业发展在9—10世纪达到最高峰。拜占庭商人将活动的重心逐渐转移到黑海，他们在黑海和多瑙河沿岸地区建立许多货站，在经营传统的东方货物交易的同时，注重大宗谷物贸易，因为阿拉伯人对北非和西亚地区的占领，使拜占庭帝国丧失了传统的谷物生产地，进而改变了传统的谷物贸易结构，促使拜占庭人发展小亚细亚谷物生产基地。远东地区的商品继续通过黑海进入拜占庭帝国，少量的东方奢侈品通过阿拉伯人控制下的中亚和红海贩运而来。阿拉伯人虽然使巴格达和埃及重新繁荣起来，但是，他们担心无孔不入的

---

① Procopios, *History of the Wars*, *Secret History and Building*, trans. ed. and abridged by A. Cameron, New York, 1967, p. 226. 另见［法］戈岱司编：《希腊拉丁作家远东古文献辑录》，耿昇译，第96~97页。

拜占庭商人参与竞争，故而限制对拜占庭人的贸易。这使黑海国际商业，特别是拜占庭城市特拉比仲德获得更有利的发展条件，迅速发展成为东方贸易的主要集散地。拜占庭人收复安条克后，重新恢复了东地中海航线，东方物产得以更快到达地中海，与此有关的城市，如巴格达、塞琉西亚、阿勒颇等很快繁华起来。在君士坦丁堡巨大的国际商场里，人们可以买到来自世界各地的物产，例如罗斯平原的毛皮、干鱼和奴隶，波罗的海的琥珀，日耳曼人的毛皮和金属，它们通过拜占庭第二大城市塞萨洛尼基转运进口。拜占庭帝国在亚平宁半岛的主要商业口岸在意大利南部的巴里，拜占庭商人在此集散从东方转运的货物，贸易范围遍及西欧。但是，拜占庭人在西地中海的商业势力很快就遭到新兴的意大利航海城市的排挤，比萨和热那亚首先发展成为拜占庭商人的竞争对手，而后威尼斯加入竞争行列。

11世纪是拜占庭帝国国际商业衰落的开端。首先，位于亚得里亚海北岸的威尼斯摆脱了拜占庭帝国的控制，大力发展海上贸易和船队，逐渐夺取亚得里亚海制海权。他们不顾拜占庭政府一再禁止与阿拉伯人从事贸易的法律，开拓海外市场，侵蚀拜占庭商人占有的商业份额，并将发展商业的重点放在加强商船队建设方面，最终取代了拜占庭帝国在亚得里亚海的霸主地位。皇帝瓦西里二世为改善与威尼斯人的关系和获得威尼斯舰队的帮助，给予他们某些商业特权，例如减少海关税等。此后，威尼斯商人以廉价的西欧武器、木材、粗布和奴隶等为主要商品，顺利打入东地中海贸易区。1071年塞尔柱突厥人打败拜占庭人后，拜占庭帝国在小亚细亚沿海地区的商业据点逐步丧失，粮食供应再度引发帝国社会危机。与此同时，诺曼人从西地中海进攻拜占庭帝国，夺取提比斯、科林斯等主要丝织工业中心，将大批丝织工匠和养蚕技师带到西西里，建立起西地中海的丝织业中心。诺曼人对拜占庭丝织业的致命破坏在于，一方面摧毁了拜占庭帝国的丝织业技术力量和设备，另一方面打破了拜占庭人对丝织业生产和贸易的垄断，使其原有的商业优势尽行丧失。

十字军东侵战争，特别是第四次十字军战争破坏了君士坦丁堡的国际贸易市场，彻底改变了地中海贸易格局。东方商品不再大批集中到特拉比仲德和君士坦丁堡，也很少经过突厥人占领的小亚细亚地区，而改道拉丁骑士占领的叙利亚各港口，再由意大利商船转运到西方，过去由拜占庭帝国控制的海关关税几乎全部落入意大利航海共和国国库。重视商业利益的威尼斯人在第四次十字军占领君士坦丁堡后瓜分拜占庭帝国遗产过程中完全控制了东地中海重要航道和主要商站，从而奠定了其称霸东地中海的商业基础。直到帕列奥列格王朝统治时期，为米哈伊尔八世重新控制君士坦丁堡提供军事援助的热那亚人在拜占庭人的帮助下获得黑海商业主动权，在与威尼斯人争夺黑海国际贸易份额的斗争中占了上风，并得到与威尼斯商人同样的各项商业特权，其中包括在君士坦丁堡北部黄金角湾畔建立配拉商业殖民区。拜占庭商人逐渐被排挤出黑海国际贸易的舞台，他们在塔曼半岛的马特拉卡港和克里米亚半岛的鲁西阿（今刻赤）保留的商站很快就被意大利商人取代，因为拜占庭帝国政府对国内外商人采取的双重税收标准使他们在竞争中败下阵来。君士坦丁堡国际市场迅速缩小，而配拉商业特区却迅速繁荣，虽然拜占庭帝国具有传统特色的手工业作坊继续生产奢侈品和各类贵金属工艺品以及武器，但是这些商品不再在拜占庭人的市场上出售，而是在意大利人商号中交易。黄金角湾北侧意大利人的码头一派繁忙，其对岸拜占庭人的港口几近荒凉，只是在配拉各港口泊位尽数被占满而船只又急待进港时才临时停靠拜占庭人的码头。

　　意大利人在东地中海和黑海国际贸易中迅速兴起的原因是复杂的，但是，拜占庭帝国将航海通道和贸易特权拱手让出是其中的重要因素。拜占庭人于1261年恢复对君士坦丁堡的控制以后，没有积极收回被第四次十字军骑士，特别是威尼斯人夺取的海上交通要冲和多项贸易特权，相反，为制衡威尼斯人而向热那亚人出让更多商业特权，致使本国业已遭到严重打击的国际贸易商人再次处于不平等的竞争地位，其对外商业再度陷入衰退。例如，意大利商人只需缴纳4%的关税，而拜占庭商人需缴纳10%的关税。而在意大利人经济特区配拉市场上，意大利人采取维护本国商人利益的政策使拜占庭商人难觅立足之地，同时，为意大利商人提供服务的各海上交通据点在强迫拜占庭人"留下买路钱"时毫不手软。塞萨洛尼基比君士坦丁堡保持着更繁荣更长久的商业活动，这个巴尔干半岛的出海口似乎仍由拜占庭人控制，但是，进出该港口的航道却控制在意大利人手中。在拜占庭人的东方飞地特拉比仲德也是如此，那里继续经营来自波斯和高加索等地的中亚物产，市场比较繁荣，但是，意大利人通过航海运输千方百计掠夺走其中一半利润。

拜占庭政府利用过境贸易和征收关税曾使国家获得过极大的经济利益，这也是其保持长期繁荣的城市生活的重要因素。拜占庭人曾长期在达达尼尔海峡上的阿比都斯海关和博斯普鲁斯海峡上的伊埃龙海关征收 10％的海路进口关税，而在君士坦丁堡海关征收同样比例的出口关税。通关商品都加盖拜占庭帝国政府印玺。11 世纪以前，大量的关税收入不仅用于政府各项消费，还被用来改善君士坦丁堡的市场环境，资助发展地方手工业，甚至在本国工商业与外国人竞争中给予保护性补贴，使得拜占庭国际贸易和相关手工业的发展处于良性循环的有利地位。但是，11 世纪以后，政府不仅入不敷出，不能帮助本国工商业在国际竞争中取胜，而且由于其关税政策置本国商人于不利的竞争地位而加速本国工商业的衰败。

与国际贸易直接相关联的手工业是拜占庭帝国的传统经济部门，贵重奢侈品和铠甲武器一直是其特色产品。生产这类商品的作坊主要分布在君士坦丁堡等大中城市里，最大的皇家作坊雇佣了许多工人，在行会的统一管理下，分工精细，产品的技术含量很高。例如，高级丝织品和锦缎、金银丝线的官服、基督教教堂使用的金银器皿、珐琅质圣骨盒、象牙雕刻和宝石镶嵌饰品都是拜占庭工匠的特色产品，行销世界各地。盛产葡萄的巴尔干半岛是葡萄酒生产基地，传自古希腊的葡萄酒种类繁多，口感奇妙，赋有国际声誉，主要出口到北方各民族地区。武器生产的最大特点是做工精细，因为用于出口的武器大多是君主和酋长们的饰物。这些产品为拜占庭本国手工业在国际竞争中占得重要一席。但是，为了保持上述产品的价格，拜占庭政府对相关生产实行严格的限制政策，有些产品甚至禁止上市，如紫色的丝织官服就在被禁止买卖之列，这类产品只用作皇帝的赠物。968 年，意大利使节带出君士坦丁堡的丝绸成衣因未能提供皇帝赠赐的证明书而被海关没收。7 世纪以前，拜占庭帝国在地中海东岸和埃及亚历山大均设有手工业中心，各种具有地方特色的产品享誉世界，但是 11 世纪以后，拜占庭手工业迅速衰败，至帕列奥列格王朝时期，出口的商品极为有限，数量很少。

外国商人在君士坦丁堡经商期间，受到拜占庭政府的严格监督和周到照顾，他们到达君士坦丁堡或其他城市后，都要向当地主管部门报到，取得一般为期 3 个月的居留期。在此期间，他们必须在为外国商人划定的市场和固定摊位出售商品，如果其商品在 3 个月期限内不能全部销售，可以交由拜占庭政府的专业商号统一代理出售，所得卖货收入由君士坦丁堡市长出面管理，等该商人再次到来时归还。拜占庭政府对外国商人的商业活动有明确的立法规定和限制，市场上有国家官员随时检查，以防止违法行为。当意大利商人和罗斯商人先后获得商业特权后，拜占庭帝国严格的管理系统遭到破坏，而混乱的管理加快了其国际商业经济衰败的速度。

第四章　军事与外交

第一节　军事建设

一、陆军

拜占庭帝国地处欧、亚、非三洲交界，军事战略地位十分重要，君士坦丁堡扼守黑海与地中海之间的航道和欧洲与亚洲之间的陆路交通。正因为如此，其历史上外族入侵不断，对外战争不绝，似乎一直处在外敌长期包围之中，似乎没有一刻能够摆脱外敌入侵的威胁。拜占庭帝国的历史犹如一部战争史，而武装力量的强弱决定帝国的兴衰。拜占庭帝国全部历史表明，军队建设是其强盛的保证，而发展武装力量并不是由某位君主勇武好斗的个人品质决定的，而是拜占庭帝国生存发展的客观需要决定的。凡是拜占庭帝国强盛时期，必定是某位具有出色的军事才能的皇帝在位的时期，反之，帝国就笼罩在外敌入侵的危险之中。拜占庭人与其周边的邻国或民族相比，似乎天生就不是好战的民族。从拜占庭时代的作品可以看出，他们并不崇尚武力，勇猛无畏固然是值得钦佩的，但并不是人人应该必备的品质，他们更欣赏心智超群的人。能够智取的一定不要力夺。西欧中古骑士的尚武之风、斯拉夫人彪悍好斗的性格、阿拉伯人的马上武功，在拜占庭社会都遭到鄙视，被视为无知和粗鲁的表现。即便需要动武，拜占庭人也将战争看作一种艺术，是知识和学问的一个分支，因此，他们在战争中更重视作战的完美和智能的较量，而轻视战争的结果，甚至看不起通过血腥厮杀取得的胜利。拜占庭将军们特别重视研究战争的类型、军事组织的结构、战略战术的应用和各种军事技术的发展。像莫里斯皇帝一样留下关于军事问题专著的将领在拜占庭帝国并不少见。

拜占庭武装力量主要由陆军和海军构成，其中陆军发挥最重要的作用。拜占庭陆军是在晚期罗马帝国军队基础上发展而来的。皇帝戴克里先和君士坦丁曾进行军事和行政改革，将行政和军事权力分离，设立和强化大行政区区长权力，取消大军区和后备军，禁卫军也改为宰相管理下的"皇宫警备队"，其目的在于消除晚期罗马帝国军阀拥兵自立和左右政局的弊端，特别是要提高军队抵御外敌的作战能力，因为在相当长时期里，大军区总督控制的野战军过多卷入罗马帝国政治斗争，没有能力对付边境地区出现的威胁，而他们在罗马各城市的生活加速了其腐败，使之堕落成为无法驾驭的散兵游勇。同时，大军区总督往往注重其直接控制的军队，而忽视发展驻守边境的边防军，许多边防军自行解散，使边境地区处于无兵防守的危险地步。

4世纪的拜占庭军队主要分为边防军和野战军，前者驻扎在罗马帝国边境地区，沿陆地边界驻防的称为"陆界兵"，沿河界驻防的称为"河界兵"，守护城堡的称为"城堡兵"。野战军则是由过去的仪仗军、禁卫军和后备军组成。在晚期罗马帝国时期，仪仗军和禁卫军大都来自意大利；拜占庭帝国时期，皇宫警备队多是由小亚细亚山民和日耳曼人构成。仪仗军的名称源于拉丁语"扈从者"。仪仗兵最初是罗马军事领袖的亲兵，禁卫军出现后取得了仪仗军的部分职能。拜占庭皇宫警备队主要的职责是陪伴皇帝出行，或作为机动部队参加边界防御战争。禁卫军的名称来源于拉丁语"宫殿"一词，主要职责是为皇宫担任警戒，保护皇帝的安全。按照传统的从军制度，这两部分士兵需服役20年，而边防军需服役24年。只有作为战时紧急增援部队的后备军是临时性的军事组织。在罗马帝国时代，后备军多由定居在帝国边境地区的"蛮族"组成。在拜占庭帝国初期，这种蛮族军团由皇帝直接控制，其作用日益增强。根据史料反映，拜占庭帝国的武装力量由皇帝指挥，其组织规模逐渐缩小。值得注意的是边防军中的陆界兵不仅是驻防边界的士兵，而且是定居在边境地区的土地耕种者，他们以服兵役为条件从拜占庭政府得到所在地区的农田，独立经营，自给自足，既可终身使用，也可雇工耕种。这种类似屯田的形式对于稳定拜占庭帝国疆界起了十分重要的作用，对后世影响极为深远。

新边防军编为许多小军区，由"边防督军"指挥。根据 425 年的一份《官职表》可知，拜占庭帝国在埃及驻扎 2 支边防部队，在包括美索不达米亚、叙利亚、巴勒斯坦、阿拉伯半岛和幼发拉底河流域的东方地区驻扎 6 支边防部队，在小亚细亚驻扎 3 支边防部队，在巴尔干和亚平宁半岛驻扎 2 支部队。这 13 支边防军中比较重要的可以提升为伯爵指挥下的军区，当时仅埃及和色雷斯地区各有一名伯爵。6 世纪期间，为了便于统一指挥更大区域的军事活动，又恢复了东方、色雷斯和伊里利亚 3 大军区总督建制。查士丁尼一世时期，波斯入侵东部边境，亚洲各军区作用日益重要。528 年，在亚美尼亚设立了一支边防军，537 年又因海战的需要增设海上军区，其辖区包括塞浦路斯、爱琴海等海区。

除了上述边防军外，拜占庭帝国特别强调野战军的建设。这种部队由皇帝直接指挥，平时驻扎在内地军事要塞和交通枢纽地区，包括骑兵部队，其职责是在外敌入侵或突发内乱的紧急时刻，及时出现在危险地区，迅速摧毁敌人或将敌人驱逐出去。他们也随时准备参加远征军事行动，并构成远征军主力。驻守首都的警备队主要活动在君士坦丁堡城区、郊区和博斯普鲁斯海峡两岸，其职责除了保卫首都和皇宫的安全外，也在必要时作为总后备军的一部分参加大规模战争。由于皇宫警备队与皇帝关系密切，其在军队中的地位不断上升，人数也持续增长，4 世纪末时，其人数为 3500 人，5 世纪时上升为 5000 人，查士丁尼一世统治初期为 5500 人。据普罗柯比在《秘史》中记载，6 世纪末，皇宫警备队有 1 万名士兵。[①] 拜占庭帝国军队以皇帝为最高统帅，平时在皇帝任命的军事长官指挥下各司其职，但在大规模战争时期则由皇帝亲自指挥，或由皇帝指派的亲信将领指挥。

野战军的基层单位是军团。拜占庭帝国的军团与罗马时代的军团不同，后者一般由 6000 名步兵组成方阵，行动迟缓；拜占庭军团有

---

① Procopios, *The Secret History*, trans. by G. Williamson, Harmondsworth, 1981, chp. 24.

1000人，多为轻装步兵，在作战中更具机动性和灵活性。骑兵是在对日耳曼人和波斯人作战中逐步采用的，各军团均配备500人的骑兵队，作为突袭部队，最初在战争中仅起辅助作用。边防军仍保持古代的传统，一般的军区大约有6000人，按照边界地区的范围大小确定进一步的分划。由于骑兵的作用不断加强，各边防军团也增设了600人的骑兵部队。

查士丁尼一世时期，拜占庭军队因长期对外战争的需要而增加，军队建制更为复杂。按照我们比较熟悉的军队称呼，其编制为军团、师、团、营、连、排，最基层单位因由5人组成而称"五人组"，其长官又称"五夫长"；2组为1队，其长官为"十夫长"；10队为1营，营长也称为"百夫长"；6营为1团，团也称"部"，团长称"部长"；3（或4）团为1师，也称"旅"，其长官分别称"左旅长"、"中旅长"和"右旅长"。边防军团人数大约为6000（大军团9000）人，长官为督军，但是，野战军不以军团为作战单位，而以师或团为单位。

除了边防军和野战军外，拜占庭帝国还存在临时性的辅助部队，如"骑兵冲击队"，其前身为"蛮族"骑兵队。拜占庭军队采用骑兵技术后，骑兵便发展成为特殊兵种，担当保护君主和贵族安全及参与突袭军事行动的职责。此时的"蛮族"骑兵队称为"盟友骑兵团"，主要由拜占庭帝国周边的其他民族构成。还有一种职业雇佣兵，称为"蛮兵"，是在战时临时组建的，他们一般都有各自的军事领袖，有固定的军事任务，战事结束后即自行解散或离开拜占庭领土。在很多情况下，雇佣兵是拜占庭贵族的私人武装，由富有的高官出钱雇佣，为私人看家护院。当国家面临外敌入侵的威胁时，雇佣兵可能临时为政府服务。

查士丁尼时代的皇宫警备队已经演化为地位特殊的部队，由贵族青年和取得重要战功的军官组成，他们在进入警备队时需对皇帝和警备队长宣誓效忠，而警备队成员因与皇帝和宫廷高官接触频繁而获利不菲，军事仕途顺利，个别人甚至平步青云，当上皇帝。该部队按照惯例分为7支，每支人数在500人以上，由警备队长指挥，受宰相管理。随着警备队地位的提高，其人数增加，分工更细，例如皇帝卫队分为骑兵和步兵，驻扎在皇宫内。警备队长的地位相当于伯爵。

拜占庭士兵的来源主要有三，其一为继承兵，即世袭兵役义务的士兵；其二为自愿兵，他们为获得土地或定居权利而自愿当兵，其中既有"蛮族"，也有希腊人；其三为税务兵，即是在拜占庭税收制度下，按纳税人头合算的士兵，他们或一户承担一个名额，或几户一个名额，大都是以税代兵，即向政府缴纳相应的兵税，由国家雇佣士兵。这样，拜占庭人参军人数越来越少，雇佣兵不仅人数持续上升，而且在军政机构中地位越来越高。5世纪时，拜占庭军队中当地贵族对于哥特人占据军政要职并排挤希腊贵族不满，引发统治集团内部激烈斗争。400年7月11(或12)日，他们在君士坦丁堡发动起义，希腊军政贵族大肆杀戮哥特贵族，反映出在早期拜占庭帝国武装力量中雇佣兵势力迅速增加引发希腊军事贵族忧患情绪的事实。457年，控制拜占庭帝国军事指挥权的阿兰族雇佣兵领袖将其亲信利奥扶植上台，但是代表小亚细亚伊苏里亚族军事势力的利奥旋即与之反目。471年的屠杀事件标志两派军事势力的斗争终以伊苏里亚人的胜利宣告结束。不久，伊苏里亚军人也遭到排挤，拜占庭军队中的"蛮族"势力逐渐减弱。从6世纪初以后，拜占庭军队的民族成分以希腊人为主，军队中的重要职位均由希腊贵族充任。

关于拜占庭军队人数问题，学者们提出多种意见，认为在查士丁尼时代中期最多时达到65万，有人认为晚期查士丁尼时代拜占庭军队总数下降为15万人。分歧的原因可能是各家所用的资料不同，反映的历史时期有别，计算的方法不一。比如，在查士丁尼一世发动大规模对外战争前后，其军队数量由于帝国疆域的变化显然有巨大区别，而普罗柯比反映该时期战争的几部书很可能对参战部队的人数作了夸大描述，这在古代作家中是极为常见的。另外一个重要原因是"查士丁尼瘟疫"的爆发造成了严重的人员损失。

7世纪初以后拜占庭军队发生的最重大变化是军区制改革。皇帝伊拉克略一世开始在全国逐步建立军区是迫于外敌入侵的巨大压力。当时，拜占庭帝国驻守北非、两河流域、巴尔干半岛北部地区和意大利的军队纷纷后撤，版图迅速缩小，各地驻军和防务必须重新部署。同时，边疆危机和北非、西亚、巴尔干半岛部分领土的丧失也使国家税收和兵源严重缩减，经济全面衰退。在此背景下，军区制的推行就意味着国家组织和社会经济结构的重新调整。拜占庭王朝推行军区制的过程既是军事行政也是社会经济制度调整的过程。根据 9 世纪的资料记载，最先建立的军区是 629 年出现的亚美尼亚军区，它包括从幼发拉底河上游和黑海西南岸至小亚细亚中部卡帕多西亚的广大地区，共辖治 17 个防区，统兵近万人。亚美尼亚军区以西，自阿里斯河中下游至博斯普鲁斯海峡和达达尼尔海峡地区为奥普西金军区，所辖防区略少，地位也略低于亚美尼亚军区，统兵约 6000 人。亚美尼亚军区西南至爱琴海沿岸地区为阿纳多利亚军区，由于它地处波斯人进兵必经之地，地位重要，属于一等级军区，该区有 34 个要塞，统兵 1.5 万人。色雷斯军区位于首都君士坦丁堡西侧，其重要性在于防御斯拉夫人的侵扰。基维莱奥冬军区为拜占庭小亚细亚沿海军区，负责防御海上入侵，管理沿海要塞和海军基地，兵力仅 3000 人。由于当时拜占庭海军尚未遭逢对手，故该军区的作用不甚重要。军区的建立使混乱的局面得到初步整顿，在此基础上，拜占庭政府致力于建立军区内部组织系统，理顺军事等级关系，即恢复原军事建制，重新确定军事等级序列，调整军队内各级官兵的军阶关系。新制度的主要内容是自上而下地以军事系统取代或合并地方行政管理系统，使过去行省、地区和村社的行政管理机构合并为军事机构，而后，按照军事建制确定统一的经济关系。根据 7 世纪阿拉伯作家的记载，军区最高将领"将军"的年收入为 40～36 金镑，其下师长的年收入为 24 金镑，团长、营长和连长分别为 12 金镑、6 金镑、1 金镑，一般士兵年收入为 12～18 索里德，相当 1/6～1/4 金镑。由于各军区作用和地位不同，其将军的年薪也有区别，最重要的亚洲各军区将军年薪为 40 金镑，次级军区将军年薪为 30 金镑，最低级军区将军年薪为 10～20 金镑，仅相当或低于一级军区师级军官的收入。军区成立之初，每隔三四年分批发放军饷，后来，采取以田代饷的方法，建立军役地产，推行农兵制度。这一措施十分关键，它促进了农兵阶层的形成，而农兵是军区制的基础。拜占庭政府因无力支付军饷而将大量闲散弃耕土地充作军饷的办法实为歪打正着，它保证了拜占庭帝国得以生存的财源和兵源，意义非同小可。

军役土地是负有军役义务的田产。士兵以各自经营军役田产的收入作为支付军事开支的经济来源，他们定居在其部队驻守的地区，平时以生产为主，战时以打仗为主，亦兵亦农，平战结合。军区将军以下各级官兵自给自足，自备兵器装备。在 15 年左右的服役期内，兵役土地不可剥夺，享有免税权，一旦颁给农兵，即可永久占有，可自由处理、买卖或赠送他人，还可以将田产连同军役义务一同转给继承人。履行兵役土地义务可以采取两种形式：一为直接服役，即由经营田产的士兵亲自参加边境防御战和征远军事活动，或修筑军事要塞、架桥修路，或营造舰船；二为间接服役，即由一户或几户提供足够维持一个士兵的给养。经营军役田产的农兵仍然保持军队编制，随时听从军区将军的命令。

军区制与以前的总督制的区别在于，它们的管理结构不同。总督制仍然保持军事系统与行政系统的相对独立，只是由总督总揽军政权力，而军区制实行战时体制，军政权力均由将军控制，且军区各级权力机构也按军事建制设立，行政权力合并到军事系统内，因此军区首脑"将军"拥有更大权力。其次，总督制下未形成稳定的农兵阶层，军队主体为领取军饷的职业军人，但是军区制下则形成相对稳定的农兵阶层，他们成为拜占庭社会的中坚力量，对于加强拜占庭国力，稳定形势起了相当重要的作用，因为军役土地制赋予农兵更大的自由、更少的税务负担，因而可以激发农兵的生产积极性，为军区制下小农经济的复兴创造了条件。对于军区制的作用，学术界存在不同的观点，但是，普遍认为它在拜占庭帝国军事史上产生了极为重要的影响。

军区制改革的行政特点在于中央权力下放，地方军政权力集中，虽然皇帝仍然是帝国军队的总司令，但是其实际军权却分散在各军区将军手中。各军区之间没有隶属关系，地位虽有区别，但军事关系平等，各地将军只对皇帝负责。随着军区制的发展，地方军事贵族势力兴起，对拜占庭中央集权造成直接威胁，有些军区将军的叛乱甚至造成王朝倾覆。因此，9—10世纪的皇帝采取措施，将原有的军区分划为更多更小的军区，以便加强控制。7世纪建立的6大军区至8—9世纪即分立出另外4个军区；10世纪时，军区的数量达到25个，11世纪时，上升为38个，仅在原亚美尼亚军区境内就分划出10个小军区。同时，中央政府重新委派行政官员分担军区将军的行政权力，将地方军、政权重新分离，恢复军区制以前的军政两元化领导体制。至12世纪，军区制几乎被完全取消，"军区"和"将军"等有关军区制的记载也不见于文献。军区制的解体过程与以农兵为主体的拜占庭小农经济的瓦解过程同时发生。从本质上看，大地产和小地产是拜占庭社会的基本矛盾，大地产主以小地产为其兼并扩张的主要对象。虽然，小农经济是拜占庭帝国的经济基础，但是，在军区制下，小农经济仍然十分脆弱，经受不住自然灾害和战争的打击，特别是在占有大地产的军事贵族兴起的同时，大地产主利用小农破产之机，吞并小农土地，使小农经济瓦解的过程大大加速。到11世纪，拜占庭国有小农和农兵也几乎完全消失，军区制存在的基础被瓦解。

中央政府控制的军队主要是机动性较强的皇宫警备队（也称禁卫军）。根据9世纪的历史资料分析，拜占庭皇宫警备队仍保持军团建制，大体分为以下几部分：内宫卫队由骑兵和步兵组成，其主要职责是保卫皇帝人身安全，控制皇宫内院的警戒范围；由伯爵指挥的机要卫队，主要用于皇帝出外巡查和其他机密出访的保卫场合，这支部队是利奥一世于468年建立的，后来保留了数百年；外宫卫队也有骑兵和步兵，主要职责是保证皇宫外院的安全，在皇帝出征时负责皇帝所在中军大营的保卫工作；皇帝直接控制的后备部队最初是皇帝约翰一世建立的，专门用于对罗斯人战争的紧急增援。皇宫警备队平时驻扎在君士坦丁堡及其郊区。警备队的士兵由斯拉夫人和突厥人构成，后来瓦兰吉亚人和加泰罗尼亚人，诺曼人和罗斯人也参加皇帝卫队。军队的指挥系统在7世纪以后发生变化，军区的最高首脑"将军"控制地方军政权力，相对独立地行使职权，多为皇帝信任的军事将领。但是，由于皇宫警备队与皇帝的特殊关系，警备队长地位迅速上升。警备队具有军官团的性质，特别是在大规模对外战争和远征行动中，高级指挥官经常从警备队中产生，皇帝任命警备队中的亲信担任总指挥。

为了有效地防止地方军事贵族的发展和地方势力坐大，拜占庭皇帝不断分划军区，同时，也将警备队的单位缩小。过去统一的皇帝卫队至9世纪即变为6个分队。皇帝瓦西里二世则通过广泛封授高级军阶的方法培植中下层军事骨干，并将以前过分集中的军权分散到几个将领身上，以便控制。中央和地方、军事和行政之间的矛盾反映了拜占庭帝国统治阶层存在着深刻的机构性矛盾，也反映出不同利益集团之间的激烈冲突。代表最高权力的皇帝为有效应付外敌入侵的危机而采取的下放权力措施，虽然一度加强了军队的战斗力，提高了地方的应变能力，但同时也削弱了中央集权，致使地方军事势力兴起。而皇帝为强化中央集权采取的分解地方权力的措施必然降低军队的作战能力，同时使行政官僚集团在反对军事集团的斗争中逐渐占上风。这一点在拜占庭帝国晚期表现得特别突出。

11世纪以后，拜占庭军队因军区制瓦解而实力急剧下降。瓦西里二世以后除个别皇帝外，几乎全是文官皇帝，他们以化解军区和遣散部队的方式遏制军事贵族势力的发展，并招募雇佣军队取代本国士兵。一些皇帝通过赏赐大量财物收买行政贵族，同时削减军队经费，以限制军队势力发展；一些皇帝则扩大地方行政首脑的权力，以减少来自军队的政治危险。这些短视政策从根本上瓦解了拜占庭帝国的武装力量。军事贵族因实际利益受到损害铤而走险，军事叛乱更加频繁，进而加速了拜占庭帝国军政管理体制瓦解的恶性循环。拜占庭帝国晚期历史上出现的诸如依沙克一世和罗曼努斯四世这样的具有军事天赋的皇帝也未能扭转其武装力量衰败的趋势。

12世纪以后，拜占庭军队进一步解体，本国士兵人数越来越少，军事单位越划越小，军队将领的地位越来越低，最高级别的军阶相当于过去的师长。雇佣兵成为拜占庭帝国御敌作战的主力，皇帝阿莱克修斯一世和曼努埃尔一世采取的加强本国军队建设的措施只取得暂时的效果，他们极力恢复的军区制和努力保持的农兵兵役地产也未能持久，而雇佣兵的不稳定性和易于哗变都加剧了外敌入侵的危机。1204年，第四次十字军攻占君士坦丁堡证明拜占庭武装力量瓦解的程度，可以说已经到了无兵可用的地步。帕列奥列格王朝时期，拜占庭军事历史已经不是本国军队的历史，而是雇佣兵的历史。瓦兰吉亚人、加泰罗尼亚人、突厥人、罗斯人、诺曼人，特别是土耳其人雇佣兵充斥拜占庭帝国。每当战事爆发，无论内战还是外战，拜占庭皇帝和贵族都把自己的命运交付给雇佣兵，在保卫君士坦丁堡的最后战斗中，皇帝君士坦丁十一世能够指挥的所谓精锐军队也是来自威尼斯和热那亚。雇佣外国军队，加重了国家的财政危机，加剧了拜占庭社会的贫困化。作为地区小国，拜占庭国家失去了昔日雄风，只能在强国之间周旋，苟延残喘，直到灭亡。

二、海军

海军是拜占庭帝国武装力量的重要组成部分，故应独立设节特别论述。因为，地中海在相当长时间里几乎是拜占庭帝国的内海，而与地中海关系密切的黑海和红海，以及拜占庭帝国北部边疆多瑙河都需要水上武装力量拱卫，常年巡逻。但是在相当长时期里，由于拜占庭人在上述水域没有遭遇对手，因此帝国似乎不重视海军建设，至少没有以对陆军建设的热情关心海军建设。拜占庭人总是在海上入侵严重威胁帝国安全或海上商业贸易交通线受到骚扰的时候，才重视水上武装力量。这种情况不符合拜占庭帝国的基本特性和常备需求，因为这个以黑海、博斯普鲁斯海峡、马尔马拉海、达达尼尔海峡、爱琴海、东地中海为南北向海上轴线为主轴，以该轴线中心点君士坦丁堡及其周围地区为核心的帝国，必须拥有强大的水师。从拜占庭帝国历史看，对其造成致命打击且一度或永远占领其都城的力量不是来自北方的陆上强敌，而恰恰是来自海上的外敌入侵。前有第四次十字军舰队夺取其都城迫使帝国朝廷一度流亡，后有奥斯曼土耳其海军的海上封锁耗尽了拜占庭帝国最后的抵抗力量。

　　拜占庭早期历史上没有关于舰队的记载，如果我们从君士坦丁一世时代开始考察有关问题，就会发现在 324 年的卡尔普托莱奥海战中，君士坦丁与其对手分别投入 200 艘和 350 艘船只参加决战。此后，尽管统一的拜占庭帝国继续保留着古罗马帝国遗留的海军基地和少量水手，但是，这些基地充其量只是海岸巡逻部队的基地，舰只得不到维修，士兵也得不到补充，海军不仅没有发展，反而持续衰落。唯一值得一提的是多瑙河水师。由于来自多瑙河以北的"蛮族"入侵持续不断，拜占庭人被迫加强该道界河中下游水师的建设。最初，多瑙河水师规模较小，不是独立的军事单位，而是根据战事需要随时归属不同边防部队指挥。

　　拜占庭帝国海军比较大的发展是在汪达尔人从北非沿岸进攻地中海东、西部海域以后开始的。当时，东罗马帝国西部军队为解除汪达尔人的骚扰，派出 300 艘舰船组成的远征舰队进行讨伐，但是遭到失败。利奥三世时期，拜占庭帝国为扫灭汪达尔王国曾派出有 1113 艘船只和 10 万士兵参战的远征军，由于指挥不当，在卡尔西多纳海战中被汪达尔海军击败。查士丁尼一世在位期间，为进行西地中海战争积极发展帝国海军，仅用于汪达尔战争的运输船只就达到 600 艘，其中护航战舰 92 艘。值得注意的是，虽然海军发挥了重要作用，此时仍然没有独立的海军建制，他们仅担负战争的辅助工作，隶属于此次战争的前线陆军总司令贝利撒留统一指挥。查士丁尼完成统一西地中海的战争后，为维持地中海航线的安全，分区建立小型舰队和常备的小型海军基地，在西班牙的休达、黑海的克里米亚半岛、红海的巴所斯等古代海军旧港址上出现了拜占庭海军的新基地。各个基地如同各个海军小型舰队一样统归各地陆军督军管辖。

　　海军独立发展是从君士坦丁二世开始的，当时，阿拉伯海军发展迅速，在地中海进行海上扩张，将拜占庭人有限的海上力量排挤出主要航海区。为扭转不利局面，拜占庭政府建立独立的海军建制，即由 9 支舰队组成基维莱奥冬军区，其下属包括直到罗德岛的小亚细亚南部海区的基维莱奥冬军分区和包括爱琴海及小亚细亚北部沿海的爱琴海军分区，分别由两名将领指挥，但是统一归军区最高将领"将军"管辖。然而，海军势力的发展直接威胁到拜占庭皇帝的统治。698 年，海军军区司令提比略发动政变，其舰队兵临城下，围攻君士坦丁堡，查士丁尼二世在首都中下层人民支持下夺取皇帝权力。711 年，远征黑海车绳的拜占庭舰队发动起义，迫使在位皇帝查士丁尼二世离开君士坦丁堡，弃城而逃，后在小亚细亚被杀。起义的海军拥立海军司令腓力比格斯为帝。伊苏里亚王朝建立后，为避免重蹈前朝覆辙，利奥三世采取限制陆军军区和海军发展的措施，将海军重新编为皇帝直接控制下的皇家舰队，其他部分被化整为零，分散到各地陆军军区中。这对拜占庭海军的发展打击十分沉重。由于抵抗阿拉伯人海上进攻的迫切需要，不久基维莱奥冬军区和爱琴海军区再度恢复，但是海军的最高指挥权由陆军和海军将领共同担任。同时，各地小型舰队仍然由各军区将军指挥。海军地位仍然处于陆军之下，海军舰队司令的地位只相当于陆军中级军官，这在当时制定的一份官职表中得到了证明。

8 世纪中期，阿拉伯帝国发生重大政治改组，新建立的阿拔斯王朝哈里发改变旧王朝的海上扩张政策，使得拜占庭人有机会重新夺取业已丧失的海上强国地位和东地中海霸权。退役的阿拉伯水手纷纷转移至西地中海，揭开了阿拉伯海盗肆虐西西里的历史。在有利的国际环境中，拜占庭政府首先加强爱琴海军区的建设，增加士兵数量，修造大型舰船，建立新的海军基地和停泊码头，其司令被提升为军区将军。不久，在爱琴海南部又建立另一个独立的海军军区，以其司令部所在地撒莫斯岛命名为撒莫军区。9 世纪初建立的该发利尼阿斯海军军区负责地中海中部地区的防务。这样，拜占庭海军在 10 世纪期间达到其历史发展的高峰期。961 年，以海军为主力的远征军夺取克里特岛这个爱琴海最南端的第一大岛，因此，皇帝尼基弗鲁斯对德意志皇帝的使节吹嘘说："罗马帝国①是大海的主宰。"②

---

① 中古拜占庭人自称为罗马人——作者注。

② I. Karagiannoulos, *Το Βυζαντινον Κρατος*, Θεσσαλονικη, 1983, p. 77.

拜占庭海军辉煌的时期极为短暂。皇帝们对于海军反叛的恐惧超过对陆军的疑虑，7—8世纪海军将领反叛自立的阴影始终笼罩在忐忑不安的皇宫上空。10世纪末，拜占庭皇帝分散军权的措施和此后限制军事贵族的政策也极大地降低了帝国海军的战斗力，更依赖于船只和海上装备的海军在缺乏政府资助的情况下衰落极为迅速。1071年曼茨克特战役之后，突厥人占领小亚细亚大部地区，拜占庭人因此丧失了该地区沿海的大部分海军基地，这就进一步加剧了拜占庭海军的衰落。此后，拜占庭帝国采取雇佣外国舰队的方式应付临时出现的海上威胁，皇帝阿莱克修斯一世在位期间为抵抗诺曼海军的进攻而雇佣威尼斯舰队，为此，他授予后者许多贸易特权。这一做法被认为对拜占庭帝国造成了灾难性后果。作为比较开明的君主，阿莱克修斯很快认识到建立强大海军的必要性，因此，他作了相当大的努力恢复各海军舰队，并在对帕臣涅格人、阿拉伯人和诺曼人的战争中使用水兵，充分发挥海军特殊的水上作战能力，取得许多有史可查的胜利。但是，并不是所有的皇帝都具备这样明智的头脑。例如，12世纪的皇帝们担心舰只落入突厥人之手而将小亚细亚沿海仅剩的海军船只凿沉。1204年第四次十字军进攻君士坦丁堡时，拜占庭帝国已经没有海军，海防线完全暴露在敌人的进攻下。

拜占庭帝国晚期的历史是衰败的历史。帕列奥列格王朝时期在尼西亚流亡政府海军基础上重新组建帝国水上武装力量，海军军权控制在海军军区将军手中。由于海军规模极为有限，各舰长直接由皇帝任命并对皇帝宣誓效忠。海军军区内将军之下为舰长，其下属包括舰上各级军官和海军基地后勤官。但是，在国家经济实力衰落的情况下，海军也不可能得到发展，甚至连维持生存的可能性也最终丧失，只在国家《官职表》中保留有关的称号。我们从1453年君士坦丁堡包围战亲历者留下的史料中了解到，末代皇帝君士坦丁十一世拥有的几艘舰船均为中等船只，远不能与威尼斯商人的大型舰船相比，更不是新兴的奥斯曼土耳其海军的对手；后者用于封锁海峡的舰船多达数百艘。拜占庭帝国气数已尽之象也表现在海军方面。

三、军事技术和杰出军事家

拜占庭帝国武装力量的强盛还依赖于其军事技术的不断发展，拜占庭人继承古代希腊和罗马帝国时代的军事遗产，在军事技术领域有颇多建树。正因为拜占庭军队是在古代军事基础上发展起来的，故得以在 12 世纪以前保持地中海世界军事技术的最高水平，成为其他国家学习的榜样。4—6 世纪，拜占庭人在构建大规模军事防御体系方面表现得特别突出，尤其是在修建城墙方面发展出许多实用技术，城防工事体系包括作战、生活、武器储存、救护等诸多战争功能。7—9 世纪是拜占庭军事技术大发展的世纪，例如海军战舰使用的三角帆可以更好地借助风力，加快船速；7 世纪发明的"希腊火"对拜占庭海军作战能力的提高起重要作用；拜占庭军队还对重装骑兵进行改革。这里，我们将重点讨论其中影响较大的几项军事技术。

7 世纪出现的"希腊火"，据说是由一个来自叙利亚的名叫佳利尼科斯的希腊人发明的。此人曾在叙利亚当过建筑师，在寻找和研究建筑用防水材料时对炼丹术发生浓厚兴趣，后在长期研究中逐渐掌握火药的配制方法。阿拉伯军队侵占其家园后，他随逃难的人群撤往拜占庭帝国控制区，途经小亚细亚地区时，发现当地出产一种黑色的黏稠油脂，可以在水面上漂浮和燃烧，这种油脂实际上就是我们今天所说的石油。他在石油中添加了其他易燃物质从而发明了"希腊火"。在阿拉伯人的记载中，它被称作"希腊火"，而在拜占庭文献中则被称为"液体火焰"。据现代学者的研究，"希腊火"是一种以石油为主体、混合了易燃树脂和硫黄等物质的黏稠油脂，容易点燃，但不具备爆炸力，因而便于携带和运输。其性状如油，可以在水面上漂浮和燃烧，而且容易附着于物体表面。经过配制的希腊火一般装入木桶，运往前线，士兵们通常使用管状铜制喷射器将它喷洒向敌人，然后射出带火的弓箭将它点燃。根据一部古书中的插图，拜占庭海军派遣轻便小船引诱敌军大船出击，在诱敌过程中将大量"希腊火"洒在水面上，点燃后借助风力烧毁敌船。喷射器的结构并不复杂，大体类似于今日常见的儿童水枪，只是体积更大，喷口更粗，便于大量喷洒黏稠的液体。这种武器一经发明，在实战中给敌人以极大杀伤，发挥了奇效，故被拜占庭军方视为秘密武器。皇帝亲自过问"希腊火"事宜，指示负责军械和武器生产的官员在大皇宫内组织秘密研制和生产，由佳利尼科斯担任技术指导。有关的一切事情特别是这种新式火器的配方和制作过程严格保密，甚至不许用文字记载下来。正是由于这些严格的保密措施，才使得这种威力巨大的新式武器在浩繁的拜占庭帝国文献中没有留下任何记载，我们只能从阿拉伯人的记载中了解它在实战中使用的细节。据说，保加利亚人在夺取大量"希腊火"液体和发射管以后，因为找不到使用说明书而放弃使用。历史文献表明，"希腊火"不仅用于海战，也用于陆军防御和攻城战。在以冷兵器为主的时代，"希腊火"的出现不啻为杀伤力强大的特种武器，而且因为其在陆地和水上都难于防御而成为中古海战的"核武器"，拜占庭人在战斗中屡试不爽，一直使用到1453年最终的君士坦丁堡保卫战。

拜占庭士兵的常用兵器包括各种刀剑。根据6世纪完成的《战略》一书，剑有多种，如直式双刃长剑和短剑。长剑又有双柄和单柄之分。短剑仍为古罗马时代流行的式样。但是在拜占庭军队中不太流行短剑，因为拜占庭军队重视整体作战而轻视单兵决斗。长剑在骑兵和步兵中都很流行，据考古测定为94厘米长。与此类似的兵器为单刃弯刀，多为骑兵使用，分长柄和短柄两种。长矛也是拜占庭军队常用兵器，总长约4米，用整棵橡树苗为柄，带有尖锐的铁矛尖，长柄中部系有小旗和皮鞭，为重装骑步兵使用，而轻装士兵使用的长矛大多只有3米左右。10世纪以后，拜占庭人从罗斯人那里学会使用狼牙棒。狼牙棒由多面带齿的铁头制成，使用方法与罗马传统的战斧相似，即在两军对阵时首先将之扔向敌方，而后发起攻击，或者在对垒厮杀中使用。战斧多为单刃，有圆刃和直刃两种，斧背多有尖钉，使用方法大体与狼牙棒相似。拜占庭弓箭为木质皮弦，发射距离最远可达300米，步兵弓箭大于骑兵弓箭。骑兵使用的弓箭总长1.2米，射距不到150米。箭头多为金属制作，有青铜和生铁两种，个别的带钩刃。弓箭的使用是在 6 世纪以后开始的。弓箭分为地中海式和东方式两种，前者是以食指、中指和无名指向身体左侧引弓，后者是以拇指向身体右侧引弓。据普罗柯比记载，拜占庭士兵因训练比较正规，故比波斯士兵技术更高，战斗力更强。据学者推测，引弓分左右的原因可能与排兵布阵的方式有关。

　　拜占庭军队没有火炮。据说火炮的制作技术早在 13 世纪即为拜占庭人所了解，只是由于缺乏足够的经济实力而无法制作。在攻城战中，拜占庭人多使用强弓硬弩，抛石机比较常用。抛石机构造并不复杂，在一根长梁上安置抛臂，由数名士兵向下猛拉抛臂，将石弹甩出。弩是步兵单兵使用的武器，能发射石子和箭。这些兵器在普罗柯比的《战史》中多有描述，而在 1453 年君士坦丁堡保卫战记载中也常提到，可见它是拜占庭军队的常用武器，不仅用于攻城，也用于守城。攻城兵器中集体使用的机械还有滚动塔楼，其为木质长方梯形体，最高处设置攻击平台，总高度依据被攻击的城墙高度而定，通体使用湿兽皮覆盖，以防火烧。塔楼下装有木轮，可以活动。在攻城中，高于城墙的塔楼用来施放弓箭，抛掷石弹，摧毁守城敌军。撞城门机也是木制的，可以前后移动，撞开城门。

　　拜占庭骑兵战术是从古代罗马军队继承而来的，但是有所改革，其中最重要的发展在于引进马镫和为骑兵装备弓箭。罗马时代的骑兵尚不知道使用马镫。我们从 7 世纪拜占庭人的军事论著中发现有关的记载，大体可以推断拜占庭人使用马镫的时间是在 7 世纪中期或者更早些，可能是受游牧的阿瓦尔骑兵技术的影响。应用这项技术的重要性在于可以大大提高骑手在马上的稳定性，使之能够腾出双手进行搏击或使用弓箭和其他兵器，极大地提高了骑兵的战斗力。另外，骑兵配备弓箭也可增加骑手杀伤敌人的范围和突击能力。因此，拜占庭骑兵多用于进攻的前锋部队。据《战略》一书论述，骑兵在大规模作战中以其高度灵活性用于完成突击和包围的任务，一般将骑兵的 3 个冲锋队放在攻击线上，另有 4 个骑兵方阵在第二线后备，侧翼则有重装骑步兵作掩护，对敌军实行包围的骑兵布置在第三线上，在第一线骑兵攻击吸引敌军主力后实施包围。重装骑兵战术是罗马人的创造。《战略》一书讨论了3—4世纪罗马帝国军队使用重装骑兵抵抗波斯人进攻的案例。拜占庭重装骑兵配备长矛和弓箭，身着过膝长袍铠甲，战马用厚毡子披挂。到10世纪，重装骑兵及其战马都披挂战袍。战袍有铠甲片和锁子甲两种，配以金属护臂、护腿和头盔。骑兵契型阵由400～500人组成，外围骑兵重在防护，阵中央配备弓弩骑手，他们首先确定攻击目标，而后以均匀的速度直接进攻敌人中军，其他轻装骑兵和步兵在侧翼跟随进攻。显然，骑兵在战争中发挥极大的突击作用。

拜占庭武器制造由国家严格控制。4世纪时，武器生产中心共有35处，其中15处设在东方，其他设在西方，均由皇帝任命的重要官员管理。武器作坊的劳动者被当作士兵看待，每人按月完成定额。生产定额以武器的重量计算，完不成任务的人将受到处罚。君士坦丁堡是拜占庭帝国重要的武器生产中心，在皇城内设有"希腊火"制造作坊，在君士坦丁堡修道院内也建立冶铁高炉。除此之外，民间也有兵器生产作坊，打造士兵常用武器，特别是在边境地区。各地必须自行满足农兵自备武器的需求。但是，国家武器作坊是集中提供大批兵器的中心，如塞萨洛尼基兵器作坊于911年得到中央命令，要求提供20万支箭、3000支长矛和"尽可能多的"盾牌。

在军事远征中，拜占庭军队十分注意营地的安全，因此，扎营的地点和地形、军营的结构都是首先被考虑的问题，在拜占庭军事家完成的作品中，如何建立军营也是重点讨论的问题。一般来说，由专门的测量人员选定扎营地点，考虑的主要因素包括水源、地形、交通等。军营呈方形，分3圈安排，最外圈为步兵营，第二圈为骑兵和辎重营，中军大帐为全营的核心，是统帅和军官议事的地方。军营外围设立木栅栏和壕沟，挖掘壕沟的土石沿内圈堆成土垒。内部以十字形通道分区，这与古罗马时代的"T"形军营有区别。

拜占庭海军军事技术基本上沿袭古代希腊罗马海军的技术，战船以拥有一两排桨手的轻型船只为主，因其速度快称为"快船"。快船结构并不复杂，分甲板上下层，上层是作战层，下层为桨手层，可载

20～30 人；船头设立藤条编织的盾牌，以防止弓箭和石弹的袭击。30人以上 70 人以下的大船出现得比较晚，这种船的桨手大概增加到 3层，甚至还设立大桅杆悬挂风帆助力。舰队中最大的船只是舰队的旗舰。在海战中，轻型船主要用于围攻和引诱敌方船只，而后使用"希腊火"烧毁敌船。轻型船只除了具有灵活和速度快的优点外，它还因吃水浅，可以在江河湖海浅水区行动而被广泛使用。较大的船只仿照古代希腊战船在船头部位装置尖锐的铁锥，以便利用冲击力撞沉敌舰。船上建立塔楼，以便士兵攻击敌人或冲上敌船。

拜占庭军事技术在相当长时间内保持较高的水平，对周围民族产生了广泛影响，但是，从历史发展的角度看，其军事技术仍属于中古战争的范畴，还没有出现作为近代武器发展基础的火器。12 世纪以后，突厥人和奥斯曼土耳其人的军事技术迅速发展，超过拜占庭人，特别是后者凭借其强大的经济实力制造出大型火炮，他们聘请匈牙利人乌尔班指导生产出当时世界上最大的巨型火炮，其口径达 99 厘米，可发射 1200 磅重的石弹。正是这位乌尔班因为拜占庭人无钱制造重型武器而转投土耳其军队，并使这种火炮在奥斯曼土耳其人灭亡拜占庭国家的最后战争中发挥了至关重要的作用。据学者分析，末代拜占庭人也学会使用了火器，可能属于最早的"火枪"。

拜占庭帝国历史上涌现出许多杰出的军事将领，其中首推贝利撒留，他出生在色雷斯和伊里利亚交界的日尔麦亚。据同时代作家普罗柯比记载，他年轻时即显出过人之处，不仅相貌堂堂，一表人才，而且膂力惊人，善于骑射，特别重要的是他处事果敢、性格坚毅。优良的天赋使他能够从众多军事人才中脱颖而出，受到查士丁尼一世的赏识和信任。他曾被任命为皇帝卫队长和美索不达米亚督军，24 岁时晋升为东部战区总司令。531 年，贝利撒留率部巡弋于美索不达米亚北部达拉斯城，与波斯军队相遇。面对波斯国王侯斯罗埃斯的 4 万远征军，贝利撒留镇定自若，以 2.5 万人迎战，凭借达拉斯城防之险和新的五军之阵，以少胜多，取得大捷。达拉斯战役大捷使他展露出超乎寻常的战略天赋和捕捉瞬息万变的战机的能力，奠定了其成功的基础。

查士丁尼一世对他更加赏识，故在收复帝国在西地中海疆域的战争中，委以贝利撒留最高指挥权，贝利撒留的军事生涯因此达到顶峰。533年，贝利撒留受命统领1.5万人和大批战舰渡海直取汪达尔王国，开始征服西地中海世界的战争。经过代基蒙战役、特里卡马洛战役和伊彭城战役，贝利撒留生擒汪达尔国王盖利麦，取得征服汪达尔人的胜利。这次胜利为他赢得极大荣誉。贝利撒留班师回朝后，查士丁尼一世举行盛大的凯旋典礼为之庆功，并授予他执政官荣誉称号。535年，贝利撒留再次领军向西渡海，开始征服东哥特王国，先后夺取那不勒斯和罗马，后审时度势，施展外交手段，诱骗东哥特军队投降，544年最终获得胜利。贝利撒留对拜占庭军事技术和战争艺术的贡献比其战功影响更深远，例如他组建的装甲骑兵成为其后拜占庭军队重装骑兵的前身，他首先在骑兵装备中引进的日耳曼式长矛和波斯弓箭奠定了拜占庭骑兵在此后数百年发展的基础。贝利撒留的军事成就使查士丁尼一世重建罗马帝国的政治抱负得以实现。

与贝利撒留同时代的纳尔西斯是查士丁尼时代的另一位著名军事将领。纳尔西斯早年曾在皇宫中任宦官总管，因积极参与镇压君士坦丁堡"尼卡起义"而受到皇帝信任和重用。535年，纳尔西斯受命前往亚历山大平息一性论教派骚动，取得成功，显示了其处理复杂问题的能力，因此被晋升为"皇宫圣殿总管"和钦差督军率军赴意大利支援贝利撒留，取得显赫战功，解除了哥特人对罗马城长达一年的围攻。545年，纳尔西斯指挥拜占庭军队取得色雷斯保卫战的胜利，而后被任命为意大利远征军司令前往亚平宁作战。他采取利用矛盾分化瓦解的策略，首先击败西哥特人，迫使他们撤往西班牙。纳尔西斯联合当地部落酋长击退法兰克-阿勒曼尼人的进攻，并在意大利北部建立稳固的防线；562年击退伦巴第人的侵袭。纳尔西斯作为宦官从事军事活动实属不易，且能大器晚成，年近50岁方有战功，并青史留名，可谓军事奇才。

塞奥弗鲁斯是9世纪拜占庭军事家，原为小亚细亚东部伊朗或库尔德血统拜占庭人。834年，他率部落军队投奔拜占庭帝国，接受基督教信仰，被任命为骑兵团指挥，因作战勇敢且忠实受到皇帝信任，与皇家公主塞奥多拉结婚。837年，他陪同皇帝塞奥菲鲁斯出征小亚细亚，攻占阿拉伯人控制的扎比特拉，将之夷平城池，并在次年达茨蒙战役惨败中救驾有功。他一生以骑兵作战著称，创造了许多骑兵突击作战的成功战例。

拜占庭帝国出现了许多具有军事天才的皇帝，瓦西里二世就是其中突出的代表。瓦西里二世是皇帝罗曼努斯二世的长子，两岁时被确定为皇位继承人奥古斯都，但激烈的宫廷斗争使他长期生活在生死存亡的恐惧之中。他生性刚烈，果敢坚毅，少年时代便无心向学，热心军事。成年以后，他少年时代的许多玩伴成为其忠实的军队将领。正式登基成为皇帝以后，他为了专心进行帝国军事扩张的指挥活动，终身不娶。他身着军服，不戴首饰，亲自指挥作战和判决案件，很早便锻炼成为优秀的骑手。在与保加利亚人的长期战争中，由于他常胜不败的名声对敌人形成了强大的心理优势，以至于敌军闻声而败。他以类似我国古代"围魏救赵"的战略击退保加利亚国王沙木埃尔对希腊中部地区的进军，迫使保加利亚军队仓皇后撤，退出希腊战场，表现了杰出的战略家才能。994年，瓦西里二世亲临西部防线大败沙木埃尔，而后率数千轻骑昼夜兼程，突袭叙利亚南部，取得胜利。稍后，他指挥西线部队再次击溃保加利亚人的入侵。在随后进行的西亚战争中，他率领拜占庭军队连续取胜，占领叙利亚南部和巴勒斯坦北部，并乘格鲁吉亚国王被刺身亡之机，吞并该王国。1001—1114年，瓦西里二世连续击败保加利亚军队，灭亡第一保加利亚王国。拜占庭军队发展达到鼎盛时期，他也成为拜占庭帝国最后一位杰出的军事天才。

四、雇佣兵

雇佣兵在拜占庭历史上占有重要位置。拜占庭帝国地处欧、亚、非三洲交界，都城君士坦丁堡更是位于东西南北多条商路的交汇点，扼守欧亚交通要道和南北航道咽喉，虽然有利的地理环境使帝国占尽了过境贸易的优势，但也长期处于外敌入侵的战争状态。在拜占帝国历史上，诸如哥特人、波斯人、阿拉伯人、斯拉夫人、阿瓦尔人、伦巴第人、保加利亚人、罗斯人、帕臣涅格人、塞尔柱突厥人、诺曼人、威尼斯人、热那亚人、奥斯曼土耳其人这些外部民族都曾入侵过拜占庭帝国，有的在长达几个世纪里成为拜占庭帝国的死敌，有的甚至给帝国造成生死存亡的威胁。可以说，拜占庭帝国千余年的历史就是一部持续不断的战争史。为了解决兵源不足的问题，拜占庭帝国皇帝常常采取雇佣外族军队的政策，以补充自身军事实力不足的问题。如果从广义雇佣军的视角观察，自早期拜占庭帝国时代，君士坦丁大帝就将哥特人整个族群作为其军队的核心力量，组成哥特军团。而后，这些为了金钱而打仗的外籍雇佣兵在拜占庭历史上一直存在，只是他们在不同时期发挥的作用大小有所区别而已。总体而言，雇佣兵在拜占庭帝国早期和晚期发挥的作用更为突出，而中期拜占庭帝国推行军区制，其作用较小。早期历史阶段的雇佣兵只是拜占庭帝国本土武装力量的辅助部分，晚期帝国的雇佣兵则是战争的主角。

拜占庭帝国使用的雇佣兵成分极为复杂，一般根据战时需求而临时招募，组建成为独立的军事编制单位，拥有各自部族的军事首领，并被指派明确的军事任务，战事结束后便自行解散。例如，哥特人、保加利亚人、塞尔维亚人、伦巴第人、突厥人、瓦兰吉亚人、加泰罗尼亚人、诺曼人、罗斯人等都曾在帝国军队中服役。他们通常以小股部队的形式充当拜占庭贵族的私人武装，一些富有的权贵出钱雇佣他们只为看家护院。当拜占庭帝国面临强大的外敌入侵时，由于人力资源短缺，兵力不足，被迫雇佣外籍士兵，这时他们便被大批雇佣，整个部族编制成为独立军团参与作战。这种"蛮族"军团由皇帝直接控制，作为战时紧急增援力量听从皇帝的调遣。由于雇佣兵的职业化和临时性特点，拜占庭皇帝们通常认为他们更单纯，更具有战斗力，比由贵族子弟组成的禁卫军更可靠，因此常常用作御林军，驻扎在君士坦丁堡及其郊区，例如皇宫御林军中就有斯拉夫人、瓦兰吉亚人、加泰罗尼亚人、诺曼人和罗斯人等"蛮族"人。而在帝国早期，许多皇帝都重用"蛮族"雇佣兵，他们甚至有机会与皇帝和朝廷高官保持密切关系而仕途顺利，不断升迁，担任高级军职，进入上流社会。君士坦丁一世、塞奥多西一世的哥特人雇佣兵就曾受到重用，其高级将领甚至进入了元老院，只是由于希腊贵族的抵制与反对，他们后来才退出拜占庭帝国统治阶层。后世学者对这个时期拜占庭帝国的哥特人政策褒贬不一，有的甚至认为"君士坦丁对日耳曼军人的青睐导致帝国军队蛮族化"[1]。6 世纪时，拜占庭帝国为弥补兵源的巨大缺口，招募大量雇佣兵，莫里斯皇帝（Maurice，582—602 年在位）将他们编制成以矛手为主的后备军团。由于他们大部分来自日耳曼部落和伊里利亚山民，尚武彪悍，战斗力极强，故在两军阵前常常决定战斗胜负。

11 世纪中后期开始，拜占庭帝国雇佣兵逐渐占据军队主体的重要原因是军区制的瓦解，因为农兵的逐步减少和小农变为普洛尼亚依附农民，帝国朝廷就失去了稳定的兵源。同时，把持朝政的官僚贵族有意削减军费，降低军事贵族的地位，而将一些大领地的税收权下放给修道院或世俗权贵，规定他们要按照各自占有土地和租税的比例提供相应兵力。通过这种方式召集的士兵其战斗力远不如农兵。而且，由于战事久拖不决，服军役成为极其沉重的负担，小农无力继续支付农兵的开销，于是便采用交纳代役税的方法摆脱军事义务。[2] 一方面帝国原有的以农兵阶层为基础的征兵体制和军事防御体制崩溃瓦解，另一方面外敌入侵的压力有增无减，这就迫使拜占庭政府不得不扩大雇佣兵的使用规模。马其顿王朝以后，拜占庭军队中的雇佣兵比例迅速增加，成分也更加复杂，几乎周边所有民族都有雇佣兵在拜占庭军队中"挣钱"，规模不等的法兰克人、达尔马提亚人、帕臣涅格人、伦巴第人、罗斯人、阿兰人、保加尔人、塞尔维亚人、库曼人和塞尔柱突厥人武装团队纷纷涌入帝国，有的提供临时服务，有的则作为常备军参战。根据科穆宁王朝公主安娜·科穆宁娜的记述，其父阿莱科休斯一世（Alexius Ⅰ，1081—1118 年在位）统治初期，军队状况极其糟糕，毫无战斗力，特别是官僚贵族克扣军饷，降低军费预算，加剧了帝国

---

[1] Arther Ferrill，*The Fall of Roman Empire*，London，1986，p. 147.

[2] G. Ostrogorsky，*The History of Byzantine State*，pp. 293-294.

军队的衰弱。这位皇帝努力改变这种现状，重新恢复了一些被取消的军事建制和舰队。据说，当时拜占庭帝国只能从安纳托利亚、色雷斯和马其顿地区征募到少量士兵。就是在她的这部传记中，我们了解到拜占庭帝国军队招募了诺曼人、塞尔柱突厥人、瓦兰吉亚人、保加尔人和法兰克人雇佣兵。许多雇佣兵还向拜占庭将领宣誓效忠，表明部分雇佣军性质向私人武装力量的转化。许多雇佣兵将领因为与皇帝阿莱科休斯一世过从甚密，而进入统治阶层，担任高级军职。例如，格鲁吉亚人乔治·帕库里亚努斯（George Pakourianos）和诺曼人君士坦丁·胡姆伯特普鲁斯（Constantine Humbertopoulos）协助科穆宁家族军事叛乱，在阿莱科休斯当皇帝后，被任命为西部军队总司令和凯尔特人雇佣军团指挥官。他们在帝国与诺曼人和帕臣涅格人的战争中都发挥了重要作用。13世纪初，拜占庭国家更是到了兵不能战或无兵可用的地步，因此不得不依赖雇佣军抵御外敌。皇帝和大贵族都在战争中雇佣外籍军兵，例如在两安德罗尼库斯之战、两约翰之战和约翰祖孙之战的多场皇族内战中，奥斯曼土耳其人、塞尔维亚人、保加利亚人雇佣兵便成为交战双方的主要兵力。在保卫君士坦丁堡的最后战斗中，君士坦丁十一世能够指挥的军队主力主要来自威尼斯和热那亚。

雇佣兵的危害非常明显，特别是在拜占庭帝国国势衰微之际，其恶劣的作用表现在几个方面。一是大量使用雇佣军导致已经捉襟见肘的国家财政更加吃紧，帝国政府被迫采取釜底抽薪的办法，加重税收或者没收大贵族和教会的财产，致使社会矛盾进一步激化，政治局面动荡不安。随着军区制的瓦解，小农阶层几乎完全消失，国家税源枯竭，国家从日益缩小的农业中征收的赋税逐年减少，难以支付雇佣军的大笔军饷。皇帝们甚至将帝国的贸易特权作为雇佣威尼斯舰队的军费，从而形成了军事财政的恶性循环。二是雇佣军的不可靠性加剧了拜占庭国家形势的恶化。在1071年的曼兹克特战役中，就是因为雇佣兵的溃败造成拜占庭帝国军队的全面惨败。1204年，受雇守卫君士坦丁堡的雇佣军因提高军饷的要求未获满足而拒绝参战，造成首都失守于数千人的第四次十字军。14世纪，由6500名加泰罗尼亚人组成的加泰罗尼亚雇佣军兵团也是因为皇帝安德罗尼库斯二世(Andronicus Ⅱ,1282—1328 年在位)一时未能如约支付高额军饷而在希腊半岛大肆抢劫,给帝国造成巨大破坏。这支雇佣军蹂躏马其顿和希腊地区达数年之久,直到 14 世纪末才被驱逐。在他们为患巴尔干半岛期间,拜占庭城市工商业和乡村农业都惨遭摧毁。三是雇佣军的大量使用进一步瓦解了拜占庭国家的凝聚力,激化了各种矛盾。在拜占庭帝国军区制下,本土农兵参加战争具有保家卫国性质,他们英勇作战是为了保护自己的土地家园,整个社会也因为他们作战勇敢而感到自豪,文学作品中常把他们当作理想中的英雄看待。而雇佣军只是为金钱而战,他们出卖自己的生命和鲜血只不过是其获取金钱的一种方式,只要出得起金钱,就可以雇佣他们打仗,从而将这种极具功利主义的作战思想带入拜占庭军队,严重瓦解了官兵的斗志。根据 1453 年君士坦丁堡守卫战的史料,参与守城的拜占庭兵士竟然因为计件核算军饷意见不合而拒绝修复被轰击倒塌的城墙,风气之败坏达到了顶点,这种情况在拜占庭帝国早期和中期历史上闻所未闻。以至于有些学者将拜占庭帝国衰落的原因归结于其臣民缺乏爱国主义或民族主义。[①] 末代王朝帕列奥列格朝的皇族长期内战,交战双方都主要依靠外国雇佣兵,这种行为无异于引狼入室,为外敌入侵提供了充足的借口。后来成为拜占庭帝国掘墓人的奥斯曼土耳其人正是借充当拜占庭人的雇佣兵而渗透进欧洲,在巴尔干半岛建立了桥头堡和军事基地,从小到大,终成帝国大患。

为什么雇佣军具有如此恶劣的影响还会受到晚期拜占庭皇帝的青睐呢?事实上,使用雇佣兵可以解一时之难,尤其在兵力短缺时期,雇佣兵更是招之即来挥之即去的可用之兵。但是,作为国家政策而大规模使用雇佣兵,甚至以雇佣兵为军队主体,就是一种饮鸩止渴的短视行为,反映了晚期拜占庭国家统治阶层的无能和帝国气数已尽的无奈。如果像早期拜占庭皇帝那样,适当引用雇佣兵为辅助军力,并在

---

① Warren Treadgold, *A History of the Byzantine State and Society*, Stanford: Stanford University Press,1997, p. 848.

皇帝直接控制下严格履行作战职责，战后投入帝国建设工作，那么雇佣兵的正面作用就得到了充分的发挥。而晚期拜占庭统治者使用雇佣兵是其国家破产危机日益加重的一种表现，他们在国内无兵可用、国外四面环敌的情况下，已经缺乏内力抵御外敌，因此其使用外籍雇佣兵无非是引入新的对抗力量来制衡迫在眉睫的敌人，不仅无力控制而且增加了新的危险因素，等于以虎驱狼，引贼入室，作为拜占庭国家雇佣的最大一支外籍雇佣兵军团奥斯曼土耳其人就这样成为拜占庭国家最后的掘墓人。

第二节　外交活动

一、"外交"机构

拜占庭帝国长期处于外部民族的入侵威胁之中，不仅需要强大的军队以武力保卫国家，而且在以战争方式不足以解决问题时，还必须通过外交手段达到御敌的目的。在这个方面，拜占庭帝国以其狡诈的外交闻名。

"外交"和"对外关系"等概念在拜占庭帝国时代和我们今天有极大的不同。正如著名的希腊拜占庭学家卡拉扬诺布鲁斯教授所说："不能用我们今天对外交使节和外交官员的概念去理解拜占庭帝国时代的有关问题，否则只能将我们引入错误，因为，拜占庭帝国不存在我们今天意义上的外交官。"英国现代拜占庭学家拜尼斯也认为："我们不能以现代概念去认识拜占庭帝国的外交大臣。"[①]近代以前的欧洲，民族国家尚未形成，一些古代民族的国家概念也十分淡漠，诸如日耳曼、斯拉夫等不同民族群体处于流动状态，既无固定明确的疆界，也无稳定的都城，因此除了像波斯和阿拉伯这样采取中央集权制的古代民族国家外，拜占庭帝国所要面对的民族和要处理的对外关系都不需要现代

---

① I. Karagiannoulos, *To Βυζάντινον Κράτος*, Θεσσαλονίκη, 1983, p. 81. N. H. Baynes and H. Moss (eds.), *Byzantium: An Introduction to East Roman Civilization*, Oxford, 1948, p. 306.

意义上的外交机构。我们这里所谓"对外活动"主要是指用以寻求缓和外敌入侵威胁，维持和平关系的行动，是作为军事对抗和武装冲突的补充手段。

拜占庭帝国没有专门处理对外关系的部门，有关对外事务直接由皇帝考虑，对外国官员的接待则是由邮政大臣负责。邮政大臣又被称为"公路总管"，管理全国交通，控制沿路的驿站，同时在交通管事辅助下具体接待进入拜占庭领土的外国君主或使臣，并陪同他们直达首都君士坦丁堡。邮政大臣还负责安排外国客人与拜占庭皇帝见面的仪式，参加会谈活动，并在会谈结束后安排他们返回本国事宜。外国客人晋见拜占庭皇帝大都安排在他们到达君士坦丁堡数日以后，由邮政大臣陪同进入皇宫。在通过金碧辉煌的皇宫走廊时，皇家禁卫军的仪仗队持各种兵器两旁列队站立，大殿中身着豪华官服的高官贵族围绕在皇帝所在的高台周围。在接见大殿的顶端最后一道屏风后面，皇帝威严地坐在皇位上一动不动，两旁机械镏金的雄狮发出低沉的吼叫，机械鸟在皇位后面的金银宝石翡翠树枝上不停地欢叫。被接见的人按照拜占庭皇宫礼仪匍匐在地行跪拜大礼，皇位在香烟雾气中缓缓升起，使人难窥皇帝真容。在接见过程中，皇帝如同偶像，既无动作也不对客人直接说话，由邮政大臣和翻译转达皇帝的意思。邮政大臣站立在皇帝旁边，负责向客人提出问题，并传达皇帝的意见，指派具体官员办理相应事务。这种复杂的宫廷礼仪意在给外国客人以威慑，使之对拜占庭帝国和皇帝产生敬畏心理。对来访的外国客人的款待十分热情，常常要挽留他们在君士坦丁堡住上数月，并赠送许多礼品。同样，拜占庭皇帝派出使节时也带有大量礼品，不仅有送给预计会见的外国君主的礼品，还有准备赠送给计划拉拢对象的礼品。除了以金钱和礼品引诱拉拢外国客人外，拜占庭人还将婚姻作为重要的外交手段，特别是对那些国力强盛、军事力量超过拜占庭帝国的邻国，拜占庭皇帝都毫不犹豫地主动结亲。

拜占庭帝国在处理对外关系事务时不讲求任何信义，其始终坚持的原则是制造并利用敌人之间的矛盾。为了达到国家的利益，拜占庭人随时准备抛弃盟友，时刻注意发现不同的敌人及其敌人之间的矛盾，并利用打拉结合的方法孤立最大最危险的敌人。在拜占庭帝国历史上，精明的拜占庭人曾利用伊苏里亚人和匈奴人反对并清除哥特人，利用亚美尼亚人和匈牙利人打击保加利亚人，利用西欧人攻击塞尔柱人，利用欧洲联军反对奥斯曼土耳其人，利用帕臣涅格人抵抗卡扎尔人，利用罗斯人清除帕臣涅格人，等等。

二、外交关系

1. 与萨珊波斯等东方国家关系

波斯为拜占庭帝国东部国家，地处印度和古罗马帝国东界之间的中亚。226 年萨珊王朝建立后，波斯国力迅速增强，向西跨过幼发拉底河，占领原帕提亚王国的西亚领土，在两河流域地区与拜占庭帝国发生冲突，揭开了两大帝国之间长达 400 余年的领土之争。

337—350 年，双方爆发第一次战争，拜占庭人虽然在军事上失利，但成功地阻止了波斯人向西扩张。359—361 年，第二次拜占庭波斯战争爆发，波斯军队攻占若干拜占庭东方边境城市，但是旋即被拜占庭人夺回。皇帝朱利安亲自统兵侵入波斯领土，夺取底格里斯河渡口，并在波斯陪都泰西封以北大败波斯军队。363 年朱利安死后，波斯人重新夺取战场主动权。拜占庭人被迫订立 30 年和约，该和约规定：恢复被拜占庭人夺取的波斯西部领土；亚美尼亚王国脱离拜占庭帝国控制。

波斯和拜占庭两国在经历相对稳定的相持阶段后于 6 世纪再度加强对有争议的高加索地区的争夺。527 年，两国为获得对高加索人的保护权爆发战争。拜占庭著名军事将领贝利撒留在达拉斯战役中以少胜多，击败数倍之敌，扭转战场形势，使拜占庭军队由守转攻。531年，拜占庭东方军区在贝利撒留的指挥下于幼发拉底河畔的卡林尼克打败波斯军队，排除了波斯人对叙利亚地区的威胁。532 年，波斯新王侯斯罗依斯一世(531—579 年在位)即位后，立即与拜占庭人订立永久和约。条约规定：两国保持 502 年的既定边界，互不侵犯，互相保

护对方的商人，并尊重各自的宗教信仰。但是，波斯人在履行和约 8
年后便在哥特使节的游说下再次发动战争。540 年，侯斯罗依斯侵入
美索不达米亚，夺取叙利亚的安条克，并向小亚细亚的拉兹卡进犯。
查士丁尼一世被迫从意大利调回贝利撒留阻击波斯入侵，双方因此再
度订立和约。

　　查士丁尼一世去世后，波斯军队再次发动侵略战争，乘拜占庭内
乱之机进兵至地中海东岸，成为拜占庭帝国东方边境的主要威胁。波
斯国王侯斯罗依斯二世(589—628 年在位)在位期间，对拜占庭发动大
规模入侵，几乎将拜占庭人完全驱逐出亚洲和埃及，并直接威胁君士
坦丁堡。在此背景下，拜占庭皇帝伊拉克略一世发动大规模对波斯战
争，企图永久性解除波斯人威胁。他首先在小亚细亚建立兵站进行战
争准备，征召小亚细亚士兵进行系统的军事训练。622 年春夏之交，
伊拉克略从小亚细亚基地进攻两河流域源头的波斯军队，重创波斯将
领萨哈尔巴拉兹，而后突然回师特拉比仲德(今特拉布宗)，扫清北方
的波斯残余部队。同年，他又在今伊拉克马库击败波斯主力军队。623
年冬季，伊拉克略从前线基地塞奥西乌堡，沿高加索山脉南麓平原进
军，突袭波斯玫底亚和阿特洛巴提尼(今伊朗阿塞拜疆省)，迫使侯斯
罗依斯撤往泰西封。此后，双方在两河流域进行 3 年艰苦的拉锯战，
互有胜负。627 年，伊拉克略沿底格里斯河的支流大扎卜河南下，在
亚述古城尼尼微附近与波斯主力展开决战，打败侯斯罗依斯亲自指挥
的波斯军队，取得最终击败波斯人的决定性胜利。同年底，拜占庭军
队攻占波斯陪都泰西封郊外的王宫、王家花园，兵临城下，促使侯斯
罗依斯的将领反叛，处死侯斯罗依斯。628 年 4 月 3 日，双方订立和
约，波斯人被迫同意割让整个亚美尼亚，赔款，并交还从耶路撒冷抢
夺的基督教圣物。波斯战争终以拜占庭军队的胜利结束，但是，这场
战争也极大地消耗了拜占庭国家的实力，使之在迅即开始的阿拉伯军
事攻击下丧失其在亚洲的大部分领土。

　　拜占庭东部还有亚美尼亚和格鲁吉亚等邻国。亚美尼亚王国位于
小亚细亚东部山区，具有古老的历史和文化传统。4 世纪末时，该王

国在阿尔萨基德王朝统治下建立大亚美尼亚王国，版图包括幼发拉底河源到美索不达米亚北部地区。5世纪以后，随着拜占庭和波斯争霸斗争的激化，亚美尼亚西部地区成为拜占庭帝国的亚美尼亚省，波斯帝国则在其南部建立地方统治。536年，拜占庭皇帝查士丁尼一世设立亚美尼亚军区，负责附近4个省份的边防警戒任务。此后，拜占庭军队不断向东扩张，导致拜占庭帝国和亚美尼亚王国关系持续紧张，591年，两国签订的和约使拜占庭帝国边界向东推进到凡湖一线。拜占庭人依靠其军事力量强迫亚美尼亚王国接受拜占庭法律，要求当地人民接受基督教，并改变其生活习俗，因而引起激烈反抗，其中一部分亚美尼亚人退入山区。7世纪，阿拉伯军队在亚美尼亚地区的扩张受到当地人民的欢迎，他们参加阿拉伯军队，自愿守卫高加索各山口，防止卡扎尔人南下。自治的亚美尼亚人则以阿塞拜疆为中心，联合阿拉伯人打击拜占庭军队，使亚美尼亚西部地区成为反拜占庭人的军事地带。8世纪初以后，阿拉伯人强制推行伊斯兰教，在亚美尼亚地区进行多次战争和屠杀，该地区出现许多信奉伊斯兰教的埃米尔国家。9世纪，拜占庭人向东扩张，击败衰落中的阿拔斯军队，亚美尼亚人乘机再度兴起。884年，阿左特大王（？—890）统一亚美尼亚后宣布独立。至908年，加基克（908—？）大王统治时期，亚美尼亚成为与拜占庭帝国和阿拉伯帝国并立的强国。10世纪后半期，拜占庭军队扩张至亚美尼亚王国境内，拜占庭皇帝约翰于974年与阿左特三世（953—977年在位）结盟，企图通过合法手段吞并亚美尼亚。

11世纪时，拜占庭帝国马其顿王朝皇帝瓦西里二世占领亚美尼亚西部领土，以"斯姆巴特遗赠"为借口吞并亚美尼亚王国。斯姆巴特（1017/1020—1041年在位）于1017年前后即位，当时，由于王公贵族争夺王位的斗争，亚美尼亚王国一分为二，由斯姆巴特及其兄弟分治。1022年，瓦西里二世进军小亚细亚东部地区，征服当地小国，斯姆巴特被迫投靠拜占庭军队，以维持其统治。同年，斯姆巴特派遣特使赴君士坦丁堡，允诺在其死后将亚美尼亚王国并入拜占庭帝国，以换取瓦西里的支持。1041年斯姆巴特去世后，拜占庭人以"斯姆巴特遗赠"

为法律依据，要求新王加基克二世履行斯姆巴特遗嘱。但是，拜占庭继承亚美尼亚领土的要求遭到拒绝。皇帝君士坦丁九世派往亚美尼亚的军队也被击溃。于是，拜占庭人勾结突厥人进攻亚美尼亚。不久，君士坦丁将加基克诱骗到君士坦丁堡，将其软禁在爱琴海岛屿上，迫使他同意履行遗嘱。1045 年，拜占庭帝国凭借军事进攻为后盾，以斯姆巴特遗赠为合法依据，正式吞并亚美尼亚。1071 年，拜占庭军队在曼兹特克战役中惨败，亚美尼亚被塞尔柱人控制。此后，亚美尼亚先后被外来的塞尔柱人、蒙古人、土耳其人所统治，拜占庭势力逐渐退出该地区，两国之间关系遂中断。

　　格鲁吉亚王国位于高加索南部，亚美尼亚王国东部，版图向西到达黑海南岸，向东到达里海西岸，其历史悠久。330 年，国王米利安（4 世纪）即皈依基督教。505（或 506）年杜林宗教会议期间，格鲁吉亚人和亚美尼亚人明确拒绝信奉察尔西顿宗教会议批准的信条。拜占庭军队在 6 世纪控制格鲁吉亚西部地区，格鲁吉亚东部地区成为拜占庭人和波斯人交战区。7 世纪中期阿拉伯人征服后，格鲁吉亚王国丧失独立，直到 888 年，阿达尔纳石（888—? 年在位）再度称王。作为拜占庭东部边界邻国，格鲁吉亚与拜占庭一直关系密切，拜占庭帝国企图以保护国身份长期控制格鲁吉亚。1000 年，拜占庭人乘格鲁吉亚王大卫（961—1000 年在位）去世之机再度吞并格鲁吉亚西部，遭到顽强抵抗。直到 11 世纪中期，格鲁吉亚仍保持独立。1071 年曼兹特克战役后，拜占庭人在东亚美尼亚地区的势力被瓦解，格鲁吉亚人在大卫二世（1089—1125 年在位）领导下乘机向西扩张，恢复原领土。此后，格鲁吉亚王国向周边扩张，并于 1122 年在第比利斯建立都城。1204 年以后，格鲁吉亚与拜占庭两国关系几乎中断。帕列奥列格王朝统治时期，拜占庭帝国四分五裂，格鲁吉亚王国仅与拜占庭人附属国特拉比仲德保持联系。14 世纪下半期的格鲁吉亚王巴革拉特五世（1360—1395 年在位）娶拜占庭公主安娜为妻，而特拉比仲德的拜占庭君主约翰四世与格鲁吉亚公主结婚，直到拜占庭帝国灭亡前夕，两国还在协商末代皇帝君士坦丁十一世与格鲁吉亚公主的婚事。

2. "日耳曼人危机"

日耳曼人起源于斯堪的纳维亚半岛南部,2 世纪南下迁徙至黑海北部地区。此后,日耳曼人分多路入侵罗马帝国。4 世纪时,拜占庭帝国副皇帝朱利安受命前往高卢作战,抵抗属于日耳曼民族的法兰克人和阿拉曼尼人。当时,这两支日耳曼人多次击败帝国军队,洗劫城市和农村,屠杀当地居民,抢劫财物和牲畜。朱利安成功地组织帝国军队反击日耳曼人入侵,在今斯特拉斯堡附近大败法兰克人,恢复了高卢地区的和平。朱利安在今巴黎塞纳河岛屿上驻军,成功地指挥军队抵抗住法兰克人多次大规模进犯,他最成功的战役曾捕获 2 万日耳曼人。在朱利安担任高卢军队指挥的 6 年期间,暂时阻止了日耳曼人的入侵。

4 世纪初,日耳曼民族中的哥特人移居小亚细亚和巴尔干半岛,成为拜占庭帝国最主要的外交问题。4 世纪末,拜占庭人对哥特人的迁徙采取接纳和利用的政策,不仅接受哥特人为拜占庭皇帝的臣民,允许他们在边境地区定居垦荒,交纳赋税,提供劳役和军队,而且许可他们建立哥特人兵团,吸收哥特将领担任各级军职。拜占庭政府还允许定居在巴尔干半岛和小亚细亚地区的哥特人保持其农村公社制度。这一政策的经济意义在于巩固了处于社会转型中的拜占庭农业经济基础。但是,在拜占庭领土上定居的哥特人对拜占庭官员的敲诈勒索和种族歧视极为反感,多次举行起义。395 年,哥特人领袖阿拉里克(395—410 年在任)发动民族起义,从巴尔干半岛北部向南进攻,侵入色雷斯和马其顿地区,直接威胁拜占庭首都君士坦丁堡,迫使拜占庭人以重金收买阿拉里克改变进攻计划,继续南下希腊阿提卡和伯罗奔尼撒半岛,而后转向西方,渡海进攻意大利。这一"祸水西引"政策暂时缓解了拜占庭帝国面临的危机。

进入拜占庭政府和军队中的哥特人一度占据许多军政要职,排挤希腊族贵族,引起拜占庭统治集团内部激烈的派别斗争。400 年 7 月11(或 12)日,君士坦丁堡大教长约翰·赫利索斯托姆(389—404 年在任)以勤王为口号,在君士坦丁堡发动起义,领导希腊军政贵族将滞留的哥特人全部屠杀。从此，哥特人在早期拜占庭国家的势力被清除，哥特人对拜占庭社会生活的影响也逐步消失。5世纪时，拜占庭皇帝泽诺继续采取祸水西引的策略，说服东哥特人领袖塞奥多里克（471—493年在任）带领东哥特人前往意大利，代表拜占庭皇帝平息西哥特人的反叛。当时西哥特人在奥多亚克（476—493年在位）领导下灭亡了西罗马帝国，自立为帝。488年，塞奥多里克率东哥特人横渡亚得里亚海击败西哥特人。

查士丁尼一世时期，拜占庭帝国发动灭亡汪达尔王国的战争。汪达尔人原为日耳曼民族的一支，406年从中欧进入高卢地区，后迁移到西班牙西部和南部。429年，汪达尔人跨过直布罗陀海峡，入主北非马格里布地区，数年后夺取迦太基建立汪达尔王国。新兴的汪达尔王国发展迅速，占领西西里岛和撒丁岛，进而控制西地中海海上霸权，与拜占庭帝国在西地中海的利益发生冲突。5世纪期间，拜占庭军队曾两度远征汪达尔王国，均以失败告终，被迫承认其对北非的占领。但是，拜占庭帝国不甘心丧失富庶的北非地区和西地中海商业霸权。查士丁尼即位后决心动用武力征服汪达尔王国，533年他派遣贝利撒留统领1.5万人和大批战舰渡海进攻汪达尔王国。贝利撒留利用汪达尔王国与东哥特人的矛盾，首先在东哥特人控制下的西西里岛建立基地，而后于第二年避开汪达尔人主要防御阵地，从汪达尔人防务薄弱的卡布特瓦达登陆，同时发起陆地和海上进攻。此后，拜占庭军队又在代基蒙战役中重创汪达尔主力军，夺取卡尔西丹城，彻底击溃了汪达尔人的有生力量。次年，贝利撒留渡过特里卡马洛附近的大河，取得特里卡马洛战役大捷，并在伊彭城生擒汪达尔国王盖利麦。胜利后，贝利撒留将被俘的汪达尔人押往君士坦丁堡，编为汪达尔人兵团，汪达尔民族从此消亡。拜占庭帝国恢复其在西地中海的霸主地位。

汪达尔战争的胜利激起查士丁尼更大的野心，旋即发动征服东哥特王国的战争。541年，生于东哥特贵族家庭的托提拉（541—552年在位）被拥立为东哥特国王，并在意大利北部发动起义，将大批破产隶农和奴隶吸收进起义军。他将起义军没收的贵族和大庄园主的土地分给哥特士兵。前往意大利进行镇压的拜占庭军队屡战不胜，战争陷入僵局，拜占庭军队前线总指挥贝利撒留被召回君士坦丁堡。此后，托提拉起义军在两年间占领包括那不勒斯在内的意大利多座城市，546年12月17日和550年1月16日两度夺取罗马，同年5月又占领西西里。东哥特人的胜利迫使拜占庭人再次出兵。552年，查士丁尼再派纳尔西斯统率2.2万人的军队在拉文纳登陆，进攻托提拉起义军，后在决战中取胜，夺取罗马。托提拉自知难以取胜，遂派使节赴拜占庭在希腊和撒丁岛的领地策动起义，遭到失败。553年，拜占庭军队在塔格里尼战役中彻底击败起义军，托提拉受重伤阵亡。随后，拜占庭军队在维苏威火山下，经过两天血战，全歼托提拉残余部队，灭亡东哥特王国。

拜占庭帝国解决日耳曼人危机对其历史发展具有特殊意义，使东罗马（即拜占庭）帝国免遭西罗马帝国被灭亡的厄运，并为拜占庭帝国嗣后千余年的历史发展奠定了基础。

3. 斯拉夫及巴尔干其他民族迁徙浪潮

拜占庭人最早接触的斯拉夫人是来自维斯杜拉河和多瑙河之间的斯克拉文尼人和来自第聂伯河的安带人。斯拉夫人于6世纪大批迁入巴尔干半岛和小亚细亚地区，史书记载，他们于551年、558年和580年先后多次渡过多瑙河，与拜占庭边境部队发生冲突。其中一些部落定居在拜占庭境内，成为拜占庭边民，并补充到拜占庭边防军中。594年，斯拉夫部落曾参加拜占庭皇帝莫里斯进攻多瑙河北岸阿瓦尔人的军事行动。此后，斯拉夫人建立起较为强大的舰队，并于600年第一次进犯爱琴海，623年再犯克里特，洗劫爱琴海上岛屿和沿海地区，他们甚至和阿瓦尔人及波斯人组成联合舰队围攻君士坦丁堡。此时，面临人力资源不足压力的拜占庭政府推行移民政策，允许斯拉夫人定居拜占庭帝国内地马其顿和色雷斯地区。7世纪末年，皇帝查士丁尼二世有计划地将8万名斯拉夫人迁入小亚细亚的奥普西金军区。762年拜占庭政府将21万斯拉夫人迁入小亚细亚地区。7—8世纪，分散定居在拜占庭帝国领土以外巴尔干北部山区的斯拉夫部落逐步过渡成为王国，形成保加利亚、克罗地亚和塞尔维亚等小国，他们与拜占庭帝国时战时和，成为该地区复杂形势中的重要因素。

拜占庭帝国和保加利亚王国之间的关系最为复杂，双方爆发多次战争。保加利亚人曾作为拜占庭帝国同盟者定居多瑙河与黑海之间地区，7世纪末时与斯拉夫人融合，发展成为巴尔干半岛的强国，经常与拜占庭帝国发生冲突。681年，拜占庭皇帝君士坦丁四世率领的军队与阿斯巴鲁赫大王（约650—约700）领导的保加利亚军队交战，遭到惨败，被迫停战交纳年贡。此为两国第一次战争。8世纪，保加利亚汗王特尔维耳（691/704—718年在位）借口贡赋问题，发动第二次战争，入侵拜占庭色雷斯地区，进兵君士坦丁堡，迫使皇帝君士坦丁五世再度兴兵反击。763年，君士坦丁五世在安息亚罗斯大败保加利亚军队，屠杀全部保加利亚战俘，使保加利亚人被迫停战，承认拜占庭皇帝的宗主权。君士坦丁因此被冠以"保加利亚屠夫"的绰号。773年订立的和约规定，保加利亚人承认拜占庭皇帝为其宗主，保证不再反叛，同时，拜占庭政府同意为保加利亚人提供金钱。807年，再度崛起的保加利亚人在科鲁姆国王（802—814年在位）统帅下向色雷斯地区扩张，直接威胁拜占庭首都君士坦丁堡的安全，双方爆发第三次战争。拜占庭军队在这场战争中损失惨重，皇帝尼基弗鲁斯一世在战斗中阵亡，其头骨被制作成汗王欢宴的酒碗。两国间第三次战争因科鲁姆国王突然死于脑出血而结束。

9世纪中期，社会文化发展较为落后、尚未形成本民族文字的保加利亚人迫切希望引进外来文化弥补社会精神生活的不足，以适应建立大国和强权的需要，他们利用拜占庭传教士君士坦丁在摩拉维亚地区传教之机接受基督教。当时，罗马教会和君士坦丁堡教会为了扩大各自的影响，千方百计争夺斯拉夫人。862年，摩拉维亚大公拉斯迪斯拉夫（Rastislav，846—870年在位）请求拜占庭皇帝米哈伊尔三世派教士帮助他们建立独立教会，使用斯拉夫语言传教。这一要求的政治目的是建立与拜占庭帝国的联盟，以防备保加利亚人和法兰克人的联合进攻。次年，君士坦丁及其兄弟应邀前往，并使用希腊字母为斯拉夫方言拼音，创造了希利尔文字。864 年，保加利亚国王伯利斯一世也被迫接受洗礼，皈依基督教；而后，他邀请君士坦丁的大弟子克莱蒙特到保加利亚传授文化，积极支持他建立独立教会和发展保加利亚民族文化。

两国之间第四次战争爆发于 9 世纪末和 10 世纪初。当时，保加利亚沙皇西蒙（893—927 年在位）重振国威，大力发展过境贸易，使保加利亚成为黑海和多瑙河沿岸地区强国。拜占庭帝国皇帝利奥六世为遏制保加利亚人的发展，在商业贸易中刁难保加利亚商人，并勾结新兴的匈牙利人牵制保加利亚人南下。894 年，西蒙首先侵入色雷斯地区，大败拜占庭军队。利奥则派遣舰队配合匈牙利人进攻保加利亚地区。西蒙遂联合帕臣涅格人首先击败匈牙利人，而后，集中兵力打败拜占庭军队。拜占庭人被迫割地赔款，向保加利亚人提供丰厚的年贡。此后，保加利亚人再向色雷斯和马其顿地区用兵，将这两个地区和阿尔巴尼亚囊括在大保加利亚王国版图内。为了彻底征服拜占庭人，西蒙积极发展与阿拉伯人的关系。924 年，西蒙与北非强权法蒂玛王朝订立反拜占庭同盟，相约两国同时向拜占庭人进攻，保加利亚人从陆地、法蒂玛人从海上袭击君士坦丁堡。但是，前往签约的法蒂玛特使和陪同的保加利亚使节在途中被拜占庭人劫持。保加利亚使节被关押，但法蒂玛特使受到热情款待，并得到贵重礼物。而后，拜占庭皇帝派使节赴法蒂玛王朝，说服哈里发单方面解除与保加利亚人的盟约。924 年 12 月，西蒙国王和罗曼努斯皇帝订立停战和约，两国之间战争结束。根据协议，西蒙同意归还所占拜占庭帝国土地，而罗曼努斯同意提供数量可观的年贡。该条约使拜占庭和保加利亚两国保持了 40 余年的和平。927 年 10 月，两国为抵抗阿拉伯人的进攻建立同盟关系，保加利亚新国王彼得和摄政王舍苏布尔前往君士坦丁堡迎娶拜占庭公主玛利亚，归还保加利亚人占领的原属拜占庭帝国的布尔加斯湾沿海地区，拜占庭人则以修改两国在马其顿的边界作为补偿。为了加强同盟关系，罗曼努斯还承认保加利亚沙皇称号，给予保加利亚使节在外交使团中的首席地位。

11 世纪时，双方爆发了第五次战争。1003 年，拜占庭军队在与保加利亚人的战争中取得优势，快速向西推进直接进攻沙皇沙木埃尔（976—1014 年在位）的军队，扫清了塞萨洛尼基和沿马其顿地区爱琴海沿海地区的敌军。而后，拜占庭军队直取多瑙河畔的保加利亚王国首都维丁，同时，扫荡木拉瓦河地区，夷平城堡，摧毁要塞，征服保加利亚王国全境。1004 年，另外一支保加利亚军队在西马其顿首府斯科比亚城（今斯科普里）郊外遭遇战中再次被击溃，逃进山区。1014 年 7 月，瓦西里在斯特里蒙河畔瓦拉西察山坎巴隆古山谷战役中，使用"希腊火"投掷弹冲破敌军防线，打败保加利亚军队，生擒 1.5 万人，并将俘虏全部刺瞎放回。沙木埃尔身心受到巨大伤害，脑血管崩裂身亡。这次战役彻底毁灭了保加利亚残余力量，使拜占庭军队顺利占领阿尔巴尼亚和伊庇鲁斯地区所有重要城市。几年后，保加利亚王国末代国王约翰·弗拉迪斯拉夫（1015—1018 年在位）向瓦西里投降，保加利亚王国灭亡。

1204 年，第四次十字军攻陷君士坦丁堡，拜占庭皇室成员纷纷逃亡，拜占庭帝国解体。拉丁帝国统治下的巴尔干地区形势动荡，保加利亚人再度崛起，积极参与地区争霸斗争。1207 年 2 月，拜占庭流亡政府与保加利亚人订立友好同盟，相约在战争中相互支援。同年，在保加利亚人和意大利海盗支援下，拜占庭人夺取马尔马拉海滨军事基地西基库斯，并进攻色雷斯地区首府亚得里亚堡，迫使拉丁帝国皇帝亨利（1206—1216 年在位）承认拜占庭人对该城市的占领。1211 年，拜占庭人再度修订与保加利亚人的盟约。1221 年拜占庭皇帝约翰·瓦塔基斯即位后，与保加利亚沙皇续订同盟，并建立两国间政治联姻，皇帝之子与沙皇之女结婚。1235 年夏季，两国联军进攻并收复爱琴海北部沿岸地区，控制色雷斯北部，兵临君士坦丁堡城下。此后，两国实力下降，沦为巴尔干地区小国，先后被土耳其军队征服。

塞尔维亚是巴尔干半岛北部的斯拉夫人国家，838 年，日益强大的塞尔维亚人在其首领乌拉斯迪米尔（9 世纪）领导下与保加利亚人发生冲突。867—874 年，塞尔维亚人接受东正教信仰，遂与拜占庭人加强经济文化联系。10世纪，保加利亚国王西蒙一度征服塞尔维亚人，但西蒙死后，塞尔维亚再度成为独立王国。11世纪，拜占庭皇帝瓦西里二世为打击保加利亚人，与塞尔维亚王国建立同盟关系。1018年，保加利亚灭亡后，塞尔维亚成为拜占庭帝国的邻国，两国矛盾逐渐激化。为抵抗拜占庭人扩张，塞尔维亚人与波西尼亚、扎塔等小国结盟。12世纪，塞尔维亚人与匈牙利、威尼斯和基辅罗斯等国结成反拜占庭同盟。1204年，第四次十字军夺取君士坦丁堡后，塞尔维亚迅速发展成为强国。1217年，斯蒂芬（1217—1227年在位）成为塞尔维亚第一位由教皇加冕的国王。两年后，其兄萨瓦则由拜占庭大教长加冕称王。拜占庭人在尼西亚的流亡政府承认其独立地位。塞尔维亚人在巴尔干地区复杂的局势中，联合盘踞在伊庇鲁斯地区的拜占庭人，对抗再度兴起的保加利亚人。13世纪以后，塞尔维亚与保加利亚两国结成反拜占庭同盟，而后又与西西里王国结盟。但是，该同盟被重新占据君士坦丁堡的拜占庭皇帝米哈伊尔八世瓦解，塞尔维亚人被迫将其占领的斯科普里等领土归还拜占庭人。此后，塞尔维亚地区发现银矿，国家财政迅速好转。国王米鲁廷（1282—1321年在位）统治时期，其军队南下攻占马其顿大部分地区。1330年，塞尔维亚击败拜占庭保加利亚联军。此后，国王杜珊（1331—1355年在位）连续取得军事胜利，将马其顿尽行囊括在塞尔维亚王国版图中，但是，他建立塞尔维亚-拜占庭帝国的企图最终未能成功。14—15世纪，由于奥斯曼土耳其军队在巴尔干半岛的军事扩张，塞尔维亚人和拜占庭人一同沦为土耳其帝国的附属国。

克罗地亚是巴尔干半岛西北部的斯拉夫人国家。7世纪时，克罗地亚人与其他斯拉夫人部落一起进入巴尔干地区。当时，他们分为定居在潘诺尼亚地区的白克罗地亚人和达尔马提亚地区的克罗地亚人，拜占庭人首先接触的是后者，皇帝伊拉克略一世曾允许他们定居于达尔马提亚。9世纪初，法兰克国王查理曼东征白克罗地亚，一度将其纳入加洛林帝国版图。查理曼死后，白克罗地亚人于814年举行起义，后被镇压。达尔马提亚的克罗地亚人一直保持独立，879年，他们在布兰尼米尔（879—892 年在位）君主领导下得到教皇的正式承认。910—914 年，托密斯拉夫（910/912—928 年在位）君主统一两部分克罗地亚人后，其国家迅速强大。923 年，拜占庭皇帝罗曼努斯遣使克罗地亚和塞尔维亚，联合两国与拜占庭帝国结成反保加利亚同盟。在战争中，克罗地亚人重创入侵的保加利亚军队。但是，他们为寻求教皇支持而解除盟约。925 年，教皇再度承认克罗地亚为独立王国。11 世纪期间，威尼斯人扩张势力，向克罗地亚地区渗透，迫使国王克莱斯米尔（1058—1074 年在位）再度与拜占庭人结好。正当两国友好关系顺利发展之际，东正教和克罗地亚教会于 1060 年和 1074 年发生神学争执，严重影响了双边关系。此后，新国王兹沃尼米尔（1075—1089/1090 年在位）公开支持本国教会，导致两国关系进一步恶化。12 世纪以后，克罗地亚成为新兴的匈牙利王国的附属国，其与拜占庭人之间的国家关系自此中断。

　　拜占庭帝国与斯拉夫人关系史上重要的内容是与古罗斯人的关系。古代罗斯人起源于北欧地区，主要活动区域为东欧平原，9 世纪后半期以基辅为中心建立古代罗斯国家。留里克王朝时期的罗斯国家积极开展内外贸易，他们将在战争中掠夺的商品和奴隶运到黑海沿岸的市场上出卖，并购买金银、丝绸和香料等奢侈品。860 年，罗斯人即随同瓦兰吉亚人侵入拜占庭领土。907 年，罗斯大公奥列格（879—911 年在位）率领 8 万余众水陆并进，通过黑海商路入侵拜占庭京畿重地，洗劫君士坦丁堡郊区。拜占庭人无力抵抗，被迫求和。双方于 911 年订立商约，拜占庭人承认罗斯人在君士坦丁堡城郊的商业区，并给予罗斯商人进出口贸易免税权，罗斯人则允诺为拜占庭人提供军事援助。根据这一约定，由 900 人组成的罗斯兵团参加了拜占庭人的军事远征。941 年和 944 年，罗斯大公伊格尔（？—945）两度再犯拜占庭领土，率领舰队蹂躏君士坦丁堡郊区，后遭到拜占庭军队反击，退回黑海。伊格尔洗劫小亚细亚沿海地区，迫使拜占庭人和谈，双方再次订立商约，重新认可 911 年商约的内容，罗斯商人恢复其在君士坦丁堡建立的商业区和其他商业特权。

10世纪下半期，罗斯人大举入侵巴尔干半岛，企图占据保加利亚。968年，斯维雅托斯拉夫（945—971年在位）率兵进犯巴尔干半岛，趁保加利亚人衰落之机占领索非亚平原。当时，拜占庭人已经控制了保加利亚，巴尔干北部地区基本处于和平状态，罗斯人的入侵使当地再度陷入战争。969年，罗斯军队占领大普里斯拉夫，970年，夺取菲利普堡，洗劫拜占庭帝国色雷斯地区。971年，拜占庭皇帝约翰一世派遣300艘战舰从黑海逆多瑙河而上，夺取大普里斯拉夫。4月，拜占庭军队在决战中经过13次冲锋，击溃罗斯军队，迫使斯维雅托斯拉夫撤退并接受和谈条件，保证退出巴尔干和多瑙河以北地区回国，并保证不进攻拜占庭人在黑海北岸的领地，同时根据拜占庭人的要求，提供军事援助。和约使拜占庭北部疆界再次推进到多瑙河一线。980年，罗斯大公弗拉基米尔即位后，强化中央集权和思想控制，积极推行南下扩张政策。987年，拜占庭帝国发生暴乱，弗拉基米尔应拜占庭皇帝邀请，派兵前往镇压。弗拉基米尔提出以两国结盟和皇室联姻为条件，要求娶拜占庭皇帝瓦西里二世的妹妹安娜为妻。事后，拜占庭人迟迟不履行诺言，致使弗拉基米尔出兵占领拜占庭人在克里米亚的领地，迫使安娜公主于同年秋季出发去克里米亚完婚，随同带去赠给弗拉基米尔的王冠和基督教圣物，基辅公国遂将其占领的克里米亚地区归还拜占庭人。此后，两国继续保持同盟关系。弗拉基米尔还积极推行基督教，聘请拜占庭建筑师建立教堂，并按照拜占庭行政税收制度改造基辅公国。这一政治联姻不仅解除两国对立与战争状态，而且为拜占庭宗教文化在古代罗斯国家的传播提供保证。988年，弗拉基米尔宣布基督教为国教，强迫全体居民皈依基督教。此后，两国继续保持商业和文化宗教往来，拜占庭教士在200年间一直担任基辅罗斯公国的大主教。

11世纪中期，基辅罗斯公国希望利用重新修订与拜占庭商业军事条约的机会扩大其在巴尔干和黑海的权利，遭到拜占庭人委婉拒绝。1043年，基辅大公雅罗斯拉夫（1036—1054年在位）以诺夫哥罗德富商在拜占庭圣母城基辅罗斯商业区被害为借口，派遣军队在其子弗拉基米尔统领下水陆并进，挑起战争。罗斯军队首先封锁黑海进入博斯普鲁斯海峡的航道，洗劫沿海城乡，进军君士坦丁堡，迫使拜占庭人提议和谈。和谈失败后，拜占庭皇帝君士坦丁九世亲自指挥舰队重创罗斯海军，迫使其残部逃回黑海北部地区。1046 年，双方订立和约，战争结束。此后，罗斯国家发生分裂，各个小国相互战争，至 12 世纪中期，罗斯托夫-苏兹达尔公国、诺夫哥罗德和斯摩棱斯克等地区纷纷摆脱罗斯公国。拜占庭人曾与苏兹达尔等小国接触，一些流亡的罗斯贵族也受到拜占庭君主的接待，甚至得到拜占庭政府赠给的庄园。两国皇室之间的联系也比较密切，弗拉基米尔·斯维雅托斯拉夫和其孙子维塞沃罗德都娶拜占庭公主为妻。13 世纪上半叶，蒙古征服罗斯人，建立金帐汗国，拜占庭人与罗斯人的关系遂中断。直到 1453 年拜占庭帝国灭亡，俄罗斯大公伊凡三世(1450—1462 年在位)娶拜占庭末代王朝公主索非亚为妻，自称罗马(拜占庭)帝国皇位继承人，并称俄国为"第三罗马帝国"。

　　与拜占庭帝国发生关系的匈奴人原为我国北方游牧民族的一支，1—2 世纪以后，因遭到汉朝军队的打击，举族西迁。375 年，匈奴人渡过顿河，征服阿兰人，迫使哥特人从黑海北部草原西迁。此后，匈奴人和西哥特人一同入侵拜占庭领土，但不久便向北返回多瑙河左岸。395 年，匈奴人的一部分翻越高加索山脉，入侵拜占庭帝国东方行省，在幼发拉底河上游遭到沉重打击。阿提拉(434—453 年在位)统治时期，匈奴人势力迅速发展，他们以多瑙河下游地区为中心，征服哥特人和阿兰人，建立强大的帝国。435 年，阿提拉大举入侵巴尔干半岛北部，威胁拜占庭帝国的马其顿和色雷斯地区，迫使拜占庭人与之订立和约，规定拜占庭人每年缴纳 350(或 700)金镑为年贡。442 年和约到期后，阿提拉再度进犯，兵抵色雷斯，迫使拜占庭政府提高年贡。447 年，匈奴人又将年贡提高到 6000 金镑。这一时期，拜占庭政府采取以金钱换取和平的政策。450 年，拜占庭皇帝马尔西安拒绝继续支付年贡，引发双方的战争。但是，匈奴人兵临君士坦丁堡城下后，未及交战，便率部向西，侵入西罗马帝国，洗劫意大利。匈奴人对拜占庭帝国的威胁至此结束。

阿瓦尔人来自黑海北部平原，西迁至巴尔干半岛北部，6世纪始与拜占庭帝国发生接触。558年，阿瓦尔人遣使拜访君士坦丁堡，与拜占庭皇帝查士丁尼一世订立条约。拜占庭允许阿瓦尔人定居巴尔干半岛北部地区，阿瓦尔人则同意帮助拜占庭人抵抗来自黑海地区其他民族的入侵。阿瓦尔人凶猛彪悍，一度控制迁入巴尔干地区的斯拉夫人，并占领小亚细亚黑海沿岸地区。阿瓦尔人势力的扩张引发其与拜占庭人之间的冲突。582年，阿瓦尔人首领柏安与斯拉夫人结盟，征服巴尔干半岛北部各个民族，拜占庭皇帝莫里斯曾率领军队抵抗，遭到败绩。626年，阿瓦尔斯拉夫人对拜占庭帝国的入侵达到高潮，并与波斯人联合围攻君士坦丁堡，迫使拜占庭皇帝伊拉克略联合克罗地亚和塞尔维亚部落进行反击。635年，拜占庭帝国为分化瓦解阿瓦尔斯拉夫联盟，支持阿瓦尔人控制下的保加利亚人获得独立，使阿瓦尔人的势力受到打击，阿瓦尔人国势从此衰落。8世纪末，阿瓦尔人被其他新兴民族挤出巴尔干地区，向西迁徙，在法兰克边境遭到查理曼大帝的打击。805年，残余的阿瓦尔人被保加利亚国王科鲁姆征服，此后，阿瓦尔人在历史上逐渐消逝。

帕臣涅格人起源于中亚，9世纪后期出现在伏尔加河流域，因受突厥人进攻，向西迁徙到顿河和多瑙河下游地区。该民族与拜占庭帝国有频繁的商业联系，在东欧和巴尔干陆路贸易中发挥重要作用。拜占庭政府最初十分注意发展同帕臣涅格人的关系，以此牵制其他斯拉夫民族的入侵，特别是利用该民族勇武好战的习俗在拜占庭帝国北方形成阻止保加利亚人和罗斯人侵犯的屏障。在894年爆发的拜占庭保加利亚战争中，保加利亚沙皇西蒙联合帕臣涅格人击败拜占庭盟国匈牙利人。917年，拜占庭人与帕臣涅格人订立同盟，共同进攻保加利亚人。但是，帕臣涅格人迫于保加利亚人的威胁，单方面解除盟约，转而与保加利亚人结亲，达成两国联盟。在拜占庭罗斯战争中，帕臣涅格人最初支持罗斯人，帮助基辅罗斯大公伊格尔进攻拜占庭帝国，但拜占庭人用重金收买帕臣涅格人，使之倒戈进攻罗斯人。11世纪中期，帕臣涅格人对拜占庭帝国北方边境造成严重威胁。1045 年，拜占庭军队征服保加利亚后，雇佣帕臣涅格人驻守保加利亚平原，但是，他们旋即起兵反叛，于 1050 年被拜占庭军队镇压。1059 年，拜占庭皇帝依沙克全歼入侵的帕臣涅格人。此后，帕臣涅格人对拜占庭帝国的威胁进一步增加，1087 年洗劫色雷斯地区，其前锋部队甚至抵达马尔马拉海。1091 年和 1122 年，拜占庭皇帝阿莱克修斯和约翰二世对帕臣涅格人发动致命打击，终使其元气大伤，从此衰落。

卡扎尔人兴起于高加索地区，属于突厥人的一支，6 世纪时曾作为阿瓦尔人控制下的山地部落参加对小亚细亚东部亚美尼亚人和格鲁吉亚人的征服战争。625 年，拜占庭皇帝伊拉克略一世在对波斯战争中，首次与卡扎尔人结盟。其时，他们以伏尔加河下游及附近的山区为中心，控制西梅德尔和巴兰扎尔等城市。由于卡扎尔人扼守丝绸之路交通要道，因此在东西方贸易中起了重要作用，并与拜占庭人发生比较密切的往来，在卡扎尔人居住地区逐渐形成拜占庭人商业区。7 世纪时，皇帝伊拉克略将女儿嫁给卡扎尔人首领，此后，查士丁尼二世娶卡扎尔人首领的妹妹为妻。9 世纪时，拜占庭政府派遣著名哲学家君士坦丁前往卡扎尔人区域传教，但遭到拒绝和抵制。卡扎尔人一直与拜占庭人保持友好关系，在反对波斯人和阿拉伯人的战争中，两国始终作为盟友联合作战。10 世纪时，卡扎尔人占领克里米亚半岛，拜占庭人派遣工匠帮助他们建立要塞，因此在拜占庭与保加利亚战争中卡扎尔人提供军事援助作为报答。965 年，基辅罗斯大举南下入侵卡扎尔人，拜占庭人慑于罗斯威胁，未出援手。985 年，卡扎尔人国家终被罗斯人灭亡。

匈牙利人被拜占庭作家称为"突厥人"，9 世纪中叶，活动在顿河流域，从事奴隶贸易。837 年，匈牙利人与拜占庭人发生首次直接军事冲突，当时，他们与保加利亚人联合进攻拜占庭军队，但遭到沉重打击。在 9 世纪末爆发的拜占庭保加利亚战争中，拜占庭人收买匈牙利人进攻保加利亚王国。至 10 世纪，匈牙利人势力迅速发展，多次入侵拜占庭帝国，甚至围攻君士坦丁堡。此后，两国关系缓和，948 年，匈牙利王子前往君士坦丁堡接受基督教的洗礼，而拜占庭政府则派遣传教士在匈牙利东、南部地区传教。但是，信奉罗马教义的斯蒂文一世(997—1038年在位)担任匈牙利国王后，发展罗马教会势力，排挤东正教势力，使匈牙利成为罗马教会在东欧的主要国家。11—12世纪，拜占庭匈牙利两国贸易关系发展迅速，物产交往频繁。但是，随着匈牙利人南下进入克罗地亚和达尔马提亚，两国之间发生冲突，引发多次战争。为此，匈牙利人与塞尔维亚人、罗斯人和诺曼人结盟。12世纪时，两国战争不断，直到奥斯曼土耳其帝国兴起，两国间矛盾退居次要地位。拜占庭人多次请求匈牙利国王给予援助。1366年，拜占庭皇帝约翰五世为此访问匈牙利国王路易一世(1342—1382年在位)。1423年，两国结成反土同盟。匈牙利王国在15世纪成为巴尔干国家联合抵抗奥斯曼土耳其军事征服入侵的领袖。1444年，匈牙利将领宏亚迪成功击退土耳其军队，后在解救君士坦丁堡的瓦尔纳战役中遭到失败。

库曼人为斯基泰人一支，属于欧亚游牧民族。11世纪时，该民族进入原帕臣涅格人在黑海北岸的活动区域，后被蒙古人征服。11世纪末，库曼人西迁进入多瑙河下游地区，与拜占庭军队发生冲突。1087年，他们与帕臣涅格人结盟，入侵洗劫拜占庭帝国色雷斯地区。1091年，拜占庭皇帝阿莱克修斯一世收买库曼人联合进攻帕臣涅格人。此后，库曼人多次进攻拜占庭帝国，同时在拜占庭境内定居。13世纪蒙古人西侵使大批库曼人涌入拜占庭人在尼西亚的领地，皇帝约翰三世被迫于1241年安置万余名库曼人定居在色雷斯和小亚细亚地区。1259年库曼人积极参加拜占庭人与突厥人的战争，在拜占庭军队中组成长矛兵团。此后，该民族逐渐被保加利亚人和拜占庭人融合。

4. 与阿拉伯及西亚小王朝的关系

阿拉伯人原为阿拉伯半岛的游牧民族，在其兴起以前，拜占庭人即与古代阿拉伯人发生接触。4世纪，拜占庭驻防红海和幼发拉底河的边境部队就与塔努基德斯小王朝发生摩擦；5世纪，萨利息德斯小王朝经常发动对拜占庭帝国边境城乡的洗劫；6世纪，阿拉伯人的加沙尼德斯小王朝与拜占庭关系友好，其王公贵族在拜占庭军队和政府中任职。632 年，穆罕默德创立政教合一的伊斯兰国家，统一阿拉伯半岛，其继承者哈里发对外发动大规模侵略扩张，遂与拜占庭帝国发生严重军事冲突。636 年，阿拉伯军队在雅穆克河战役中击败拜占庭军队，取得决定性胜利；此后，继续横扫西亚、小亚细亚和北非的拜占庭领土。其北路军在数十年内清除巴勒斯坦、叙利亚和小亚细亚大部分地区的拜占庭势力，其西路军夺取拜占庭人在埃及和马格里布的全部领地，而后渡过直布罗陀海峡占领西班牙大部，其海军则逐渐控制东地中海和爱琴海航路，兵临君士坦丁堡城下。649 年，阿拉伯海军侵入克里特，5 年后夺取罗得岛，封锁拜占庭人对外联系的海上通道。670 年，阿拉伯人在君士坦丁堡南面马尔马拉海建立基斯科斯海军基地，开始对拜占庭首都发动围攻。669 年和 674—680 年，阿拉伯军队三度围攻拜占庭帝国首都，都遭到失败。特别是在 678 年海战中，阿拉伯海军遭到重创。这年的夏季，哈里发穆维雅（661—680 年在位）对君士坦丁堡发动更大规模的攻势，但遭到拜占庭海军的袭击，被拜占庭人新式武器"希腊火"击败，加之遭遇海上暴风雨，几乎全军覆灭，被迫和谈。同年，双方订立 30 年和约，穆维雅表示降服，每年向拜占庭帝国进贡；两国都承诺在 30 年内互不侵犯，维持目前的边界。这样，阿拉伯军队扩张势头即被阻遏，其征服欧洲的计划也最终破产。

717 年，阿拉伯海军破坏停战协议，再次发动对君士坦丁堡的海上进攻，但是，拜占庭人凭借坚固的城防和可在水面上燃烧的"希腊火"屡屡击退进攻。同年，新任哈里发乌马尔（717—720 年在位）即位后，立即下令前线司令马斯拉马撤军，并于 718 年与拜占庭皇帝利奥订立 7 年和约，规定在此期间互不侵犯，允许各自的商人从事贸易，并保证信徒信仰自由；阿拉伯人还许可基督徒前往耶路撒冷圣地朝圣。这一和约得到双方认真的履行，使两国维持 10 余年和平。740 年，两国再起战端，拜占庭军队在阿克洛伊农战役中歼灭阿拉伯军队万余，并乘胜追击，收复小亚细亚大部失地。

780 年，拜占庭帝国易主，10 岁幼帝登基，皇后伊琳尼摄政。782

年，阿拉伯军队又趁拜占庭军队主力前往西西里平息叛乱之机起兵入侵，兵临君士坦丁堡城下。拜占庭皇后伊琳尼鉴于后方空虚，被迫提议无条件和谈，订立 3 年和约，承认双方既定边界，缴纳重金年贡。这一和约虽然暂时阻止了阿拉伯军队的进攻，但是，使前代历任皇帝取得的胜利成果化为乌有。797 年，伊琳尼勾结禁卫军发动宫廷政变，废黜其子君士坦丁的帝位。阿拉伯人闻讯再度入侵，袭击君士坦丁堡郊区和博斯普鲁斯海峡地区，迫使伊琳尼于 798 年再次主动议和。双方订立和约规定拜占庭人继续向哈里发缴纳年贡，并承认阿拉伯人对小亚细亚的占领和对该地区的移民。此后，两国不战不和，阿拉伯人对拜占庭人的进攻没能取得实质进展，除了在小亚细亚边境地区时有小规模冲突外，没有发生大规模战争。

10 世纪中期，马其顿王朝统治下的拜占庭国势鼎盛，皇帝君士坦丁计划清剿东地中海的阿拉伯海盗。他首先派出夺取克里特岛的远征军，并开展积极外交活动，争取地中海各阿拉伯伊斯兰政权保持中立，因此主动发展与西班牙阿拉伯人的友好关系。947 年和 949 年，君士坦丁七世两度遣使科尔多瓦，向哈里发阿布·阿·拉赫曼（912—961 年在位）进献礼物，其中包括哈里发特别喜好的古代希腊手稿和精美的拜占庭宝石项链、念珠，促使哈里发决心与拜占庭人订立友好条约。该条约孤立克里特的阿拉伯人，保证拜占庭人在海战中的有利地位。10 世纪以后，随着阿拔斯王朝中央集权的衰落，拜占庭人与阿拉伯各地政权发生直接关系，在西地中海，以突尼斯为中心的阿弗拉比王朝进攻并占领西西里，以叙利亚阿勒颇为中心的阿拉伯军队与拜占庭人争夺小亚细亚东部地区。马其顿王朝的皇帝们趁阿拉伯人衰落之机将拜占庭帝国东部疆界重新推进到幼发拉底河和巴勒斯坦地区。

阿拉伯人衰落后，西亚地区先后出现塞尔柱、库尔德等古代民族国家的小王朝。11 世纪后期，塞尔柱素丹梅利科·沙罕（1073—1092 年在位）兴起于西亚地区，其势力范围包括伊朗、伊拉克、叙利亚北部和小亚细亚东部。1085 年，梅利科·沙罕在阿勒颇附近的遭遇战中杀死叙利亚的阿拉伯埃米尔，促使各个阿拉伯小国纷纷依附。为了巩固地位，梅利科·沙罕主动向君士坦丁堡派遣使节寻求与拜占庭人建立盟友关系。当时，拜占庭军队主力全部投入多瑙河前线战事，因此乐于接受素丹的建议，两国遂建立盟约。皇帝阿莱克修斯还通过贿赂使节的方式，得到重要的西诺比港口。1086—1087 年，在突厥人与梅利科·沙罕的冲突中，拜占庭人没有履行盟约支援其盟友，反而与突厥人和解以保持东部前线的和平。1092 年，梅利科·沙罕征服突厥人后，两国重新修好，并通过素丹之子与皇帝之女结亲，进一步加强同盟关系。拜占庭帝国因此恢复其阿纳多利亚军区失地。根据双方共同反对突厥人的约定，拜占庭帝国在素丹的军事行动中给予支援。但是，同年 11 月梅利科·沙罕的去世中断了两国的同盟关系。

阿尤布王朝属于库尔德人政权，起源于亚美尼亚，自 12 世纪末到 13 世纪中期控制埃及、叙利亚、巴勒斯坦、美索不达米亚和也门地区，与拜占庭帝国发生密切的联系。1169 年，库尔德人领袖舍尔库（12 世纪）占领埃及大部，自立为王，称维吉尔，死后由其侄子萨拉丁（1169—1193 年在位）即位，以其父阿尤布之名为王朝定名。1187 年，萨拉丁击败西欧十字军骑士，收复耶路撒冷。为瓦解基督教国家军事力量，萨拉丁注意保持与拜占庭人的友好关系，多次派遣使节赴君士坦丁堡，与拜占庭皇帝安德罗尼库斯一世和依沙克二世谈判。萨拉丁死后，阿尤布王朝内战不断，十字军乘机重新攻占西亚许多地区，1218—1219 年，包围大马士革。1227 年，德皇腓特烈二世（1212—1250 年在位）率领十字军在东地中海阿克列登陆，迫使维吉尔卡米尔于 1229 年订立条约，承认腓特烈控制耶路撒冷，条件是该城市不设防，实行宗教自由。同时，阿尤布王朝为孤立小亚细亚的塞尔柱人，注意发展与尼西亚拜占庭流亡政府的关系。1233 年，阿尤布军队进攻小亚细亚东部遭到失败，拜占庭人趁塞尔柱军队于 1241 年南下侵入叙利亚之机在其后方空虚的小亚细亚西部发展势力。1250 年，马木路克王朝结束阿尤布王朝在埃及的统治，马木路克军队征服巴格达和大马士革，拜占庭人与阿尤布王朝的关系遂告中断。

丹尼斯曼第德斯王朝是统治小亚细亚卡帕多西亚地区的突厥人小

王朝,其鼎盛时期势力范围遍及艾利斯河流域,并以其创立者丹尼斯曼第德斯的名称命名。1085年,随着阿拉伯帝国的解体,小亚细亚陷入混乱,当地的突厥人建立若干小王朝,其中丹尼斯曼第德斯王朝在反对西欧十字军的斗争中逐渐兴起。1100年,该王朝军队在小亚细亚东部麦莱迪尼附近击败十字军,俘虏十字军领袖伯赫蒙德,将之囚禁在新凯撒利亚。这一胜利极大地提高了该王朝的地位和名声。此后,丹尼斯曼第德斯王朝控制小亚细亚大部,并干涉塞尔柱人内政。1134年,拜占庭人向卡帕多西亚地区扩张,与丹尼斯曼第德斯王朝发生冲突,双方进行多年拉锯战,互有胜负。12世纪中期,该王朝发生内乱,其领土四分五裂,拜占庭人乘机占领其大部分领土。12世纪下半叶,拜占庭皇帝曼努埃尔一世与该王朝订立同盟,企图利用重新崛起的丹尼斯曼第德斯王朝阻遏塞尔柱人扩张,但是,在1176年的米留克发隆战役中被击败。两年后,丹尼斯曼第德斯王朝也被灭亡。

罕丹尼德斯王朝是美索不达米亚地区的穆斯林王朝,10世纪中期以摩苏尔和阿勒颇为中心逐渐兴起。纳塞尔·阿·岛拉埃米尔统治时期,该王朝控制美索不达米亚大部。972年,阿布·塔夫利比埃米尔在抵抗拜占庭军队入侵中获胜,俘虏拜占庭统帅麦利亚斯,后者死于囚禁中。该王朝与拜占庭人关系极为紧张。976年,该王朝支持拜占庭叛将巴尔达斯反对中央政府的兵变,导致马其顿王朝皇帝举兵远征。944年,塞义夫·阿·岛拉埃米尔统治时期,拜占庭人大兵压境,迫使罕丹尼德斯王朝许多贵族逃离阿勒颇,只是由于该王朝挑起法蒂玛王朝和拜占庭帝国的争端,才化解了被灭亡的威胁。985年,拜占庭人再度远征西亚,塞义夫之子沙德·阿·岛拉以屠杀基督教徒作为报复。此后,拜占庭人离间该王朝和法蒂玛王朝的关系。1001年,法蒂玛王朝势力向北扩张,拜占庭皇帝瓦西里二世为集中兵力解决巴尔干地区保加利亚人的问题,遂抛弃昔日盟友,与法蒂玛王朝订立条约,致使罕丹尼德斯王朝迅速衰落,几乎被法蒂玛人灭亡。该王朝末代王室贵族纷纷流亡到拜占庭帝国,其中一些皈依基督教。

法蒂玛王朝是以穆罕默德的女儿法蒂玛之名命名的,909—1171

年统治埃及和北非。该王朝建立后，积极进行军事扩张，911 年在西西里与拜占庭军队发生冲突。为了阻止法蒂玛军队的进攻，拜占庭帝国驻西西里总督于 914—918 年同意向法蒂玛王朝提供 2.2 万金币的年贡，后被减少一半。946—958 年，两国经过和平谈判达成 3 次停战协议，967—975 年，双方又订立两项和解条约，主要涉及双方在西西里的利益分配。与此同时，法蒂玛王朝在叙利亚地区进行大规模扩张。10 世纪，拜占庭海军击败法蒂玛舰队，夺取克里特岛。987 年，拜占庭人取消对法蒂玛商人的贸易限制，允许他们在君士坦丁堡的清真寺内作祈祷。998 年，法蒂玛舰队击败拜占庭海军，迫使后者于 1001 年订立屈辱的 10 年和约。1015—1032 年，控制整个西亚地区的法蒂玛王朝迫害基督徒，使两国关系受到严重影响。此后，拜占庭帝国对亚洲进行远征，收复小亚细亚和叙利亚的失地，并于 1038 年与法蒂玛人订立 10 年和约，法蒂玛王朝被迫允许拜占庭人修复其在耶路撒冷等城市的教堂，允诺停止迫害基督徒。1048 年，和约到期后，双方重新续订和约。此后，在反对塞尔柱人扩张的斗争中，法蒂玛王朝和拜占庭帝国的关系得到改善。两国的外交往来一直保持到 1171 年法蒂玛王朝灭亡。

5. 与西欧国家关系

拜占庭帝国与意大利有千丝万缕的联系。古代罗马帝国在公元 3 世纪大危机以后，西部衰落，帝国政治中心东移。在 4—5 世纪日耳曼各部落入侵浪潮中，以意大利为中心的西罗马帝国最终灭亡。此后不久，东哥特人从巴尔干半岛渡海入侵意大利，于 493 年在拉文纳建立王国。查士丁尼一世统治期间发动对东哥特王国的长期战争。不久，伦巴第人从北部入侵意大利，建立独立国家。伦巴第人原为日耳曼人的一支，6 世纪初定居潘诺尼亚地区。540 年，查士丁尼与伦巴第人订立盟约，552 年，伦巴第王国派遣 5500 人参加拜占庭军队在巴尔干半岛的军事行动。568 年，由于阿瓦尔人侵袭，伦巴第人进入意大利。至 6 世纪末，伦巴第人在阿基鲁厄夫领导下正式建立王国。605 年，拜占庭帝国拉文纳总督与伦巴第国王订立停战协定。680 年，拜占庭人再度远征伦巴第人失败后，双方订立新条约。在此期间，西西里成为拜占庭人在意大利的重要中心，拜占庭政府将分散在意大利的小块领地合并为拉文纳总督区。751 年，伦巴第王国夺取拉文纳、罗马等城市，遭到法兰克王国打击。正是在法兰克人支持下，教皇国正式形成。774 年，查理曼征服伦巴第人。拜占庭人和伦巴第人再度合作，结为反法兰克人同盟。

876 年，拜占庭帝国应伦巴第人请求出兵抵抗阿拉伯军队的入侵，乘机于 891 年重新控制伦巴第地区，后联合教皇国、法兰克、伦巴第、威尼斯和那不勒斯等组成反穆斯林联盟。10 世纪初，阿拉伯海军从北非向意大利扩张，在亚平宁南端的加力格连诺山建立据点，不断骚扰周围地区，直接威胁意大利各派利益，拜占庭帝国在南意大利的领地也受到攻击。914 年，新教皇约翰十世（914—928 年在位）上任后立即推动反阿拉伯同盟的建立。拜占庭帝国驻巴里地区的总督暂时调整敌视罗马的政策，支持建立同盟。该同盟以教皇为首，包括拜占庭帝国、伦巴第各派、斯伯莱托侯国、那不勒斯和托斯坎尼地区各派。915 年，拜占庭人派舰队参加同盟军事行动，在教皇指挥下将阿拉伯人包围数月，并在阿拉伯人突围过程中重创敌军。

969 年，拜占庭人在意大利建立卡特潘纳特军区；1040 年，改设意大利大公，其辖区不包括西西里和卡拉布利亚。11 世纪意大利爆发反对拜占庭统治的巴里起义。1042 年，该城贵族阿基罗斯自立为意大利、卡拉布利亚、西西里和帕弗拉格尼亚大公，并在来自斯堪的纳维亚半岛的诺曼人帮助下宣布脱离拜占庭人控制。1045 年，他利用拜占庭皇室内部矛盾，与皇帝和解，并派兵前往君士坦丁堡，协助拜占庭政府平息内乱。1051 年，阿基罗斯被任命为拜占庭帝国驻伦巴第总督。此时，诺曼海盗渐成气候，1071 年，诺曼人占领拜占庭人在意大利南部的军区，罗基尔一世（1072—1101 年在任）统治时期又控制西西里，建立公国，并粉碎教皇巴里同盟的进攻，大举对外扩张。至 1072 年，诺曼人已完成对西西里全境的占领，利用拜占庭、德意志、阿拉伯、教皇国和伦巴第各派势力激烈斗争的复杂局面站稳脚跟，建立王国。此后，诺曼人以独立雇佣军团形式服务于拜占庭政府。1073 年，拜占庭皇帝在突厥入侵压力下，任命诺曼人卢塞尔为东方军队司令。同年，卢塞尔占据亚美尼亚军区，发动反叛，洗劫亚美尼亚和卡帕多西亚地区，掠夺人口，敲诈赎金。拜占庭人屡次镇压未果，诺曼人军队继续挺进，抵达博斯普鲁斯海峡，拥立约翰为帝。1074 年，拜占庭军队在尼科米底亚击溃诺曼军队，卢塞尔被俘。由于对他的处理涉及与诺曼王公的关系，故拜占庭政府允许其妻子以重金将他赎出。1075 年，卢塞尔返回亚美尼亚后建立独立国家，脱离拜占庭人控制，迫使拜占庭政府委派东部司令阿莱克修斯联合阿兰人将其再次擒获，最终平息叛乱。1081—1085 年，受雇于拜占庭帝国的诺曼人企图向巴尔干扩张，建立独立国家，遭到拜占庭皇帝阿莱克修斯的沉重打击；此后，他们积极参与十字军战争。1107 年，诺曼人首领伯赫蒙德再度进攻拜占庭帝国，被击败。12 世纪期间，许多诺曼贵族与拜占庭皇室和贵族成员联姻，并在拜占庭政府中供职。1147 年，西西里国王罗基尔二世（1130—1154 年在位）出兵洗劫希腊中部和伯罗奔尼撒半岛地区，将拜占庭帝国在莫利亚和科林斯的丝织业中心全部摧毁，将大批工匠掠夺到西西里，使拜占庭经济遭受严重打击；其丝织业由此一蹶不振，欧洲丝织业中心也因此转移到意大利。1149 年，其舰队甚至抵达君士坦丁堡城下。

　　11 世纪，拜占庭人在大举入侵西亚的塞尔柱人的进攻下节节败退，科穆宁王朝皇帝阿莱克修斯一世因此向教皇求援，希望后者派遣雇佣军协助抵抗塞尔柱人。1095 年 3 月，拜占庭特使拜见教皇乌尔班二世（1088—1099 年在位），请求西方各基督教国家出兵援助，反击塞尔柱突厥人。教皇利用这一时机，积极游说西欧各国封建主和广大信徒参加东征，解放被穆斯林占领的基督教圣地耶路撒冷。数以万计的狂热基督徒和数千封建骑士热烈响应教皇的号召，立即出兵，去实现他们攻城略地、发财致富的梦想，进而揭开了延续两个世纪之久的十字军战争的序幕。战争尚未开始，拜占庭人和十字军即展开争夺战利品的斗争，阿莱克修斯要求所有十字军领袖对他宣誓效忠，将新征服的土地归还拜占庭人。1097 年，拜占庭人和十字军联合进攻塞尔柱人，占领尼西亚，收复小亚细亚沿海地区。皇帝和十字军领袖就被占领地区的归属达成协议，确定原拜占庭领土将归还拜占庭帝国，或由承认皇帝宗主权的十字军领袖管辖，而皇帝应保证将十字军战士安全送过拜占庭领土；由皇帝担任进攻耶路撒冷的总指挥，并派遣拜占庭优秀将领率军参加联合行动。但是，由于十字军来自西欧不同国家，利益不同，意见不一，这一协议被许多将领拒绝。在围攻安条克的战役中，十字军将领伯赫蒙德私自行动，占领该城后违背协议，拒不归还安条克，甚至与拜占庭军队发生冲突，进攻君士坦丁堡，导致长期争端。1100 年，由伦巴第和法国贵族组成的十字军在博斯普鲁斯海峡受阻，又与拜占庭军队发生冲突。次年，十字军在小亚细亚遭到失败，西欧骑士迁怒于拜占庭人，指责阿莱克修斯将他们出卖给突厥人。此后，双方争夺战利品的斗争演化为对立和仇恨。1169 年，双方进行联合军事行动，但是，由于双方的分歧和相互猜疑，致使远征失败。1182 年春，拜占庭反对派军事领袖安德罗尼库斯起兵进攻首都，引发了君士坦丁堡反拉丁人起义。起义民众冲进拉丁商业区，屠杀拉丁人，捣毁拉丁商人的店铺，抢劫拉丁人财物，虐待罗马教皇派驻君士坦丁堡的红衣主教约翰，反拉丁人怒火得到彻底发泄，但迅即引起威尼斯、热那亚和比萨舰队对达达尼尔海峡和爱琴海沿岸地区进行袭击和屠杀。这个事件对拜占庭与西欧的关系产生深远的不利影响。1187 年，阿尤布王朝的萨拉丁收复大部分被十字军占领的土地，拜占庭政府及时调整对阿尤布王朝政策，寻求友好关系，为此，将德皇腓特烈·巴巴罗萨领导的十字军滞留在色雷斯地区，延缓其进军计划。1190 年，腓特烈在西里西亚落水身亡，其部队解散，其子亨利在 5 年后率德意志十字军企图报仇未果。拜占庭人与西欧十字军的对立关系在十字军攻占君士坦丁堡过程中达到顶点。1204 年以后半个多世纪，拜占庭人被迫流亡尼西亚，拜占庭帝国因此遭到致命打击，此后即衰落成为巴尔干半岛小国。

与此同时，热那亚、威尼斯、比萨等意大利航海共和国开始崛起，逐渐控制了东地中海贸易，对拜占庭人在该地区的权益构成巨大损害，最终取代拜占庭帝国在东地中海的霸主地位。热那亚位于意大利西北部热那亚湾海滨，4—5世纪开始发展成为拜占庭属地。642年，伦巴第人占领热那亚，拆除其城墙。10世纪以后，该城再度兴起。11世纪时，热那亚舰队击败阿拉伯人，控制撒丁岛，自此逐渐掌握西地中海制海权。热那亚人曾派13艘战舰组成的舰队参加十字军东征，攻击叙利亚和巴勒斯坦沿海地区。1155年，拜占庭皇帝曼努埃尔一世为牵制威尼斯人势力，授予热那亚人在君士坦丁堡建立商业特区等项贸易特权。此后，热那亚人与威尼斯和比萨人为争夺拜占庭商业权益展开激烈斗争，拜占庭人在斗争中与热那亚人保持友好关系。1201年，热那亚人获得新的特权，但是由于1204年第四次十字军占领君士坦丁堡而化为乌有。拉丁帝国统治时期，热那亚人与尼西亚的拜占庭流亡政府关系密切。1261年，两国再订《尼姆菲条约》以加强友好关系。同年，拜占庭人收复君士坦丁堡后，热那亚人遂取代威尼斯人在东地中海的地位。1284年，热那亚人击溃比萨海军，在君士坦丁堡郊区、多瑙河中下游流域、黑海和爱琴海各地建立商业殖民地，成为东地中海东方贸易中最强大的势力。1292年，威尼斯人展开对热那亚人的争霸战争，并迫使拜占庭人出让多项商业特权。为此，热那亚海军于1348年8月突然向拜占庭人发出最后通牒，而后发动袭击，击沉拜占庭舰只，封锁君士坦丁堡的海上出口，造成拜占庭首都严重饥荒。次年3月，热那亚共和国议会强迫其舰队与拜占庭人缔结和约，以便集中精力投入对威尼斯的战争。热那亚人在和约中对拜占庭人作出较大让步，但是，加拉大战争对拜占庭国家造成了巨大破坏。1352年，皇帝约翰六世与热那亚人订立新条约，扩大其在拜占庭帝国和东方贸易中的商业特权。1453年，热那亚人在君士坦丁堡郊区配拉建立的特区被土耳其人夺取。

比萨与拜占庭人的关系始于11世纪末。1111年，拜占庭皇帝阿莱克修斯与比萨订立防御同盟，授予比萨人在拜占庭帝国的商业特权：比萨共和国获得4%的拜占庭进口关税，条件是比萨缴纳给拜占庭政府一定数额的年贡，提供舰队保卫君士坦丁堡，在君士坦丁堡开辟比萨商业区。1163 年，君士坦丁堡的比萨舰队因支持德皇腓特烈·巴巴罗萨的十字军行动遭失败被取消，但是，1170 年重新建立。1182 年君士坦丁堡人民反拉丁人起义将比萨商业区破坏。1192 年，拜占庭皇帝依沙克二世续订两国盟约，并扩大比萨商业区的面积和权利，以此抵消威尼斯人的力量。1204 年第四次十字军夺取君士坦丁堡后，比萨人在拜占庭帝国的利益被彻底剥夺，威尼斯人取代比萨人的地位。1261 年，与比萨人关系密切的米哈伊尔八世重新入主君士坦丁堡，并恢复比萨人在拜占庭帝国的所有特权。但是，比萨的衰落使其地位下降。1439 年，比萨人的特权全部转归佛罗伦萨共和国，只在君士坦丁堡北部沿"黄金角"海湾保留一块商业区。

威尼斯对拜占庭帝国的衰落发挥过重要作用。威尼斯城位于意大利北部亚得里亚海沿海，始建于 421 年，6 世纪伦巴第人入侵意大利时，成为难民集散地，发展迅速。其时，威尼斯为拜占庭拉文纳总督的管辖区。751 年，拉文纳失陷后，威尼斯由君士坦丁堡直辖。810 年，法兰克军队进犯威尼斯遭到失败，拜占庭和法兰克两国君主订立《亚森条约》，确定威尼斯为拜占庭领地。此后，威尼斯由地方贵族统治，承认拜占庭皇帝的宗主权，并由拜占庭政府官员实行监督。9 世纪，威尼斯人依靠其日益增长的经济实力，逐渐摆脱拜占庭帝国控制。独立后，威尼斯共和国航海业迅速发展，首先控制亚得里亚海制海权和海上贸易，并在反对阿拉伯人的海战中发挥重要作用。在此期间，威尼斯人向拜占庭帝国进行经济扩张，控制拜占庭人的谷物市场。992 年，拜占庭皇帝瓦西里二世给予威尼斯商人贸易特权，以换取威尼斯的海上援助。1082 年，皇帝阿莱克修斯为了同样的目的授予威尼斯商人以更多的贸易特权，使之获得在君士坦丁堡建立威尼斯商业区、征收部分关税以及在科林斯等拜占庭重要海港自由进出的权利。这些特权对拜占庭国际商业产生了极为严重的影响，加剧了双方的矛盾冲突。1171 年，拜占庭皇帝曼努埃尔将威尼斯人驱逐出君士坦丁堡，没收其财产，进而支持热那亚和比萨等其他意大利航海共和国排挤威尼斯人。

为此，威尼斯人利用第四次十字军对拜占庭帝国进行报复。在拉丁帝国统治期间，威尼斯人获得拜占庭帝国全部商业利益，控制了整个爱琴海和东地中海以及黑海航道，并在君士坦丁堡建立繁华的商业特区。此后，威尼斯人在东地中海贸易中的势力和权益达到最高点。在拜占庭帕列奥列格王朝统治时期，威尼斯和拜占庭两国关系变得极为复杂且极不稳定。衰落中的拜占庭帝国力图借助威尼斯、热那亚和比萨等强大势力苟且偷生，在大国之间保持中立。拜占庭人与威尼斯人多次缔结盟约，直到 14 世纪奥斯曼土耳其人开始其征服巴尔干的军事入侵以后，拜占庭人更积极推行与威尼斯结盟政策。1423 年，威尼斯人购买塞萨洛尼基城，但 7 年后即被土耳其攻占。

拜占庭帝国与德意志关系曲折复杂。德意志是在法兰克加洛林帝国分裂后形成的东法兰克王国基础上发展而来，拜占庭人称之为阿拉曼尼人。962 年，德王奥托一世（936—973 年在位）成为"神圣罗马帝国"皇帝后遭到拜占庭皇帝坚决否认，并始终称之为"法兰克国王"。此后，德意志君主在意大利的扩张行动与拜占庭人在亚平宁半岛的利益发生冲突，拜占庭皇帝尼基弗鲁斯二世因此支持伦巴第君主抵抗德意志军队。为了抵御德意志对拜占庭巴尔干和意大利领土的进攻，拜占庭人与阿拉伯人结盟，打击德意志军队。967 年，奥托一世遣使君士坦丁堡，请求拜占庭皇帝将公主嫁给其子奥托二世，企图通过合法途径获得拜占庭皇位继承权。拜占庭皇帝尼基弗鲁斯对此未予答复，使奥托极为恼怒，进兵意大利巴里，以示威胁。968 年 6 月，奥托派遣特使留特布兰德主教赴君士坦丁堡，继续向拜占庭提出结亲要求，再遭失败。972 年，拜占庭皇帝约翰一世为了阻止保加利亚人与奥托订立短期盟约，积极促成奥托二世与拜占庭公主的联姻。此后，亲拜占庭人的奥托三世（983—1002 年在位）积极发展两国友好关系，文化和经济往来非常频繁，双方的政治联盟得到巩固。两国于 11 世纪中期建立反诺曼人同盟，拜占庭皇帝曼努埃尔一世还娶德意志公主贝尔莎为妻以巩固联盟。但是，由于德皇腓特烈·巴巴罗萨（1152—1190 年在位）的扩张政策，两国关系恶化。拜占庭人积极支持伦巴第人抵抗德意志入侵，为意大利反德斗争提供财政资助。1195 年，腓特烈之子亨利六世(1165—1197 年)率领德意志十字军东征，为报父仇，亨利威胁进攻拜占庭人，迫使拜占庭皇帝阿莱克修斯三世同意以金钱换取和平，因此在国内征收"德意志贡赋"(希腊语音译为阿拉曼尼孔)。为了夺取或控制拜占庭领土，德王士瓦本的菲利普(1198—1208 年在位)娶拜占庭公主伊琳尼，并积极推动第四次十字军夺取君士坦丁堡。14—15 世纪，德意志和拜占庭帝国均处于政治衰败时期，双方于 1434 年前后订立的同盟也没能发挥作用。

拜占庭人与加泰罗尼亚人之间的联系从 12 世纪中期开始，当时，拜占庭帝国皇帝曼努埃尔一世积极推行王朝扩张政策，发展与欧洲各国王室关系，1180 年 3 月，他促成皇子阿莱克修斯二世与法国公主阿吉尼斯的婚姻，而后又安排其侄女尤多西亚和阿拉贡国王的兄弟、普罗旺斯公爵拉蒙的婚事。两国间的外交关系于 13 世纪末趋于紧张，1282 年"西西里晚祷"事件爆发后，阿拉贡和加泰罗尼亚联手控制西西里。1315 年，加泰罗尼亚人继续扩张，在拜占庭帝国伯罗奔尼撒登陆，并占领莫利亚，直到被法国勃艮第伯爵路易击败后，拜占庭人方暂时摆脱加泰罗尼亚人的骚扰。14 世纪，奥斯曼土耳其人在小亚细亚的军事扩张迫使拜占庭皇帝安德罗尼库斯二世雇佣加泰罗尼亚士兵。1304 年，雇佣兵在小亚细亚击败土耳其人，部分恢复拜占庭帝国失地。次年，雇佣兵领袖罗吉尔在亚得里亚堡被害，加泰罗尼亚人立即起义洗劫拜占庭腹地，并控制雅典和提比斯岛。1351 年，拜占庭人参加阿拉贡、加泰罗尼亚和威尼斯联盟；次年，该联盟舰队在博斯普鲁斯海峡击败热那亚海军。此后，加泰罗尼亚人逐渐退出东地中海的角逐，其与拜占庭人的关系遂中断。

6. 与奥斯曼土耳其人和远东国家的关系

土耳其人也称为突厥人，长期活动在里海西岸和阿尔泰山脉地区，11 世纪以后土耳其专指今土耳其共和国范围。中古时期，突厥人的不同部落曾西迁进入欧洲，或作为游牧部落定居在东欧，或作为雇佣兵参加欧洲国家间战争。568 年，突厥汗王向君士坦丁堡派遣使节，请求与拜占庭人建立反波斯同盟，得到积极响应。次年，拜占庭使节泽马尔豪斯应邀回访，双方达成协议。960 年，中亚卡什加尔地区的突厥人最先接受伊斯兰教，并向西迁徙，其中一支称帕臣涅格人，在多瑙河下游地区与拜占庭人接触频繁。1055 年，占领巴格达的塞尔柱突厥人部落进攻拜占庭军队。1071 年，素丹阿尔伯·阿斯兰（1063—1073 年在位）在曼茨克特战役中取得重大胜利，重创拜占庭军队。12世纪，突厥人占领小亚细亚，建立许多罗姆素丹小国，其中比较强大的丹尼斯曼第德斯王朝于 1176 年击败拜占庭军队，迫使拜占庭皇帝曼努埃尔一世承认其占领的合法性。13 世纪蒙古西侵后，突厥人大量涌入小亚细亚，不断侵蚀拜占庭帝国小亚细亚领土。当时，拜占庭国家已经衰落，极力寻求与突厥人结好。

　　13 世纪期间，奥斯曼土耳其人从小亚细亚众多突厥小国中逐渐脱颖而出迅速兴起。14 世纪前半期，奥斯曼土耳其国家发展迅速，奥斯曼一世（1282—1326 年在位）及其子乌尔罕（1326—1362 年在位）率军从布鲁萨城和科迪亚乌姆城之间的平原地区向外扩张，逐步完成对小亚细亚最重要的核心地区的征服。1326 年，乌尔罕乘帕列奥列格王朝内战之机，夺取重镇布鲁萨城，并迁都于此；而后，夺取当地最重要的城市尼西亚和尼科米底亚。至 14 世纪中期，奥斯曼土耳其人已经控制了黑海、马尔马拉海和爱琴海沿海和小亚细亚西北地区，奠定了奥斯曼土耳其帝国发展的基础。14 世纪后半期，奥斯曼土耳其势力又扩大到欧洲，并完成对整个小亚细亚地区和巴尔干半岛部分地区的占领。1345 年，拜占庭贵族约翰·坎塔库震努斯为战胜政治对手而与乌尔罕结亲。同年，6000 名奥斯曼土耳其雇佣军进入欧洲，标志着奥斯曼土耳其人开始征服东欧。1348 年、1350 年、1352 年和 1356 年奥斯曼土耳其 4 次大规模增兵，控制色雷斯南部地区。在穆拉德一世（1362—1389 年在位）统治时期，奥斯曼土耳其利用巴尔干各国衰落和相互矛盾冲突之机，逐步控制巴尔干半岛。1361 年，攻克君士坦丁堡西部战略重镇亚得里亚堡，继续向北征服整个色雷斯地区，并将奥斯曼帝国首都从布鲁萨迁至亚得里亚堡。而后他征服匈牙利、保加利亚等国，在 1371 年马利卡河战役中，以少胜多，击溃塞尔维亚、匈牙利和瓦兰吉亚联军，续而在萨莫科夫战役击败塞尔维亚和保加利亚联军。1389年，奥斯曼土耳其人在科索沃战役中击溃塞尔维亚、波西尼亚、阿尔巴尼亚和瓦兰吉亚等巴尔干国家结成的"拉查尔同盟"7 国联军，粉碎了巴尔干国家最后的抵抗。素丹巴耶札德(1389—1402 年在位)统治时期，原拜占庭帝国疆域几乎全部落入土耳其人之手。巴耶札德迫使包括拜占庭皇帝在内的各国君主臣服，向他称臣纳贡，送子献女作为人质或妻妾，他则以宗主身份发号施令，左右各国朝政，决定君主兴废。1396 年，巴耶札德在多瑙河南岸的尼科堡战役中，击溃由匈牙利国王希格蒙德(1387—1437 年在位)统率的由威尼斯、热那亚、匈牙利、法、英、德、波兰和勃艮第等国组成的欧洲十字军，确立了奥斯曼土耳其帝国不可动摇的国际地位，也为灭亡拜占庭帝国做好了准备。

正当巴耶札德踌躇满志、雄心勃勃准备完成奥斯曼土耳其帝国的伟大事业之际，西侵的蒙古军队在帖木儿(1370—1405 年在位)率领下击败奥斯曼土耳其军队。1401 年，帖木儿联合拜占庭皇帝约翰七世和热那亚人共同打击巴耶札德，并于 1402 年安卡拉战役击败巴耶札德。被土耳其人统治的各国纷纷起义，脱离奥斯曼土耳其帝国，拜占庭人因此得到解救。但是，拜占庭国家气数已尽，在最后半个世纪没有采取任何自救图强的措施，终于 1453 年 5 月被灭亡。

拜占庭帝国与我国古代王朝的交往持续不断。现代考古学在原拜占庭帝国境内发掘的大量我国古代文物和在我国发现的大量拜占庭金币、文物都证明两国之间曾存在长期联系。在我国古籍中，拜占庭帝国被称为"大秦"和"拂菻"。在拜占庭文献中，我国则被称作"秦尼扎"、"赛林达"和"塞纳"等。据文物和文献提供的证据表明，4 世纪拜占庭帝国建立之初，中、印两国即派遣使节前往祝贺，只是后人怀疑他们是企图从中渔利的商人而未加注意。此后，双方官方和民间的往来不断，屡屡见于两国古籍的记载。直到 6 世纪，出现了两国商业和文化交流的第一次高潮。查士丁尼一世统治时期，我国的养蚕丝织技术由两名僧侣传入拜占庭帝国，使拜占庭帝国成为西方最早的丝织业大国，对其经济发展和物质生活产生重要影响。同时，拜占庭人的玻璃制造技术也通过印度北部小国传入我国。我国隋唐时期与拜占庭之间的联系通过传统的陆海丝绸之路进一步加强，双方加深了相互了解。拜占庭作家哥斯马斯在其著作中对我国的政治斗争和经济文化生活有生动的记述。唐代作家杜环在其《经行记》中对拜占庭社会风土人情记载翔实准确，使后人推测他曾亲身游历拜占庭帝国各地。这些文献证明两国间的交往在唐代出现了第二次高潮。在我国西安出土的《大秦景教流行中国碑》证明基督教聂斯脱利派教徒早在唐初即在我国传教，与此同时，拜占庭基督教僧人也到达我国西部传教，被我国古代作家称为"大德僧"。13世纪，我国回教徒扫马受元朝派遣从北京出访西亚各国，在君士坦丁堡受到拜占庭帝国帕列奥列格王朝皇帝安德罗尼库斯二世的热情款待，使两国之间的交往出现第三次高潮。拜占庭人与古代中国的交往是古代东西文化交流的重要内容，也是古代国际关系的重要组成部分。

拜占庭帝国军事和外交活动十分活跃，长期扮演着欧洲地中海世界的主角。但军事和外交只是其国内政治和经济的延伸部分，随着帝国实力的变动发挥辅助作用。当其内政有序充实时，军事和外交也表现得十分强势，反之则屡屡失败，以至于衰亡时期的拜占庭国家几乎没有军事和外交可言。"弱国无外交"的道理在拜占庭历史上表现得特别清晰。

第五章　文化生活

　　拜占庭文化随着拜占庭帝国历史的曲折变迁而大体经历了产生、发展、繁荣和衰落中的复兴几个阶段。拜占庭文化来源于古代的希腊罗马文化。早在330年东罗马帝国出现以前，地中海东部就形成了有别于西部帝国的文化发展趋向，在那里无论是文化的载体和传播工具，还是文化的思想倾向和价值标准都与西部帝国有区别，因此也为拜占庭文化的独立发展奠定了基础。

　　拜占庭文化的发展是其历史发展的重要部分，或者说拜占庭文化随着其历史的演化经历了曲折的发展道路。从4世纪上半叶到6世纪末的250余年，是拜占庭帝国通过一系列行政和经济改革修复公元3世纪大危机造成的巨大破坏的过渡时期。这次危机使帝国社会生活水平全面下降，文化倒退，作为文化创造和消费主体的居民普遍贫困化，文化活动的中心城市普遍衰败，政治动乱和外敌入侵使文化活动无法进行。君士坦丁一世重新统一帝国后，全面恢复文化活动，支持和发展文化事业。但是，这个时期的皇帝对发展何种文化和如何发展文化尚未找到答案，还没有确定拜占庭文化的发展方向。君士坦丁虽然制定了宽容基督教的政策，并赋予基督教实质上的国教地位，但是，他同时大力支持世俗文化的发展，他本人直到临终时才正式皈依基督教。皇帝朱利安推行多神教政策，全面复兴古典希腊罗马文化。在这个长期的过渡时期，拜占庭文化处于选择和试验的阶段，如同拜占庭统治阶级在改革中寻求适合新形势的政治经济制度一样，拜占庭文化也在寻求发展的道路，确定发展的方向。查士丁尼时代是拜占庭文化最终形成的时期，是拜占庭文化确定了以古典希腊罗马文化为基础、并在基督教思想原则指导下获得发展的关键阶段。从本质上讲，基督教信仰原则与古典的世俗文化相对立。古典文明强调人性和理性。但是，拜占庭帝国特殊的历史背景和教、俗统治阶层的关系决定了在这种特殊环境中，这两种对立事物的统一，即在皇帝控制下使古典文化和基督教信仰有机地结合在一起。

　　6 世纪以后，拜占庭文化进入迅速发展的阶段，在早期拜占庭历史阶段积累的教、俗文化内容为这一阶段的发展准备了丰富的素材。晚期罗马帝国统治时期，特别是 3 世纪帝国大危机造成的破坏得到恢复后，拜占庭文化以教、俗文化结合的形式不断发展。在语言方面，希腊语逐步取代了拉丁语的统治地位，使拜占庭文化赢得当地希腊化各族民众更广泛的认同。在文学和史学领域出现了具有拜占庭文风的作品，一批博学的基督教作家构成了拜占庭文史哲创作群体，拜占庭艺术也在古代东西方文化影响下形成了具有强烈抽象色彩的特点。伊拉克略时代推行的军区制改革不仅缓解了周边外敌入侵的危机，为此后拜占庭国家的强盛提供了保证，而且也为拜占庭文化的发展提供了有利的环境。这一时期拜占庭文化发展的主要特点是基督教精神对社会生活的全面渗透，基督教在社会公共活动和思想观念方面占据主导地位，教会通过教堂、修道院和慈善机构扩大影响，通过吸引有文化传统的知识界向社会传播灌输基督教价值观和行为准则，因此，新的文化形式不断变革，颂歌、赞美诗、韵律诗、教会史和圣徒传记大量涌现，同时，也出现了艺术和建筑的新风格。以庞大的中央集权官僚体制和核心家庭为主要因素的社会生活决定着人们生活习俗的形成，在拜占庭帝国中期历史上有官僚贵族而没有骑士贵族，有发达的城市文化而没有西欧流行的庄园文化。这一阶段大体又经历了 250 年。

　　拜占庭文化的黄金时代是在马其顿王朝统治时期前后出现的，大约历时 250 年。马其顿王朝统治时期是拜占庭历史上最强盛的时期，国家政治局势稳定，经济比较繁荣，对外战争屡屡获胜，社会物质生活昌盛，为拜占庭文化进入发展的鼎盛阶段提供了有利条件。拜占庭文化黄金时代的主要特征是社会生活有序进行，在中央和地方管理制度中完善协调各级官员的等级身份制度，在税收体制中采用中央监控的税收法，在军事建设方面推行军事立法和战略战术研究，在农业中推行发展小农经济的农业立法，在商业贸易和城市中实行"行会"组织化管理。这个时期在各个文化领域涌现出许多名垂青史的作家，其中首推皇帝君士坦丁七世，他的作品涉及帝国发展的政治理想、皇家生活的模式礼仪、文史和立法等方面。正是在皇帝们的支持倡导下，拜占庭学者对知识和学术的各个领域展开系统的研究和整理，不仅古典文化的整理注释出现了前所未有的进展，而且宗教学术的探讨在宽松的气氛中取得了丰硕的成果。长期以来，现代拜占庭学界将马其顿王朝时期的文化繁荣现象称作"马其顿文艺复兴"，近年来又改称为"马其顿文化繁荣"，这是对当时情况的正确称呼。

11世纪末以后的370余年是拜占庭国势逐渐衰落的阶段，处在动荡不安环境中的拜占庭知识界一方面从历史中回忆昔日帝国的光荣、寻求挽救帝国大厦于不倒的救国良策，另一方面在回忆过去辉煌历史中从各个领域复兴文化、抵抗凭借强权和武力侵入拜占庭帝国的敌对文明，文化救国是这个时代知识分子的共同追求。无论是在科穆宁王朝和尼西亚帝国时期还是在帕列奥列格王朝时期，文化复兴的现象表现得十分明显，以佛条斯和普塞罗斯（Psellos，1018—1081）为代表的一批知识界精英在哲学、文学、法学、史学和艺术的各个领域展开全面的复古活动，力图用古代文化弥合日益涣散的民心，唤起民族自信心。在创作中，古典文化中自然主义的风格在表现人和物上反映得更明显。布雷米狄斯为首的尼西亚帝国知识界在复兴古代文化中表现了更大的勇气和耐心，他们以极大的努力收集和复制的古代手稿，弥补和恢复了拉丁骑士攻占君士坦丁堡对拜占庭文化所造成的巨大破坏。帕列奥列格时期的文化复兴伴随着强烈的民族主义思想和富国强兵的梦想，中央集权的削弱似乎也有利于学术的自由发展，知识分子们结成各类文化团体，各自有计划地从事收集整理古代书稿的工作，开展对古典文学、哲学、天文学和医学的研究，其中最有影响的代表人物是普来松。虽然拜占庭知识界在挽救持续衰落的帝国过程中所起的作用并不显著，但是他们的文化复兴运动却有效地防止古典作品在战乱环境中遭到更多破坏，对意大利文艺复兴意义重大。

拜占庭文化千余年的发展过程使其内容极为丰富，尤其在教育、文学和史学、造型艺术、法学、哲学和神学等方面成就突出。

第一节 教育

拜占庭人的教育方式主要沿袭古典希腊罗马的和基督教的传统，强调对基本语言的掌握和对经典文本的准确记忆，在此基础上以基督教思想原则为指导，对古代文明遗产进行深刻的信仰诠释。这种对两个似乎对立文化因素的结合是7世纪以前拜占庭教育的特点，它导致相应的拜占庭教育方法和内容的产生。7世纪以后，拜占庭教育方式发生了较大的变化，教会一度垄断了教育事业，世俗教育大都由私人教师和父母在家庭中进行。直到毁坏圣像运动以后，教、俗教育才重新获得了同步发展的机会。就拜占庭教育中心的分布情况看，巴尔干半岛南部的伯罗奔尼撒和阿提卡地区、意大利南部地区以古典文化教育为特点，君士坦丁堡和拜占庭帝国所辖西亚的安条克和巴勒斯坦地区以基督教教育为特点，而埃及和北非地区则以综合两种教育为特点。9世纪中期以后，拜占庭帝国摄政王巴尔达斯（Bardas，？—866）建立国立学府再度使教、俗教育进入快速发展的阶段。此后，首都君士坦丁堡一直是拜占庭帝国最大的教育中心，其教育水平在欧洲和地中海世界首屈一指。13世纪前半期，拉丁帝国的统治对拜占庭教育是沉重的打击，迫使其中心一度转移到流亡政府所在地尼西亚。拜占庭人重新恢复对君士坦丁堡的控制以后，拜占庭教育迅速发展，特别是在末代王朝帕列奥列格王朝兴起的"文化救亡"活动中，教育发挥了重要作用，其影响与拜占庭国家衰亡形成反比；此后，教育中心逐渐转移到意大利，为意大利文艺复兴运动培养了大批人才。①

拜占庭人继承古代希腊罗马文化，也继承古希腊人重视教育的传统。拜占庭文化的高度发展与其完善的教育制度有直接联系。在拜占庭帝国，接受良好的教育是每个人的愿望，而缺乏教养被普遍地认为是一种不幸和缺点，几乎每个家庭的父母都认为不对子女进行适当的教育是愚蠢的行为，被视为犯罪；只要家庭条件许可，每个孩子都会被送去读书。公众舆论对没有经过系统教育的人进行辛辣的嘲讽，甚至有些行伍出身未受到良好教育的皇帝和高级官吏也会因为缺乏教养而遭到奚落。良好的社会氛围有助于拜占庭教育长期保持高水平，在拜占庭帝国千年历史期间，拜占庭首都和各大城市成为最重要的教育中心。

拜占庭帝国社会各阶层均有受教育的机会，王公贵族的子弟几乎都有师从名家的经历。4—5世纪最著名的拜占庭学者阿森尼乌斯(Arsenius，354—445)受皇帝塞奥多西一世之聘进宫教授两位皇子，9世纪的大学者和君士坦丁堡大教长佛条斯曾任皇帝瓦西里一世子女的宫廷教习，11世纪拜占庭学界顶尖人物普塞罗斯是皇帝米哈伊尔七世的教师，皇帝利奥一世甚至为其女单独聘请宫廷教师。社会中下层人家的子弟虽然不能像上层社会子弟那样在家中受教育，但也有在学校学习的机会。我们所知道的许多学者作家都是出身社会下层，其中一些没有进过学堂靠自学成才，例如4世纪最重要的修辞学家利班尼奥斯(Libanios，314—393)即是自学成名。②

---

① 拜占庭教育史是目前拜占庭学研究中的薄弱环节，尚无专题著作，但是，不乏优秀论文，参见 G. Buckler, Byzantine Education, in N. H. Bayness ed., *Byzantium: An Introduction to East Roman Civilization*, Oxford 1961, chp. 7. 参见［英］N·H·拜尼斯主编：《拜占庭：东罗马文明概论》，陈志强、郑玮、孙鹏译，郑州：大象出版社，2012年版，第179～202页。

② 一般的说法认为，他是靠自学成才，但是，最近有学者提出他曾在安条克和雅典接受过教育，354年返回家乡安条克，著书立说，教书育人，直至去世。参见 J. H. W. C. Liebes-chuetz, *Antioch: City and Imperial Administration in the Later Roman Empire*, Oxford, 1972.

一、学生

儿童教育从 6～8 岁开始，孩子们先进入当地的初级学校学习语言。语言课首先包括希腊语音学习，以掌握古代语言的正确发音和拼写方法为主。10～12 岁时，学生们开始学习语法，语法课的目的是使学生的希腊语知识进一步规范化，使之能够使用标准的希腊语进行演讲，能准确地用希腊语读书和写作，特别是学会用古希腊语思维，以便日后正确解读古代文献。语言课包括阅读、写作、分析词法和句法，以及翻译和注释古典文学的技巧。早期拜占庭教育和学术界尚古之风极盛，普遍存在抵制民间语言、恢复古代语言的倾向，因此，语言课的教材主要是古典作家的经典作品，如《荷马史诗》等。此外，语言教材还包括基督教经典作品和圣徒传记。语言课除了读书，还包括演讲术、初级语言逻辑、修辞和韵律学，但这种语言课一般要在 14 岁左右才开始进行。修辞和逻辑课被认为是更高级的课程，安排在语言课之后，使用的教材是亚里士多德和其他古代作家的作品，《圣经·新约》也是必不可少的教材。逻辑学教育通常与哲学教育同时进行，属于中级教育的内容。

中级教育之后，学生分流，一部分进入修道院寻求"神圣的灵感"，而另一部分则进入大学继续深造。值得注意的是拜占庭人对拉丁语和"蛮族"知识的排斥，利班尼奥斯即声称不学"野蛮的"拉丁语，在塞奥多西二世任命的君士坦丁堡大学教授中，希腊语教授远远多于拉丁语教授。总之，4 世纪以后，拜占庭帝国教育界使用的语言是希腊语，拉丁语则保留在法律文献和实用技术领域中，在拜占庭帝国众多教育和学术中心的名单里，贝利图斯法律学校是唯一的拉丁语言中心。[①]

在初级语言、逻辑和哲学教育的基础之上，学生们要在大学里接受高级修辞学和哲学以及"四艺"教育，即算术、几何、音乐、天文的学习。高等修辞课主要通过阅读古代作品来完成，学生们被要求背诵

---

① P. Collinet，*L'ecole de droit de Beyrouth*，Paris，1925，chp. 2.

古希腊文史作品，并按照古代写作规范和文风写论文或进行演讲练习。读书是学习的主要方式，例如在哲学课程中，学生必须通读亚里士多德和柏拉图以及新柏拉图哲学家的全部著作，[①] 还要背诵希腊文本。[②]基础教育的目的是培养完善的人格，造就举止优雅、能说会写的人，而高等教育的目的是培养探索真理和传播真理的人。拜占庭大学教授们认为，探索和传播真理的人首先必须是了解和掌握所有知识的人，因此在大学里，学习必须是全面的，无所不包的。普塞罗斯曾自豪地说他已经掌握了哲学、修辞学、几何学、音乐、天文学和神学，总之"所有知识，不仅包括希腊罗马哲学，而且包括迦勒底人、埃及人和犹太人的哲学"[③]。这种教育应囊括知识所有分支的思想体现在教育的全过程中，基础教育更重视百科式的教育，我们今天使用的"百科全书"一词来源于拜占庭人基础教育的概念。[④] 法律、物理和医药学虽然属于职业教育的内容，但是学生们在大学中可以自由学习。据记载，佛条斯、普塞罗斯等大学者都对医学有相当的研究，能够准确诊断出疑难病。无论主张教育分为"百科式基础教育"、"语法教育"和"高级学问"3阶段的普塞罗斯，还是主张各级教育都应包罗万象的马克西姆（Maximos the Confessor，580—662）都认为探索真理必须首先了解所有知识，因此大学生应学习文学、历史、算学、几何学、地理学、天文学、修辞学和哲学，而神学学习应贯穿教育过程的始终。

　　一般而言，立志读书做官的人必须经过系统的教育，他们首先要接受基础教育，而后在贝利图斯等地的法律学校通过拉丁语言和法律课

---

　　① 柏拉图（Plato，前428—348/347）为古希腊三大哲学家之一，与苏格拉底和亚里士多德共同奠定了西方文化的哲学基础，其"理念学说"和"灵魂论"对中世纪欧洲精神生活影响深刻。新柏拉图主义形成于公元3—6世纪，它将柏拉图哲学发展成为以"一"为最高层次的世界等级体系理论，因而为基督教神学所接受。参见柏拉图：《理想国》，郭斌和等译，北京：商务印书馆，1997年版。另见吕大吉：《西方宗教学说史》，北京：中国社会科学出版社，1994年版。

　　② 指《圣经·新约》前4篇，即马可、马太、路加、约翰福音书。

　　③ 转引自［英］N·H·拜尼斯：《拜占庭：东罗马文明概论》，陈志强、郑玮、孙鹏译，第205页。

　　④ Encyclopaedia 一词来源于希腊语 Εγκυκλοπαίδεια，为 Εγκύκλο、παίδεια 两词的合成词，前者意为"包含各学科"，后者意为"教育"，反映出拜占庭人的教育思想。

程，毕业后最优秀的学生将继续在君士坦丁堡大学学习，这些学历是普通人仕途升迁必不可少的条件。而希望在法律界发展的学生必须经过良好的基础教育和贝利图斯法律学校的专门教育，他可以不像其他学生那样从事体育锻炼，也不必取得戏剧课程的成绩。神学课是所有学生的必修课，但是，专门的神学研究不在学校而是在教会和修道院里进行，对神学问题感兴趣的学生将在修道院里继续深造。拜占庭基础教育和大学教育的内容相互交叉，只是深浅程度不同而已。有些学者既是大学教授，也是普通学校教师。例如，4 世纪的学者瓦西里（Basil the Great，329—379）在雅典大学教授语法、政治学和历史，同时在当地的职业学校担任算学和医学教师，他还是某些贵族的家庭教师。[①]

二、学校

拜占庭教育机构大体分国立和私立两种，前者包括大学、普通学校，后者只包括普通学校和私人家教。国立学校早在君士坦丁一世统治时期就已经出现，正式的大学则是出现在塞奥多西二世时期。国立学校教师由政府支付其薪俸，而私人教师则以学生缴纳的学费为生。11—12 世纪的拜占庭作家安娜·科穆宁娜在其《阿莱克修斯传》中描写农村人为送子读书而出卖家中牲畜的事例，反映了拜占庭普通民众重视教育的情况。中央政府在国立君士坦丁堡大学任命 10 名希腊语言教授、10 名拉丁语言教授、10 名希腊语演说术教师和多名法学家及哲学家任教。这些学者使该大学成为中古时期地中海和欧洲地区最好的学府。除了首都的国立大学外，在安条克、亚历山大等地也建立了国立高等学府，其中雅典学院以其高深的哲学成就著名，加沙学院以修辞学见长，贝利图斯学校则以法学著称于世。

拜占庭各类学校普遍采取古希腊人的教学方法，提问讨论为主，讲授为辅。学生一般围坐在教师周围，或席地而坐，或坐于板凳上，使用的教材放在膝盖上。教师主要是就教材的内容提出问题，请学生

---

① 参见 M. M. Fox，*The Life and Times of Basil the Great as Revealed in His Works*，Washington DC，1939.

回答或集体讨论。阅读和背诵是基础教育的主要方式，而讨论是高等教育的主要学习方式。在中小学，教师经常使用鞭打等形式的体罚督促学生用功学习，最严厉的惩罚是停止上课和开除学籍。在学生中不乏专事玩耍、声色犬马的贵族子弟，国立学校教师对他们严格管教，而私人教师顾及自己的衣食问题而不加过问。教师的水平、声望、讲授艺术决定听课学生人数的多寡，好教师能够吸引众多学生，像普塞罗斯教授的班上就有来自英格兰、阿拉伯、埃塞俄比亚、波斯和两河流域的学生。教学效果是衡量教授水平的唯一标准，而所谓的效果则是看是否培养出杰出的学生。在课堂上，教师要求学生精力集中，不许迟到早退，不许打瞌睡，学习态度要认真，禁止随便提出愚蠢的问题。教师负责组织课堂活动，或要求学生大声朗读和背诵，或要求学生写作和讨论，教师经常提问，但是更多情况下是回答学生的问题。在一份保存至今的 11 世纪的教学材料上，有关于希腊语语法课、修辞学课、物理课、柏拉图和新柏拉图哲学课的思考题和答案。

学生的作息时间由各学校自己安排，例如，贝利图斯法律学校的课程大多安排在下午，上午的时间留给学生读书预习，准备下午课上讨论的发言提纲。学生中午在学校吃饭，自备饭菜，富有的家庭可以安排家仆送饭。在教育子女成才方面，拜占庭父母们付出的心血绝不比今天的父母少，我们在 8—9 世纪的圣徒传记中经常读到母亲每天早上送子上学的记载。有些名牌学校还为远离家乡的学生提供住宿条件，他们又依据各自家庭的经济实力决定由几个同学合住。一般情况下，学生同时学习三四门课程，学习和练习都在课堂上完成，几乎没有家庭作业，但是，学生读书的任务量很大，他们可以在大学、普通学校、修道院、教堂、公共图书馆和私人藏书处借阅。

学校既是教育场所，也是研究学问的地方，教学互长，师生共进。最著名的教育中心同时也是学术中心。在拜占庭帝国各地兴起许多集教育和学术研究为一体的机构。据考古和文献资料提供的证明，后人了解到，除了君士坦丁堡外，雅典是古希腊哲学和语言文学的教育中心，埃及亚历山大是"所有科学和各类教育"的中心，贝利图斯是拉丁语和法学教育的中心，塞萨洛尼基是古代文学和基督教神学的教育中心，加沙和安条克是古代东方文学和神学的教育中心，以弗所和尼西亚是基督教神学教育中心。查士丁尼法典记载，当时拜占庭帝国"三大法学中心"，包括君士坦丁堡、罗马和贝利图斯，规定所有政府官员和法官律师必须获得有关的学历才能任职。据记载，在贝利图斯法律学校中，教师使用拉丁语法教材，但是完全用希腊语讲授，主要是介绍各派理论和观点，并在对比中作出评价，然后引导学生展开讨论。各个学校均设立图书馆，例如君士坦丁堡大学图书馆藏书 12 万册，藏书数量仅次于亚历山大图书馆。

拜占庭帝国的国立、私立和教会 3 类学校在拜占庭教育事业中均占有重要地位。教会学校由教会和修道院主办，办学的主要目的是培养教会神职人员的后备力量。拜占庭修道院学校办学方式完全不同于西欧修道院，是专门为立志终生为僧的人开办的，因此，在教会学校中只学习语言、《圣经》和圣徒传记。国立大学和普通学校是拜占庭教育的主要机构，对所有人开放，其教授由国家任命并发放薪俸。国立大学的课程在 7 世纪以前不受任何限制，非基督教的知识也可以传播，其拉丁语教授多来自罗马和北非，医学和自然科学教授多来自亚历山大，哲学教授来自雅典。查士丁尼一世时期，政府加强教育控制，对全国学校进行整顿，取消除君士坦丁堡、罗马和贝利图斯以外的法律学校，关闭雅典学院，停发许多国立学校教师的薪俸。基础教育的责任大多由私塾和普通学校承担。7 世纪以后的许多著名学者都是在私塾中完成基础教育，然后进入修道院接受高等教育。很多学者出师以后，自办私人学校。

拜占庭教育事业发展比较曲折，出现过高潮和低潮，其中查士丁尼废黜百家、独尊基督教的政策对拜占庭教育的破坏最为严重。查士丁尼以后的历代皇帝大多支持教育。例如，君士坦丁九世鉴于司法水平的低下，于 1045 年建立新的法律学校，并要求所有律师在正式开业前必须进入该校接受培训，通过考试。他还任命大法官约翰为该校首席法学教授，任命著名学者普塞罗斯为该校哲学教授。科穆宁王朝创立者阿莱克修斯一世除了大力支持国立大学和普通学校外，还专门开办孤儿学校，帮助无人照料的孤儿接受教育。许多皇帝通过经常提出一些测试性的问题，亲自监督国立大学和学校的工作，检查教学质量，任免教授和教师，为教学效果好的教师增加薪俸。在拜占庭皇帝的亲自过问和参与下，学术活动非常活跃。

由于拜占庭帝国大多数皇帝接受过系统教育，因此他们中很多人成为学者和作家，经常参加神学辩论、撰写论文、著书立说、制定法律。这里仅就其中有史可查且学问突出者列举一二。皇帝塞奥菲鲁斯（Theophilos，829—842 年在位）自幼接受系统教育，精通希腊语和拉丁语，熟悉天文、自然史、绘画，发明过油灯等生活用品，他整理和注释古代作品，还慧眼识金，重金挽留数学家利奥在首都任教。[①] 查士丁尼一世、利奥三世和瓦西里一世均精通法学，亲自参与多部拜占庭法典的制定。马其顿王朝皇帝君士坦丁七世更是一代著名学者，在其统治时期，皇宫成为学术研究的中心，他本人撰写过许多文史著作和百科全书式的作品。[②] 米哈伊尔七世甚至视著书立说重于皇帝的职责，完成过多部著作，为了丰富知识，他亲自参加普塞罗斯讲授哲学的课程，在拜占庭古代绘画中至今还保留着《皇帝听课图》。阿莱克修斯一世和皇后热衷于神学问题，写过多部神学书籍和论文，他还通过立法大力提倡学习圣经，其子女均是名噪一时的作家和学者。曼努埃尔一世撰写的神学论文至今仍用作东正教的教材。末代王朝皇帝米哈伊尔八世亲自撰写自传。约翰六世和曼努埃尔二世则给后人留下丰富的历史、神学著作和书信。

三、图书馆

拜占庭政府高度重视图书馆建设，以此作为学术研究的重要条件，建国初期，政府即拨专款用于收集和整理古代图书，在各大中城市建

---

① A. A. Vasiliev, *History of the Byzantine Empire*, I, p. 298.

② 君士坦丁七世留下大量著作，包括法律、宫廷礼仪、典章制度、哲学和军事方面的内容。参见 A. Toynbee, *Constantine Porphyrogenitus and His World*, London, 1973.

立国家图书馆,古希腊时代的许多作品即是在这一时期得到系统整理。查士丁尼时代推行的思想专制政策中止了很多图书馆的发展,其中亚历山大和雅典图书馆的藏书破坏最为严重。但是,民间藏书仍然十分丰富,著名的贫民诗人普鲁德罗穆斯(Θεόδορες Πρόδρομος,1100—1170)就广泛借阅民间图书,自学掌握古代语法和修辞,并通过研究亚里士多德和柏拉图的大部分著作,成为知识渊博的诗人。教会图书馆发展迅速,几乎所有教堂和修道院均设立图书馆,这些图书馆后来成为培养大学者的温床,它们至今仍是取之不尽的古代图书的宝藏。拉丁帝国统治时期是拜占庭教育和学术发展停滞的时期,文化上相对落后的西欧骑士在争夺封建领地的战争中,自觉或不自觉地破坏了拜占庭学校和图书馆,他们焚烧古书以取暖,其情形类似于4—5世纪时汪达尔人在罗马焚烧刻写罗马法条文的木板取暖。在民族复兴的政治运动中,拜占庭知识界掀起复兴希腊文化的热潮。分散在各地的拜占庭文人学者纷纷集中到反对拉丁人统治的政治中心尼西亚帝国。在拉斯卡利斯王朝的支持下,开展抢救古代图书文物的活动,或游访巴尔干半岛和小亚细亚地区的文化中心,收集和抄写古代手抄本,或整理和注释古代名著,或建立私塾传授古典知识,组织学术讨论。这些活动奠定了帕列奥列格王朝统治时期“文化复兴”的基础。著名的学者布雷米狄斯(Βλεμμύδος,1197—1269)是尼西亚帝国时期拜占庭文化的旗手,他培养出包括皇帝塞奥多利在内的许多知识渊博的学者,受到广泛尊敬。一次,皇后伊琳尼对一位天文学者提出的日环食现象是由于地球、月亮和太阳处于一条线的说法表示异议,并指责他说蠢话,皇帝因此批评她“用这样的话去说任何一个探讨科学理论的人都是不对的”[①]。后来,当她学习了有关的天文知识后,公开向这位天文学家表示道歉。

　　帕列奥列格时代的拜占庭文化教育活动是民族复兴自救运动的一部分。当时的拜占庭国家已经衰落,国内政治动荡,外敌欺辱,一步步走向灭亡的深渊。拜占庭知识界为挽救民族危亡,在尼西亚帝国文

---

① A. A. Vasiliev,*History of the Byzantine Empire*,Ⅱ,pp. 554-555.

化事业的基础上，开展文化复兴运动，使拜占庭文化教育发展进入又一个辉煌时期，出现前所未有的学者群体。他们积极参与政治、宗教事务，同时研究古希腊文史哲作品，从事教育，对古典哲学和文学的广博知识令意大利留学生极为惊讶，这些学者及其弟子中的许多人后来成为意大利文艺复兴运动的直接推动者。直到拜占庭帝国即将灭亡之际，君士坦丁堡和塞萨洛尼基仍然活跃着许多民间读书团体和学术群体，它们经常组织讨论最著名的古希腊文史哲作品，在为数不多的学校里，仍然保持较高水平的教育活动，欧洲各地的学生仍然继续到这里求学。末代王朝时期，帝国局势动荡，教育中心逐渐转移到伯罗奔尼撒西部地区，进而西移到亚得里亚海两岸，深刻影响了意大利文艺复兴时代的教育。

拜占庭教育水平和教育质量在古代教育的基础上有所提高，在欧洲和地中海世界一直保持一流和最高的水平，也培养出了许多著名学者、文人、作家、思想家和政客，以及大批行政官员，他们成为拜占庭文化的传承人。但是，拜占庭教育也存在着自身的问题，其中最重要的问题在于缺乏创造性的培养机制，而只是在重复古代的传统，因此不能培养国家急需的人才，尤其在军事教育方面没有系统的培养机构。拜占庭教育固然发展健全完善，但是在培养什么样的人这个根本问题上，缺乏明确清晰的思路。因此总体观察，拜占庭教育在帝国建设方面发挥的作用比较有限。

第二节　文学

拜占庭人继承古希腊人热爱文史哲研究的传统，重视文史哲创作活动。虽然他们在文学创作和历史写作方面缺乏古希腊人那样的灵感和气魄，但是，其庞大的作者群体在长期连贯的创作中逐渐形成拜占庭风格。我们将拜占庭人文史哲创作统归于"文学"是因为当时的文史哲各学科之间并不像今天这样区分明确，史学家可能同时就是文学家和哲学家，而哲学家不仅撰写哲学和神学书籍，也创作文史作品，因此，文学在这里是指通过文字进行创作的学术活动。

一、文学创作与发展

拜占庭作家的创作大多使用希腊语，从 4 世纪建国初期，用于写作的希腊语就与居民日常使用的口语有明显区别，前者称为"书面语"，是知识界和有教养阶层的语言，而后者称为"民间语"，它并不遵循严格的语法和词法，是一种用词混乱、语法简单的语言。直到 12 世纪前后，拜占庭社会才逐步流行标准的希腊语，与古希腊语更加接近，即严格按照语法规则为元音和双元音标注复杂的重音。拜占庭希腊语是古希腊语和现代希腊语之间的桥梁，它也为现代希腊语的语法简化和单重音体系改革奠定了基础。拉丁语在 4—5 世纪开始逐渐被淘汰，至查士丁尼时代，尽管在官方文件中仍然使用拉丁语，但是希腊语已取代拉丁语的地位，君士坦丁堡几乎没有人讲拉丁语，只有学者和教士们在书斋里使用拉丁语阅读古代文献。

拜占庭文学大体经历了 4 个阶段的发展。4—7 世纪初是拜占庭文学发展的第一个阶段，主要是由古代文学向拜占庭文学的转变阶段。这个时期，古代文学逐渐衰落，新的文学形式和标准逐渐形成，奠定了拜占庭文学的基础。古代文学的审美倾向、古代文学取材的价值取向、古代文学的主题和素材等逐渐被忽视，代之而起的是基督教思想观念、宗教抽象的审美标准，甚至写作形式也发生变化。在这一转变过程中，虽然基督教作家反对和排斥古代作家的"异教"思想理论，但是由于他们和世俗作家接受的是同一种基础教育，故不自觉地继承古代文学家的精神遗产。特别是在最初拜占庭政府支持所有文化活动的政策下，努力发展教、俗友好关系的基督教领袖们并没有刻意排斥世俗文化，而是逐渐将教会文学和世俗古代文学结合起来。其中突出的代表尤西比乌斯（Eusebios of Caesarea，260—340）在撰写教会历史和君士坦丁大帝传记中，充分展示出其深厚的古典文学基础和基督教文风，创造了新的写作风格。他的代表作是《教会史》、《编年史》和《君士坦丁大帝传》。尤氏出生在巴勒斯坦北部的凯撒利亚城，师从当地著名基督教学者潘菲罗斯，后因躲避宗教迫害而流亡各地。313 年，罗马帝国当局颁布宗教宽容法律后，他当选该城主教，并受到君士坦丁一世的重用，成为御用史官，积极参与皇帝主持下的重大教会事务决策。其一生著述不断，传世作品很多。作者仿效在其出生以前 20 年去世的晚期罗马帝国作家阿非利加努斯的作品，完成 10 卷本《编年史》一书。该书提供有关古代近东和北非地区统治王朝的详细谱牒，及其所在时代世俗和教会的大事年表，关注的重点是基督教的发展。[①] 特别是他在书中提出的观点对后世影响很深，值得在此提及。他认为，基督教并非其所在时代的产物，而是植根于过去的历史；治史的目的不是记述，而是劝说读者向善。尤氏的另一部涉及世俗生活的著作是《君士坦丁大帝传》，该书的主要内容涉及其恩主君士坦丁一世于 306 年 7 月称帝以后 30 年左右的统治，比较详细地记载了这位皇帝在罗马帝国晚期政治动乱、军阀割据的形势中，完成统一帝国大业的过程。虽然他在这部庆祝君士坦丁登基 30 年的书中对皇帝充满崇敬，太多赞誉之词，影响了作者对历史事实的客观评价，但是他留下的记载可靠真实，不仅为当时其他作品证实，而且被后代作家传抄，史料价值极高，是研究君士坦丁一世和拜占庭帝国开国史的最重要资料。[②] 这部传记记载较多的内容是关于君士坦丁的宗教事务，因此在 4 世纪末时即被教会作家翻译为拉丁语，并将原书续写到 395 年。尤西比乌斯的《教会史》也是拜占庭帝国早期历史最重要史料之一。在这部书中，尤氏继续其劝人向善的说教，他坚持认为，人类得到耶稣基督的拯救是历史的重要内容，跟从上帝的选民是历史的主角，其中忠实于上帝意旨的皇帝是神在人世的代表。因此，他在记述中特别重视政治和思想历史的记述，并在记述中对君士坦丁一世赞不绝口，而对其种种劣迹暴行只字不提，将其他皇帝颁布的宗教宽容法律贴金于君士坦丁一世。这些都

① Eusebius of Caesarea, *The Ecclesiastical History*, 2 Vols, with an English translation by Kirsopp Lake and J. E. L. Oulton, Loeb Classical Library, Cambridge, Mass., 1926-1932.

② Eusebius, *Church History*, *Life of Constantine*, *Oration in Praise of Constantine*, by P. Schaff ed., New York: Christian Literature Publishing Co., 1890.

影响了尤氏《教会史》的准确性。5 世纪的左西莫斯($Z\acute{\omega}\sigma\iota\mu\sigma\varsigma$，5 世纪人)和 6 世纪的普罗柯比也在各自的作品中表现出新、旧两种文学创作的结合。他们在历史编纂中保持古希腊历史家的文风，同时开创教会史和传记文学的形式。[①] 埃及亚历山大主教阿塔纳西乌斯(Athanasios，295—373)则在神学论文、颂诗和其他宗教文学写作中大放异彩，为其后基督教作家的创作提供了基本样式和蓝本。基督教传记文学则是在埃及修道隐居运动中兴起的。基督教赞美诗歌的发展在罗曼努斯(Romanos the Melode，? —555)创作的上千首诗歌中达到顶点，他在创作中大量运用古代诗歌的韵律知识和格式。总之，拜占庭文学发展的第一阶段奠定了其后发展的基础。

7 世纪中期至 9 世纪中期是拜占庭文学发展的中断阶段，和第一阶段相比，这一时期的 200 多年间，既没有名贯青史的作家，也缺少不朽的作品。当时，拜占庭帝国面临阿拉伯人、斯拉夫人入侵，帝国丧失了在亚、非、欧诸地的大片领土，战争需要武器而忽视文学，拜占庭文学在此背景下难以发展。8 世纪开始的毁坏圣像运动也在一定程度上障碍了拜占庭文学的发展，因为知识界的注意力和作家关注的热点都被最紧迫和现实的斗争所吸引。马克西姆(Maximus the Confessor，580—662)和大马士革人约翰(John of Damascus，675—749)代表了这一时期拜占庭文学创作的最高水平，前者在反对正统宗教理论的斗争中写出大量基督教文学作品，而后者则在云游东地中海各地时运用丰富的古典哲学知识全面阐述基督教哲学理论。[②]

9 世纪至 1204 年是拜占庭文学史发展的第三阶段，以佛条斯为代表的拜占庭知识界以极大的热情发动文学复兴运动。佛条斯出生在权势贵族之家，自幼饱读古书，青年时代即为朝廷重臣，多次出使阿拉伯帝国，48 岁时以非神职人员身份被皇帝任命为君士坦丁堡大教长。

---

① F. Paschoud, *Cinq etudes sur Zosime*, Paris, 1975, p. 28. Zosimos, *The History of Count Zosimus, Sometime Advocate and Chancellor of the Roman Empire*, trans. by J. Buchanan and H. Davies, San Antonio TX, 1967, trans. by R. Ridley, Canberra, 1982.

② Ιωάννης Δαμασκήνος, Λόγοι, τρείς ομιλίαι των εικονομάχων, by Andrew Louth, New York: St. Vladimir's Seminary Press, 2003.

他一生辛勤笔耕，著作等身，特别致力于古典文学教育活动。在担任君士坦丁堡大学教授期间，他积极从事古希腊文史作品的教学，为了便于学生学习，他编纂古代文献常用词汇《词典》，在他写给国内外各方人士的信件里，明确地反映出其传播古代知识的热情，以及融合教、俗知识的努力，在其《圣灵解密》等一批神学作品中全面批驳当时出现的各种异端学说。作为普通信徒出身的基督教领袖，他的作品推动了已衰落多年的拜占庭文学重新崛起。[①] 马其顿王朝统治时期的拜占庭帝国，国势强盛，安定的社会生活为文学的发展提供了良好的外部条件。学者型皇帝君士坦丁七世在位期间，拜占庭文学发展进入另一次辉煌时期，文史作品和作家不断涌现，直接造就了"马其顿文化复兴运动"。普塞罗斯是 11 世纪拜占庭文学发展的代表人物，他虽出身中等家庭，但是学识超群，其撰写的历史、哲学、神学、诗歌和法律草案代表了当时文学写作的最高水平。[②] 当时学术界对新柏拉图哲学的再研究为在亚里士多德学说束缚下的思想界带来了新鲜空气，开启怀疑亚里士多德理论的长期思想运动，其深远的影响甚至反映在意大利文艺复兴运动中。[③]

1204 年以后是拜占庭文学发展的最后阶段，文学在民族复兴的强烈欲望中显示其最后的活力。尼西亚的拜占庭作家学者和帕列奥列格王朝的思想家通过文学创作表达重振国威的急切心情。其中，尼西亚学者布雷米狄斯(1197—1272)的政论散文《皇帝的形象》，反映出知识界普遍存在的通过理想皇帝重整河山再创辉煌的愿望。[④] 但是，拜占

---

① 佛条斯传世代表作主要有《书信集》、《演讲录》和《书目》，目前已被翻译为多种文本，权威版本为雅典 1957 年版的《书信集》，雅典 1964 年版的《演讲录》和巴黎 1971 年版的《书目》。参见 Δ. Ζακυθηνος, *Βυζαντινή κείμενα*, Athens, 1954.

② Michel Psellos, *Chronographie*, Paris, 1967. Michael Psellos, *The History of Psellus*, J. B. Bury, ed., London, 1899. Michael Psellos, *Fourteen Byzantine Rulers*, trans. by E. R. Sewter, N. Y.: Penguin, 1966.

③ 亚里士多德为公元前 4 世纪古希腊哲学家，师承柏拉图，并多有发展，被认为是古希腊哲学集大成者，其"世界体系"学说和"灵魂"理论对中世纪影响深刻，在数百年间被欧洲人奉为"真理"。参见赵敦华：《基督教哲学 1500 年》，北京：人民出版社，2005 年版，第 289～310 页。

④ 布氏作品大都传世，其中《自传》、《皇帝的形象》和《书信》最重要。

庭帝国已经无可挽回地衰落了，文学不可能重振失落的世界，于是，拜占庭文学家们将其再现古代文化的满腔热情和对古代光荣的无限留恋转移到意大利，直接促进了那里复兴古代文化艺术思潮的兴起。

二、文学创作的多种形式

拜占庭文学最突出的特点是诗歌和散文创作非常发达，散文作品又可以分为神学、断代史和编年史、自传和圣徒传、书信和悼词、小说及讽刺小品，诗歌则可以分为赞美诗、叙事诗、戏剧、浪漫诗及各种讽刺诗、打油诗等。这里，我们就其中成就最突出者作简单介绍。

哲学和神学作品在拜占庭文学中占有相当重要的部分，这两个学科既有联系又相互独立。拜占庭思想家认为哲学是有关存在的知识，即是神和人以及他们相互关系的知识，可以帮助人接近神，因此哲学是万般艺术的艺术，是各种科学的科学。拜占庭哲学思想主要来源于古希腊哲学，其研究和讨论的概念和命题多与希腊化时代的内容相似，其中对拜占庭思想家影响最大的是新柏拉图主义和新亚里士多德主义。最初，新柏拉图主义哲学在以普罗克洛斯（Proklos，410—485）教授为学术代表的雅典学院及其学生的推动下，获得广泛传播。他们认为宇宙具有由高而低多种层次，人类可以感知的世界只是宇宙的最低层次，它存在于时间和空间中；每个层次的存在都是其上一级存在的影像，来自其上一级，并以其上一级为自身存在的目的；"一"是最高级的存在，而最高级的存在既无法认识也无法表述。新亚里士多德主义则在菲罗朴诺斯（John Philoponos，490—574）及其弟子中受到推崇。他们认为所有的理论和原则都应受到怀疑和批判分析，使用演绎法和三段论形式去推理论证，即使用自然手段和可以被理性说明的方式去认识，而认识的过程应是从个别的偶然的现象导致普遍的必然的概念，具体个别的事物永远是第一位的，同时万物有灵，灵魂不朽，宇宙是由原动力推动的。对"原动力"的争论成为拜占庭哲学界的第一次思想较量，激发许多哲学家和神学家的灵感，他们的成就集中反映在6世纪假托狄奥尼西奥斯之名所作《狄奥尼西奥斯文集》中，其主要特点是将新柏拉图主义哲学与基督教教义结合，使基督教思想在哲学的深层次上获得长足发展。

拜占庭神学作品的创作主要是在 325 年的尼西亚宗教会议前后出现高潮，由于这次会议以皇帝干预的形式确定了以"三位一体"、"原祖原罪"、"基督救赎"、"千年王国"等信条为主要内容的基督教教义，因此围绕着对基督教教义的解释出现多种思想派别。直到 6 世纪末以前，拜占庭教会内部围绕重大神学争论出现了一批神学家，产生了一大批神学作品，神学论战极大地刺激了神学家们的写作热情。由瓦西里（Basil the Great，329—379）、尼撒的格列高利（Gregory of Nyssa，335—394）和纳占佐的格列高利（Gregory of Nazianzos，329—390）组成的"卡帕多西亚三杰"是当时影响最大的神学作家，他们留下大量涉及基督教多种神学理论的著述，其中瓦西里的神学作品文风严肃，论说平直，毫无学究气和自我卖弄；其弟尼撒的格列高利文风华丽，论述雄辩，气势宏大；而他的好友格列高利的作品思想深刻，用词考究，后者自传体长诗被比作奥古斯丁的《忏悔录》，他们的作品受到广泛欢迎。[①] 安条克著名教会作家埃瓦格留斯（Ευαγρίος Σχηολαστικός，536—594）写了大量关于神秘主义和修道禁欲生活的理论著作，他的 6 卷本《教会史》对其后教会史作家影响较大。马克西姆和大马士革人约翰代表 7—8 世纪拜占庭神学创作的最高水平，作品涉及基督教神学的所有领域和命题，其百科全书式的写作风格在其后 700 年间无与伦比。

拜占庭哲学和神学的合流在著名的哲学家和神学家约翰的作品中表现得最明显。他是阿拉伯血统的拜占庭思想家，撰写过《知识的源泉》一书，在该书"哲学篇"中详细陈述古代主要哲学流派及其观点，分析包括古典希腊罗马、伊斯兰教和东方基督教的神学思想，重点讨论正统基督教神学观点。他的作品以及许多争论性文章和书信对同时代和后代思想家影响很大。毁坏圣像运动期间，拜占庭教会势力遭到沉重打击，拜占庭神学创作销声匿迹百余年。8—9 世纪，著名的修道士

---

① A. A. Vasiliev, *History of the Byzantine Empire*, I, pp. 117-118.

塞奥多利（Θεόδορες，759—826）在从事修道制度改革过程中，写作出许多神学作品，继承了早期拜占庭神学创作的传统。直到 9 世纪下半期，以数学家和哲学家利奥（790—869）为代表的新哲学派在君士坦丁堡大学教授圈内形成，其中，著名教授和后来的大教长佛条斯编辑整理出亚里士多德的多部名著，批判在上帝神学之外的柏拉图理念论哲学。10 世纪以后，杰出的拜占庭神学家围绕反对伯格米派异端斗争著书立说，其中尤西米乌斯（Ευθυμίος Ζυγαβένος，11—12 世纪）在皇帝阿莱克修斯一世邀请下写出大量神学散文。12 世纪著名的神学作家中以塞萨洛尼基的尤斯塔修斯（Ευστάθιος του Θεσσαλονίκας，1115—1195/1196）表现最突出，他文史哲兼通，不仅整理注释阿里斯托芬、荷马等古希腊作家的作品，而且撰写大量神学作品。帕列奥列格王朝时期出现的静默派和狂热派异端，以及围绕罗马天主教和东正教联合问题展开的神学论战再度激发起拜占庭神学家们的热情，并因此涌现出许多具有写作天赋的神学作家，例如以弗所的马克（Mark of Ephesus，13 世纪）、艮纳底乌斯（Γεννάδιος Σχολάριος，1400—1472）、贝撒隆（Bess-arion，1399/1340—1472）、帕拉马斯（Gregory Palamas，1296—1359）和尼古拉斯（Nicholas Prphanos，14 世纪）。总之，晚期拜占庭神学缺乏新的创造，主要围绕国内外政治问题展开，神学本身没有新发展。哲学也和神学一样，思想家们只是按照基督教信仰重弹古代希腊哲学家的旧曲，而没能提出任何新思想。特别值得注意的是晚期拜占庭哲学和神学合流的趋势更加强烈，教会上层和修道院学者既熟悉神学，也精通古代和中古哲学，特别对古希腊哲学的研究非常精深。当时，几乎没有纯粹的哲学家，也没有不懂哲学的神学家。从某种意义上讲，拜占庭神学和哲学的结合有利于神学的发展，但限制哲学的发展，这种结合只是为古代哲学提供了基督教的外衣。[1]

---

① ［英］N·H·拜尼斯主编：《拜占庭：东罗马文明概论》，陈志强、郑玮、孙鹏译，第 221～251 页。

三、史学创作的长足发展

史学创作是拜占庭作家的长项，历史作品是拜占庭文学的重要组成部分。拜占庭史学家继承古希腊历史家希罗多德以来的创作传统，重视编撰史书。

拜占庭著名历史作家非常多。君士坦丁一世修建罗马帝国东都后，第一位伟大的史家即是尤西比乌斯，他开拜占庭宫廷史和教会史之先河，对君士坦丁一世的记载真实生动，为后人留下大量有关当时社会生活的宝贵资料。尤西比乌斯的史书后来被许多不知名的历史作家模仿，他们续写此后的断代史，直到查士丁尼时代出现了另一位重要的拜占庭史家普罗柯比（6世纪）。他的《战史》、《建筑》和《秘史》资料丰富、史料来源可靠、叙述生动、判断准确、线索清晰，是研究查士丁尼时代拜占庭历史的最重要的书籍。这个时代出现多位史家，其中特别应提到约翰·马拉拉斯（Μαλαλάς Ιωάννης，490—578），他是拜占庭时代最先写作编年史的史家，这部书从亚当、夏娃开始写起，一直写到作者所在的时代。该书的资料比较杂乱，叙述也缺乏准确性，使用的语言既有民间语也有书面语，其意义在于开启拜占庭编年史的写作，而编年史更受普通读者的欢迎。[①] 6—7世纪拜占庭历史家的代表人物是麦南德（Menander Protector），他继承普罗柯比恢复的古希腊历史写作风格，撰写断代史。修道士塞奥发尼斯（Θεοφάνες，760—817）则用流行的希腊语撰写多卷本编年史，时间跨度从285年至813年，他继承约翰·马拉拉斯的创作风格，并以修道士的观点写作历史，其独立分析问题的方法使其作品具有很高价值。马其顿王朝最杰出的历史作家是皇帝君士坦丁七世，他不仅任命学者编辑整理前代史家的史书，还亲自参加编辑工作。在他的支持下，一大批作家致力于史书的撰写。这个时期的历史家中，"助祭"利奥（Leo the Deacon，950—994）表现得

---

① 该书共18卷，自1831年起译注工作不断，并有英文本问世。John Malalas, *The Chronicle of John Malalas*, trans. by Elizabeth Jeffreys, Michael Jeffreys, Roger Scott, et al, Melbourne，1986.

最出色，他的作品充满机智、生动的古典文风，不仅记述准确，而且文笔优美，被后代学者视为拜占庭断代史的范例。11世纪中期的著名学者普塞罗斯的史书诙谐有趣，语言规范，风格优雅。其同代史学家米哈伊尔·阿塔利亚迪斯(Μιχαηλ Ατταλειατες，11世纪)的作品虽然文笔不很优美但记述可靠，朴实无华。科穆宁王朝最著名的历史作家是安娜公主(1083—1153/1154)，她对其父阿莱克修斯一世生平业绩的记载极为详细，涉及当时帝国皇室和社会各方面的情况，且文笔优美，因此，她一直被列入拜占庭一流历史家的名单。[①] 与她同时代的历史作家还有金纳穆斯(John Kinnamos，1143—1185)、赛德雷努斯(George Cedrenos，12世纪)、佐纳拉斯(John Zonaras，？—1159)和格雷卡斯(Michael Glykas，12世纪)，他们的作品大多为编年史，其中格雷卡斯的作品近似于自然史。尼西亚帝国时期的文化复兴活动推动历史撰写工作的进行，阿克罗颇立塔(George Acropolites，1217—1282)及其历史作品是当时历史文学的主要代表，他的著作记述收复君士坦丁堡以前的拉斯卡利斯王朝史。教会作家乔治·帕西枚尔(George Pachymeres，1242—1310)和尼基弗鲁斯·格力高拉斯(Nikephoros Gregoras，1290—1358/1361)的作品涉及13、14世纪的历史。帕列奥列格王朝时期最重要的历史作品是约翰六世的自传体史书，书中虽然充满了自我辩解和美化的语句，但是对拜占庭国家衰落的历史却有真实可靠的描写，该书被认为是当时最优秀的史书之一。[②] 拜占庭帝国灭亡时期的史家主要有豪孔迪拉斯(Laonikos Chalkokondyles，1423—1490)、杜卡斯(Doukas，1400—1462)和克里多布鲁斯(Michael Kritoboulos，？—1470)，他们续写了约翰六世以后的历史。据我们初步统计，有史可查的拜占庭历史作家有数百人之多，他们为后人留下千余

---

① 该书被著名的拜占庭文献丛书"巴黎大全"和"波恩大全"列为主要作品，再版多次。参见该书 Anna Komnene, *The Alexiad*, trans. by E. Dawes, London, 1928; trans. by E. Sewter, N. Y.; Penguin, 1969.

② 这部史书的权威版本为"波恩大全"的原文和译文对照本。J. Kantakouzenos, *Historiarum*, L. Schopen ed., Bonn, 1828-1832. Geschichte, *Johannes Kantakuzenos ubersetzt und erlautert*, trans. by G. Fatouros and T. Krischer, Stuttgart, 1982-1986.

年历史的连贯完整的记载，这在欧洲中古时期是绝无仅有的，甚至在世界范围内也是屈指可数的。现代学者认为，拜占庭人记述历史的传统和其丰富的历史资料在世界上仅次于我国。[①]

拜占庭传记文学值得我们重视，因为拜占庭帝国既有丰富的官修或私人史书，还有大量的传记文学，它们成为断代史、编年史、教会史的重要补充。传记文学包括皇帝传记、圣徒传记和自传等多种类型。4世纪的尤西比乌斯撰写的《君士坦丁大帝传》和阿纳斯塔修斯（Anastasios，4世纪）撰写的《安东尼传》开创了拜占庭传记文学的写作方式，激发众多教士的写作热情，一时间出现许多风格各异的人物传。到6—7世纪，希利尔（Κύριλ，525—559）的《东方圣徒传》和利奥条斯（7世纪）的亚历山大主教传将传记写作推向最高水平，他们关于巴勒斯坦和埃及地区基督徒的记载注重人物的内心活动，从记述对象扶贫助困的事迹中着重挖掘他们仁慈善良的品格，读来生动感人，催人泪下，受到普遍的热烈欢迎。[②] 除了内容感人外，传记文学还面向广大百姓，使用民间流行语言写作，故进一步扩大了其读者面。西蒙（Συμέον Μεταφραστές，? —1000）的传记主要依据历史资料，而非直接取材于同时代人物，开创了新的写作方式，其文笔和内容虽然并不引人入胜，但他所使用的材料大多是前代佚失的文献，保存了许多古代史料。尼孔（Νίκον Μετανοειτές，930—1000）撰写的人物传记不限于人物本身，而涉及许多异教或异端事务，记载大量正史难以涉及的社会生活习俗，且写作风格清新，读来朗朗上口。著名修士塞奥多利在其母亲葬礼上的悼词是短篇传记的代表作，其中表达的深厚母子之情具有极大的人格力量，而大学者普塞罗斯在君士坦丁堡大教长葬礼上的悼词中为公众树立良好道德的榜样，成为极有教育意义的道德说教篇。约翰（John Kaminiates，10世纪）的《塞萨洛尼基陷落记》虽然不是纯粹的人物传

---

① 本节资料大多来自拜尼斯和瓦西列夫的作品，他们特别关注拜占庭文学发展，故作为本节主要参见书，如无特别需要，恕不一一注明。

② C. Mango, A Byzantine Hagiographer: Leontios of Neapolis, in *Byzantium and the West*, Amsterdam: Verlag Adolf M. Hakkert, 1988.

记，而是事件记述，却以其细腻的笔触刻画 904 年阿拉伯人洗劫塞萨洛尼基城时各阶层居民的众生图，其使用的写实手法在拜占庭文学中比较少见。安娜《阿莱克修斯一世传》和约翰六世《自传》是皇帝传记的代表作。拜占庭传记文学中大部分作品是圣徒传记，因为几乎所有德高望重的修士或隐士都有其传记，或是自传，或是由他人撰写。由于传记写作的要求不高，因此文化水平较高的教士在写作中毫不费力，游刃有余，故作品数量甚多，涉及的内容极为广泛，甚至连丈夫殴打妻子的家庭琐事也成为记述的题材，这些细枝末节的记载对拜占庭社会史研究具有十分重要的意义。

四、小说与诗歌

拜占庭文学中的小说兴起较晚，其成果只有一两部，据现代学者考证，它们是从叙利亚语翻译成希腊语的印度故事。但是，讽刺散文和杂记是不可忽视的拜占庭文学形式，它们寓严肃主题于诙谐幽默的叙述风格来自古希腊文学。拜占庭讽刺散文有 3 部代表作品，即 10 世纪的《祖国之友》，12—13 世纪的《马扎利斯》和《庄主》。这 3 部作品对时政和社会腐败表示不满，但是在讨论重大社会问题时，均采用轻松的笔调，对当时的文学创作产生一定影响，同时代的某些医学、哲学作品也模仿他们的风格。杂记文学的代表作品是 6 世纪拜占庭商人哥斯马斯的《基督教国家风土记》。哥斯马斯早年经商，后出家为修士。他以其游历红海、印度洋各地经商的见闻证明大地是扁平的，其中记述了各东方民族的风土人情、地理物产，因此具有很高的资料价值。[①]

拜占庭诗歌创作从 4 世纪开始就进入长盛不衰的发展过程，当时，"卡帕多西亚三杰"之一的格列高利在众多诗人中名声最显赫，其作品富有哲理，思想性强。5 世纪的代表性诗人是皇后尤多西亚（Eudokia），她的赞美诗虽然缺乏灵感和激情，但其纯朴幼稚的风格给拜占

---

① 该书涉及印度洋商业活动的记载提供了关于东西方文化交流的珍贵资料，不仅为拜占庭学界所重视，而且为商业史和文化交流史家所重视。其英译本影响较大。见 Cosmas, *The Christian Topography of Cosmas Indicopleustes*，Cambridge，1909.

庭诗坛带来清新之风，更由于她的特殊地位，写诗作赋竟成了一时风气。罗曼努斯（Romanos the Melode）是 6 世纪韵律诗歌的代表人物，他以重音体系结合语句的阴阳顿挫，写出上千首对话式的诗歌，读起来朗朗上口，在民间非常流行，由于他的诗歌可以应答对唱，并附有副歌，因此常常被采用在教堂的仪式活动中。克里特主教安德鲁（Andrew of Crete，660—740）也创造出将多种韵律诗歌串连在一起的抒情诗体裁，为各个层次的诗人开辟出创作的新领域。9 世纪才高貌美的修女卡西亚（Kassia，800—867）曾经因拒绝皇帝塞奥菲鲁斯的求婚而闻名，后献身于与世隔绝的修道生活，专心诗歌创作，创造出一种充满虔诚情感的诗歌形式，在拜占庭诗歌发展中占有一席之地。晚期拜占庭出色的诗人中应提到约翰·茂罗普斯（John Mauropous，1000—1081）和塞奥多利·麦多西迪斯（Theodore Metochites，1270—1332），他们的诗歌表现出浓厚的学术韵味，适应当时复兴古代文化运动的形势。拜占庭诗歌的素材多样，既有歌颂上帝和圣徒的宗教内容，也有颂扬人类美德的内容，而抨击时弊的讽刺诗大多模仿古代希腊作品，讽刺的对象涉及政客的虚伪、战争的残酷以及道德的堕落，特别值得一提的是抒情浪漫诗歌，表现了传奇的爱情故事。与诗歌多样化的发展相比，戏剧创作几乎处于停滞状态，反映出拜占庭时代公共娱乐活动的消沉。

诗歌的发展直接促进了拜占庭音乐的进步。从应答对唱的诗歌形式中发展出两重唱的音乐形式，而韵律诗歌对 12 音阶和 15 音阶的形成起了促进作用，重音、和声、对位等音乐形式迅速形成。拜占庭教会流行的无伴奏合唱至今保持不变，对欧洲近代音乐的发展起了奠基作用。[①]

拜占庭书籍发展也是其文学发展的重要内容。拜占庭时代之前的古代社会，书籍通常都写在卷轴纸草上，因纸草制作有正反面之分故只书写在一面。如同我国古代一样，字词之间没有断句，用大写字母

---

① E. Wellesz, *A History of Byzantine Music and Hymnography*, Oxford, 1961.

抄写，不标注重音，这在特别注重语言音调的希腊语中非常容易导致
混乱。由于制作和使用便利，每卷纸草卷轴都不长，有学者估计《伊利
亚特》全诗需要 24 个卷轴。这就意味着它需要很大的空间加以保存，
而且使用也不方便，因为单个卷轴所包含的文献内容太少，很难整本
做出索引，要想找到某个段落非常困难。1 世纪到 4 世纪期间，出现
了装订成册的书籍，单一成本书逐渐取代了卷轴纸草书，这是伟大的
进步。因为装订成册的书籍能够比卷轴书容纳更多的内容，比如《伊利
亚特》整部作品因此能够写入一本书中。特别是，可以进行两面抄写的
羊皮纸书籍越来越流行，这样不仅节省了保存的空间，还便于进行标
注和做索引，因此基督徒总是把圣经装订成册。拜占庭时代帝国疆域
变动频繁，埃及纸草的供给时断时续，大为减少，也催生了羊皮纸的
流行。至于书写方式，拜占庭人开始使用小写形式抄写书籍，大约在
8 世纪末之前，首先在修道院那些以抄写文献为职业的教士中出现新
的书写体，这种特殊的字体并非一般人能够书写，只有受过训练的人
才会使用。随着公众对书籍的需求增加，随着小写形式的普及，包括
读者逐渐接受和习惯阅读这种字体，小写字体的好处越来越明显，因
为它更为紧密，占有的羊皮纸更少，书写更方便更快，特别是连笔画
使得抄书者不必每写一个字母就抬起笔来。这是一场悄然发生的深刻
变革，带动了书籍排版形式的新变化，并在行文中将所有的词语分开，
标注重音。同时，原有的大写章法被打破，到 10 世纪中期前后，小写
和大写（安色尔字体）同时混用，便利了拜占庭文化的普及。

　　拜占庭文化中史学发达而小说不发达，诗歌发达而戏曲不发达，
这种现象可能反映出拜占庭文化的精英性质，至少大众文学形式发展
滞后。也有学者认为，基督教的盛行和民间信仰虔诚也是大众文化发
展落后的重要因素，因为普通民众的日常文化消费形式都集中在教堂
里，表现为教堂颂歌和颂词形式。

第三节　拜占庭艺术

拜占庭艺术是拜占庭文化的精华部分，包括镶嵌画、壁画、纺织艺术、建筑、金属加工艺术、音乐和舞蹈等几个主要分支。君士坦丁堡被现代学者誉为"欧洲的明珠"和"中古时代的巴黎"，那里集中了各种艺术的杰作，也可以说君士坦丁堡是用拜占庭艺术精心装饰美化的。

一、镶嵌画

镶嵌画艺术的发展在拜占庭帝国时期达到了顶峰。人们在谈论拜占庭圣像时会立即联想起色彩斑斓的镶嵌画。在现存的大量镶嵌画中，拜占庭人的作品最丰富，工艺水平最高。但是，镶嵌画这种艺术形式并不是拜占庭人的发明，它起源于古典时代的希腊，普及于罗马帝国时期，而拜占庭艺术家将这种艺术形式发展到最高阶段。

镶嵌画采用天然彩色石料或彩色玻璃作为基本材料，其绚丽多彩的色泽因此得以永久保持，使后人在数百年甚至上千年后仍然能够在许多古代遗迹里欣赏到这种给人留下深刻印象的艺术品。镶嵌画早在古希腊时代即已出现，镶嵌画装饰的地板在许多古希腊遗址均可见到。在罗马帝国时代，镶嵌画被广泛应用在公共建筑和公众聚会的广场及集市的地面上。例如现存美国普林斯顿大学博物馆的3世纪安条克罗马古建筑镶嵌画地板《酒神狂饮图》是典型的罗马绘画风格，描绘了酒神与其他神尽情饮酒的场面，其装饰图案变化多端，几乎没有两块相同的细部。现存巴黎卢浮宫博物馆的4世纪安条克古罗马镶嵌画地板《动植物花草图》构图更为生动活泼。

拜占庭艺术家继承古代艺术传统，继续在水平的地面上装饰镶嵌画，例如现存美国马萨诸塞艺术博物馆的5世纪镶嵌画地板《狩猎图》，就充分地继承发挥了罗马的镶嵌艺术。这幅画构图合理，描绘了一个狩猎的场面：步行的猎人或与狮子等猛兽拼搏，或用长矛猛刺金钱豹，而骑在马上的猎人有的在搭弓射箭，有的正在以捕获的老虎幼崽挑逗母虎，形象逼真，意趣无限。再让我们看一看另一幅 5 世纪拜占庭人创作的镶嵌画地板《动植物图》，上面形象地描绘着 10 种以上飞禽和鸟类，以及 10 种植物，画面右上角的城堡和中央的凉亭说明该镶嵌画反映的是郊外的花园。与此同时，拜占庭工匠在垂直的墙壁上使用镶嵌画，或在圆弧形拱顶和穹顶上作画，后者的工艺难度更为复杂。从地面镶嵌画向墙壁镶嵌画发展的原因是镶嵌画的内容发生了变化，飞禽走兽、花草鱼虫、山水楼阁、江河湖海可供人们欣赏，用脚踩踏也并无不妥，但是，当描绘的对象逐渐转向基督教的素材时，"欣赏"就转变为"崇拜"，铺设在地面被人踩踏显然是不合适的。这一转变对镶嵌画艺术本身的发展起了至关重要的作用，使之获得了发挥其特殊魅力的空间，不仅描绘的题材更加丰富，而且形式更加多样，因此，镶嵌画艺术在拜占庭时代获得了最充分的发展，以至于被人们认为是拜占庭人特有的艺术。

　　镶嵌画的施工工艺要求较高。拜占庭镶嵌工匠首先将砖石垒砌的粗糙表面用灰浆抹平，然后使用石膏浆打底，墙体干燥后，工匠们首先在平整的石膏画底上勾画出描绘对象的轮廓和画面线条，并标注各个部分的色彩名称。镶嵌画的基本材料是天然彩色石料，石料被切割成大小基本相等的各种形状的小块，每块约 1 立方厘米，彩色玻璃碎块也常常用来代替罕见的彩色石料。他们将这些彩色石料分别放置在系列橱柜中，类似于我国古代使用的中草药柜匣，而后根据色彩的需要将五颜六色的石块和玻璃块粘贴到墙壁上，最后，使用金箔填充背景空白处。镶嵌画粘贴后还需填缝，经最后抛光。这样，完成后的镶嵌画在教堂天窗射入的阳光和灯光照耀下，光彩夺目，即使在昏暗的烛光中也不时闪出奇光异彩。从《圣徒》图中可以清楚地看出，不同色彩的大理石和玻璃材料是如何拼合成图画，这里勾勒轮廓的线条似乎最重要，其次使用颜色相近的小方块石头材料形成不同的过渡画面。

　　镶嵌画需要大笔投资，任何私人个人都难以完成，因为从原料的采集、加工到镶嵌画的完成是一个复杂的过程。据考古发掘证明，彩色石料在专门的作坊被切割成约 1 立方厘米的小块，形状各异，但是有一面必须打磨成光滑的平面。五颜六色的小块石料分别装箱，运载到镶嵌画施工现场，其需要量极大。例如，仅君士坦丁堡圣索非亚大教堂的神坛穹顶的镶嵌画就使用了250万块用金粉涂抹的石料，如果加上其他彩色石料，其数量可想而知是相当可观的。

4世纪中期到6世纪末是拜占庭镶嵌画艺术发展的第一个阶段，其特点是镶嵌画题材的多元性和古典风格明显的创作手法，即镶嵌画的内容不仅包括基督教关于基督生平"神迹"和12门徒以及圣徒的题材，而且包括大量的古典时代、特别是罗马时代的神话传说的题材，甚至有许多被"神化"的皇帝形象。这是一个多元文化混杂的过渡时期。例如，建立于402—417年的罗马普丹察那教堂的镶嵌壁画《耶稣基督传教图》，清楚地反映了过渡时期的特点；基督高坐在华贵的坐椅上，正在向众弟子传教，其头部的神圣光环和空中高耸的十字架显示着他特有的地位，而聆听教诲的各位弟子神态各异，有的交头接耳、窃窃私语，有的一言不发、凝神沉思，有的情绪激动、起立提问，整个画面背景丰富，既有象征市镇的各种公共建筑物，也有在天空中飞翔的天使和神祇，他们具有动感的翅膀和逼真的云层占据了画面的1/3，营造了庄严神圣的气氛。值得注意的是，这幅镶嵌画的内容虽然是基督传教，但是其自然主义的审美态度和表现手法为此后同类宗教绘画所罕见，直到文艺复兴时代才再次被人文主义艺术家表现出来。

从建立于424—450年的意大利拉文纳教堂内景图可见，白色大理石装饰线以下为彩色大理石板，其上部则布满了各种图案的镶嵌画。教堂入口拱顶半圆山墙装饰画《牧羊图》描绘了圣徒普拉西狄亚的牧羊场景，画面布局合理，人物造型端庄，面目清秀，坐在画面中部的山岩上，而羊群则或站或卧，次第向两侧降低，布满画面，它们的视线均集中于牧羊人的面部。背景中的花草和山石采取了古典时代流行的写实手法，清楚地透露出传统镶嵌画艺术对拜占庭人的强烈影响。5世纪中期建立的拉文纳洗礼堂中心穹顶的装饰镶嵌画《基督受洗图》，虽然中心圆形画面周围由12使徒全身立像围绕，但是在中心画面上描绘的施洗者约翰为基督施洗图却有明显的古代艺术风格，在极为有限

的空间，作家合理增添了花草和
山岩河流的背景。这个时期，基
督教思想观念已经悄悄地渗透到
艺术的各个领域，古典时代的自
然主义的审美倾向被逐渐排斥。
在同一所教堂的另一面墙壁上的
《劳伦提乌斯像》，宗教人物劳伦
提乌斯的背后已经没有自然界的
物景，代之而起的是金色的背景，
后者在此后的镶嵌画中日益流行。

拉文纳教堂

拜占庭帝国首都君士坦丁堡
是地中海世界的文化中心，其镶
嵌画艺术也在整个帝国首屈一指，
从现今残存在伊斯坦布尔古迹遗
址的多幅镶嵌画残部看，其艺术水平远远高出其他地区。现存伊斯坦
布尔的一幅古典艺术风格的镶嵌画地板《农村田园图》，描绘的是人们
的日常生活，其中有牧马人弹奏乐器的场面，有小马驹吃奶和马匹吃
草的情景，有牧民挤羊奶和马夫饮驴的画面，无论是人物还是动植物，
个个形象逼真，比例和谐，神态鲜活，富有层次感，好似油画，其高
超的艺术水准和技巧及高超的工艺手法令人拍案叫绝。从放大的细部，
我们可以看出马夫身体各部十分逼真，身体的轮廓没有使用重彩画线，
明暗之间的过渡也相当准确，头发的纹理和衣服的皱褶均处理得恰到
好处。与此相似的一幅镶嵌画地板《飞鹰图》约完成于6世纪，可能出
自同一艺术家或艺术派别的手笔，图画内容描绘的主要是动物，其中
飞鹰擒蛇的场面动感强烈，羽毛似乎随着抖动的翅膀在震动，巨蛇在
老鹰的口中做拼死的挣扎。现存伊斯坦布尔的另一幅镶嵌画地板《三王
朝圣图》可能完成于7世纪，其残部可见描绘的内容是耶稣基督降生
时，天空有明星照耀，东方犹太教3位博士在星光指引下朝拜基督的
场面，具有与上述镶嵌画相同的风格。当然，人们有理由相信这些保

227

存在拜占庭大皇宫内的镶嵌画是拜占庭镶嵌画的最佳代表。但是,君士坦丁堡的大量镶嵌画珍品不幸遭到禁止偶像崇拜的东方基督教和后来的伊斯兰教的破坏,很少有完整的作品传世。

所幸的是,意大利罗马、拉文纳等地保存完好的拜占庭镶嵌画能够为人们提供考察的真实对象,使后人得以了解这一时期镶嵌画艺术最高水平的状况。以建立于 5 世纪中期的罗马圣玛利亚教堂为例,艺术工匠在有限的墙面上集中了大量人物,描写《圣经》中的故事。从《信徒图》中可见,作家按照人物的正常比例,以极其简洁的线条表现不同人物构成的群体,其中有整队士兵,有大批信徒群众,有妇女儿童群体。对人物眼神的描绘别具一格,一般是使用深颜色石料表现眼窝和眉毛,使用黑白石料表现眼球和眼白,并能合理地表现出眼睛注视的方向。画面的背景具有当时流行的特点,城市建筑、山川河流等自然景观对烘托气氛有积极作用。这些作品相对于君士坦丁堡的镶嵌画,艺术手法比较粗糙,但是其人物造型和基本比例,以及画面布局还保持着古典时代写实主义的传统。人们在西奈地区发现的同一时期的镶嵌画作品,艺术和工艺水平相对较低。建立于 550—565 年的西奈基督教堂的镶嵌画《基督及使徒图》描绘了基督及其五大弟子的形象,画面构图简单,人物比例失调,石料色彩暗淡,各部分明暗对比不鲜明,例如取跪姿的约翰头部明显小于其应有的大小,背景没有自然的景物。这些作品很可能是那些艺术水平较低,在当时精英荟萃的君士坦丁堡和意大利等文化中心城市竞争失利、"混不下去"的二流艺术家完成的作品。[①]

7 世纪初以后,拜占庭帝国逐步进入其稳定发展的阶段,国力强盛,公共建筑大量增加,镶嵌画装饰艺术进入发展的新阶段。其主要特点是拜占庭帝国专制政治和基督教思想观念影响增强,表现为镶嵌画有关拜占庭皇帝的形象和基督教内容的增加,绘画手法简单化,画面抽象化。建立于 625—638 年的罗马圣阿哥尼斯教堂就代表了这一倾

---

① P. J. Nordhagen, *Mosaics from Antiquity to the Middle Ages*, London, 1966.

向，《基督与圣徒图》画面单纯，缺少传统的自然主义气息，只有 3 个宗教人物正襟站立，表情严肃，人物动作程式化，头部比例太小，服装突出了华贵而忽视了真实感，画面各部分之间没有过渡色彩，几乎全部用线条分割，背景则为一片金光而没有任何自然景物。应该说，从写实艺术的审美角度看，这一时期拜占庭镶嵌画艺术的水准降低了。拜占庭帝国东部地区的镶嵌画表现出更为突出的宗教抽象性，7 世纪兴建、9 世纪重建的尼西亚教堂即是一例：《圣母子图》中圣母的黑色着装具有悲哀的色彩，预示着她应上帝的指示将怀中的圣子无私奉献给世人。圣子既无少儿天真幼稚的表情举止，在人物造型的比例上也严重失真，圣母则面无表情，身体各部分比例失调，整幅画使人形成神圣庄严的印象，特别是使用金箔镶嵌出的背景和 3 道来自天空的"灵光"象征着上帝的意旨。从艺术角度看，人物面部、手部和服装均采用重彩方式，以线条勾画轮廓，各部分之间几乎没有过渡色。

　　7 世纪中期建立的塞萨洛尼基圣迪米特里教堂也是如此，《圣迪米特里和约翰及利奥提乌斯图》中城市保护神圣迪米特里与教堂的建立者并排站立，他们身着礼服，画面缺乏古典时代生动活泼的艺术传统，人物的形体也缺少以前的活力，作品着力营造庄重而神圣的气氛，特别是圣迪米特里头部光环使用金箔镶嵌，显得格外突出。教堂中另一幅镶嵌画《圣迪米特里与儿童图》与此风格相近，圣迪米特里和两个儿童站立着，他们之间似乎毫无情感而只有庄重，儿童的造型也无特征，与成人没有差别，只是个头相对缩小。这多少说明，基督教重视"死后"和"天堂"而轻视现世和"人生"思想观念在艺术领域的影响，也就是说，追求形体逼真和自然美的写实倾向逐渐被抛弃，镶嵌画中的人物或图案装饰都具有象征意义，相对于它们传达的神学含义，图像本身是微不足道的。

　　7 世纪以后拜占庭镶嵌画主要内容是描写基督教故事，其中包括基督及其生平、圣母、圣子的多种形象，圣徒等。希腊达弗尼教堂主厅中心穹顶中央部位装饰着《基督胸像图》，该像大约完成于 1100 年。画面主要以线条构成，人物表情严厉，左手持《圣经》，背景单一，几乎全部用金色衬托，头部光环有十字架标志，人物两侧为希腊文耶稣基督的缩写。该教堂一幅完成于1000年的镶嵌画《基督生平图》则描述了基督降生于马厩中的马槽，圣母守候在一旁，两只牛马注目观看，众天使在天空中俯视，又有"三王朝圣"和"基督受洗"等场面。在雅典附近的教堂中保存的镶嵌画《耶稣基督神迹图》表现基督在传教中使聋子重新恢复听力，使盲人重见光明，使死人再现生机等"神迹"故事，画面人物全部使用线条表现，人物表情则通过动作或形体语言来表达。背景中可以看到山岩和植物，但是它们大多失去了真实感，而只是一种象征。表现基督神圣的金光被拙劣地表现为金色和黑色的线条，没有任何美感，而只有神学象征。基督受难和基督"神迹"是教堂镶嵌画的主要内容。希腊希奥斯岛上的小教堂至今保留着11世纪的镶嵌画，《基督救亚当图》描绘了基督打开地狱之门，将亚当救活的故事。整个画面无论人物还是山石棺椁全部用对比强烈的线条表现。例如，基督深色的服装就使用白色的线条，而亚当浅色的服装则使用深色线条。鲁卡斯教堂的《基督受难图》镶嵌画是在金色的背景下，描绘圣母、约翰和被钉死在十字架上的基督，前者神情肃穆，举手向前，表达将亲生儿子奉献给上帝的含义，而约翰则以手掩面表示无限的悲痛。基督几乎赤身裸体吊在十字架上，两臂张开，手脚钉在十字架上，钉子眼处鲜血流淌，身体瘫软，头部无力地斜垂在胸前。这样的图画后来成为东正教教堂的标准装饰，在东欧和世界其他地区的东正教教堂中普遍使用。

12世纪初的希腊教堂镶嵌画描绘的《基督头像图》成为同一题材艺术形象的标准规范，即长发披肩，或梳理成辫子垂在后背，面目慈祥且略带羞涩，目不斜视代表着正义，面颊有络腮胡子，但并不浓重，这与拜占庭帝国初期艺术品中基督无胡须的形象有区别。从这幅《基督头像图》中，人们可以看到这一时期使用线条表现各种形象的方式，它成为大量圣像绘画的基本手法。现存意大利佛罗伦萨国立博物馆的一幅作于12世纪的镶嵌画《基督像》可以证明这一点，画面底色为金色，基督的长发辫子可以从艺术家简洁的手法上看出，络腮胡子比希腊教堂里的那幅像更长，头部背景有十字架符号，服装和左手持《圣经》的姿态也没有变化。

　　拜占庭镶嵌画艺术在不同地区有不同的地方风格。例如，地方特色最明显的意大利镶嵌画以其华丽著称，并注意形象的比例和谐。意大利巴勒莫圣父教堂建立于1143年，完工于1151年，其内墙装饰性镶嵌画极为富丽堂皇，《圣父教堂内景图》显示，艺术家充分利用墙壁的空间，巧妙地布置各种《圣经》故事画面，并在各个独立的画面之间镶嵌大小不等的圆形圣徒像。巴勒莫教堂镶嵌画除了描绘传统的基督降生、受洗等故事外，还涉及《旧约》中上帝创世的故事。从《上帝造人图》可见，类似基督形象的上帝在伊甸乐园按照自己的样子创造亚当，并在亚当熟睡时用亚当的肋骨创造夏娃的场面。这里上帝表现为人物实体，是拜占庭镶嵌画和其他艺术品中极为罕见的，表明意大利作为拜占庭帝国西部属地，对基督教教义理解的实用性，与深受古代东方神秘主义文化影响的帝国东部有所区别。除了《圣经》故事外，使徒和圣徒以及殉道者的事迹也成为艺术家着力表现的内容，例如希腊达弗尼教堂的一角，《隐士乔基姆天启图》描绘了圣徒乔基姆独身一人在深山苦修，日夜祷告，感动上帝，派遣天使予以鼓励。从图中我们可以看到线条在当时艺术创作中的重要性，无论是树木花草，还是或飞或立的许多小鸟均是通过线条加以抽象表达，失去了写实艺术的生动与活力，与君士坦丁堡大皇宫镶嵌画地板相比，风格完全改变了。但是，这一类题材的镶嵌画与基督生平等《圣经》故事要少得多，它们后来大量出现在圣像绘画中。

　　皇帝的形象在镶嵌画中频频出现，这是拜占庭帝国皇帝专制政治对艺术创作发生影响的结果。在查士丁尼一世以后，拜占庭皇帝们的形象开始不断出现在镶嵌画中，形式虽然各不相同，但表达的内容基本上是神化皇权。现存意大利拉文纳教堂的7世纪后半期的镶嵌画《君士坦丁四世授予教会特权图》，按照查士丁尼一世形象表现手法，描绘了君士坦丁四世(668—685年在位)与其子查士丁尼二世及弟弟提比略和朝臣们向教会赠赐特权的场面。现存伊斯坦布尔索非亚教堂的镶嵌

10 世纪拜占庭镶嵌画《利奥六世拜见基督图》

画《利奥六世拜见基督图》完成于 10 世纪，画面共有 4 个人物，除了正襟危坐在皇帝宝座上的基督和两侧的圣母玛利亚及大天使米哈伊尔采取正面姿态外，引人注目的是跪拜在基督脚下、身着皇帝礼服且头戴皇冠的人物，他就是皇帝利奥六世（886－912 年在位）。这位皇帝博学多才，被称为"智者"或"哲学家"，生前因违反基督教关于婚姻的法规而陷入政治危机，他的第四次婚姻导致与教会关系的恶化，从该图中他企求基督宽恕的场面可以证明文献记载的真实。皇帝跪拜形象在拜占庭镶嵌画艺术品中非常少见，这大概只有利奥六世这一特例。该教堂南门拱顶山墙镶嵌画装饰《明君功德图》是由皇帝瓦西里二世指令修建的，是这位皇帝对前朝杰出君主功德的颂扬。画面中部由圣母子占据，圣母按照传统艺术规范身着黑色长袍，头戴黑色头巾，怀抱全身浅色服装的圣子基督；两侧分别是君士坦丁一世和查士丁尼一世，前者手捧君士坦丁堡城市模型，后者手捧圣索非亚大教堂模型，面向圣母子，上身前倾，作敬献姿态。在拜占庭历史上，这两位皇帝被视为最有作为的君主和后代帝王效仿的楷模，因此被神化为圣人，这从图中他们头部的光环可以反映出来。但是，从艺术角度看，两位皇帝缺乏个性，他们的个头、长相、发式、衣着完全相同，如果没有他们背后两侧的文字说明，我们几乎无法作出肯定的判断。事实上，君士坦丁一世身材高大，仪表堂堂，而查士丁尼一世中等个头、农夫面容，这些在镶嵌画中没有表现出来，反映当时的艺术创作的程式化和抽象化，画面上的所有形象只具有象征意义。

马其顿王朝是拜占庭帝国最繁荣强盛的时期，当时完成的镶嵌画作品比其他时代都多。伊斯坦布尔大皇宫教堂中保留的另一幅镶嵌画《君士坦丁九世和邹伊像》就有该王朝皇帝和皇后的形象，同时也记录了一段宫廷逸事。这幅镶嵌画由 3 个人物组成，中心部分按照传统留给正襟危坐的基督，其形象完全是按固定的表现模式塑造，而两侧分别站立着皇帝君士坦丁九世（1042—1055 年在位）和皇后邹伊，他们也是上身前倾，双手向基督敬献礼物。问题是画面上方的文字，说明皇帝的文字与其他文字大小粗细和位置都不协调，显然是后来做过修改。考古学家的研究揭示了真相，原来该镶嵌画始画于 1030 年皇帝罗曼努斯三世（1028—1034 年在位）统治时期，他原本只是宫廷贵族，因受到老皇帝的青睐而在皇帝临终前被招为东床快婿，与马其顿王朝血亲继承人邹伊结婚成为皇帝。他推行重税政策，敛财有方，国库一时充盈，故在镶嵌画中他手捧钱袋。但是，没有生育能力的邹伊对比她大 10 岁的皇帝不感兴趣，移情别恋，将他淹死在皇宫浴室中，并几度婚变。直到 1042 年，皇后与比她小 22 岁的君士坦丁九世结婚，为庆祝这一事件，该教堂的镶嵌画作了修改，用君士坦丁的头取代了罗曼努斯的头，文字也作了相应的调整。因此，人们不仅从文字上看出破绽，而且从君士坦丁头部周围的石膏线证实了民间的传说。

镶嵌画细部

拜占庭镶嵌画中的皇帝和皇后形象在此后比较常见，表现形式没有特别复杂的变化，大多将侧面改为正面，将上身前倾改为直立。如现存伊斯坦布尔教堂的君士坦丁堡皇宫教堂中的约翰二世（1118—1143 年在位）及其皇后伊琳尼的镶嵌画《约翰和伊琳尼图》，就是在圣母子两侧直立正面像，而且，人物高度几乎与圣母相差无几，面部表情也无任何谦卑之感。个别皇帝形象摆脱了程式化表现模式，例如完成于 1122 年的《阿莱克修斯像》，是皇帝阿莱克修斯一世青年时代的图像，没有胡须，长发披肩，显然不是其去世时 61 岁的形象。据专家推测，这是约翰二世为感谢和纪念其父而于 1122 年修建的，他力图保持其父年轻时代的形象。

拜占庭镶嵌画艺术的这些新内容反映了拜占庭帝国社会的变化，也说明政治和宗教意识形态对艺术创作的深刻影响。缺乏自由的文化活动必然走向僵化，缺少想象力和任意发挥的艺术创作必不可免归于程式化和教条主义，这是拜占庭镶嵌画艺术发展史留给后人的启迪。

二、绘画

拜占庭艺术特点表现为抽象性和扭曲性，这是基督教宗教观念和东方神秘主义思想长期影响的结果。古代希腊罗马艺术重视从自然中得到创作的灵感，把宇宙万物的自然状态视为美的源泉，真实、和谐、合乎自然的比例、人的天赋情感都作为美的标准。但是，拜占庭艺术却认为外在的形象是次要的，真实自然的形体是第二位的，艺术的核心在于表现某种抽象的精神和反映神圣的情感，艺术的目的是激发人的宗教灵感，因此写实艺术遭到拜占庭艺术家的蔑视，而质朴简单的线条和色彩表现出来的抽象意义受到重视。比例可以失调，因为比例应该让位于线条，色彩可以不丰富，因为单调的色彩能够更明确地表现抽象的含义。艺术品不是用来进行直观欣赏，而是用来启发思想，通过"不重要的"艺术品进行思索，使人们寻找有形的艺术品深层隐藏的无形事物。基督教对拜占庭艺术的影响渗透到艺术构思中，使拜占庭艺术的价值取向发生扭曲，在上帝至高无上至善至美思想指导下，现实世界成为罪恶的场所，人类背负着原罪和本罪的十字架，应该受到苦难的惩罚，因此，自然美变成现世丑，艺术美不是光明而是灰暗，不是微笑而是哭泣，不是和谐而是扭曲，不是平衡而是失衡，不是生动而是呆板，痛苦才是幸福和欢乐。在这样的艺术原则指导下，拜占庭艺术品都笼罩在阴郁的基督教气氛和朦胧的神秘色彩中。[①]拜占庭艺术的这些特点背离了古典艺术的原则，但是，由于它是在古典艺术的基础上发展而来，因此，还继承某些古典艺术的传统，例如注意营造庄严神圣的氛围、利用古代艺术的表现手法和技术等。

根据历史文献记载，拜占庭绘画曾继承古代罗马帝国的传统，在公共场合，如大的集市或公共浴室的墙壁上绘画自然风景和重大历史事件。利奥一世登基的场面和查士丁一世征战胜利的庆典场面都出现在公共场合，而贝利撒留所辖拜占庭军队击败汪达尔人和东哥特人的画面则是大皇宫重要的壁画，经常向外国使节展示说明，以示拜占庭帝国的强大。但是，这些壁画如今大多已经不存在了，世事沧桑，岁月流逝，它们有的被人为地破坏了，有的则因时间久远而消失。然而，拜占庭绘画艺术没有被时间的尘埃所湮没，它以多种方式保存下来，使后人得以了解其绚丽多彩的内容。保存至今的拜占庭绘画主要以教堂内壁画和图书插图为主。

教堂壁画多为纪念性绘画，其发展大体经历了如下几个阶段：4—7世纪初是发展的第一个阶段，其间艺术家倾向于模仿古代画家的传统，绘画内容注重写实，装饰花边多用几何图案，对个体的描绘注意细节，达到形象逼真的程度。这些绘画的技巧，如光线、明暗、比例等画技大多来自古代作家，其力求逼真的写实倾向使这个时期的绘画获得了"古典主义"的美名。4、5世纪拜占庭建筑发展的多元化为绘画艺术提供了更加广阔的发展余地，教堂墙壁的各个部位都成为绘画的空间，甚至墙角也是设计几何图形的好地方。5、6世纪教堂壁画逐步形成了规范，基督或圣母子成为绘画的中心，继承自古代的几何图案也随之定型为具有神学意义的花边，但是在这些图画中仍然保留某些古典时代的技巧，如花卉和果实仍然鲜亮逼真。7世纪中期到12世纪是拜占庭绘画艺术发展的第二个阶段，在此时期，拜占庭帝国经历了毁坏圣像运动，绘画艺术发展趋于抽象化和程式化，欣赏的品位逐渐

---

① 参见孙津：《基督教与美学》，重庆：重庆出版社，1997年版，第236～273页。

转向具有神学意义的作品。《圣经》故事和使徒、殉道者和圣徒成为主要的题材，现世的人物只有皇帝的形象允许用在教堂绘画中，他们大多处于画面的辅助位置。但是，这一时期拜占庭绘画与镶嵌画比较而言，发展相对缓慢，在政府和贵族的强大财政支持下，重要建筑的壁画多使用贵重的镶嵌画。直到13世纪以后，拜占庭帝国日益衰落，绘画艺术才进入大发展的阶段，因为，社会的普遍贫困和国家实力的下降使相对贵重的镶嵌画让位于廉价的绘画。现存的大量拜占庭绘画大多是这个时期的作品。它们和保存在浩瀚文献中的插图给我们提供了研究拜占庭绘画的资料。

拜占庭绘画艺术形式虽然不像镶嵌画那样具有华丽贵重的特色，但是，由于绘画使用的材料比镶嵌画更廉价，绘画技术的要求相对简单，因此，使用也更加广泛。拜占庭艺术品中保留最多的是圣像画，在南欧、西亚地区的基督教教堂中可以发现拜占庭各个时代的壁画，大到数十平方米小到几平方厘米不等。除了装饰教堂墙壁的壁画外，还有大量画在画板上的各类版画和书中的插图。绘画的主题和素材大多涉及宗教故事，圣像画的内容主要描绘圣母和圣子的神圣，反映《圣经》故事和圣徒事迹。绘画的方法比较简单，通过线条和色彩表现主题，强调传神而不重视象形，注重寓意而不要求真实。艺术家大量使用线条表达某种神学含义，并集中使用金黄、深蓝、大红和少量的过渡颜色表示不同的神学意义。例如，为表现圣母悲哀的心情使用眉间三线条，其神学含义是三位一体。值得注意的是，拜占庭绘画具有抽象的现实性，即在狭小的画面上集中作者所描绘的事件或人物事迹涉及的全部内容，反映出拜占庭人将同一事件在不同时间不同地点发生的各个场面作为同一时空单位处理的艺术概念，因此，其画面过于拥挤、杂乱，缺乏美感。拜占庭绘画对意大利艺术影响很深，特别对早期文艺复兴时代的艺术具有直接的影响，在世界美术史上占有重要地位。

"圣像"这一概念具有广义和狭义之分，前者包括以任何形式描绘任何基督教题材的彩色绘画，既有大型的教堂壁画，也有几平方厘米的便于随身携带的肖像画，而后者则主要指画在木板上的宗教画。《圣经·旧约》中有"禁止偶像崇拜"的戒律。早期的基督教思想家为了扩大基督教信条和神学概念，极力将"圣像"区别于"偶像"，以便使更多目不识丁的普通信徒接受基督教的说教。4世纪后半期著名的神学家瓦西里首先论证了圣像的合法性，认为信徒对基督圣像的崇拜并不是对偶像的崇拜，而是对上帝的信仰，圣像是不可见的上帝的影像，因此圣像和对圣像的崇拜均是神圣的，应得到重视。这一思想在毁坏圣像运动中得到发挥。主张崇拜圣像的派别坚决反对毁坏圣像派的主张，认为毁像派误解了圣像的意义，错误地提出基督的圣像将导致聂斯脱利派或一性论派的错误，甚至以为是圣像促使前者把基督的"人性"和"神性"分离，使后者将基督的"人性"和"神性"混淆。他们发展了瓦西里的圣像"影像说"，并从神学上将圣像分为3个层次，即象征上帝本体的神的形象、为人类所理解和接受的上帝的人的形象，以及基督和圣徒的艺术形象，塑造这些形象的唯一目的是唤起人们对上帝的热爱和尊崇。787年，尼西亚大公会议肯定了崇拜圣像派的理论，从而确定了圣像艺术的神学依据，奠定了发展圣像艺术的理论基础。

圣像绘画的形式除了教堂壁画外，主要为木板画，分为长方形单幅、两折板双幅和三折板多幅画，规格多样，但几乎没有圆形板画。绘画使用的染料是从动植物和矿物中提取的，加入蜂蜡或蛋清调和而成。现存西奈圣卡塞琳教堂的圣像可能是历史最悠久的拜占庭圣像，约有30幅，均为6、7世纪的作品。西奈教堂保存的圣像为蜡画，完成于6世纪，其画法是使用加热的金属笔，而不使用毛刷，按照事先在木板上勾勒的形象轮廓，边调制颜色边将溶化的蜂蜡颜色涂抹在画板上。《使徒彼得》圣像是描绘基督的大弟子使徒彼得，其上方分别为圣母玛利亚、基督和施洗者约翰，基督光环里的十字架是当时已经形成定式的绘画规范，但是画面重视运用色彩而轻视线条的技法具有古典绘画的风格。由于埃及柯普特教会的影响，西奈教堂保存的圣像形象都不太逼真准确，例如完成于6世纪的一幅《天使惩罚希伯来人图》表现的是天使将3个希伯来人赶入烈火熊熊的炉子，画面僵硬，人体比例失调，使用深色线条更多些，画面几乎没有立体感。《圣母子和圣徒图》具有同样柯普特风格，端坐在画面中央的圣母怀抱圣子，两侧分立 2 位圣徒，在他们的背后是两位仰望在天之父上帝的天使，所有人物均面无表情，表现手法雷同，但是圣徒的服装却花案各异。

拜占庭圣像画艺术在 11 世纪以后获得较大发展，特别是在巴尔干半岛斯拉夫人的教堂中发展较快。当时，接受了东正教信仰的斯拉夫各民族大力兴建教堂，并普遍使用圣像壁画作为教堂的内墙装饰。保加利亚首都索非亚附近博雅那镇有一所教堂，建于 1259 年，其内墙上至今保留许多 13 世纪的圣像。《基督在圣殿与博士论道图》描绘了 12 岁的耶稣基督随父母在耶路撒冷过逾越节后，独自留在圣殿与犹太教博士们谈论上帝耶和华的故事，画中少年时代的基督形象英俊聪明，大眼有神，具有人格魅力，比希腊教堂中的基督圣像更有突出的写实特点。该教堂的《基督祝圣图》仍然保持了拜占庭人的传统，虽然岁月已经使画面的色彩消退，但是深色的线条仍然清晰可见，另外，基督长发及肩，束在脑后，清瘦的面孔留着络腮胡子，头部的光环隐约可见十字架。在《基督受难图》中，我们除了看到拜占庭圣像画的特点外，还应注意绘画技法的变化，基督垂死的面容在细节上的处理基本摆脱了传统的重彩画法，用笔更加精细，不仅头发增加了弯曲以表现耶稣束发的痕迹，而且其胡须采用素描手法，似乎每根胡须都清晰地表现出来。除了基督的生平和神迹外，这所教堂还保留着 18 幅反映圣母和当地圣徒事迹的圣像，《天使守候基督墓地图》的构图突破了传统的圣像规范，采取近似写实的手法，画面上方的天使米哈伊尔坐在基督墓前，身体比例与服饰完全是当地中年妇女的形象，而画面下部沉睡中的 8 个罗马士兵也姿态各异，其铠甲兵器显有质感，与传统的表现方式不同。天使和圣母的面部个性明显，几乎没有使用线条进行描绘，基本恢复到早期拜占庭绘画艺术的风格，从"天使头像"和"圣母头像"的细部可以看出晚期拜占庭绘画艺术风格的变化，以致现代学者认为，这种变化包含着"人文主义"的色彩，是拜占庭帝国末代的帕列奥列格王朝"文艺复兴"的重要内容。

现存塞尔维亚索颇加尼镇的三位一体教堂的《上帝救亚当图》在绘

画风格上发生了同样的变化，画面左侧隐约露出上帝伸向亚当的手，亚当高举右臂，身体前倾，面露虔诚敬畏和感激的神色，画面下部众多信徒的表现方法独特，具有纵深感，为此前拜占庭圣像画所少见。特别值得注意的是其他 5 个主要人物神情各异，有的虔诚，有的惊讶，有的疑惑，有的深沉。其中对人物感情的写实使人联想到意大利文艺复兴时代的绘画《最后的晚餐》，而上帝与亚当的手使我们想到米开朗基罗在西斯廷天顶的壁画《创造亚当》的画面。《两个牧羊人图》形象各异，姿态和面部表情均十分丰富，特别是年迈长者的羊皮袄完全是写实艺术的成就，缕缕羊毛格外逼真。在 1314 年建立的一座教堂内，保存着圣像壁画《圣乔西姆和安娜图》，圣女和手持长蜡烛的侍女身材修长，举止稳重，神情肃穆。值得注意的是，该画没有大量使用传统的深色线条，面部和手臂更多地运用了过渡颜色，恰当地表现出立体感。

　　如今，在马其顿境内许多教堂中也保存着大量晚期拜占庭圣像壁画，它们与上述保加利亚和塞尔维亚的圣像虽然在内容上没有区别，但在风格上有差异。例如，在马其顿斯科比亚的圣迪米特里教堂保存完好的《贞女生育图》中，我们又看到了中期拜占庭绘画传统的技法，大量的线条和对比鲜明的色彩。但是，画面同时显示出创作中现实主义的倾向，手捧水罐的侍女大概是以当地美丽的少女为模特，显露出纯情少女特有的气质，而其手捧的水罐则是其他拜占庭圣像画中所没有的。塞尔维亚格拉坎尼查教堂中保存的圣像《施洗者约翰图》，在运用线条和色彩方面受到拜占庭绘画的影响，但是人物造型粗犷豪放，散乱的头发和胡须没有刻意修饰的痕迹，比例合理的身材和浅色的服饰突出了约翰的面部。这幅圣像与《贞女生育图》一样，是南斯拉夫人东正教圣像画的代表作，其突出的特点是粗犷的写实风格。

　　随着基督教思想观念日益深入社会生活，东正教艺术家将许多重大历史事件和灾难也纳入圣像画的取材范围，他们认为上帝惩恶扬善，因此在圣像画中应加以表现，以示世人。希腊东正教圣地阿索斯山迪奥尼索斯修道院的壁画《上帝的审判图》就描绘了可怕的地震灾害。画面上显示日月无光，阴云密布，流星如雨，地震造成房倒屋塌，屋顶倒置，宫殿裂成碎块，有的已经陷入地下，巨大的地缝流淌着岩浆。事实上，拜占庭帝国中心地区是地震高发地带，造成严重损失的地震几乎每年都有发生，对此，基督教神学家给以宗教的解释，而艺术家则用圣像画进行描绘。11—12世纪西奈卡塞琳教堂的圣像画《升天图》就形象地描绘了基督徒进入天堂的场景，画面对角斜线有一道升天的梯子，上面挤满了希望进入天堂的信徒，耶稣基督在天堂入口热情欢迎纯洁得道的"义人"，天使和圣徒则在天堂中俯视芸芸众生艰难的升天过程。空中飞行着许多鬼影，他们手持弓箭和长钩，将意志不坚定者从梯子上拉下，许多大头朝下跌落的人似乎在痛苦地嚎叫。在建于13、14世纪的马其顿卡斯托里亚教堂壁画《受罚者图》中，描绘了3个犯有说谎、诽谤和偷盗罪的人在地狱里受惩罚的场面，其中2个被捆绑着倒挂在地狱里，另一个被捆绑吊死，脖子上还坠着沙袋。这类可怕的惩罚的场面大多出现在晚期拜占庭宗教绘画中，反映在拜占庭帝国没落时期，基督徒中普遍存在的灾难即将降临的恐惧情绪。这种情绪在11世纪以前的圣像画中几乎见不到。

拜占庭绘画注重传神，而忽视形体的准确和谐，即所谓"得意而忘形"。由于圣像画表现的多为宗教题材，因此限制了艺术家的想象力，也注定了圣像画逐渐僵化并最终衰落的命运。作为拜占庭绘画艺术的另一个分支，文献插图始终以稳定的速度发展，其涉及的内容极为广泛，为后人提供了直观生动的历史画面。插图绘画的形式和内容是与书籍的文字内容相一致的。由于这种绘画并不公之于众，而是抄书人在书斋里进行的活动，因此，为它的发展留下广阔的空间，其涉及的内容几乎包括拜占庭社会生活的所有方面。特别是插图绘画的物质要求不高，笔、色、刀、尺等工具即可满足需要，任何文人可以在任何容得下一张书桌的地方进行创作。插图作品的创作目的大多不是为了参加比赛或出售，而是对文字进行形象补充说明。

在宗教类书籍中保留的插图多与基督教《圣经》故事和圣徒事迹有关。例如现存梵蒂冈图书馆的5世纪圣经古抄本有一幅长宽各10厘米的插图《圣女安娜与农民》。安娜在希伯来传说中意指"崇敬"，在基督教故事中是圣母玛利亚的母亲。在这幅插图中，安娜面向 4 位向她进献礼物的农民，表情慈祥，伸出右手，似乎在讲述着什么，而农民们则面带愉悦崇敬的表情注视着她，他们或赤裸上身，或肩扛锄头，或手持礼物，好像在出工前路过安娜的家门。安娜背后的房屋建筑的台阶和柱子，以及三角山墙都表明当时绘画中保留的传统风格。6 世纪著名的叙利亚拉布拉福音书现存意大利佛罗伦萨图书馆，书中保留了大量插图，《基督受难和复活图》严格按照《圣经》的记载，描绘了基督被罗马士兵钉死在十字架上的场面，几个罗马士兵为争夺基督的上衣在抓阄，基督的母亲玛利亚及其妹妹、克雷奥法斯的妻子和玛德莱娜站在十字架下哭泣，基督两侧 2 个同时被处死在十字架上的盗贼正在嘲笑基督，有一个士兵手持长矛将浸有食醋的海绵伸到基督的嘴边，为之解渴。基督复活的场面也忠实于原文，画面上两个妇女分别是克雷奥法斯的妻子和玛德莱娜，她们在黎明时分相约来到了基督的墓地。恰在此时，大地剧烈震动，一位带翅膀的天使从天而降，搬开挡住坟墓的石头，并坐在上面，衣服洁白。看守坟墓的罗马士兵万分恐惧，仓皇逃窜，一个浑身颤抖，跪拜在地。复活的基督走出坟墓，对两个匍匐在地并拥抱他脚的妇女说："别害怕，快去通知我的兄弟们，我要见见他们。"插图绘画对细节的描绘是壁画和圣像画无法比拟的。同书插图《基督升天》使用艳丽的色彩描绘《圣经》中的故事：基督复活后，带领众弟子到橄榄山上，请大家抬起手来共同祝圣，突然大家看到基督正在缓缓地上升，图画中基督被许多天使簇拥着升上天空，并有一片彩云飘来挡住了大家的视线，原来基督早已知道自己即将升天，请众弟子来做"见证人"。画中圣母两侧的天使也是按照《圣经》的记载：突然有两个身着白色衣服的天使出现在大家面前，告诉惊讶至极的使徒们基督将以同样的方式降临人间。

　　由于各地发现的拜占庭插图画艺术风格不尽相同，后代学者往往进行艺术分类。例如被称为亚美尼亚画派的作品虽然在题材和内容上与叙利亚插图一样，但是其画面色彩艳丽的程度、使用背景的多样性和人物个体的独立性是其突出特点。1038 年完成的亚美尼亚福音书中保留了许多插图，其中有《亚伯拉罕及其子以撒图》，描绘了上帝打算考验亚伯拉罕对自己的忠诚程度，于是叫他把其子以撒作为祭品奉献出来。亚伯拉罕遵照上帝的吩咐，带着儿子和木材来到上帝指定的地点，搭起祭坛，并将木材放在上面点燃。正当他准备挥刀杀死以撒时，他听到上帝的声音：我已经晓得你的忠心，并看到在树丛中有一只羊，于是以羊代子，向上帝献祭。画中燃烧的火焰冲天，天空中伸出的手象征上帝的意旨，人物服装、祭坛、公羊和树丛的颜色十分鲜艳，对比强烈，各个形象相互没有遮挡，极富特点。同书中《圣殿奉献图》也具有同样的特点。据《圣经》路加福音记载，基督出生后，玛利亚和约瑟带着他到耶路撒冷圣殿，按照摩西律法的规定，将长子奉献给上帝。在画面左侧即是基督一家。与他们相对的老者是西门，为人正直，受到上帝的器重，此时圣灵附体，受圣灵驱使来到圣殿，巧遇基督一家，并对基督称颂上帝说：我的双眼看到了救世主，看到了您当着全体人民的面安排的救世主，他的照耀各族的光明是以色列人民的荣耀。该插图天空蓝色的背景和色彩鲜艳的建筑物在拜占庭插图艺术中独树一帜。

许多研究者认为，拜占庭帝国就是一个基督教的国度，拜占庭的艺术就是基督教的艺术，这种意见虽然有失偏颇，但是，确实抓住了拜占庭文化的一个特点。拜占庭人从最初尊崇基督教开始，就逐渐地远离了古典文明的世俗性，用基督教的思想锁链束缚了艺术的发展。他们通过艰难的神学思辨，将人类对真善美的追求异化为神和上帝的存在，形成了为众多信徒认同的共同价值准则。在对"上帝创世说"的解释中，东正教思想家建立了人性和神性的伦理关系，奠定了艺术创作的理论基础。神学家还通过三位一体的说教，将真善美的理想具体化，成为人们日常可以感知、触摸和效仿的榜样，使基督的明智、仁慈、自我奉献等优秀品质代表上帝的形象，也成为艺术家创作的思想原则。人的现世追求异化为神的品德后，又被艺术家树立为人的榜样，这种颠倒了的思维方式深深地制约了拜占庭艺术创作，使处在上帝神圣光环中的作家和艺术家也采取颠倒的观察世界的方法。

　　根据时人的认识，既然上帝代表了正义，那么堕落的人类就处在邪恶中，天国的理想始终否定现实的乐趣，以至于形成了新的、与古典时代不同的审美倾向。这种审美观将人类的现世乐趣丑化为邪恶，将自然产生的欲望视为罪孽。因此，现实不存在美的事物，理想的境界是混沌一片的金光。古典时代对自然景色的欣赏被认为是错误，因为它可能激起人的欣赏欲望。画面除了庄重和纯洁，其他感情是不能表现的。艺术创作的表象美不仅是不必要的，而且是有悖于基督教的审美原则。有形的事物只能表现抽象的含义，而不能表示事物自身。因此，艺术只能服务于基督教神学，负罪感是人类能够具有的唯一情感，由此引申出对上帝的乞求和敬畏感，对基督救赎的感恩情绪，因为人与上帝的联系和人类跨越现世和来世的鸿沟全凭基督的献身。直觉和神秘的启示被渲染成为人类能够感知的最高境界，古典时代颂扬的理性和人性让位于盲目尊崇和神性。人类在现世的追求让位于对来世的寄托。

　　西亚地区长期存在的纯粹的精神追求和神秘文化，在拜占庭帝国得到改造，犹太教完全抽象的无形的"耶和华"被转化为大批文盲信徒可以感知的基督，这个形象被赋予了古典希腊罗马人的现实性和物质性，使偶像不再是崇拜的对象，而是崇拜的手段。艺术作品在新的思维方式中起着媒介和工具的作用，它把教义的"真理"演绎为形式，成为普通信徒可以理解的语言。艺术形象只是一种神学象征，因此与这个象征无关或影响人们接受理解该象征的内容均被排斥出去，转移人们对表象背后事物的注意力的因素也在清除之列。真实的景物变为抽象的线条，地平线和大地一起消失，画面因此没有了纵深感，物体也因此缺乏立体感。任何艺术品的结构，包括绘画的构图从此失去了真实的比例，任何现象在画面中所占的位置和大小由神学含义来决定，以上帝为顶峰的神学等级决定了它们在艺术品中的重要性。在绘画中上帝表现为无形的祈望，画面的中心留给了圣母和基督。从古典时代的三维绘画到拜占庭时代的两维平面画表明基督教神学主宰了艺术创作，抽象艺术取代了写实艺术。在艺术创作的手法上，象征主义取代了写实主义。古典时代雕刻艺术的透视法消失了，拜占庭式的层叠法和平铺法广为流行，成为造型艺术的规范。

这样，现实事物和人的生活逐步退出艺术创作对象范畴，真实性从艺术品中消失，取而代之的是艺术品的装饰性。拜占庭造型艺术的目的就是要营造一种与现世决然不同的环境，一个色彩斑斓、奇光闪耀的基督教世界，使人们在这个世界寻求解脱。拜占庭造型艺术中大量的宗教作品反映出基督教在拜占庭帝国的迅速发展，以及基督教对社会生活的改变。但是，人类追求现实欢乐和幸福的欲望是无法彻底消灭的，物质生活的巨大诱惑力常常瓦解基督教伦理和禁欲主义教义构筑的堤坝。在插图绘画这种拜占庭艺术之最"自由"的天地，人们仍然可以看到大量非宗教神学的内容，可以从中了解许多拜占庭人日常生活的生动情景。

艺术家特别关注现实生活中的重大事件，他们的画笔经常记录皇帝的形象。1078 年抄录的一部 5 世纪布道词插图《尼基弗鲁斯皇帝全身像》，就以细腻的笔法描绘了皇帝尼基弗鲁斯三世的全身像。这位皇帝出身军事贵族，曾任阿纳多利亚军区总督，后发动军事叛乱夺取皇位，其时年事已高，近 80 岁。从画面上，我们看不出他的年龄，他身着华丽的紫色皇帝长袍，其上花纹几何图案清晰和谐，皇袍宽金边、绣花线，皇冠以宝石镶嵌，珠宝缀饰和项链珠玑可数。其两侧分别为4 世纪末至 5 世纪初任君士坦丁堡大教长的约翰和大天使米哈伊尔，前者身着黑红教服，面向皇帝，正在将布道辞书交给尼基弗鲁斯，而后者则见证献书的过程，他的服装为蓝底红黄两色花图案，金色花边露出绛红衬里，其后背的翅膀羽毛纹理规则。该插图背景为金色。从人物、道具、服装和插图花边框均可以看出艺术家技艺高超，运笔精细，通过奢华的服饰展现了拜占庭帝国上流社会现实生活的情景，反映出作者对物质享受的欲望。

重大事件也是插图画家注意的对象。现存巴黎国家图书馆的一本 14 世纪的古书有约翰六世的画像《约翰六世入主君士坦丁堡图》，描绘了他于 1347 年进入君士坦丁堡的场面。约翰六世原为拜占庭帝国伯罗奔尼撒地区总督坎塔库震努斯的儿子，年轻时与皇帝继承人安德罗尼库斯（三世）成为密友。在1321—1328 年的内战中，他倾其家产积极支持安德罗尼库斯获胜，迫使老皇帝退位，并因此被委任为新朝命官。此后，他控制朝政 13 年，是安德罗尼库斯的主要大臣。1341 年，安氏去世前，曾请其即位，后托孤于君士坦丁堡。但是，皇后安娜不甘心大权旁落，联合教、俗贵族发动宫廷政变，迫使约翰起兵。经过 6 年内战，约翰六世获胜，

14 世纪古籍插图《约翰六世入主君士坦丁堡》

1347 年 2 月入主君士坦丁堡。这幅插图记录了他入城时的场面。他右手持象征权力的十字架权杖，身穿皇袍，头戴皇冠，周围的高级教士举手为其祈祷，身后簇拥着文臣武将。类似的插图很多，皇帝在插图中亮相的机会大大多于壁画和镶嵌画。

插图画还较多地反映拜占庭社会各个阶层的日常活动。首先，我们以西奈圣卡塞琳教堂保存的古籍插图《农民纳税图》为例，该插图完成于 12 世纪后半期，真实表现了农民交纳税收时的情景。从画面可见，3 名身着华丽官服的拜占庭政府官吏面目冷峻，严厉地向农民征税，其中一位年纪较大、身份较高的官员坐在折叠椅上，左手拿着账目，右手向农民示意应交纳的税额。他的两名年轻助手，或手持天平称贵金属的重量，或监视农民的举动。他们前面摆放的桌子上放着 3 位农民交纳的货币税。这几个农民衣衫不整，蓬头垢面，其中有白发老者，似乎在向税收官解释着什么。不远处还有 4 个农民，他们脖颈上被绳索捆绑串联，显然是因未能完税而被捕。《放猪人图》描绘的是两个放猪人将猪群赶到树下，其中一人爬上树，将橡树籽打落，猪群

蜂拥而上，争先恐后抢食橡树籽。巴黎国家图书馆收藏的 15 世纪古籍插图《小儿摘果图》，很像我国的水墨画。树上果实累累，有个儿童爬上树，惊飞树上群鸟；树下有两个儿童，一个为树上儿童指示果实位置，另一个站在树下收集果实。巴黎国家图书馆收藏的 15 世纪古籍插图《狩猎图》，表现了两个猎人躲藏在树后，等待野熊落网的情景。威尼斯图书馆收藏的 6 世纪古籍插图《临终图》生动再现了死者亲属悲痛欲绝的场面。虽然这幅插图因年代久远变得模糊不清，但是位于死者床头的两个年轻人的面部表情和姿态显示了他们悲痛的心情，而床脚的妇女两臂高举，似乎正扑向死者，她的面部表情与身体姿态准确表达了悲痛心情。还有一位教士也俯身看床上的死者，为其做最后的祈祷。

1362 年古籍插图《农耕图》

拜占庭城乡生产情况在插图画中也有反映。巴黎国家图书馆收藏的 14 世纪古籍插图《农耕图》描绘了农民在田地里劳动的场面，他们有的使用短柄镰刀割除杂草，有的用铁铲翻整土地，种植的植物形状类似向日葵。同一部古籍中画有《牛犁图》，两头牛由一个农民驱赶着耕地。现存意大利巴里图书馆的 11 世纪古籍插图《养蜂人图》描绘的是在树下收拾蜂房的养蜂人，大群蜜蜂从已经打开的蜂房飞出，集中在一种不知名的树上采蜜。从威尼斯图书馆收藏的 10 世纪古籍插图《捕鱼图》，我们了解到拜占庭渔民打鱼的情况。船上共 3 人，第一人在船头点亮灯火，以吸引鱼群，第二人站在船中央撒网捕鱼，船尾坐者用力划桨。可见，生活在地中海沿岸的拜占庭人很早就开始利用灯光捕鱼。

我们不可能一一列举所有反映拜占庭人生产情况的插图，涉及的职业还包括首饰加工匠、织布妇女、牧羊人、造船工、医生、抄书者、教师和学生等等。特别值得注意的是涉及娱乐和聚餐的插图。巴黎国家图书馆收藏的 10 世纪古籍插图《散步图》很有趣味。图画中有一对青年男女，衣着华贵，在布满花草树木的山林中游玩，他们的两个仆人手持工具在前面开路，探路棒惊走了一条蟒蛇，致使女青年惊叫着手指前方，男青年勇敢"护驾"，仆人则回头观察蛇的去向。画面生动有趣，人物比例基本准确，花草树木有些类似我国的山水写意画，显示出作者对现实生活的热爱。巴黎国家图书馆收藏的另一本 1362 年完成的古籍插图《聚餐图》生动地表现了庄园里朋友欢聚的场面。图中男士坐在一起，其中一人正在用刀切割烤羊羔（或乳猪）；女士们集中在一起，边吃边聊天，其交头接耳"嚼舌头"的形象抽象传神；青年人和孩子们坐在桌子另一面，他们只顾吃喝。两个仆人分别从两侧上场，一个高举烤叉，送上烤鸡，其脚边的酒罐是为随时添酒使用的；另一个从城堡中走出，手中托着菜肴。特别有趣的是餐桌旁的花狗，两腿站立，贪婪地望着桌上的食物，焦急地等待主人"施恩"。画面洋溢着轻松恬美的气氛，流露着作家对亲情友情和乡间聚餐生活的向往。基辅圣索非亚教堂收藏的 11、12 世纪古籍插图《大幕后台图》表现剧场上一人边吹笛子边跳舞，另一人和着音乐翩翩起舞的情景。总之，拜占庭绘画艺术向我们展示了拜占庭人社会生活丰富多彩的画面，[1] 它也对此后土耳其细密画产生了直接影响。

三、建筑艺术

拜占庭建筑艺术是在罗马建筑工程技术基础上发展起来的，与拜占庭文化其他领域不同，建筑艺术在拜占庭世界有诸多创新，形成了世界建筑史上的"拜占庭风格"，并对世界很多地区产生了极大的影响，在欧、亚、美洲地区广泛分布着拜占庭式建筑，其中现存伊斯坦布尔

---

① D. T. Rice, *Art of the Byzantine Era*, London, 1963.

的圣索非亚教堂是拜占庭建筑的典型代表作。该教堂被后人称作"古代世界第八大奇观",也是其他民族刻意模仿的榜样。[①] 在巴尔干半岛、意大利、俄罗斯、中欧,甚至在英、法等西欧国家均保留着大量拜占庭式教堂。拜占庭建筑特点一方面体现在设计布局和建筑材料的使用上,另一方面体现在对建筑物的内外装修上。拜占庭建筑师在罗马式建筑传统的长方形大殿基础上,进行横向扩展和分割,形成以中心大厅为核心的多厅建筑。平面图呈十字形。建筑内主厅和回廊之间以希腊式柱廊分割,各部空间似通非通,内部景物若隐若现。拜占庭建筑师充分发挥罗马拱形建筑的优越性,利用多个拱形构成半圆球形,在十字交叉大厅上空建造巨大的穹顶。同时,他们将罗马时代通用的厚重墙壁改造成为柱廊,将建筑物上部和天花板的沉重压力化解于无形,使得整个建筑物凸显出轻巧的特点。

在建筑材料方面,拜占庭人几乎不使用古代建筑经常使用的巨大石料,而以砖和小石块为主;跨度极大的穹顶则使用特制的首尾可以衔接的空心陶管,通过半球形的整体设计,将穹顶和天花板的重量均匀分布到下面的立柱之上。为解决采光问题,拜占庭建筑师在穹顶侧面开设系列天窗,例如圣索非亚教堂半球形穹顶下部开设一圈小天窗,既解决采光问题,也减轻穹顶的重量。教堂外部鲜有装饰,仅用矿物染料涂抹,而内部或用镶嵌画装饰或用圣像壁画装饰。另一种有特色的装饰反映在柱头雕刻中,拜占庭人在古希腊科林斯式叶片柱头的基础上发展出花篮式柱头,并以动植物和基督教抽象符号深浅浮雕作装饰。总之,拜占庭建筑的精巧特点与古典建筑的质朴宏大厚重坚固形成鲜明的对比,而其重内部装饰轻外部装饰的特点又与意大利文艺复兴时代建筑重外轻内的装饰风格迥然有别,形成其独具特色的拜占庭建筑风格。除了教堂外,人们还可以从少数拜占庭世俗建筑遗址中发现,拜占庭人注意建筑物内部空间多层次的利用,例如大皇宫的主殿被分成前殿、后殿、侧廊、门廊等部分。在皇宫遗址建筑群中,还有

---

① S. B. Fletcher, *A History of Architecture*, London, 1975, chp. 13.

淋浴室、武器库、图书馆、博物馆等，建筑的形式依据不同的用途而设计，或分或合，一些建筑群中还有多层楼房。

查士丁尼时代是拜占庭建筑艺术突飞猛进发展的时代，这位皇帝为重建昔日罗马帝国的光荣竭尽全力，他大兴土木重新修建君士坦丁堡，尤其为建造新的圣索非亚教堂不惜一切。查士丁尼在532年尼卡起义之后，开始其重建首都计划，这为拜占庭建筑师提供了施展才华的机会，君士坦丁堡工地成为他们尽情创造的舞台。

叙利亚阿帕梅亚古城的南北街道

拜占庭建筑艺术的这个辉煌时代以后再也没有出现过。查士丁尼聘请当时著名的建筑师伊塞多利（Isidore）和安赦米奥斯（Anthemius）制订了庞大的计划，下令他们立即开始设计监督施工。5年后，重建的君士坦丁堡再放光辉，宏伟的圣索非亚教堂屹立在城市中心，成为拜占庭建筑风格的代表作。

据普罗柯比在《建筑》一书中的记载，这个时期在君士坦丁堡建立和修缮的教堂就有33座。此外，豪华的黛屋希裸公共浴池和皇帝公园都在原来的旧址上加以扩建。庞大的修建工程直到查士丁尼一世去世以后仍然继续进行，这使君士坦丁堡这颗珍珠重放光彩。[1] 普罗柯比提到的建筑物包括：奥古斯都广场旁的元老院、广场上高大的石柱及其顶端的查士丁尼骑在马上的铜像、埃琳娜教堂、大济贫院、伊西多

---

① 普罗柯比在其《建筑》（*Buildings*）一书中详细记载了查士丁尼重建君士坦丁堡的事件。参见 Procopios, *The Wars*, *the Buildings*, *the Secret History*, trans. by H. Dewing, London, Loeb Classical Library, 1914-1935.

鲁收容院、阿卡迪收容院、圣母玛利亚教堂、布拉切奈教堂、巴鲁克利教堂、金门教堂、喷泉教堂、悉艾龙教堂、圣安娜教堂、邹伊教堂、大天使米迦勒教堂、圣彼得教堂、圣保罗教堂、赫尔米斯达宫殿、塞尔吉教堂、巴库斯教堂、特卖努西庭院、圣使徒教堂、圣约翰教堂、君士坦提乌斯教堂、阿卡西乌斯教堂、圣佩拉图教堂、圣塞克拉教堂、塞拉教堂、圣劳伦斯教堂、圣女教堂、圣尼古拉教堂、圣普里斯库斯教堂、圣格玛斯教堂、圣达米安教堂、圣安塞姆教堂、安娜普鲁斯港口、海滨市场、海滨女修道院、女子忏悔所、海角教堂、阿叶龙尼避难所、阿瑞斯宫殿、奥古斯都广场、大皇宫、阿卡迪娜公共浴场、市郊花园、饮水渠、蓄水池、柱廊大道、赫拉宫殿、尤侃迪娜宫殿、城东码头、赫拉码头等等。用普罗柯比的话说："该城其余地方的一些最著名的建筑，特别是皇宫那些雄伟壮观的建筑已被纵火烧毁，夷为平地。不过，皇帝以比原来更漂亮的形式重建或修复了这些建筑。"

还是让我们欣赏一下普氏是如何用他的生花妙笔描写重建的圣索非亚教堂的：重建之后，"这座教堂因此成为一个美妙绝伦的景观，看到她的人无不为之倾倒，但那些通过传闻听说的人还是完全不能相信……她高高地耸立于云霄之中，仿佛巍然屹立在其他建筑物之上，俯瞰着整座城市，所有的建筑都仰慕她，因为她是该城中最壮观的部分，她以自己的壮美傲视整个城市。她的长宽比例协调，可以这么说，其造型极其匀称。她以难以置信的典雅之美令人流连忘返，且以惊人的巨大容量和结构匀称让世人倾倒，她具有比我们所熟知的其他建筑物更多的优点而独树一帜。该建筑虽然面积巨大，但难能可贵之处在于有充足的阳光照射进来，大理石反射光把整个教堂照得通明。的确，不借助太阳的光线教堂内部不会发光，但大殿内部能够借助墙面的反射生成光线，使整个大殿沐浴在明亮的光照之中。教堂的正面朝向太阳升起的方向，在阳光下教堂正面充满了神秘氛围，令人无限崇敬上帝。正面是以下列方式建筑的……不是按照一条直线建造的，而是从周围侧面逐渐向内部弯曲……形成一半圆形状。就是建筑师们极擅长制作的一种叫半圆筒的建筑。然后，这部分升高到令人吃惊的高度……这个结构上面的部分是个球体，在球形结构的下面建筑了另一个新月形的结构，以利于建筑物的各个部分相互衔接。她的外观优雅美妙绝伦，但由于这种构造的各个部分似乎给人不稳固的感觉而令人生畏。好像穹隆没有稳固的基础，像气体飘浮在空中一般，但大殿的内部为这些不稳定感做了很好的平衡处理。实际上，坚固的基础和良好的安全性使她显得更加稳固，因为在墙的另一面即侧厅通道排放着许多柱子，这些柱子不是按同一种样式成直线排列，而是排列整齐，互相照应，向内部凹下去，形成半圆形的图案，在这些柱子的上面悬空建造新月形的建筑结构。东侧对面的墙上建有一个出口，这面墙的另一面正像我在前面叙述的那样，矗立着半圆形造型。各个圆柱本身及其上面的建筑造型都是半圆形的。教堂的中心即主殿，矗立着4个高大的柱子……两个在南边，两个在北边，相互平行对立，这样两两相对有4个柱子互相站立。这些柱子是用经过精心挑选熟练打磨、垒砌而成的巨石建筑，石柱建造得极高，直达大厅的顶点，令人浮想联翩，好像它们就是峻峭的山峰。那些高耸在空中的穹隆被建造在一个方形建筑物的四周，它们的首尾相接，连缀在一起，都被紧紧地建筑在这些柱子的顶部，其他部分也随之腾空而起，凸显其高大轻盈，宛如凌空飞架。两个空中飞架的拱形结构凌空对接，东西两面各有两个这样的拱形结构，其余类似的两个圆拱则建立在建筑物和众多下面的小柱子上，大圆拱建筑上建筑着半球形穹隆；这种建筑造型能让日光始终照射进来。我相信，由于教堂是建立在地球上，所以她免不了有时被遮挡，光线照不进来，为此故意留下了一些孔洞，建造出石头结构的通光道，这样就能保证有充足的光照射入教堂。这些拱形结构被连接在一起形成了一个水平的四角形，两拱之间的石头框架便形成4个三角形……在这个圆形结构的上面建立起这个巨大的穹隆，使得整个教堂显得极其壮美。她似乎不是坐落在坚固的砖石建筑上，却好像是从天国轻盈飘下的金色穹隆，飘浮在空中一般。所有的细节都结合完美无缺，整个建筑极其轻盈，宛如飞架天空的彩虹。她坐落在整个建筑的其他部分上，极为和谐匀称，形成无与伦比的结构美，由于其每个细节都对观众产生难以抵制的吸引力，所以看客总感到没有时间细品建筑的每一部分细节。由于美丽的景象总是不断地忽现眼前，看者必然认为整个建筑细节都美妙绝伦。然而，即便看客注意到每个方面，并被每个细节所吸引，他们仍然不能了解能工巧匠们精湛的技艺，以至于他们流连忘返……许多技能我既没有能力完全理解，也不可能用文字解说清楚。这里我只能用文字记录其中的一个侧面，以使人们获得整个建筑美好的印象……教堂的内部显得高大无比。它们还有黄金装饰的穹隆天花板，有一个柱廊侧厅是给男礼拜者使用的，另一个是给女礼拜者设计的。但是它们都一样富丽堂皇，没有任何的区别……有谁能恰当地描述女子侧厅的画廊，或者计算出环绕教堂周围有多少柱廊和柱廊构成的通道？有谁能叙述出这些圆柱和装饰教堂的这些宝石的美丽？人们幻想自己似乎来到了鲜花盛开的草坪，因为那些姹紫嫣红、形态各异的美丽宝石，令人叹为观止，他们只能惊叹大自然的鬼斧神工。无论何时，进入这座教堂祈祷的人都会立刻相信这绝非凡人智慧所造，而是上帝圣意使然，一切都在瞬间化为美好幻象。为此，他的思想受到上帝的启示，精神备受鼓舞，不由得颂扬神的伟大，并确信上帝没有远离，他就在这里，一定圣临在这座宫殿里，因为他喜爱这个地方。初次看到这个教堂的人免不了会产生这种感觉，即便多次造访过这个教堂的人，每次到来总会觉得景色迥异。这绚丽的美景使人目不暇接，教堂那令人赞叹的华美让他流连忘返。没有人确切了解这所教堂的珍宝和数不清的金银器皿，还有查士丁尼皇帝奉献给这个教堂的大量宝石艺术杰作，其准确数目无人知晓。但是，我想让读者只通过一个小小的例子作出推测。人们视为神殿中最神圣的那个部分，也就是只有神甫可以进入的那部分，他们称作内殿的部分，是用 4 万吨白银装饰而成的……可以说，这座君士坦丁堡教堂（人们习惯上称她为大教堂）就是查士丁尼皇帝以这种方式建成的。正如我马上要说明的，皇帝不仅用金钱而且用无数人的智慧和汗水建造了这个教堂。"①

四、装饰艺术

拜占庭人笃信基督教，宗教情感十分虔诚，古典时代崇尚自然的情操逐渐消失，对现世人生的否定在艺术上产生了深刻影响，不仅表现为艺术创作题材的减少，观察外部世界眼界的萎缩，而且在文化艺术的表现倾向上失去博大的情怀，而热衷于小型艺术，在贵金属微型加工艺术中发展迅速。

拜占庭时代的贵金属主要指金、银及其合金。与我们今天流行的看法一样，拜占庭人也将黄金视为最珍贵的物质，而作为一种质地柔软、延展性强、色泽持久的金属，拜占庭艺术工匠充分地利用它制作多种用途的工艺品和用具。他们用黄金制作钱币、镶嵌玛瑙杯、餐具、基督教圣物容器、各类首饰、镶嵌画涂料、镀金材料、图书封面装饰、圣像和用于纺织品的金线。宫廷和大教长驻地充满了金银用具，因为拜占庭人认为黄金极其奇异的光泽代表了光明，是辉煌、荣耀和真理的象征，因此皇帝发布的命令被称为"黄金诏书"，它们或镶嵌金边儿，或涂抹金粉。现存的拜占庭黄金制品纯度不高，仅在85％～93％之间。黄金常常与白银结合使用，特别是制作各类工艺品时几乎不分开使用。白银被拜占庭人看作是仅次于黄金的贵金属，它与黄金具有相似的金属特性，易于加工，但不如黄金贵重，两者在拜占庭时代的比率大体保持在1∶14到1∶18。银币在实行金本位制的拜占庭帝国出现的较晚，可能在7世纪以后，且流通作用比金币和铜币都小。白银主要被用于制作各种容器，其中又以盘子为多，由于它对有毒物质的特殊敏感反应，拜占庭人用它制作杯、碗、碟、盘、勺、叉、壶等餐具。现存梵蒂冈博物馆的大量拜占庭白银餐具饮具令人大开眼界，例如"香客背壶"为7世纪作品，其直径约15厘米，壶口高约4厘米，饰有基督教传统故事和图案，主要用于朝拜者从圣地携带圣水。"镀金银杯"现

---

① Procopios, *History of the Wars*, *Secret History and Building*, IX, i, 1-11.

存于瑞典斯德哥尔摩国家博物馆，属 11 世纪拜占庭白银制品，杯口直径 11 厘米，高 6.1 厘米，它的特殊之处不在其抽象的植物和飞禽雕刻，而是其雕刻图案线条表面有一层镀金，其金黄色与银白底色形成反差，十分美观。它表明至少在 11 世纪，拜占庭人较好地掌握了镀金工艺。

根据文献记载，拜占庭时代金银来源充足，主要是继承了晚期罗马帝国败落的采矿业，依靠在大矿区废墟上迅速发展的小矿井提供的资源，拜占庭人并不感到贵金属的匮乏。拜占庭帝国初期，至少在 4、5 世纪时，国家不对金银开采和冶炼实行垄断，甚至没有严格的立法限制。而在国家矿区普遍使用服刑罪犯和苦役也保证了官办金银矿在自由竞争中击败私人矿主。直到 14 世纪，我们仍然可以从立法中看到使用罪犯充当金银矿劳动力的规定。拜占庭帝国腹地的巴尔干地区，如希腊、马其顿、色雷斯和小亚细亚地区自古典时代就是金银矿富产地区，6 世纪以后又在塞浦路斯、黑海南岸和高加索发现新的金银矿。源源不断的金银资源除了保证拜占庭人在货币流通之外，还用于日常用具，其中相当一部分成为我们今天的珍贵文物。

拜占庭贵金属黄金最常用于铸造金币，大部分拜占庭皇帝即位后便发行新的金币，以纪念登基大事。金币铸造由中央政府严格控制，只在君士坦丁堡大皇宫附近的铸币场和分散在北非、西亚的少数铸币场内制造。随着拜占庭帝国不同时期国力强弱不一，金币的含金量也有所区别。12 世纪以前，拜占庭金币纯度较高，可以达到 90% 以上，但是其发展趋势表现为含金量不断降低。拜占庭金币的基本样式为挤压金饼，直径在 2

6 世纪前半期制作的神话银盘

～3厘米之间，无孔实心，正面为皇帝头像，背面或有神像或有基督像，两面都有铭文，沿金币边沿呈圆形分布。君士坦丁一世和查士丁尼一世等皇帝发行的金币含金量较高，成为当时信誉可靠的国际货币，有的流入中亚，甚至远至我国东北和蒙古中部地区。

日常用具是拜占庭微型工艺的重要成果。现存俄罗斯圣彼得堡国家博物馆的6世纪拜占庭银盘《牧羊图》，完全采取了古典主义的写实手法，人物比例准确，侧面造型表现出较强的立体效果，从牧羊人手臂和小腿的肌肉，以及山羊和牧羊犬的形态都可以看出艺术家精湛的写实艺术手法，作者充分利用白银极好的延展性，将画面的人物、动植物再现出来。现存美国纽约大都会博物馆的拜占庭白银圆盘《大卫迎战非利士人图》为613—629年的作品。根据《旧约·撒母耳》记载，以哥利亚巨人为首的非利士人向以色列人进攻，扫罗王节节败退，关键时刻牧羊童大卫挺身而出，用牧羊工具投石器击败手持盾牌和兵器、身着铠甲的哥利亚，致使以色列人大获全胜。图中可见全副武装的非利士士兵和举枪进攻的哥利亚团团围住年轻的大卫，他右手持投石器迎战非利士人。在中央画面上方的3个人物，中间坐姿者为扫罗王，他面对入侵的非利士人无计可施，大卫主动请缨。中央画面的下方为战败的哥利亚，兵器丢弃一旁，倒在地上，被大卫割下头颅。这个白银盘与上述"牧羊"盘采取类似的工艺，但更为精细，两块盾牌上不同的花纹、铠甲和大卫腰带上的装饰，以及护腿和衣衫的扣子皱褶清晰可辨，制作水平极高。现存英国伦敦大英博物馆的4世纪拜占庭白银"首饰盒"也是工艺水平相当高的杰作，它长40厘米，宽和高各20厘米，花边图案精细，人物造型生动，有少女化妆打扮和对镜顾盼的细节，也有飞禽和植物的逼真形象。

同为拜占庭白银盘，各地制作工艺水平不同，按照写实艺术的审美原则衡量，现存的许多拜占庭银盘比上述艺术品略逊一筹。《塞奥多西与士兵图》为4世纪末的白银盘图，现存西班牙马德里博物馆。圆盘正中为塞奥多西一世的正面端坐像，他头戴珠宝镶嵌的皇冠，身披丝绸皇袍，坐在大竞技场中心观礼台上，周围有全副武装的士兵护卫，两侧分别为皇太子霍纳留斯和阿尔卡迪亚，他们均身着皇帝礼服和皇冠，表现了4世纪末时他将帝国留给2个儿子分治的事件。画面可见，人物面部的凹凸似乎不准确，手臂的肌肉也显示不出来，衣服的皱褶混乱。现存土耳其伊斯坦布尔考古博物馆的一个制作于565—578年的银盘《基督圣餐礼图》也反映了同样的问题，它表现的是基督为使徒施圣餐礼，在同一幅画面基督出现两次，左侧为6个使徒从基督手持的圣杯中喝

9—10世纪拜占庭银质镀金墨盒

红葡萄酒（代表或象征"基督的血"），右侧为基督向使徒们发放面包（"基督的肉"）。画面的工艺水平比较低，这从所有人物面部几乎千篇一律和人物造型呆板僵硬上反映出来，桌布的下摆原来设计得可能十分精细，但是，实物缺乏表现力。《大卫的婚礼图》银盘现存塞浦路斯尼科西亚博物馆，为7世纪的作品，表现《圣经·撒母耳》中的故事。大卫克服扫罗王设置的重重障碍，与公主米甲结婚的场面，画面制作精细，人物腿部细节、道具果篮和背景建筑装饰相当清晰，但是人物头部过大，身体比例失调，而且表情呆板。我们无法完全弄清这些艺术品究竟出自何人之手，也不知道它们属于何派作品，但是，从现存的古物仍然可以了解当时拜占庭艺术发展的不平衡性。

金银珠宝首饰是拜占庭微型工艺技术的重要方面。纵观历史，拜占庭人的珠宝加工技术继承了古代希腊罗马传统，并接受了古代东方非人物造型和抽象的装饰性的艺术影响。目前，这类纪念品多为欧洲各地和西亚、北非教会或博物馆所保存，数量较多。而我们关于拜占庭珠宝的知识除了来自文献和古代文物外，还来自大量的镶嵌画和绘画，其中许多细节提供了生动具体的证据。由于金银珠宝首饰和其他工艺品大多生产于君士坦丁堡、罗马、拉文纳、安条克等文化中心城市，所以它们各自带有比较明显的地方特色和艺术风格。拜占庭首饰

总的特点是比较广泛地使用多种色彩斑斓的宝石和珐琅装饰，而不是单纯用金银作材料。而其发展的趋势则是从简单变为复杂，由细小到粗大，由轻到重，宝石和珐琅的应用越来越频繁。例如，项链由单串变为多串，并逐步增加了多种形式的吊缀。拜占庭珠宝用途广泛，首饰类的包括头饰（发带和皇冠等）、耳环、项链、戒指、手镯、胸针、腰带、肩扣和徽章等，器具类包括圣杯、十字架、圣像、权杖、马具、武器、盔甲、家具、餐具和图书封面等，有时珍珠和宝石还被缝在丝绸锦缎服装上，考古学家甚至在伯利恒和耶路撒冷发现了用宝石镶嵌的墙壁。不仅如此，从一些镶嵌画的内容可以看到，某些宠物如马和狗也佩戴宝石镶嵌的项圈和笼头。各个阶层的拜占庭人均使用珠宝和珐琅首饰，这不仅是被当作个人信仰和财富的外在标志，而且是地位和身份的象征。他们普遍认为，贵重首饰或带有圣像和基督信仰标志的饰物对佩戴者具有辟邪驱恶的作用，因此大多数佩戴者将饰物戴在明显的地方。表示地位和官职的饰物主要包括特殊的佩饰和腰带、肩扣和指环。这些饰物禁止在市场上交易，也不许在社会上流通，只能由皇帝赠赐。

拜占庭珠宝工艺技术比较发达，使用形式多种多样，但是各类宝石一般需要打磨抛光，或被精心雕琢篆刻为印章。通常使用金银等贵金属作底托和框架，将切割和打磨过的珠宝镶嵌进去，或使用金属丝线将钻孔的宝石缝在珍贵的纺织物上，有的则串联起来作为项链和大串珠宝链。普通民众似乎也有机会接触珠宝，但是根据考古物证明，许多所谓的首饰是使用镀金铜或彩色玻璃仿制的"假货"，而使用金银镶嵌的宝石多货真价实。拜占庭珠宝匠专业水平较高，因此要成为专业珠宝匠需要经过多年的学徒生涯。学成以后，还必须通过政府专门机构的考核，领取许可证，才能独立经营珠宝作坊。珠宝作坊要严格按照朝廷规定，设立在确定的区域，由政府高级官吏专门监督管理。许多无力开办作坊的工匠则按规定到皇家工场工作，由皇帝委派的"金匠总管"直接管理。从拜占庭的许多立法看，禁止金匠在家中工作，禁止出售没有政府官印的贵金属，所有珠宝重量上也有严格规定。技术高超的珠宝匠地位很高，他们在重大的庆典仪式上被排列在工商业各行之首。文献记载，珠宝工匠的工作受到严密监视，加工前必须上秤，记录重量，而后在小型火炉上熔化，最后倒在用黏土制成的模具里。粗糙的铸造模型再经过打磨，或镶嵌宝石。完成后，须经过专门机构验收，核准重量。这些复杂的管理监督制度不仅保证了拜占庭珠宝工艺技术的高水平，而且杜绝了弄虚作假行为，维护了拜占庭珠宝加工业的国际声誉。现存巴黎国家图书馆的9世纪拜占庭古籍插图《金匠图》证明了上述文献记载的准确性。

拜占庭金银珠宝制品极为精美，价值连城，它们与丝绸一起不仅是历代拜占庭皇帝馈赠其他国家君主的主要礼物，而且是外部其他国家和民族入侵抢夺的主要目标，目前保存在各国博物馆的拜占庭金银珠宝制品大多是以这些方式流出拜占庭帝国的。现存德国林堡博物馆的拜占庭"福音书封面"就是1204年第四次十字军攻陷君士坦丁堡时被西欧骑士洗劫的"战利品"。它用黄金白银做背景，镶嵌各色宝石和珐琅。处于9幅珐琅画像中间的是耶稣基督的坐像，其左右两

10世纪拜占庭福音书封面

侧为圣母玛利亚和施洗者约翰以及大天使米哈伊尔和加百利，上下两排6幅画共12个人像是耶稣的12门徒（也称使徒）。人像全部为金银掐丝珐琅画，这是拜占庭人的发明。其制造工艺比较复杂。首先使用纯碱和硼砂将石英和长石及作为着色剂的铁、铜、钴、钛、氟、锑等氧化物熔化，倒入冷水中形成珐琅质，而后研磨成粉末，制成珐琅浆，

涂抹在金属表面干燥，高温烧成。画面四周的 3 层几何装饰图案镶嵌数十种不同颜色和形状的缠丝玛瑙、水晶、青金石、光玉髓、祖母绿、碧玉、血红石、紫水晶和珍珠等宝石。如果我们仔细观察它的任何细节，会发现整个封面布满名贵珠宝，其精细完美，令人惊讶。当然，该福音书的主人非一般的贵族或富商，而是马其顿王朝赫赫有名的学者型皇帝君士坦丁七世。据此推断，它的完成时间应在 10 世纪前半期。与此类似的封面装饰非常多，如现存威尼斯圣马克教堂的拜占庭福音书封面也是 1204 年西欧骑士洗劫的结果。该艺术品的衬底为白银，但是在宝石镶嵌工艺上与林堡的封面相同，特别是它还镶嵌着据说是从耶稣受难十字架上切割下来的部分木头。其精细巧妙，工艺高超，显然是出自君士坦丁堡"大师"之手。

现存威尼斯圣马可教堂的 30 多个用于圣餐礼的圣杯也是拜占庭金银珠宝加工业的杰作，它们大多以黄金白银为主要材料，以手工打制出各种花纹，烧制珐琅圣像画，镶嵌珍珠宝石，有的以玛瑙和碧玉为主要材料，金银为辅助材料，镶嵌在圣杯的边口和杯脚。如"玛瑙圣杯"，其金银相间的杯座和玛瑙杯托架镶嵌着成排的珍珠，装饰框架镶嵌宝石和珐琅画。该圣杯高 27.3 厘米，杯口直径为 18 厘米。"玛瑙壶"的大小与此相似，但是其壶口、壶嘴儿、壶把儿、底托和支架均使用金银制作，壶的容器主体造型别致，为 3 个透空圆孔。可以想见，它的容量相当有限，其观赏价值大大高于使用价值，可能是皇宫中的摆设。这些圣杯大多为君士坦丁堡圣索非亚教堂和大皇宫中的器具，供皇帝和教、俗高官显贵举行圣礼仪式和宴会时使用。也有部分珍贵器具为地方贵族和教士使用，例如"米斯特拉圣杯"即是 14 世纪著名的米斯特拉修道院的财产，它目前保存在东正教圣地阿索斯山的修道院，其独特的

14 世纪拜占庭米斯特拉圣杯

造型与 10、11 世纪的圣杯有较大区别，似乎接受了意大利威尼斯造型艺术的影响。造型夸张的手柄、多面棱形柱体底托、八边形底座、精细的花纹图案都表明，拜占庭帝国末代的帕列奥列格王朝微型工艺技术不仅没有衰落，而且吸收了其他艺术的风格。

拜占庭首饰类和装饰类杰作也令人叹为观止、拍案叫绝。现存比利时布鲁塞尔博物馆的拜占庭"缟玛瑙盘"大约为 10 世纪的作品，其玛瑙特有的天然花纹经过研磨充分显示出来，展示出鬼斧神工的魅力。其中心镶嵌圆形珐琅画《最后的晚餐》直径仅 3 厘米，却清晰地表现出基督与其 12 门徒围绕在餐桌旁就餐的情景，桌上餐具和鱼的造型完整，显示了拜占庭艺术工匠高超的技艺。圆盘周围的圆环形装饰以大小相似的珍珠为边界，距离均匀地镶嵌着 8 颗色彩各异的水晶宝石。6 世纪时，拜占庭皇帝查士丁二世赠送给罗马主教的"皇帝十字架"也是拜占庭微型工艺的上乘之作，其两面装饰的 30 余种宝石镶嵌在金银主体上，滑石雕刻吊缀更显其贵重。尽管如此，这个十字架饰物的制造工艺仍相对简单。相比而言，完成于 12 世纪末或 13 世纪初的拜占庭十字架"珐琅十字架"，工艺水平更高，它高 3.4 厘米，宽 2.8 厘米，两面有基督受难和其他 5 幅人物胸像，该艺术品现为丹麦哥本哈根国家博物馆的重要展品。现存希腊塞萨洛尼基拜占庭艺术博物馆的 9 世纪"珐琅袖口"使我们了解到拜占庭珠宝加工制品的另外用途。在金银丝线编制的花边内，以串珠分割的珐琅图画全部为形态各异的花草图案，色彩奇异，造型神奇，也是极为罕见的拜占庭艺术珍品。

拜占庭金银珠宝加工技术在中世纪欧洲和地中海世界闻名遐迩，成为西欧人收寻的宝物，他们除了通过战争进行公开抢劫，还以大笔金钱收购。14 世纪末，狡猾的威尼斯人乘拜占庭皇帝约翰五世急需金钱之机，以 2.5 万威尼斯杜卡特金币和几条战船的价格收购了拜占庭皇冠。连代表帝国标志的皇冠都出卖了！拜占庭帝国的气数已尽，无药可救，最终灭亡已成定局，拜占庭艺术也将随之流落他乡。

五、雕刻艺术

拜占庭人注重微观艺术，流散于世界各大博物馆的拜占庭工艺品除了精美的金银杯盘、镶嵌珠宝的大教长教冠、编金线织银缕的巨型挂毯，还有精细的象牙和紫檀木雕刻、典雅的大理石花雕柱头等，它们造型各异，巧夺天工，至今光辉依旧，以其绚丽多彩、风韵多姿使人们感受到拜占庭艺术的魅力，也给后人留下一笔美好的遗产。这里应该提到，拜占庭雕刻艺术在古代现实主义和崇尚自然美的雕刻艺术基础上发生了重要转变，即抛弃雕刻的立体感，代之以平面的两维设计，并向浮雕方向发展。雕刻的形象也忽视古代自然主义的曲线，而注重使用几何图形。人物形象的面部呆板而缺乏生气，却增加了严厉和威严的气势。雕像的细部也变得更加粗糙，其外观几乎丧失古典的艺术美，给人一种沉重的扭曲的感觉。浮雕艺术，特别是浅浮雕在装饰建筑物内外空间中得到充分发展，从各式柱头到隔板家具的饰物，从门板到石棺都使用两维的浮雕技术，艺术工匠们使用金银、象牙和各种贵重石料雕刻出精美的珠宝首饰盒、圣徒尸骨盒、象牙两折或三折板等工艺品。

雕刻艺术在拜占庭文化生活中占有重要地位，反映出拜占庭时代人们的审美观念和欣赏品位。而象牙雕刻因使用材料的特殊性和使用范围的广泛性而成为后人考察的主要对象之一。象牙雕刻顾名思义是指以象牙为主要材料的艺术形式。在拜占庭帝国，象牙雕刻技术广泛用于宫廷摆设、教俗贵族装饰、圣像和家具装饰。由于当时亚洲和非洲野生大象活动地域广阔，种群分布广泛，因此象牙的供应源源不断，不仅由经营北非和印度贸易的商人，而且由拜占庭帝国周边其他原始部落居民带入帝国境内。据文献记载，4—6世纪拜占庭帝国象牙价格相当便宜，仅相当同等重量白银的1/40，约比丝绸便宜数十倍。最先发展象牙雕刻的地区是埃及，当时从这里向帝国其他地区，特别是地中海北岸各大城市输送大批象牙雕刻的小雕像、装药品或香料的镶牙罐、牙雕盒、装饰用的牙雕板、牙刻圃、尸骨盒、象牙吊饰等等。据一份古文献记载，5世纪前半期塞奥多西二世时期，埃及亚历山大教区主教奉命向宫廷奉献了8把象牙雕刻凳和14把象牙椅。拜占庭帝国首都君士坦丁堡也吸引了许多技艺高超的工匠，使该城市成为帝国北方的牙雕中心。在这里，象牙加工工匠和金银珠宝匠一样，享有免除国家劳役的特权。有关立法明确指出，这样规定的目的在于使他们可以集中精力完成政府指派的任务，并有时间和精力培养和训练自己的子弟继承手艺。

象牙雕刻起源于罗马帝国时代，当时主要用于元老院会议公文，特别是对高级官员，如执政官的任命，后来政府发布的重要文件也使用象牙板，被称为"五折板"。拜占庭帝国初期，政府还一再规定只有皇帝和执政官可以使用"折板"记事和发布命令，其他人使用"折板"属违法行为。但是象牙细腻光滑的表面和典雅的色泽质地吸引了许多艺术家的注意力，他们利用这种物美价廉的材料进行艺术创作，在法律允许的范围内开始了象牙艺术雕刻的历史。现存德国柏林国家图书馆的拜占庭象牙双折板《作家普鲁比安》完成于400年，它生动再现了这位作家写作时的情景，其两侧有书童记录，另有助手研磨染料或准备参考资料，人物造型基本准确，服装、饰物和背景道具表现生动，特别是长袍的皱褶具有古典雕刻艺术风格。同一时期，基督教内容的象牙雕刻也大量出现，反映了成为国教的基督教迅速发展的情况。现存慕尼黑国家博物馆的5世纪初拜占庭象牙雕刻《基督死后复活升天》表现圣经中脍炙人口的故事，作为雕刻背景的树木、小鸟和建筑继承古代艺术风格，但是人物情节严格按照《圣经》记载，天使受上帝委派打开基督的坟墓，并坐在墓石上，罗马士兵表情惊恐万状。但是，作品的工艺水平显然不如《作家普鲁比安》，明显的标志是对服装皱褶的表现缺乏感染力。

除了基督教的内容，这一时期还有许多表现皇帝的作品。《阿纳斯塔修斯像》现存巴黎国家图书馆，为517年完成的拜占庭象牙雕刻。这位皇帝在位25年，是由前朝皇帝的遗孀阿利雅得尼选定的皇帝，因此在其坐像上方有其恩主的头像。事实上，制作这幅牙雕时，阿纳斯塔修斯已经87岁，但是其形象却似年轻人。作品以他观看竞技活动为背景，他身着华丽的皇袍，坐在竞技场的皇帝包厢内，其脚下是激烈的斗兽场面和表演场面。十分有趣的是在竞技场边缘圆角的狭小空隙，艺术家竟塑造了 10 个全神贯注紧张观看斗兽的观众形象，构思巧妙。完成于 540 年的拜占庭象牙雕刻《出征》现存法国巴黎卢浮宫，也是此期有代表性的作品，它采取高浮雕镂空技术，皇帝持枪的右手及武器、战马的前半身和高扬的前蹄，以及皇帝头部和右腿都凸出于画面之外，形成了强烈的动感效果。这在拜占庭象牙雕刻中是极为罕见的。

　　拜占庭象牙雕刻保存最完整且最精美的艺术杰作非《马克西米安主教宝座》莫属。该作品完成于 550 年前后，是为 546—553 年间担任拉文纳大主教的马克西米安制作的，现存意大利拉文纳考古博物馆。该文物总高 150 厘米，宽 60 余厘米，前后左右布满了象牙雕刻画和装饰花边，其精美程度超过了现存所有拜占庭象牙雕刻。一些学者根据其两侧画面的内容推测，它出自埃及亚历山大工匠之手，因为其题材涉及埃及地区流行的关于约瑟芬的故事。但是，另一些学者认为其高超的镂空技术和复杂的花边设计只在首都君士坦丁堡的皇家作坊中才能见到，特别是宝座正面施洗者约翰和马太、马可、路加、约翰四使徒全身像采用了完全不同于埃及雕刻流派的艺术手法。最有说服力的意见是，该作品在亚历山大和君士坦丁堡两地先后加工完成，埃及作品在先，君士坦丁堡在后。比较而言，两侧《约瑟芬的故事》和靠背上的《基督降生》雕刻风格更粗糙，花边设计也更古朴，与正面的使徒像形成鲜明对照，施洗者约翰的羊皮披肩羊毛丝丝可见，人物的须发根根清晰，与埃及雕刻的粗放确有区别。当然，由于该宝座的每块雕刻板均可随时拆卸更换，因此不能排除后人进行修理的可能性。

　　大量的艺术实践促进了拜占庭象牙雕刻技术的迅速发展，加工水平提高得很快，艺术家不仅在平面上创作，而且制作多种形式的象牙雕刻容器。现存德国柏林博物馆的一件象牙香料罐，属于 5 世纪安条克艺术家的作品，实物为圆柱形，高 14.6 厘米，直径 12 厘米。令人称奇的是艺术家在它的外圆面上均匀地设计了 13 个人物，即耶稣基督及其 12 门徒，他们或站立或蹲坐，或凝神思索，或慷慨陈词，神态各异，表情丰富，布局错落有致，造型逼真传神。这类作品还有许多，其中比较典型的有现存俄罗斯圣彼得堡博物馆的一件象牙首饰盒，属于 6 世纪拜占庭象牙雕刻杰作。它设计精巧，做工规整，用圆形图案组成的装饰性花边极富特点，图案各不相同，多以花朵为主，穿插人物头像。盒底和盒盖边缘凸出，增加了作品的典雅。以军事活动为主的图像包括骑兵和步兵，造型准确，部分采

6 世纪拜占庭象牙首饰盒

用镂空技术。同一博物馆收藏的 2 个 6 世纪拜占庭象牙罐同样十分精巧，反映出当时拜占庭象牙雕刻艺术已经达到其发展的最高水平。

6 世纪末至 7 世纪中期，拜占庭帝国遭到外敌大规模的入侵，其北非和西亚的属地相继失陷，为阿拉伯人所控制，象牙加工中心或在战乱中被摧毁，或因象牙材料供不应求、价格昂贵而衰落。此后，象牙雕刻在拜占庭帝国的发展逐步集中在教会，它们无论在题材和表现方式上均更加趋于保守，为宣传教义和解释基督教神学服务。类似的作品如英国利物浦博物馆保存的 9 世纪拜占庭象牙雕刻《基督受难复活升天》，其花边图案雕刻水平相当高，部分植物叶片为镂空雕刻。在作品有限的空间，艺术家巧妙布局，刻画了 13 个人物，自上而下分别为云中的两个天使俯视人间，基督被钉死在十字架上，圣母玛利亚和施洗者约翰分立基督两侧，在他们之间的空隙有两名罗马士兵，作品最下部一排 6 人，其中守护在坟墓旁的两个罗马士兵似乎在沉睡，没有表现其全身形象，天使坐在墓门石头上，与 3 位妇女交谈。特别值得注意的是圣母的右手和罗马士兵的武器超出了整幅画面的边界线，与精细的花边有机地结合起来，增加了作品的艺术效果。现存德国柏林国家博物馆的 10 世纪拜占庭镶牙雕刻《殉道者》是一个有特点的艺术品，它打破了拜占庭造型艺术平面布局的传统，采取层叠表现方法，

使 40 个为基督教理想而献身的圣徒每 10 人一排，交错排列，充分利用了有限的空间，没有任何杂乱之感。同样，坐在天堂宝座上的基督两侧排列着 6 大天使，艺术家没有将他们平铺布局，而是采取了平面透视的技巧，使整个作品具有明显的立体感。前排形象为全身，后排则仅露出适当部分，给观者留下较大联想的余地，三维视觉效果明显。

9 世纪以后，拜占庭象牙雕刻作品以"折板"为代表，主要为两折板和三折板，内容多为圣经记载的基督及其弟子的故事。现存法国巴黎卢浮宫的 10 世纪拜占庭牙雕三折板被认为是其中的精品，它主体板块高 24.2 厘米，宽 14.2 厘米，由 6 个画面组成，中心板块分别为《基督、圣母和施洗者约翰图》和《福音使徒图》组成，向两侧展开的折板为《天使和基督弟子图》，共 4 幅。该作品的突出特点不在于题材新颖或构图巧妙，而在于雕刻精细，艺术家对包括人物头部、发式、手脚、服饰、道具和文字及花边无一不认真细致，甚至人物的手指甲和脚趾甲都清晰可辨，表现出马其顿王朝时期"文化复兴"对艺术的巨大推进和艺术家取得的高水平成就。现存德国柏林国家博物馆的 10 世纪《基督受难》三折板具有相同的艺术水准，该作品有两点特殊之处，其一折板顶部为圆形，且连接各折板部分的设计不是"合叶"，而是"户枢"，这在拜占庭折板艺术中是仅见的；其二该折板下部的一幅小图为皇帝君士坦丁七世及皇后海伦娜，他们身着皇袍和皇冠，也进入圣徒之列。类似的饰有皇帝形象的折板此后逐渐增多，并与基督出现在同一画面上，例如现存法国巴黎博物馆的 959 年拜占庭牙雕折板，主体宽 15.5 厘米，长 24.5 厘米，表现罗曼努斯二世和皇后尤多西亚加冕称帝的场面，显然是以此神化其皇权。值得注意的是该作品精细的做工表现在基督神坛、皇袍和皇冠的细部，真正做到一丝不苟，精益求精。美国纽约大都会博物馆收藏的 11 世纪拜占庭象牙塑像《圣母子》和英国伦敦维多利亚博物馆收藏的 10 世纪《圣母子》象牙雕像可能是世界上目前仅存的 2 座拜占庭象牙雕像。两者高度相似，约为 32.5 厘米，其造型和面部表现手法几乎一样，可能出自同一个艺术家。圣母身材苗条，表情端庄，圣子表情严肃，特殊的手势象征他传达上帝的意旨。

　　大理石是古典希腊罗马时代的主要建筑材料，一提到古希腊罗马，人们自然会想起雅典卫城那些宏伟的大理石神庙和半圆形露天剧场，联想到科林斯式大理石柱和典雅的爱奥尼式柱头，以及精美的大理石塑像。拜占庭帝国统治时期，大理石仍然是以古希腊文明为母体文明的拜占庭人喜爱的材料，其奇异的天然色彩和花纹吸引了一代又一代艺术家对之情有独钟，他们继承古代希腊罗马人的传统，在建筑和艺术创作中使用大理石，并因此使大理石雕刻在拜占庭文化发展史上形成了一道亮丽的风景线。大理石的特质使之易于长期保存，因此也为后人提供了真实可靠的研究资料。

　　东地中海是大理石富矿区，早在 3 世纪末罗马皇帝发布的立法中就提及 19 种不同的大理石。拜占庭帝国时期的大理石主要产自君士坦丁堡附近马尔马拉海的普罗孔尼索斯岛，该岛的大理石采石场为皇帝美化首都提供源源不断的石材，其特有的白色大理石为建筑师和雕刻家所青睐。其如烟雾般的花纹、清淡的浅蓝色和晶莹剔透的质地使该岛闻名地中海世界，而大批服刑罪犯的无偿劳动使其价格便宜，这些都为大理石雕刻艺术的发展提供了得天独厚的条件。7 世纪以前，大理石的利用比较普遍，其后普罗孔尼索斯大理石矿逐渐枯竭，人们更多地使用古代建筑遗址收集的石材，特别是大理石柱头可能被多次使用在不同建筑物中。根据在普罗孔尼索斯岛进行的考古发掘，人们逐渐了解了大理石开采、加工的程序。采石场首先根据订货单和图纸在采石场进行加工，而后使用特制的运输船将成品运抵建筑工地。这种运输并非万无一失，在东地中海各大采石场附近海域，有许多古船连同大理石石柱和雕像至今沉没在海底。除了普罗孔尼索斯岛，塞萨利、菲利吉亚地区也有大理石采石场，其中特别著名的包括菲利吉亚白色大理石、拉科尼亚绿色大理石、利比亚蓝色大理石、克里特黑色大理石，以及塞萨利和普罗孔尼索斯的白色和浅花纹大理石。

　　大理石雕刻主要用于建筑物的柱廊和内墙装饰。拜占庭人最初继承了古希腊柱廊传统，流行科林斯式大理石柱子，间或有爱奥尼式柱子。前者是古希腊 3 种柱式中发展最迟最精美的柱式，其柱头和柱础与直径和柱身有和谐的比例，柱身刻有 24 条半圆形凹槽，柱头为爵床叶式，而后者基本与科林斯式柱子相似，只是柱头为前后两面下垂涡卷饰。但是，拜占庭人将这种样式的柱廊从室外搬入室内，并因此使之小型化。君士坦丁堡、拉文纳、塞萨洛尼基、雅典和其他城市的许多教堂内保留的大量柱廊为后人提供了例证。与"拜占庭柱头"相比，古希腊科林斯式柱

拜占庭柱头流行样式及使用方法

头的爵床类植物叶子造型逼真，而拜占庭人对之加以改造，将多层变为单层，缩小了叶片向外伸展的程度，并打破传统将科林斯式和爱奥尼式两种柱头结合，形成了非常复杂的结构。拜占庭式柱头与古典时代柱头相比，主要变化有以下几方面：第一，尽管柱廊作为建筑物顶部的支撑和装饰物等基本功能继续保持，但是柱廊支撑顶部的力学作用在降低，石柱与建筑外墙共同发挥支撑作用。特别是拜占庭建筑将罗马式拱顶发展为穹顶后，柱廊和石柱主要起支撑穹顶的作用，在大理石柱头之上，古典时代的柱顶石、额枋板和屋檐逐渐消失，演变为半圆拱形的过渡墙体，其横截面为正方形，恰好与柱头上部的正方平面吻合。拱形和穹顶的主要重量由外墙体承担，柱廊和柱子则支撑主穹顶的重量。这一结构性功能变化决定了拜占庭大理石柱头本身结构的变化。其基本结构由圆柱形和正方形两部分构成，圆柱体大致为上大下小的漏斗形，正方形则与拱顶相接。换言之，拜占庭柱头将古典建筑的柱头和部分屋顶相结合，强化了柱头的连接作用，也增加了石柱承载的重量，因此，我们可以发现几乎所有拜占庭石柱柱体上部和下部柱础连接处均有粗大的金属圈装饰，其目的是防止石柱破裂。石柱力学作用的这一转变也决定了它们从建筑物外部向内部的转移，以

及石柱数量的减少。除了像圣索非亚大教堂这样的大型建筑物使用柱廊外，一般的中小型建筑只在内部主厅周围使用少量石柱。第二，石柱功能变化决定了柱头结构的变化，同时也决定了柱头装饰风格的变化，古典时代的科林斯式和爱奥尼式花饰趋于简单，多层镂空高浮雕爵床叶片变为单层叶片和浅浮雕花篮花饰，以增加石柱的实体部分，使之能够承负更大的重量。无论是科林斯式舒展的叶片还是爱奥尼式飞扬的涡卷都大大收敛，它们逐渐演变为缠绕式叶片花饰，即叶片和蜗卷似乎全部贴附在柱体上，给人的直观感觉是呆板和做作。拜占庭柱头装饰趋于抽象化的另一个重要因素是基督教思想观念日益深入人心，对拜占庭社会意识形态发生潜移默化的影响。从官方正统立法，到建筑师艺术家和普通百姓对写实艺术采取排斥态度，特别是对造型逼真的自然形象极为反感。花饰最终抽象为花篮，有的成为粉饰和烘托基督教十字架的附属装饰物，有的甚至空白一片，只有十字架图案。这种变化趋势是与绘画艺术演化的趋势相一致的。

如果单纯从大理石柱头雕刻的工艺技术角度考察，拜占庭时代的工匠可谓手艺高超，因为他们是在各种意识形态的限制下进行创作，他们的想象力是在基督教法规确定的狭小的、至少是限定的范围内进行活动。这种限制使他们的雕刻创作也带有明显的痕迹，他们力图在平面图案上制造出立体效果，因此大量使用以钻孔为主的镂空技法。柱头主体雕刻完成后，还要经过打磨和抛光工序，使石材的天然纹理和色彩显露出来。

除了柱头雕刻外，拜占庭工匠还使用大理石和其他石材雕刻各类浮雕装饰。现存梵蒂冈博物馆的拜占庭帝国初期大理石雕刻继承了古代雕刻的风格，用于石棺两侧的装饰。从雕刻细部可见，人体的肌肉和各部器官采取写实主义的手法，人物和动物形象多层重叠，形成画面的立体效果，这在此后的拜占庭造型艺术中逐步消失。该博物馆收藏的 359 年完成的拜占庭石棺装饰雕刻为《圣经》故事和死者朱尼乌斯·巴库斯殉道的生平事迹，采取高浮雕手法，但是其构图布局没有纵深感，人物和动物几乎全部设计在平面上。现存土耳其伊斯坦布尔的拜占庭石柱柱础浮雕属于4世纪末的作品，表现的是皇帝塞奥多西一世在大竞技场观看比赛的场面，他与两个儿子和其他亲属在皇帝包厢内，两侧为文武官员和贵族，观看台的下层也有数十人。该柱础原来树立在大竞技场内，因露天受损，雕刻的细部已经变得模糊不清。美国橡树园研究中心收藏的4世纪末拜占庭石雕表现的是基督为盲人恢复视力的场景，其工艺水平明显降低，石面虽然细腻光滑，但是雕刻粗糙，衣服皱褶线条简单，人体细部模糊，花边装饰十分简单。当然，我们不能排除当时地区之间艺术发展的差异。现存伊斯坦布尔的4世纪末拜占庭石雕是一个儿童石棺上的装饰，其工艺水平比较高。从细部可见，雕刻比较细腻，两个天使的头发、手脚、翅膀和宽大的长袍都表现得十分生动，翅膀部分镂空，其上筋骨和羽毛清晰，他们手捧的特殊十字架花环完全悬浮，显示出艺术家高超的工艺水平。与此相似的11世纪拜占庭石雕就失去了写实艺术的特点，《天使》石雕是格鲁吉亚迪瓦雷教堂西门的外部装饰，但是其细部只有抽象符号价值，而几乎没有观赏价值。两个天使动作僵硬，身体器官极不准确，翅膀和长袍皱褶表现得十分笨拙，但是他们头部的光环却被刻意凸出。

　　造型艺术在拜占庭帝国的扭曲式发展不仅说明基督教影响的扩大，而且反映出拜占庭帝国物质生活水平的逐步下降，人民的欣赏品位、艺术家的创作能力都随之改变。文化艺术的精华在城市，当城市衰败，城市生活逐渐消失时，谁还有雅兴和财力"玩"艺术?!

第四节　科学技术

　　拜占庭人在自然科学领域的成就远不如其在人文和社会学科领域取得的成就。在数学和天文学方面，拜占庭人基本上继承古希腊学者的成果，沿用古人的结论。拜占庭"科学家"重实用而轻义理，更类似于"技术员"。

一、天文地理学与历法

　　拜占庭人使用字母和简单的符号表示所有的数字，并采用十进位制。他们对欧几里得《几何学》原理的理解超过同时代的西欧人和阿拉伯人。哈里发马蒙(813—833 年在位)曾盛情邀请拜占庭学者赴巴格达讲学，并对他们丰富的几何学知识感到惊讶。但是，拜占庭学者并没有发展欧氏几何学。在天文学领域，拜占庭人仍视 2 世纪的亚历山大天文学家托勒密为最高权威，其"地心说"仍然在拜占庭学术界流行，即认为太阳比大地小，是围绕大地旋转的星球中最明亮的一个。如同在古希腊也出现过"日心说"一样，拜占庭学者也对托氏理论提出挑战，但是没能动摇托勒密的地位。对于日环食现象，拜占庭天文学家给以正确的说明，并基本正确地解释了闪电雷鸣与暴风雨的关系，但是，异常天象和自然灾害常常被解释为来自上天的警告和对人类罪孽的惩罚。

拜占庭地理学的发展也没有摆脱托勒密的影响，托氏地理学对拜占庭人仍具有最高的指导作用。拜占庭人认为，人类居住的大地是一块四周被洪水包围的扁平的矩形地面，其东端是作为印度一部分的秦尼扎(或称秦奈、赛里斯等)，他们对印度以西亚欧大陆的地形地貌有比较准确的描绘。在至今保存完好的拜占庭世界地图上，清楚地绘画出世界主要海区及其海流和季风。拜占庭商人哥斯马斯撰写的经商回忆录详细而准确地记载从拜占庭帝国到印度的路程和沿途经过的城市、山川、河流，他还参照托勒密的地理指南计算出具体里程。这部书成为中古东西方贸易的指南和旅行家的必备参考书。

实用主义的天文学是讲求实用的拜占庭历法的基础。拜占庭天文学是从对包括托勒密在内的古代天文家著作进行翻译注释开始的。值得注意的是，拜占庭人在翻译古代天文学作品时特别关注方法而不重视理论，特别注意研究星图和观测工具，而缺乏对天象生成道理的探讨。托勒密的地心说宇宙体系理论和以所谓均轮及本轮圆周运动解释天体运动的理论，对拜占庭人来说，既显得艰深晦涩，[1] 难以理解，

---

① 托勒密理论认为，太阳沿着本轮的圆周运行，而本轮的中心又均匀地沿着均轮运行，其中心点为地心，运行周期为一年。其他天体运行的均轮圆周则与此不同。参见 O. Neugebauer, *A History of Ancient Mathematical Astronomy* , New York，1975，I，pp. 210-260.

又没有实用价值，因此遭到他们的轻视。而托氏所绘制的星图却受到拜占庭人格外的青睐，拜占庭天文学家塞奥在翻译托氏著作时专门为该星图撰写大、小《注释》两部书。许多拜占庭天文学家也乐此不倦，完成多部星图，以至于今天拜占庭学家们仍然为拜占庭时代保留的大量星图感到惊异。除了星图外，太阳运行图、星辰目录等也十分抢手，它们的作者既有古代希腊罗马时代的人物，也有古代波斯或两河流域的居民。这些天体运行图和星图的主要用途一是计算复活节等宗教节日的准确日期，二是确定日常生活的计时标准，从而使拜占庭历法体系得到完善。例如拜占庭人根据太阳运行图和月亮周期表，制定了太阴历和太阳历结合的 532 年大历法周期。又如拜占庭人根据日晷记录分割白昼，根据星表记录分割夜晚，将每昼夜划分为 12 个时辰，其"第一时辰"(Πρώτηὧρα)设在太阳升起时，依此类推。为了计算更小的时间单位，拜占庭人使用日晷和滴漏设置，将每个时辰划分为 5 分，又将每分划分为 4 秒，再分每秒为 12 瞬间。通常，他们按罗马人的传统，将每昼夜 1/3 的时间作为夜晚，其他 2/3 作为白天。

拜占庭天文历法的实用性还表现在拜占庭人重视实践观测和实际应用，这使得拜占庭帝国时代天文观测工具发展迅速，诸如子午环、回归线仪、浑天仪、地座仪、星位仪等古代天文书籍中记载的工具均得到复制。星盘是用来测量天体高度的仪器，公元前 3 世纪即由古希腊人发明，拜占庭人进一步完善了这种工具。现存的拜占庭星盘是由带有精细刻度的圆盘和可以旋转的观测管两部分组成，观测管与圆盘中心相连，类似于近代出现的六分仪。[①] 这些天文观测工具帮助拜占庭人绘制出许多星图，并比较准确地计算出数百年间的多种基督教节日。占星术的发展是拜占庭人将天文观测用于实际生活的典型事例。早在古希腊罗马时代，人们就通过观测星体之间的位置预测未来或解释过去。拜占庭人继承了古典时代的占星术，并完善了星占学体系。他们通过大量实际观测，补充古代遗留下来的星图，使黄道十二宫的

---

① *A History of Technology*，C. Singer ed.，Oxford，1957，pp. 582-619.

星位更加准确，更易于理解。拜占庭人在古代星命术、择时占星术和决疑占星术的基础上，发展出总体占星术（或称政治占星术），一方面使这4种占星术在细节上更加完善，另一方面将它们构成一个体系，涉及人类社会生活的各个层次。当人们对个人的前途和命运感到不解时，可以通过其出生年月日时和某行星所在黄道十二宫的位置作出预测，即所谓星命术；当人们在采取诸如作战、手术等重要行动之前感到疑惑而犹豫不决时，可以根据天文观测确定最佳时间，即确定黄道吉日，这称为择时占星术；决疑占星术则是根据求签算卦者的提问，对比天文观测和占星天宫图作出解答；而那些涉及社稷民生和国家大计，或预测人类未来的占星术在拜占庭帝国受到特别的重视，其占星过程和手段更加复杂。拜占庭历法也根据占星术的结论设定许多忌日和吉日。而基督教天文学家也从圣经中为占星术找到了理论根据，使古典时代产生的这一古老预言方法在笃信基督教的拜占庭社会获得广泛的社会基础。

拜占庭历法的实用性在其融合其他民族天文历法因素的过程中也反映得十分明显。拜占庭人为了完善其历法体系，不仅吸收古典希腊罗马的"异教"知识，而且不坚持他们与其他民族的文化区别，忽视宗教争议，大胆利用萨珊

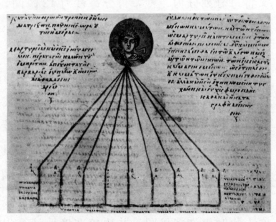

9世纪拜占庭古籍插图《九大行星图》

波斯和阿拉伯伊斯兰教天文历法。9世纪的拜占庭天文学家和哲学家斯蒂芬（Stephen the Philosopher）从叙利亚引进的伊斯兰星图在拜占庭帝国首都引起学者们的极大兴趣，他们展开热烈的讨论，将其中许多被他们视为新内容的部分用于拜占庭人历法中。11世纪以后，拜占庭人将大量伊斯兰天文学作品翻译成希腊语，许多学者成为伊斯兰教天

文学的爱好者，以至于逐渐形成了与拜占庭天文历法派别并存的伊斯兰教学派。而当时更多拜占庭学者则同时接受两派观点，基督教天文学家塞奥多利（Theodore Meliteniotes，？—1393）于1361年完成的天文学著作即包括托勒密、伊斯兰教和波斯天文学的内容，而其同时代天文学家约翰（John Abramios，？—1390）及其弟子们公开将托勒密和伊斯兰教天文学融合在一起。

总之，拜占庭天文学和地理学具有继承性、宗教性和实用性，是拜占庭帝国特殊历史演化的产物，反映了拜占庭社会融汇多种文化的情况，也决定着拜占庭科学技术知识的多元文化特性。

二、丝织技术

当现代考古学家在整理拜占庭帝国古文物时，发现了许多制作精美的丝织品，有的几何图案精细，有的动物造型逼真，他们由此推断拜占庭帝国是一个拥有比较发达丝织业的国家。但是，令他们大惑不解的是，许多15世纪的拜占庭文献和文学作品对育蚕丝织技术并不了解，甚至有将蚕丝当作树上的毛的可笑记载。

事实上，育蚕丝织不是拜占庭人的"民族"产业，而是外来的技术。拜占庭人的纺织手工业主要以亚麻和羊毛为原料，丝绸和棉花比较少见，属于贵重原料。6世纪中期以前，拜占庭人使用的丝绸来自于遥远的中国。当时沿着早在罗马帝国初期就已经开通的丝绸之路，印度、中亚的商贾们源源不断地向地中海沿岸国家贩运生丝和丝绸，拜占庭帝国的丝织业在中央政府严密控制下的手工作坊里开始缓慢地发展。但是，从东亚长途贩运的蚕丝因多次转手倒卖，价格始终居高不下，曾达到与黄金同等价位。特别是在拜占庭人和波斯人处于战争的情况下，控制和垄断丝绸贸易成为波斯国王手中的王牌。为了摆脱拜占庭人在丝绸国际贸易中的不利地位，查士丁尼一世大力推行与远东的直接贸易，鼓励拜占庭商人远涉重洋，进行商业活动。在这一政策鼓励下，拜占庭帝国出现了许多勇敢的冒险商人，他们积极投身开发远东商路的活动，其中值得一提的是哥斯马斯。此人因经商致富，活跃在东地中海地区，长期经营东方商品交易，曾到过红海东岸、西奈半岛、阿比西尼亚和锡兰，晚年进入修道院过隐修生活，写下了著名的《基督教国家风土记》，准确地记载了其经商沿途国家民族的风土人情，成为拜占庭人重要的商业指南书籍。哥斯马斯在这本书中提到了丝绸之国——中国（秦尼托）。[①] 查士丁尼在位期间致力于开通东方贸易的海路，红海便成为东方贸易的重要门户，"海上丝绸之路"由此发端。[②] 拜占庭著名史家普罗柯比还对查士丁尼从中国引进育蚕技术的事件作了生动的记载，并认为从此之后，罗马人中也开始生产丝绸了。[③] 的确，拜占庭帝国从此开始在叙利亚，后在小亚细亚、科林斯、伯罗奔尼撒半岛和埃及建立自己的丝织业中心。

7 世纪以后，除了君士坦丁堡成为拜占庭丝织业最大的中心外，还出现了提比斯、雅典和塞萨洛尼基等新的中心，精美的丝织品在这些中心的手工作坊中被生产出来。由于丝织技术的复杂性，拜占庭人按照丝织生产工艺的不同程序组织了各种行会，例如生丝进口商行会、抽丝工行会、丝织工行会、丝绸裁缝行会等。这些行会属于半官方组织机构，对丝绸生产的每个环节严密管理，不仅限制丝绸价格，而且规定各级行会生产的规格。例如，紫色的丝袍为皇帝专用，其图案、花色和服装样式都有严格规格，并且只能在大皇宫的国家丝织作坊制作。而拜占庭丝织品的国家垄断也保证了制作的质量，使拜占庭丝织品享誉世界，甚至丝绸原产地我国的古籍也多有记载。《魏略》称："有织成细布，言用水羊毳，名曰海西布，此国六畜皆出水。或云非独用羊毛也，亦用木皮或野茧丝作，织成氍毹……其色又鲜于海东诸国所作也。又常利得中国丝，解以为胡绫，故数与安息诸国交市于海中。"[④]

丝绸作为奢侈品在拜占庭帝国具有十分广泛的用途，例如高级教

---

① 可参见本书第 133 页。
② 陈炎：《海上丝绸之路与中外文化交流》，北京：北京大学出版社，1996 年版。
③ ［法］戈岱司编：《希腊拉丁作家远东古文献辑录》，耿昇译，第 96 页。
④ 《三国志》卷 30《魏书》。

士和贵族的服装、教堂神坛的门帘、圣物包装、赠送外国使节的礼物等等。正因为如此，丝绸的制作十分考究，几乎每一块丝织品都凝聚着拜占庭工匠倾注的大量时间和精力，也成为品位高雅的艺术品。当然，精美的丝织品物有所值，价格不菲，属于拜占庭高档服装，只有皇帝为首的上流社会才有使用的权利。同时，拜占庭丝织品的国家垄断也限制了丝织品在地中海和欧洲其他国家的流行。11世纪以前，拜占庭帝国是欧洲唯一生产丝织品的国家，其他国家只是通过外交途径得到少许丝绸成衣，但是他们完全无法生产，特别是无法成批养殖桑蚕。这就是为什么我们至今没能在欧洲其他地区发现古代丝织作坊遗址的原因。11世纪以后，这种情况因西西里王国对拜占庭帝国希腊地区的用兵而改变，诺曼侵略军对伯罗奔尼撒半岛的洗劫破坏了拜占庭育蚕基地，瓦解了拜占庭丝织业的基础。西西里迅速发展起独立的丝织中心，从此打破了拜占庭人对丝织业的垄断。今天我们所看到的拜占庭丝织品大部分属于10世纪以后的产品，它们多数为教堂所有，用于宗教活动，特别是在西欧和斯拉夫国家更是如此，很多在拜占庭境外地区发现的丝织品还绣着拜占庭皇帝的名字，显然是作为赠礼流入这些国家的。无论是诺曼人在意大利南部地区，还是阿拉伯人在西亚、北非地区建立的丝织中心，生产技术和工艺水平远不能与拜占庭丝织水平相比，即使在丝织业随着拜占庭帝国衰落而逐步萎缩期间，其技术和工艺水平仍然远在其他地中海和欧洲国家之上。

《魏略》中提到的"胡绫"究竟是什么样子？千百年来令我国古人迷惑不解。他们只知道，拜占庭人并不是简单地使用从中国转手进口的丝绸，拜占庭人的丝织品与中国的丝织品也有许多区别。例如我国古代丝织品以单色为主，多为染色，即便有花色图案丝绸，也多为印花，但是拜占庭丝绸多为提花，染色而成的单色丝织服装并不多见。拜占庭编织技术发展始于4世纪，当时，作为晚期罗马帝国手工业遗产，编织技术多限于亚麻和羊毛织物，但在埃及地区存在棉纺物，丝织则是在6世纪以后出现的。其工艺过程大致为纺线、编织两道主要工序，以及清理、漂白和印染上色等辅助工序。纺线多在盛产亚麻和羊毛地区的农户家中进行，主要由妇女完成；在生产忙季男人们也要加入纺线大军。文献记载，农民将纺线运到附近的市场出售，像塞萨洛尼基这样的大都市有专门收集农民纺线的部门。民间消费的纺织物一般在农村由农民自己编织，因质量较差无法长久保留。而现存精美的纺织品大多是国家工场的产品，那里或因成批生产，或因专业生产而进行不同工序的精细分工。一些文献表明，国家工场集中了当时技术水平最高的专职纺织、梳理、染色、漂洗工匠。现存的10世纪以后制作的丝织品虽然因岁月久远而显得陈旧，但是其图案丰富，仍能反映鼎盛时期拜占庭丝织艺术的特点。拜占庭作家普塞罗斯曾提及君士坦丁堡定期举行庆祝纺织业保护神的节日，届时与纺织业有关的纺线、梳理、编织、清理、漂白、印染、漂洗工匠，甚至裁缝都以行会为组织参加庆祝活动。当然，在不同时期和不同地方纺织技术水平不同，因此各工序分工并不完全统一。例如，在某些小城镇的手工作坊里，编织和裁缝作为同一道工序组织在一个行会中。

丝织物是拜占庭艺术品中最难以保存的种类，目前比较古老的丝织品大多来自于埃及地区，可能与当地气候比较干燥有关。现存巴黎卢浮宫的一块5世纪丝绸即是从埃及地区的古代陵墓中发现的，其色彩已经不再鲜艳，但是从印花图案可见，其内容描述的是古希腊神话宙斯和塞墨勒的儿子——酒神狄奥尼索斯在葡萄园中酿造葡萄酒，首创葡萄酿酒技术，他因此由蔬菜植物之神司职酒神，并将葡萄种植和采集蜂蜜的技术传播给人类。图案中注重人物裸体造型和对葡萄藤枝叶果实的写实处理都显示出该艺术品的古典风格，但是就丝织品工艺技术而言，其印花水平较低。而在该博物馆展品中的一块7世纪丝织品是典型的拜占庭丝绸，其标志性圆环装饰和宽带花边为拜占庭丝织物所特有。圆环中为狮鹫，即流行于古代东地中海世界的狮身鸟首兽，它的形象是鹰头，有翼，在古希腊神话中常与斯芬克斯在一起，充当保护神；在这幅图中它扑在牛身上。与5世纪的丝绸相比，7世纪的丝绸纺织水平大为提高，采取了彩色丝线混织技术，整块丝绸形成了固定的图案，有规律地反复出现。显然，在查士丁尼一世引进中国育蚕丝织技术以后，拜占庭丝织业获得了长足发展，技术水平提高迅速，形成了自己的特点。这种技术在此后长期成为拜占庭人的专利。7世纪以后编织的丝织品几乎全部采用红、绿、黄、白彩色丝线纺织图案技术。

拜占庭丝织品依据其用途确定图案的内容，一般以动植物和几何图形为主，间或有猎人的形象，而很少出现基督和圣徒的图象，我们至今也没在丝织物上发现皇帝和贵族的形象。例如现存梵蒂冈圣彼得大教堂的两块8世纪拜占庭丝绸就织有狩猎的情景，它们都采用了拜占庭传统的彩色丝线混织技术和宽带圆环装饰图案，其中一块的圆环中央描绘的是徒步猎人手持长矛在树林中猎杀雄狮子和金钱豹，并有猎鹰和猎犬相助。与上个世纪的丝织品相比，此期的图案更加精细，无论在人物和动物花草树

8世纪时拜占庭制作的丝绸

木造型还是在花边图案设计方面均要高出一筹。另一块的内容大同小异，只是狩猎者骑在马上，骏马造型准确生动，马鞍等饰物精细，达到了极高的工艺水平。笔者认为它们是现存的拜占庭丝绸中的上乘之作，很可能是拜占庭皇帝赠送给罗马教会的礼物。现存英国伦敦维多利亚博物馆的一块8世纪拜占庭丝绸则在绛红底色上规则地纺织出参孙徒手猎狮的场面（也有学者认为是古希腊神话大力神赫拉克勒斯，他受天后赫拉的迫害，犯下杀子之罪，为赎罪而从事12件极为艰苦的工作。这块丝绸的图案反映的是其第一件工作，即徒手猎狮，这一推测

主要是根据画面线条具有古希腊绘画的特点）。根据《圣经·旧约》记载，他是以色列人的大力士，曾在葡萄园中赤手空拳杀死雄狮。他们的根据是图中人物的长发，据说这是参孙力大无比的秘密，后来因被剪去头发而失去力量。拜占庭丝绸在西欧大多为教会所保存，作为圣物或《圣经》的包裹，因此其纺织的内容多为抽象符号和十字架。但是，现存梵蒂冈教堂的一块丝绸却纺织了"受孕告知"（或称"圣母领报"）的场面，这在拜占庭各类纺织品中都十分罕见。图中受上帝委派的大天使加百列立于玛利亚面前，右手前伸，做出传达上帝意旨的特殊手势，似乎告诉玛利亚她未婚先孕是上帝的安排，所生之子即为耶稣基督。玛利亚则端坐在靠背椅上，表情惊讶，微微伸出的右手五指张开，似乎对这个消息感到无法接受。

拜占庭丝绸图案的内容不如绘画和镶嵌画丰富，可能是受到复杂的纺织技术的限制。拜占庭历史文献中没有关于丝织方法的具体记载，但是从古籍插图可见织机的大体轮廓，现代考古学的研究也为后人提供了可靠证据，使我们得以了解拜占庭丝织技术的状况。拜占庭人家庭手工编织机结构简单，现存意大利罗马国家图书馆的 14 世纪古籍插图《妇女编织图》比较清楚地反映出，妇女在一个排列着经线的框架上以手工方式编织花色织物。国家工场，特别是大皇宫附近的皇家丝织工场，配备了最先进的手工机械。根据对现存丝织物的分析，拜占庭纺织机械可能由纵横两组丝线交叉组成，固定而相互平行的线构成经线，它们被分为两组以上，根据需要确定按何种比例间隔分组，并交替提升其中一组，以便使纬线从两组经线间穿过。纬线则由被称为"梭子"的线轴牵引，丝织工匠以手动使它在两组经线间来回穿越。拜占庭丝织品的复杂花色图案和部分提花织物使人们有理由相信，当时已经出现了手工提花织机。这种机械的基本工作原理是对两组经线的提升运动进行复杂控制，或根据花纹需要改变提升经线的数量和色彩。与现代纺织品相比，拜占庭丝织品大多是平纹织物，比较少见斜纹或缎纹。拜占庭织工以改变不同色彩（红、绿、黄、白为主）丝线的方式形成图案，织物大体为具有简单花式组织的提花和起绒组织，即改变经线和纬线的比例和组合产生变化。单色的丝织物织造技术相对简单，即在未经染色的平纹组织经线中使每根纬线依次在经线的上下方通过。早期的拜占庭丝织品是在单色织物上印花。6、7世纪以后的拜占庭丝织物的复杂图案和花色是改变了纺织技术的结果，大多为调整彩色经线的数量和位置所形成，即所谓经缎组织织物。这种织物正面显露的经线多于纬线，只是在花边和个别特殊符号的地方改变纬线的粗细和浮长，形成凹凸不平的缎面花纹。现存希腊雅典博物馆的一块14世纪丝织品《天使图》可见缎面花纹的效果，其起绒表面具有稠密的绒毛，形成与图案相应的凸起感。

拜占庭人的织锦技术也相当发达，一般采用丝、毛、麻混合的方法，而金银丝线与蚕丝丝线混纺最有特色。它是在斜纹或平纹组织上，使用提花装置附加经过特殊处理的纬线纺织而成。这类特殊丝线并非一般纺线工匠所能制造，而是由国家贵金属加工作坊完成的。一件金银丝线纺织品不仅材料昂贵，而且制作工艺复杂，要花费大量人力、财力，因此只有皇帝和高级教会首领才有幸使用。这类价值贵重且相对厚重的丝织物多用于皇帝和大教长的礼服、皇宫的挂帘、圣坛的桌布、皇帝的华盖和车帘、盛大宗教仪式使用的幡帜。其花纹大多为小幅几何图形和抽象符号或动植物形象构成的循环图案，配合以拜占庭标志性的圆环花边和礼服袖口、领口及下摆的金银色织锦。某些特殊用途的丝织物还在金银提花的适当位置镶嵌珍珠、红蓝各色宝石、玛瑙和翡翠，它们大多是按照设计要求在成衣之后由裁缝用手工刺绣方法缝缀而成。这种技术与我国古代丝绸刺绣技术有区别，因此引起当时我国作家的注意，称之为"胡绫"。

拜占庭纺织品，特别是丝织物的销售受到中央政府的严格控制，大部分丝绸是作为拜占庭皇帝的礼物赠送外国君主。但是，极少量的中低档丝绸仍然进入了商业领域，其中珍贵的提花丝绸甚至通过中亚商人返销回我国。近年来，考古学家在我国西部和蒙古中部地区发现了大量有关证据，特别是沿古代河西走廊发掘的西域文物，证明东地中海商品也曾流入我国，其中丝织品是重要组成部分。许多考古报告提示我们，包括拜占庭丝织物贸易在内的中国和拜占庭商业往来是一个有待开发的学术研究领域。

三、医学

拜占庭医学是在古典希腊医学基础上发展起来的，是一门在民众中普及的科学，医学知识并不仅仅为专业医生所掌握，而且被所有拜占庭知识分子和大多数普通民众所了解。与拜占庭科技其他领域一样，拜占庭医学重在应用而忽视病理，他们并不关注人体结构或血液构成，而关注如何防病治病。

拜占庭人在医学方面鲜有创新之处，他们遵循古希腊医生希波克拉底和盖伦的理论，认为血液、黏液、黄胆汁和黑胆汁是人类体质病理分类的基础，所有疾病均出自干、湿、热、冷四气失调，而健康则有赖于这四种体液的适当比例和四气状态的平衡。拜占庭医学著作，如皇帝朱利安的私人医生欧利巴修斯（325—395/396）的《诊断学》，保罗（？—642年后）的《妇科学》、《毒物学》和《处方》，西蒙（11世纪）的《食谱》和《保健手册》等，都是以希波克拉底和盖伦的理论为指导，欧利巴修斯还曾编纂了盖伦全集。拜占庭人注重养生和预防，广为流传的《饮食历书》将一年四季分成干、湿、热、冷4个阶段，详细罗列宜食和忌食的食物名单。他们认为，疾病是人体各种因素和状态失调的结果，因此治病的关键在于调理，治病的最好办法是休息保温和发汗，养生应重于治病，甚至认为医生的职业完全是一种靠疾病赚钱的行当。因此，民间的土方很受欢迎，例如用胡椒调理肝脾，用青草去除口臭，一年春夏秋季3次放血，使用按摩和推拿治疗扭伤，用烧灼方法止住大出血，用艾蒿清洁空气等等。我国古代史书中还记载其外科医生"善医眼及痢，或未病先见，或开脑出虫"[①]。

拜占庭国家支持医学发展主要表现在重视医院的组织建设，不仅在军队中设立军事医护团，而且大的慈善机构和修道院也附设医院或

---

① 《通典》卷193《边防九》。

高级医生团。1112 年，皇帝约翰二世建立潘多克拉多修道院时，就建立附属该修道院的小医院，内设 10 名男医生、1 名女医生、12 名男助理医生、4 名女助理医生、10 名男女高级助手、10 名男女杂工负责病房，另有 5 名外科医生和内科医生负责门诊。医院中没有护士，护理工作通常是由住院的病人分担，各科病人混住在一起，病情较轻的病友照顾不能自理的病友。医生不分科室，只分男女，医生似乎是精通各方面疾病的全科专家。

四、拜占庭历法与年代学

拜占庭人实用性的天文学决定了其历法的实用性。而该历法因拜占庭文化在中古地中海和欧洲文化进程中的重要地位曾长期发挥重要作用，它对周边各民族，特别是对东欧斯拉夫各民族和东正教世界产生了不可忽视的影响。由于拜占庭人在中古欧洲长期占据的文化优势，他们给后人留下大量的文化遗产和极为丰富的历史记载，在这一方面，欧洲其他民族难以望其项背。了解和适当掌握拜占庭历法将有利于对拜占庭历史资料作出正确时间定位。

拜占庭帝国是中古欧洲文明程度最高的国家，其历法是在古代希腊罗马天文历法基础上，结合基督教神学思想，形成具有某些重要特点的独立历法体系。概括而言，拜占庭人将每年分为 4 季，将每季分为 3 个月，每月天数不一，将每月分为 4 周，将每周分为 7 日，将每天分为 12 时辰。每周以周日为头一天，称周一为"第二日"，以此类推。在拜占庭历法中，纪年法是最为复杂的部分。由于年代学纪年法涉及对长期历史事件的时间定位，因此，它在后人对拜占庭历法研究中占有重要地位，引起学者们的极大关注。德国拜占庭学家德尔格最先研究 7、8 世纪以前的拜占庭帝国恺撒纪年法。其后，法国学者格鲁梅尔在其《年代学》一书中涉及拜占庭纪年法，一些东欧斯拉夫学者则探讨了埃及等拜占庭帝国行省使用的纪年法。[①] 本书简要地介绍有关

---

① F. Dolger, *Das Kaiserjahr der Byzantiner*, Munchen: Verlag der Bayerischen Akademie der Wissenschaften, 1949. V. Grumel, *La Chronologie*, Paris, 1958.

的内容，同时初步探讨拜占庭历法的主要特点，以便为读者在阅读和使用拜占庭古代文献时提供一些参考。

拜占庭历法最重要的特点是其继承性，换言之，它不是由拜占庭人创制的，而是在古代希腊罗马历法基础上发展而来的。为了更好地理解拜占庭历法这一特点的形成，我们必须简略考察拜占庭帝国早期历史上政治、经济、军事、外交、文化、宗教等社会生活各个方面发生的变化。由于拜占庭帝国是欧洲中古时期历史最为悠久、经济非常富有、政治文化影响极为广泛的君主专制国家，因此在欧洲历史上占有重要地位。拜占庭帝国早期历史变迁深刻地影响其历法体系的形成，一方面因其国势强弱而变动不定的疆域为其与地中海周边其他民族进行历法知识的交流提供了方便，另一方面多种文化融合也造成了拜占庭历法复杂性的特点。作为古代希腊文化和晚期罗马帝国政治传统的直接继承者，拜占庭人特别注意吸收接受先人的历法。首先，他们十分重视古代希腊罗马的天文知识，注重学习古典天文学理论。自4世纪以后300年期间，拜占庭人翻译注释了许多古代天文学作品，其中影响最大的是晚期罗马帝国数学家和天文学家帕珀斯（Pappos，？—320）的《天文学大全注释》，该书依据托勒密（Ptolemy aeus，约90—168）天文学理论分析天体运行，准确地预测了发生在320年10月18日的日环食。[①] 4世纪下半期的拜占庭天文学家塞奥（Theon，360—380）注释了托勒密的《天文学大全》，并对这部古典天文学的集大成著作的后半部进行补充，他还在仔细研究托氏理论的基础上，准确

拜占庭数学著作

---

① *Book 7 of the Collection*，A. Jones ed.，New York，1986.

计算出 364 年两度发生的日食和月食。为了计算天体运动，他整理注释了公元前 4 世纪古希腊数学家欧几里得的《原本》等著作，使后者的许多作品得以保存，后来成为伊斯兰学者转译为阿拉伯文的古典几何学珍贵文本的主要依据。

其次，拜占庭人在实际生活和历史写作中采用古代历法，承袭多种古代纪年方法。拜占庭帝国知识界始终十分重视历史记述，留下大量珍贵的历史资料。可是，当后人翻阅这些古代文献时经常陷入难以判断历史事件绝对年代的困境，因为早期拜占庭作家似乎并不采用全国通用的纪年法，在不同时代不同地区的拜占庭史料中纪年方法各异。例如，4 世纪的埃及土地契约中使用"第二个税收年的第某年"表明年代，而查士丁尼的《法学总论》序言落款年代则记为"查士丁尼皇帝第三执政官期间"等等。显然，在拜占庭帝国早期历史上缺乏为大多数作家共同认可和使用的、相对统一的纪年法，类似于我国古代史书中通用的干支纪年和皇帝年号纪年法是在 9、10 世纪才出现的。

拜占庭帝国早期的历法主要是以罗马历法为依据，例如 4 世纪最先在埃及地区出现并为帝国其他大部分行省采用的"税收年纪年方法"即是以罗马历法作为计时基础的。[①] 罗马历法形成于罗马共和国时期，据现代学者考证，它与罗马城初创者罗穆洛（Romulus，公元前 8 世纪人）结合古希腊人的历法制定而成的罗马古历法有别。后者是以月亮运动为天文依据的太阴历，每年比实际回归年少 10 余天。至公元前 1 世纪时，罗马古历法已经变得十分混乱，无法规范罗马人的生活时间。恺撒（Julius Caesar，公元前 102—前 44）遂邀请亚历山大城天文学家索西耶内斯主持历法修订，以太阳运动为依据制定太阳历，并取消罗马古历。新历法以恺撒姓氏命名为儒略历，分一年 365 天为 12 个月，并采取闰年增时措施，以克服计时的微小误差。早期拜占庭人以儒略历为计时依据，实行"税收年纪年法"。

所谓"税收年"是指国家向民众征收捐税的时间，最初是由罗马帝

---

① A. H. M. Jones, *The Later Roman Empire 284-602*, Oxford, 1964, pp. 451-456.

国皇帝戴克里先确定的，他为了保持国家税收数量的相对稳定，立法规定每5年调整一次税收量，以收获季节的9月为岁首。后来，拜占庭帝国第一位皇帝君士坦丁大帝又将5年一度的调整期改为15年。由于税收年计时体系符合儒略历，虽然后来其财政意义逐渐废弃，但是它仍然继续被用作历法名称。在拜占庭帝国早期，无论在正式的官方文件还是人们的日常生活中，"税收年"被用来纪年。由于每个税收年周期为15年，因此在计算某个税收年的具体年份相当于绝对年代时，应采用"税收年周×15＋税收年＋312"的公式，反之在计算某一绝对年份相对应的税收年时，应使用"（绝对年份—312＋3）÷15"的公式，能够除尽的为税收年周的首年，不能除尽的，其余数即为具体税收年份。[①]

同时被使用的还有"执政官"、"皇帝年号"、"名祖"等多种纪年方法。前两者大多为真实的历史人物担任皇帝或执政官的年份，而后者大多为拜占庭帝国古代作家为记述方便，虚构出来的先祖或神的名字，用以标志年份。按照罗马共和国时代的古老传统，罗马人每年应选举执政官，任期1年。虽然至晚期罗马帝国和拜占庭帝国时期，执政官已经失去其实际社会权力，仅保留其荣誉头衔意义，并由民众选举变为皇帝任命，但是，其每年变更的特点使它具有标志年代的功能。许多拜占庭帝国早期历史作家便以某位执政官注明其描写事件的年份。皇帝的年号在拜占庭历法纪年体系中的作用和执政官纪年大体相似。在采用这类纪年法计算绝对年代时，应该特别注意参照有关的史料确定文献中提到的执政官被任命或皇帝在位的准确年份。在6世纪查士丁尼（Justinian I，527—565）在位前后，由于执政官成为花销巨大的公共娱乐活动的主要资助者，所以没有人乐于出任这个"徒有虚名而必使倾家荡产的光荣头衔"，致使"执政官名表的最后一段时间所以常有缺

---

① J. Karayannopulos，*Das Finanzwesen des fruhbyzantinischen Staates*，Munchen，1958，S. 138-141.

漏"。^①这种情况使我们确定所谓"查士丁尼皇帝第三任执政官"的绝对年代，不是指 527 年查士丁尼即位以后第三年(530)，而是其登基后第六年的 533 年。皇帝年号纪年法似乎比执政官纪年法更可靠，因为在注重政治事件记载的拜占庭帝国史料中，可资借鉴的旁证更多。例如"戴克里先纪年"始于这位皇帝登基的 284 年，通过有关戴氏事迹的史料，我们可以准确推算出该纪年法提示的任何年代。执政官纪年法仅使用到 7 世纪初，而戴克里先纪年法持续使用到 13 世纪，后者的可靠性是其长期存在的重要原因。

这一时期，拜占庭帝国某些地区，特别是在重要的文化中心和地方政治中心还存在一些地方性纪年法，例如除了埃及地区流行的税收年纪年法外，在西亚的叙利亚地区流行"安条克纪年法"。该法于公元前 49 年 10 月 1 日算起，可能是为纪念恺撒视察该城市，于前 47 年正式被采用。直到 5 世纪中期，安条克纪年的岁首改为 9 月 1 日，以便与中央政府颁布的历法保持一致。该历法年代与绝对年代的换算方法如下：某安条克年若处于 9 月 1 日(或 10 月 1 日)至 12 月 31 日时，减去 49，得数为绝对年，而处于 1 月 1 日至 8 月 31 日(或 9 月 30 日)时，则减去 48，得数为相应的绝对年。^②该纪年法至 7 世纪中期阿拉伯军队占领叙利亚以后逐渐停止使用。除了上述主要地方性历法外，还存在以大区长官或朝廷重臣命名的纪年，它们大多在某官员任职或出生地区使用，没有普遍性。但是，我们在涉及这类史料提及的年代时，还不能忽视地区这一重要因素。

显然，拜占庭帝国历法的继承性，如同其文化在其他方面表现出的特征，^③是其早期历史发展的结果。由于古典希腊罗马天文历法的强大影响，早期拜占庭历法还体现出明显的世俗色彩。然而，随着基督教思想在拜占庭帝国的传播，拜占庭历法逐渐表现出越来越明显的

---

① ［英］爱德华·吉本：《罗马帝国衰亡史》下册，黄宜思等译，北京：商务印书馆，1997年版，第 213 页。

② Glanville Downey, *A History of Antioch in Syria: From Seleucus to the Arab Conquest*, Princton University Press, 1961, p. 157.

③ 参见陈志强：《拜占庭文化特征初探》，载《世界历史资料》，1988(8)。

宗教性。拜占庭历法最重要的演变表现在其日益明显的宗教性，这是拜占庭帝国时期基督教神学思想与古典天文历法结合的产物。基督教自1世纪产生后，在地中海东岸和小亚细亚地区广泛传播，势力日益发展。至拜占庭帝国时代，基督教正统神学和教义逐步形成，通过7次基督教大公会议发展成为基督教的基本信条。从325年第一次尼西亚大公会议开始，直到787年第七次尼西亚大公会议，基督教教会在拜占庭皇帝的直接参与主持下，完善了其思想体系，成为在拜占庭社会占统治地位的意识形态。此后，其思想内核没有发生重大变动。迅速兴起的基督教思想对早期拜占庭历法产生了深刻影响，人们开始用基督教神学理论解释天文历法问题，用古典天文历法知识为基督教服务，特别注意利用历法计算宗教节日。

"复活节纪年法"是其中的一个例证，该法源自教会天文学家编制每年一度的复活节表。[①] 按照拜占庭教会传统，每年春分节日当天或节后一周遇有满月，则其后的第一个礼拜日为纪念耶稣基督死后复活的节日，如果满月恰好出现在周日，则复活节顺延一周，即是说复活节可能确定在3月22日至4月25日之间的某天。为了推算出复活节的准确日期，拜占庭人通过天象观测，计算赤道和黄道的夹角，确定月亮运行的轨道，在发展拜占庭星占学的同时，[②] 为基督教历法发展提供了天文学依据。以基督教基本教义解释计时含义是拜占庭历法的基本特征。拜占庭人认为所谓"时间"是指发生某些事件的时段。他们的计时体系以昼夜和四季这类自然变化现象为主要依据，同时以对天体运动的观测为参考。但是，拜占庭人在如何解释计时单位时，特别强调基督教思想。他们虽然按照自然和天文变化确定了日、月、季节和年等时间单位，但是在纪年方法上给予上帝创世和基督降生的解释。他们还特别注意以《圣经》中关于上帝创世的故事为依据，完善了每7

---

① G. Bertoniere, *The Historical Development of the Easter Vigil*, Roma, 1972, 有关部分。

② 拜占庭星占学起源于古典时代的占星术，即通过星体之间的位置预测未来和解释过去的活动，其中包括以行星与黄道十二宫预测人生的星命术、选择良辰吉日的择时占星术，以异常天象为依据的决疑占星术和预测社会灾难的总体占星术。

日为安息日的礼拜计时方法。在 9 世纪以前拜占庭帝国流行的多种纪年方法中，基督教历法发展较快，逐渐取代了古典历法的正统地位。在这一时期，出现了"亚历山大纪年法"、"创世纪年法"、"基督降生纪年法"等等，最终形成了"拜占庭纪年法"。

"亚历山大纪年法"始创于 5 世纪，由埃及教士和作家潘诺多罗斯（Panodoros，5 世纪人）编制。他在纠正 4 世纪著名教会史家尤西比乌斯将《圣经》中提到的日期与古代文献相结合引起的混乱时，提出世界历史的计时开端应严格按照《圣经》的记载，即从上帝创世时开始，认为基督降生在上帝创世以后 5494 年。这一纪年法被称为"大亚历山大纪年法"。另一位埃及教士阿尼亚诺斯（Annianos，5 世纪人）按照同一思路提出"小亚历山大纪年法"，两者的区别在于后者认为基督降生在创世后 5501 年。亚历山大纪年法被教会作家广泛使用，直到 9 世纪才逐渐被"拜占庭纪年法"所取代。亚历山大纪年换算为公历绝对年的方法是：某亚历山大年若处于 3 月 25 日至 12 月 31 日时，年份数减去5492，得数为绝对年，而处于 1 月 1 日至 3 月 24 日时，则减去 5493，得数为相应的绝对年。如果文献使用的"亚历山大纪年法"以 9 月 1 日为岁首，则上述换算作相应调整，即 9 月 1 日至 12 月 31 日的年份减去 5491，而 1 月 1 日至 8 月 31 日的年份减去 5492，得数为公历绝对年。例如，亚历山大年 5996 年 4 月，按上述方法计算，5996 减去5492，得数 504 即为公元 504 年，月份 4 加 3 为 7 月。

"亚历山大纪年法"确定了"创世纪年法"和"基督纪年法"的基本思路，即以《圣经》中记载的创世年为元年，或以基督降生年为元年，只是不同的作家在按照《圣经》记载计算年份时略有区别。例如 6 世纪作家马拉拉斯认为基督降生于创世后 5967 年。[1] 而 9 世纪的作家乔治（George the Synkellos，？—810）坚持认为基督降生于创世后 5501 年，[2]

---

① John Malalas, *The Chronicle of John Malalas*, trans. by Elizabeth Jeffreys, Michael Jeffreys, Roger Scott, et al., Melbourne, 1986, chp. 1.

② 转引自其同时代作家 Theophanes, *The Chronicle of Theophanes*, trans. by H. Turtledove, Philadelphia, 1982. 该书记述了乔治已佚失著作中的观点。

他们在各自的历史作品中均按照各自的纪年法记述。我们在使用这类历史作品时均应首先确定作家的纪年方法，避免断定年代的错误。9世纪以前拜占庭帝国多种纪年法混用的情况使当时的历史作家在使用古代文献时遇到极大的困难，他们常常为准确判断某个历史事件的年代而翻阅大量资料，即便如此，错误仍然不能避免，就连当时最博学的作家塞奥发尼（Theophanis，752—818）在使用7—8世纪的文献时也因纪年法混杂而出现了确定年代的错误。① 可见，制定统一的历法纪年体系是中期拜占庭帝国知识界的迫切需要，"拜占庭纪年法"因此应运而生，并成为此后占主导地位的历法。

"拜占庭纪年法"是严格按照《旧约·创世记》的内容计算出来的，确定上帝于公元前5508年3月21日创造世界，因此这一天为拜占庭纪年的开端。10世纪时，该历法岁首改为9月1日。换算拜占庭纪年为公历绝对年的方法是：某拜占庭纪年若处于1月1日至3月20日时，则减去5507，得数为相应的绝对年，而处于3月21日至12月31日时，年份数减去5508，得数为绝对年。10世纪以后的文献以9月1日为岁首，则上述换算作相应调整，即1月1日至8月31日的年份减去5508，而9月1日至12月31日的年份减去5509，得数为公历绝对年。"拜占庭纪年法"还以复活节周期为主要参考，以校正可能出现的误差。拜占庭天文学家根据观测，确定以月亮运行为依据的太阴年周期为19年235个月，其中设置7个闰月，分布在第3、6、8、11、14、17和19年；又确定以太阳运行为依据的太阳年周期为28年（即4年置闰乘以构成礼拜周的7天）。而后将太阴、太阳两周期相乘，得出532年的复活节大周期。事实上，设置这一大周期的目的在于，通过改变其岁首月龄（增加或减少该月天数）达到调整拜占庭历法在数百年间使用中出现的误差。"拜占庭纪年法"从9世纪以后成为拜占庭帝国通用的历法，直到15世纪中期拜占庭帝国灭亡以后，仅为东正教教会采用。

---

① Theophanes，*The Chronicle*，chp. 2.

　　拜占庭历法明显的宗教性与当时的形势有密切联系。拜占庭帝国早期和中期历史上面临的外敌入侵造成的巨大压力，引发社会精神生活的危机。当拜占庭统治阶层为缓解压力而推行社会改革，通过施行军区制加速帝国管理组织的军事化来稳定局势，一度增强了国力后，基督教关于"基督救赎"和"千年王国"的说教获得了更广泛的社会基础。而当拜占庭帝国势力达到鼎盛，并旋即急剧衰落时，更多人对现实生活悲观失望，企图从基督教思想中寻求解脱。作为基督教思想文化极为发展的国度，其历法必不可免地受到基督教神学日益强化的影响，并最终导致其彻底的基督教化。拜占庭人不仅放弃了罗马帝国传统的所谓"异教"历法，用基督教概念取代古典历法中的名称，而且采用多种宗教计时法，按照圣经的记载设置 7 日为一个礼拜的计时单位，并制定了多种基督教纪年方法。

　　总之，拜占庭历法经历了从世俗向宗教倾向的转变，从古典的向基督教的方向发展。在这一转变过程中，基督教思想影响日益加强，而古代希腊罗马的历法传统日益减弱，最终形成了两种因素结合的拜占庭历法。拜占庭历法既设置了纯属宗教意义的礼拜周，制定了以基督教世界体系理论为基础的纪年方法，使用基督教神学概念取代古代历法称呼，又继续吸收古代希腊罗马人已经取得的天文历法知识，采用古代天文观测方法，并以此作为其历法演算的基本工具。显然，历法作为拜占庭人使用的计时体系与拜占庭文化的其他部分一样受到拜占庭帝国社会整体局势的影响。其明显的宗教性一方面说明基督教的强大影响，另一方面也反映出拜占庭人对待天文历法的实用主义态度。拜占庭历法的实用性与拜占庭人实用主义生活态度密切相关。古代罗马历法以每年的 1 月 1 日为岁首，根据天文观测确定回归年为 365.25 天。但是，拜占庭人将岁首改为 9 月 1 日。这一改动的目的旨在方便税收，因为拜占庭政府规定的每年税收期从 9 月 1 日开始。拜占庭帝国税收制度是在罗马帝国税制基础上发展起来的，比欧洲其他国家的税收制度历史更久远，更完善。在拜占庭历史的初期，税收的基本核算单位是"土地人头税"，包括耕地、劳动者（自由的、依附的或雇佣的)、劳动工具(牲畜等)3 种要素,每个核算单位承担固定的纳税额度。凡是达到这个纳税单位标准的就按照固定额度纳税,政府则根据各大区和省拥有的纳税单位确定纳税总量。这种计算方法似乎提供了一个"同质同量"的统一标准,但是,实际核算中由于农田的肥沃程度不一,土地的条件有别,测量和计算起来非常复杂,因此中央政府统一规定,税收的实物部分(即实物税)交到各地国库库房,分 3 次交齐,而货币税每年一次性直接缴纳到中央国库。由于农业税收是以农为本的拜占庭帝国的主要税收,所以,每年 9 月开始的税收年岁首就显得格外重要。为了税收的方便,拜占庭人对传统的罗马历法进行改造,并以法律的形式规定新历法岁首为 9 月 1 日。

第五节　拜占庭文化的影响

一、拜占庭文化的一般特征

拜占庭文化是拜占庭人精神和物质财富的总和,以其丰富的内容、鲜明的特点和完整的体系独步欧洲和地中海世界,在该地区文化发展过程中发挥了极为重要的作用。[①] 国际拜占庭学界对拜占庭文化的研究成果极为丰硕,得出的结论也令人信服。

首先,拜占庭文化具有鲜明的继承传统的特征,它直接继承了古典时代希腊罗马文化遗产,在拜占庭帝国特殊的环境中,兼收并蓄早期基督教和古代东方诸文化,形成了独特的文化体系。拜占庭文化在其发展的整个过程中,均表现出强烈的尚古倾向。早在君士坦丁一世下令在古城拜占庭兴建"新罗马",并从希腊和亚平宁半岛收集大量古代艺术杰作装饰首都时,拜占庭人即表现出对古典文化的爱好。该城无论从整体规划、具体建筑样式,还是内外装修、建筑材料都模仿古典建筑。古典建筑中流行的大理石屋面、阳台和柱廊使整个城市建筑群显得格外典雅庄重,使人很容易联想起古代名城雅典和罗马。最豪

---

① 关于拜占庭文化的历史地位问题,笔者与徐家玲合作进行过探讨,见《试论拜占庭文化在中世纪欧洲和东地中海文化发展中的地位和作用》,载《历史教学》,1986(8)。

华的建筑大皇宫是由几个比邻的独立宫院、各种大殿、宫室、花园和
柱廊组成的，它几乎就是古罗马城的翻版。根据史家统计，在城区内
集中了大量优美的古典建筑，除了大皇宫外，还有元老院议事大厦、
公共学堂、大赛场、多座剧场、多座豪华公共浴池、百余个私人浴池、
数十条沿街柱廊、囤粮谷仓、引水渠道、蓄水池、用于集会和法院公
审的大厅以及贵族官邸，无不以古典建筑为蓝本。可容纳数万人的大
赛场也完全仿照罗马斗兽场的式样建造，但比罗马的大赛场规模更大，
场内均匀地分布着许多来自埃及和希腊的立柱和方尖碑，立柱上则装
饰各种雕像，例如从古希腊宗教中心德尔斐神庙运来的三蛇铜柱。①
圆形的君士坦丁广场周围矗立着一大片公共建筑群，是公众从事商业
和政治活动的第一大中心，其中有10余级大理石台阶的帝国议会和元
老院是按古希腊建筑设计的。广场中心耸立着的巨型花岗石圆柱，坐
落在6.1米高的白色大理石基座上。圆柱直径约3.2米，顶端是从雅
典运来的巨大的阿波罗铜像。② 向西南伸展的麦西大道是举世闻名的
大理石柱廊大道，两侧有巍峨的市政厅、森严的将军府和国库、文雅
的国家图书馆和优雅的贵族宅区。在这里，风格各异的罗马贵族庭院
也按罗马城式样建筑，以便吸引各地名门显贵。全城主要街道、广场
和建筑物前都布满了精彩绝伦的古典艺术品，"一言以蔽之，一切凡能
有助于显示一座伟大都城的宏伟、壮丽的东西，一切有助于为它的居
民提供便利和娱乐的东西，在君士坦丁堡这座城市的四墙之内无不应
有尽有"③。

　　此后，该城迅速崛起，成为繁荣的政治、经济和文化中心，吸引
着整个地中海世界的知识分子。他们携带大量古典文献和古代文物前

① 它至今仍然保存在伊斯坦布尔大清真寺前广场上，是游客们关注最多的旅游景点之一。
② 这个铜像被认为是君士坦丁一世的象征，它和石柱在12世纪时被推倒，由于多种资料推算的区别，具体数字不一。Edward Gibbon, *The History of the Decline and Fall of the Roman Empire*, London, 1905-1906, Ⅱ, p.189.
③ ［英］吉本：《罗马帝国衰亡史》第1卷，北京：商务印书馆，1997年版，第382页。这个缩编本由黄宜思父女翻译，译文基本上能够反映出吉本作品的语言风格，但是其中错译、漏译颇多，可能是所选用的英文文本有问题。

往首都，这就为推动拜占庭文化的发展提供了丰富的文化物质条件。发展图书馆，建立学府，学习古代希腊语和拉丁语，收集注释古典文史作品，研究古典哲学和文学，这些成为早期拜占庭文化发展的主要现象。除了君士坦丁堡外，亚历山大、安条克、雅典均成为当时研究古典之学的重镇。所谓"新亚历山大运动"实际上是将古典哲学遗产纳入基督教神学的学术活动。前述著名拜占庭学者佛条斯在其《书目》中，概括介绍了直到他那个时代以前所有著名的自然科学和社会科学家的主要著作，包括大量古典作家的经典作品。这份书目显然是用于他任教的君士坦丁堡学府的课程，是为就学的学生提供的参考资料。[①] 这种尚古之风一直保持到拜占庭历史的末期，只是其热烈的程度有所不同。11 世纪的拜占庭历史作家普塞罗斯曾自豪地写道，他在少年时代即可背诵《荷马史诗》。[②] 科穆宁王朝公主安娜撰写的《阿莱克修斯传》带有明显的希罗多德的写作风格，代表当时拜占庭历史写作的倾向。而拜占庭社会中、上层人士和知识分子，包括国家官吏和法官都要接受系统的教育，特别是希腊语言教育，以便使他们的口音"希腊化"。直到拜占庭帝国灭亡前夕，许多胸怀复兴文化以救国的著名学者仍然致力于古典文化的传播，其丰富的古典学问和广博的古希腊哲学和文学知识，使他们在意大利学校中指导的学生深感心悦诚服。

从拜占庭人继承古典文化的内容上看，他们特别重视古希腊的哲学、文学和史学，重视罗马的法律和工程技术。在拜占庭帝国，《荷马史诗》脍炙人口，妇孺皆知，能够大段背诵的人不在少数，因此许多作家在引用时不加说明而不至于产生误解。君士坦丁堡修辞学家科米达斯(Κομήτας，9 世纪人)对照前此多种版本对《荷马史诗》进行重校，使之成为以后几个世纪最权威的版本，[③] 而该史诗的第一个拉丁文译本也是拜占庭学者完成的。像希罗多德这样伟大的古希腊史家，更是拜占庭作家学习效仿的榜样，佛条斯在其案头必读书中就始终包括希罗

---

① A. A. Vasiliev, *History of the Byzantine Empire*, I, pp. 361-362.

② Michael Psellos, *The History of Psellus*, J. B. Bury ed., London, 1899, V, p. 55.

③ K. Krumbacher, Ιστορία της Βυζαντινής Λογοτεχίας, Athens, 1974, II, p. 644.

多德的作品。① 据现代学者研究，拜占庭帝国教、俗学术界一直热衷于古典希腊哲学，柏拉图、亚里士多德等著名学者的作品是当时的热门书籍，不断传抄，在众多的哲学流派中，新柏拉图主义和斯多葛学派受到特别青睐。

拜占庭人常以正宗继承人的身份继承古罗马文化，他们不仅自称"罗马人"，而且在政治制度、基督教神学、法律和大型工程技术方面，忠实模仿继承，并有所发展创造。他们清除了罗马帝国中央集权制度中民主制的残余和普通民众参与政治的因素，发展出拜占庭帝国皇帝专制官僚制度，其中皇帝制度成为其政治生活的核心。基督教是古罗马帝国的文化遗产，拜占庭人对之加以改造，使之在神学上摆脱了古代哲学和犹太宗教的双重影响，并始终将它置于皇帝最高权力的控制下，利用东正教强化皇权统治和扩大拜占庭帝国的影响，形成了保持至今的东正教世界。在法律方面，拜占庭人直接继承古罗马传统。查士丁尼一世的立法活动是其中最有典型意义的代表，他下令编纂的《罗马民法大全》是欧洲第一部完整的法律汇编，该法典成为此后数百年拜占庭法律的基本蓝本，如《法律汇编》、《六书》、《皇帝法典》等后世法典无不效仿民法大全，该法典也为近代欧洲法律提供了基本的理论依据。② 查士丁尼认识到建立完整的法律对于巩固皇权的重要性，他在《法理概要》中指出：一个好皇帝"应该不仅以其武力而获尊荣，还必须用法律来武装，以便在战时和平时都有法可依，得到正确的指导；他必须是法律的有力捍卫者，也应是征服敌人的胜利者"③。这种法律至高无上的思想来源于古罗马法律。至于在建筑工程技术方面，拜占庭人继承古罗马遗产就更为多样。拜占庭建筑样式最突出的风格是在平面十字形建筑物上方建造半球形穹顶，此种风格即是在罗马半圆拱顶墙壁基础上发展而来的，而十字形平面建筑则是罗马长方形大会堂(又

① K. Krumbacher, *Ιστορία της Βυζαντηνής Λογοτεχνίας*, Ⅱ, pp. 216-220.

② *The Cambridge Medieval History*, J. M. Hussey ed., Cambridge, 1978, Ⅳ, ii, pp. 55-79.

③ Justinian, *The Institutes of Justinian*, trans. by A. Thomas, Amsterdam, 1975, introduction.

称"瓦西里卡")建筑的演化建筑形式。君士坦丁堡的圣索非亚教堂是拜占庭建筑的代表作,人们可以清楚地看到拜占庭人在墙体、门窗和内外柱廊方面是如何继承罗马建筑艺术的。此外,君士坦丁堡、塞萨洛尼基等拜占庭帝国名城完善的引水渠道、地下排污管道、蓄水池等都直接借鉴了罗马城建筑的成功经验,而皇宫中半自动升降的皇帝宝座和宫殿中各种机械动物,如金狮和小鸟,都是拜占庭工匠学习继承罗马人实用工程和机械技术的成就。

拜占庭文化对古代希腊罗马文化的继承表现出 2 方面的特点:第一,拜占庭人在比较全面系统接受古代文化的过程中,不是全盘照搬,简单模仿,而是注意选择对拜占庭社会生活有用的东西。他们在整理古典作品时,着重学习和掌握古典杰作的技能和手段,在模仿中采取"为我所用"的态度,从而在将古典文化价值观运用到中世纪生活的同时,形成了始终贯穿其历史的尚古倾向,不仅为拜占庭文化打上了古典文化的烙印,而且使古典文化在拜占庭文化的特殊形式中得到保护。第二,拜占庭人在积极主动吸收古典文化精华的基础上,注意发展创造,形成自身的特点。他们在古典文化的基础上,在模仿古代作家杰作的过程中,将多种不同文化因素融合在自己的创作中,从而使古典文化成为其基本要素之一,逐渐发展出具有独立的、比较完备的、内容丰富的文化体系。拜占庭文化不仅在文史哲和神学方面见长,而且在医学、建筑工程技术和造型艺术方面独具特色。

拜占庭文化的传统特征有其深刻的历史背景。一方面,拜占庭帝国所在的地区曾是古代历史上希腊文化昌盛的中心地区,亚历山大大帝东征使东地中海沿岸和西亚广大区域内的各个民族经历了"希腊化"的历史,因此,古典希腊文化深深地植根于当地各民族中,获得了这些民族的认同。在拜占庭帝国,居民们大多使用希腊民间语,几乎所有的知识分子均能熟练地使用古希腊语,这使古典文化通过希腊语这一媒介比较容易地传播,大量的古典文献得以世代相传。可以说,作为拜占庭文化基础的古典文化有广泛的社会基础和良好的学术条件。另一方面,从 4 世纪以后兴起的拜占庭帝国虽然取代了罗马帝国的地位，但是它与后者有着千丝万缕的联系，在相当长时间里，拉丁语仍然是拜占庭帝国的官方语言，拜占庭皇帝们始终缅怀罗马大帝国的光荣，特别是在拜占庭帝国早期，皇帝们无不以恢复和重振罗马帝国昔日辉煌为己任。这样，拜占庭人对古罗马文化的继承就具有天然的责任感。可见，拜占庭文化的传统特征是拜占庭历史演化的必然结果。

拜占庭文化的另一个特征是其开放性，表现在两个方面，即对其他民族文化的宽容和对发展相对后进民族的开化启蒙。拜占庭文化在吸收古典希腊罗马文化的同时，还兼收并蓄古代西亚和远东民族文化的营养。第一，拜占庭文化通过文史哲作品接受了东方神秘主义文化思想和审美原则。众所周知，古典希腊罗马文化具有理性化的自然主义特点，而包括古代犹太、波斯和亚美尼亚等民族文化具有非理性化的神秘主义特点，拜占庭帝国处于两者的交汇之地，其文化虽然以古典文化为基础，但是并不排斥西亚地区各种文化影响。6世纪以弗所主教约翰(507—586)出生在美索不达米亚北部地区，对西亚地区古代文化和波斯文化有深刻了解，他的《东方圣徒传》对在拜占庭帝国传播东方神秘主义起了重要作用，[①] 对拜占庭学者了解东方思想有很大帮助。特别值得提出的是起源于基督教早期历史上禁欲苦修思想的修道生活对拜占庭人的影响，其中3世纪上半叶的亚历山大教区教士奥立金(约185—约254)和被称为"隐居修道之父"的安东尼(Antony the Great，251—356)影响最大，他们都主张通过远离人群和冥思苦想达到与神的沟通，将"启示"视为与上帝交往的最佳途径。这种生活方式后来在埃及各地流行，并通过西亚地区逐步向拜占庭帝国中心地区传播，最终在君士坦丁堡出现大批修道士。东方神秘主义的影响一直持续到拜占庭帝国末期，其重要原因在于这种思想能够满足拜占庭帝国普通居民在动荡环境中的精神生活需求，使早期拜占庭文化与基督教

---

① 他的传世作品有两部，包括 John of Ephesus, Lives of the Eastern Saints, edited and translated by Brooks, *Patrologia Orientalis'*, 17-19, Paris, 1923-1925. John of Ephesus, *The Third Part of the Ecclesiastical History of John, Bishop of Ephesus*, trans. by R. Payne Smith, Oxford, 1860.

思想相结合。第二，古代西亚和波斯艺术对拜占庭艺术产生深刻影响。古代西亚和波斯艺术均带有该地区神秘主义思想，无论是艺术的形式和内容，还是艺术的题材和表现手法，都贯穿着神秘主义倾向，与古希腊罗马艺术自然主义的风格形成鲜明对照。圣像造型艺术在拜占庭帝国的长足发展反映了神秘主义艺术的强大影响，拜占庭人从关注自然景物向追求"通神"艺术转化，他们摒弃绘画雕刻中的真实感和构图造型和谐的平衡感，主张"通神而忘形"。例如，在拜占庭圣像画中常见的圣母子像中，人们几乎看不到现实主义的妇女婴儿的形象，也感受不到自然主义的人类感情，图画本身缺乏合理的布局和比例，古典艺术的和谐与真实感消失了。拜占庭艺术家认为，外在的形体并不重要，重要的是画面体现出的神秘感，他们以简洁的线条和对比强烈的色彩突出圣母子庄重的形象，通过带有特殊含义的线条和色彩表达重要的神学思想。他们尤其重视对眼睛的描绘，平白中透露着圣母子的纯洁和仁慈，以传达上帝的圣恩。他们企图使人忽视对圣像人物的欣赏，而追求画面背后的神学含义。同样，在雕刻艺术中，古典艺术的人物和自然动植物的生动逼真的造型不见了，代之而起的是各种具有象征意义的符号。这一变化主要来自于波斯和西亚地区非人格化抽象艺术的影响。

拜占庭帝国与包括古代中国和印度在内的远东民族的联系虽然较少，但是在文化交往中却有几笔珍贵的记载，其中广为流传的事例是，6世纪拜占庭皇帝查士丁尼一世为打破波斯人对东方生丝贸易的垄断，支持两名教士到中国学习养蚕技术，并将蚕卵和桑树苗带回拜占庭帝国。从此，拜占庭人在巴尔干南部建立起丝织业中心。拜占庭文化中还保留印度文化因素。据瓦西列夫的研究，8世纪拜占庭作家大马士革人约翰(John of Damascus)写作的浪漫传奇小说《巴拉姆和约色芬》，是使用了佛教故事的题材，认为该书是佛祖释迦牟尼本人生活素材为基督教所利用的典型事例。[1]

---

[1] A. A. Vasiliev, *History of the Byzantine Empire*, I, p. 294.

拜占庭文化对其他民族文化的积极影响是其开放性特点的重要表现。拜占庭文化在吸收其他民族文化的过程中，表现出极大的灵活性，它将不同民族文化适用的部分融合在自身之中，以满足新的需求和弥补自身的不足。这种灵活性使拜占庭文化得以在古代欧洲和地中海世界普遍的衰败形势中迅速摆脱危机，并获得发展，达到较高的水平。就欧洲和西亚北非地区而言，拜占庭文化发展的历史最为悠久。在 4 世纪到 15 世纪的千余年期间，拜占庭文化一直是该地区发展水平较高的文化之一，君士坦丁堡成为该地区最重要的政治、经济、宗教和文化中心。拜占庭文化相对迅速的发展为其向文化后进地区的传播创造了条件，而 7 世纪以前拜占庭帝国周边地区的斯拉夫人、阿拉伯人和在西罗马帝国废墟上新兴起的日耳曼人发展相对落后，普遍的"野蛮和蒙昧状态"为拜占庭文化的广泛传播提供了天地。

拜占庭文化还有一个突出的特征是其宗教性和世俗性的结合，即是说在拜占庭帝国历史上，既没有出现中古西欧地区出现的那种基督教文化专制的情况，也没有出现类似我国中古时代儒学一统天下或宋明理学称霸的局面。拜占庭帝国的教会文化和世俗文化作为两大主流文化经历了最初的兴起阶段，中期的曲折发展阶段，走上了共同发展的道路。如前所述，拜占庭帝国初期曾出现了接受古典希腊罗马文化的高潮，这个时期也是世俗文化迅速发展的阶段。古典文化从本质上看是一种重视自然的世俗文化。例如，以讲授哲学、法律、语言、算术、天文等课程为主的学校就属于世俗教育，学校中使用的教材也多来自古代希腊罗马的作品。世俗教育的发展推动了普及世俗知识的热潮，诸如培养建筑人才的各种实用技术专门学校在拜占庭帝国各地大量涌现，当时为数不少的建筑师、法学家、世俗文学家都是从这类学校中毕业的。世俗教育的发展促进了世俗知识的推广和学术水平的提高，国家因此设立了各种类型、规模不等的图书馆，并出资收集民间古典藏书，挽救大量濒于佚失毁坏的古典文献。① 在此基础上，国家还集中了一批著名学者从事古籍整理和翻译注释，这些学者中不乏世俗文学的高手，例如罗曼努斯（Romanus，8 世纪人）即熟练地运用古代希腊诗歌的优美韵律写作了大量赞美诗歌，被后人誉为"伟大的天才"。② 5 世纪初亚历山大城著名的世俗女学者海帕提亚（Hypatia，355/360—415）曾协助其父修订注释托勒密《地理学》和《天文学大全》，出版数学专著，并因高水平的数学教学和以通俗易懂的语言向民众宣讲柏拉图、亚里士多德等人的古典哲学而闻名于拜占庭帝国。正是由于她在世俗文化方面所作的巨大贡献，后来引起基督教狂徒的憎恨，以乱石将她击毙。③ 拜占庭历史早期世俗文化的长足发展为其长期存在和几度兴盛奠定了坚实的基础，此后，无论环境如何艰难，世俗文化始终没有销声匿迹，因为它已经深深植根于拜占庭帝国的土壤中，在拜占庭人中有广阔的社会基础。

拜占庭基督教文化是从 5 世纪初以后迅速发展的，它随基督教教会经济政治实力增强、势力扩张而兴起。其最明显的现象是出现了大量基督教文史著作和圣徒传记，神学论文和传教演讲作品也在宗教争论中成批涌现，充斥拜占庭大小图书馆，各教堂和修道院的藏书迅猛增加，借阅的信众甚多，大有取代国家图书馆之势。此期最有代表性的基督教学者是凯撒利亚人瓦西里，他和小亚细亚地区的基督教同人共同推动所谓"教父文学"的发展，其作品一时为人争相传阅，成了热门书籍。自 4 世纪尤西比乌斯撰写了第一部《教会史》以后，一种新的历史写作文体便成了作家们模仿的蓝本。据对现存史料的分析，仅撰

---

① "阿莱莎斯有时就记载下他花费在这些方面的支出金额，使我们了解到，他的欧几里得抄本（现在收藏在牛津）花费了 14 个金币（nomismata），他的柏拉图文集（对开 471 页）抄写花了 13 个金币，使用的羊皮纸花了 8 个金币，他的基督教使徒文集（现存巴黎）抄写花了 20 个金币，6 个金币用来购买羊皮纸。这是一笔相当大的花销，超过了最富有的个人能够承担的极限。我们对比一下就清楚了，一个中级朝廷大臣的年薪俸总额为 72 个金币。按照今天的物价水平换算（在可比的范围内），阿莱莎斯的柏拉图文集大约花费了 5000 英镑。"C. Mango（ed.），*The Oxford History of Byzantium*，p. 223.

② K. Krumbacher，Ιστορία της Βυζαντινής Λογοτεχνίας，Ⅱ，p. 517.

③ A. A. Vasiliev，*History of the Byzantine Empire*，Ⅰ，pp. 716-718.

写 325 年至 439 年间基督教历史的作者就有 5 人之多，而同期世俗编年史既不连贯，数量又少。① 教会对教育的控制是这一时期教会文化发展的又一标志，教会不仅设立专门培养神职人员的学校，而且将世俗学校置于其掌握之中。皇帝福卡斯（602—610 年在位）即下令关闭了君士坦丁堡大学，同时将许多传授世俗知识的学校交由教会管理，其后的伊拉克略皇帝虽然恢复了该大学，但是任命君士坦丁堡大教长为校长。② 教会对教育的垄断显然有助于教会文化的发展，同时阻碍了世俗文化的发展。

　　毁坏圣像运动是拜占庭帝国世俗统治集团打击教会势力的斗争，这场运动的目标直指教会，以民众暴力斗争的方式，捣毁圣像，游斗教士，没收教产，焚烧宗教书籍和艺术品，使基督教文化遭到了巨大破坏，教会庞大的经济基础从此瓦解，教会文化也因此陷入相当长时间的消沉。与此同时，世俗文化得到恢复。此后，教、俗文化在拜占庭帝国专制皇权控制下进入了共同发展的阶段。拜占庭教、俗文化两大主流文化在不同的领域中发挥各自的优势，并存共容。在各类学校中，基督教神学和世俗知识均是不可缺少的教育内容，学生们既要学习《圣经》，也要背诵《荷马史诗》，哲学、算术、天文、法律、物理和神学课程均是高级教育的组成部分。国家政府官员和教会高级僧侣均被要求具有教、俗两方面的文化修养，例如君士坦丁堡大教长尼基弗鲁斯（806—815 年在任）即先师从于世俗学者后就读于教会学院。③ 而在重新建立的国立大学中，集中了许多名噪一时的优秀学者，其中包括以哲学家为绰号的利奥、杰出的编年史家约翰和百科全书式学者普塞罗斯，他们均具有博大精深的世俗学问和全面的基督教知识。普塞罗斯撰写的多卷本《编年史》既是研究拜占庭帝国历史的珍贵资料，也是了解同期教会历史的第一手资料。直到拜占庭帝国末期，名垂青史的大学者几乎都是精通教、俗文化的人物，只知神学的教士或对宗教

---

①　G. Ostrogorsky, *History of the Byzantine State*, p. 24.

②　S. Runciman, *Byzantine Civilization*, p. 225.

③　K. Krumbacher, *Ιστορία της Βυζαντηνής Λογοτεχνίας*, Ⅱ, p. 709.

问题无知的作家都难登大雅之堂，甚至许多高官显贵和政治家也是教、俗知识兼通的学者。由此可见，教、俗文化两大主流文化在拜占庭帝国不是作为对立物存在的，而是互相补充，相得益彰。基督教文化在思想和艺术领域比较活跃，通过宗教活动和神学争论影响拜占庭社会心理、伦理道德和风俗习惯，而世俗文化则在传统的文史哲、语言和自然科学领域占主导地位。两者作为拜占庭社会文化和意识形态的重要组成部分，随着社会结构的变化而变化，满足拜占庭社会精神生活的需要。

拜占庭教、俗文化共同发展这一特点是拜占庭帝国特殊社会结构和政治制度决定的。自拜占庭帝国兴起之初，即形成了较为强大的中央集权，以皇帝为中心的庞大官僚机构层层控制包括教士在内的社会各个阶层。325 年召开的尼西亚基督教大会明确规定，皇帝是基督教教会的最高首脑，拥有对教会的最高领导权。皇权高于教权的思想和制度虽然在拜占庭历史上多次受到教会的挑战，但是总体而言，教会权力始终服从皇权。直到 1389 年，大教长安东尼奥斯（1389—1390 年在任）还致信莫斯科大公："圣洁的皇上占据教会的最高地位，他不像其他地方的君主王公。皇上从开始即为全世界确立并肯定了真正的信仰，皇帝召集宗教大会，还以法律使人们服从神圣教会法确定的真正信条和教会正宗生活的东西，基督教不可能有教会而没有皇帝。"[①]教会在拜占庭帝国只是作为国家的一个部门而存在，它不能无限制地扩大权力，当教会势力可能对皇权构成威胁时，世俗君主就必然采取限制措施。同样，教会文化也不可能主宰世俗文化。事实上，教会文化不可能涉及知识的所以领域，包揽所有的学术分支，单靠教会文化难以满足拜占庭社会多方面的需求。例如，拜占庭帝国各级官吏都被要求接受相应的专业培训和比较系统的法学教育，所有法官必须修满规定的法律课程，通过考试合格者方能获准从事法律工作。同时，教会对神职人员资格的严格要求也决定了教会文化长期发展的外在需求。

---

① J. S. Kortes, *Church and State in Russia*, New York, 1940, p. 8.

较高的社会文化要求使拜占庭帝国教、俗文化得以并存发展。

当我们在分析拜占庭教、俗文化共同发展这一特征时，还应注意拜占庭帝国政府采取的文化政策，或者说，拜占庭国家推行的文化政策也发挥了决定性的作用。在拜占庭历史上既有像朱利安这样的皇帝公开支持世俗文化和多神教，也有像查士丁尼一世这样的皇帝为强化皇帝专制而大力推行基督教化政策，前者为发展古典文化建立的图书馆藏书达到 12 万册，而后者不仅关闭了传播世俗文化的中心雅典学院和许多法律学校，而且下令烧毁了著名的亚历山大图书馆。伊苏里亚王朝对教会势力的打击使皇权得以控制帝国的物质和精神生活。皇帝们根据统治需要制定其文化政策，使拜占庭文化不能不带有明显的专制君主统治的政治烙印。总之，无论是宗教文化还是世俗文化都不可能摆脱皇权控制而独立发展，这一点是拜占庭帝国中央集权皇帝专制统治造成的。

二、强大的文化影响

受拜占庭文化影响最大的是斯拉夫人，其中最先接受拜占庭基督教文化的是南斯拉夫的摩拉维亚人和保加利亚人。斯拉夫人于 6 世纪进入巴尔干半岛时尚处于由原始氏族公社向阶级社会转变的阶段，文化发展水平十分低下，直到 9 世纪初，斯拉夫人国家中相对发达的保加利亚人尚无本民族文字，没有形成独立的文化特色。他们在入侵拜占庭帝国领土的同时接触到先进的文化，并极力模仿拜占庭政治和法律制度，将拜占庭皇帝和宫廷礼仪作为学习的榜样。9 世纪中期，拜占庭文化对斯拉夫人居住区的传播进入高潮。当时，迫于法兰克国王查理曼入侵威胁的摩拉维亚大公拉斯迪斯拉夫与拜占庭帝国结盟，寻求军事和文化支持，希望米哈依尔三世派遣传教士到摩拉维亚。不久，保加利亚国王伯利斯一世也向拜占庭皇帝米哈伊尔三世请求传教。

862 年，君士坦丁和其兄弟美多德斯应邀前往传教，[①] 帮助斯拉夫人建立独立教会，并使用希腊字母为斯拉夫方言拼音，创造出希利尔文字，并用希利尔文字进行《新约》和古希腊著作的翻译，从而奠定了斯拉夫文学的基础，希利尔文字也成为斯拉夫各民族文字的来源。这一事件在斯拉夫文化发展史上有重要意义，它标志着斯拉夫民族文明化的开端。从此以后，斯拉夫文化迅速发展，逐步形成具有鲜明特征和丰富内容的独立文化体系，拉斯迪斯拉夫和伯利斯一世因此被后人尊为斯拉夫文化的奠基人，他们倡导的独立教会也得到君士坦丁堡大教长的承认，获得合法地位。在教会的积极组织下，斯拉夫各地建立起许多修道院、学校和教堂；斯拉夫各国还派遣大批留学生到君士坦丁堡的教、俗学校学习。[②] 塞尔维亚人后来取代莫拉维亚人控制巴尔干半岛西北部，并接受希利尔文字和东方基督教，而克罗地亚、达尔马提亚则接受西方基督教。伯利斯之子西蒙统治时期，保加利亚成为传播拜占庭文化的中心。西蒙本人在君士坦丁堡接受过全面教育，回国后大力支持文化事业，保护精通拜占庭艺术的艺术家。他还派遣学生专程去君士坦丁堡学习拜占庭建筑，重新建造本国首都。大量拜占庭的和古希腊的书籍被翻译成为斯拉夫文字，斯拉夫人古代的口传历史第一次得到系统整理。此外，他以拜占庭为榜样，建立中央集权的官僚体制，重新建立政府机构，并确立起拜占庭式的税收制度。[③]

拜占庭文化对古罗斯人的影响非常大。9 世纪末前后，诺夫哥罗德和基辅的留里克王朝就与拜占庭人发生联系，并接触到先进的文化，而拜占庭传教士开始对基辅进行访问，希利尔文字也在古罗斯流传。在罗斯人正式接受基督教以前，拜占庭基督教已经在悄然改变着罗斯

[①] 君士坦丁(Constantine the Philosopher)生于塞萨洛尼基的贵族之家，进入修道院后取名为希利尔。Francis Dvornik, *Byzantine Missions among the Slavs*：*SS. Constantine-Cyril and Methodius*，Rutgers University Press，1970，pp. 53-145.

[②] 参见乐峰：《东正教史》，北京：中国社会科学出版社，1999 年版。该书重点介绍俄国东正教的历史和现状。

[③] A. Σταυρίδου-Ζάφρακα, *Η Συνάντηση Συμέον και Νικοαού Μυστικού*, Θεσσαλονίκη, 1972.

人多神教信奉。954年，大公伊戈尔之妻奥尔加(Olga)皈依东正教。[①]988年，大公弗拉基米尔强迫臣民全体受洗，接受基督教为国教。弗拉基米尔皈依基督教是俄国古代历史上的重要事件，从此以后，他们采取拜占庭式政府制度，广泛接受拜占庭文化。俄罗斯的绘画艺术和建筑风格在拜占庭文化的基础上逐步形成自己的特点，拜占庭教会的思想观念逐步渗透到俄国人民的日常生活中，俄罗斯民族语言文学则以希利尔文字为工具发展起来。拜占庭文化在斯拉夫民族中得到认同，君士坦丁堡被东欧斯拉夫人看作是他们共同的宗教和文化起源的中心。他们以拜占庭文化为基础，发展出更加粗犷、简洁的文化特点。在拜占庭帝国衰落过程中，拜占庭知识界继续发展与斯拉夫各民族的文化关系，逐步形成具有共同信仰并有别于西欧的东欧世界。

拜占庭文化对阿拉伯文化的影响早于伊斯兰教的兴起，但是，两种文化的频繁交往是在7世纪中期伊斯兰教兴起以后。伊斯兰文化随着阿拉伯军队大规模的军事扩张而发展，它与被占领地区各民族进行广泛的碰撞融合，并吸收其他文化因素，而拜占庭文化是早期伊斯兰教文化学习的对象。在阿拉伯军队占领的原拜占庭帝国领土上尚存许多拜占庭文化中心，例如叙利亚的安条克、巴勒斯坦的凯撒利亚和加沙等，其中埃及的亚历山大最为重要。在这些中心，学者云集，图书馆和博物馆收藏丰富，文化气氛浓厚，为其他城市所缺少。作为这些文化中心的新主人，阿拉伯人自然拥有接受拜占庭文化的优越条件，他们从这些文化中心开始了解到古典文化和拜占庭学术和艺术。可以说，伊斯兰教文化是在波斯、小亚细亚、拜占庭和印度诸种文化的直接影响下形成的。8世纪前半期，阿拉伯人军事扩张受阻后，开始重视文化交往，军事对抗造成的民族和宗教对立在和平时期的文化交往中得到缓和。当时拜占庭皇帝利奥甚至允许在君士坦丁堡建立清真寺，君士坦丁堡大教长还致信驻克里特的埃米尔提出，尽管两个民族习俗、生活方式和宗教信仰不同，但应该像兄弟一样共同生活。事实上，阿

---

① 奥尔加出访君士坦丁堡，受洗接受基督教的时间目前尚有争论，差异在3年左右。乐峰的《东正教史》对此避而不谈，本书采用多数拜占庭学家的意见。

拉伯人在西亚、北非地区的扩张也迫使拜占庭人认真调整其对阿拉伯人的政策，而文化渗透对拜占庭统治者来说是重要的外交工具，因此多数皇帝重视文化交往。哈里发的使节受到拜占庭王公最高规格的接待，在拜占庭朝廷外宾名册上，来自巴格达和开罗的使节排位在西欧使节之前，而拜占庭皇帝的使节也受到哈里发的盛情款待。在和平时期，哈里发将邀请拜占庭学者到巴格达讲学作为其文化活动的重大事件。正是这种人员往来促进了两种文化的交流。917 年，拜占庭特使在巴格达受到盛大的欢迎；947 年，皇帝君士坦丁七世将精美的古希腊医学名著和罗马帝国史书的拉丁语手稿赠送给西班牙的哈里发。君士坦丁堡对伊斯兰教文化中心巴格达和科尔多瓦的文化影响持续到 11 世纪，在科尔多瓦 70 所图书馆中保存着大量来自拜占庭帝国的古代手稿。

遵循"信仰知识"教义的哈里发积极支持整理和翻译古希腊罗马书籍，亚里士多德的哲学作品和希波克拉底及盖伦的医书很受欢迎。在阿拔斯王朝宫廷中，有许多学者从事翻译工作，他们将古代哲学、数学和医学著作从希腊语翻译为阿拉伯语，著名的拜占庭学者大马士革人约翰在哈里发宫廷中生活多年，他反对毁坏圣像运动的多篇论文在此写成。哈里发们公开承认拜占庭文化的辉煌，推行接受拜占庭文化的政策。哈里发瓦利得一世（Walid Ⅰ，705—715 年在位）曾向拜占庭皇帝提出派遣艺术家到大马士革、麦地那和耶路撒冷为清真寺和哈里发宫殿装修镶嵌画，科尔多瓦的后倭马亚王朝哈里发哈吉姆二世（Al－Hakam al Mustansir，961—976 年在位）也向拜占庭皇帝提出相同的请求，希望装修水平比大马士革更高，为此还派专人到拜占庭帝国学习制造镶嵌画的技术。此后，拜占庭皇帝将一批镶嵌画赠送给这位哈里发，君士坦丁七世一次赠送给哈里发的镶嵌画就有 140 幅之多。哈里发马蒙曾派多名留学生去君士坦丁堡学习自然科学，他们在著名的拜占庭数学家利奥指导下学习，回国后对发展阿拉伯科技起了重要作用。马蒙对利奥极为尊重，多次派特使前往君士坦丁堡邀请。皇帝塞奥菲鲁斯闻讯，立即任命利奥为国家教授，由皇室发放特殊薪俸。马蒙则致函塞奥菲鲁斯，愿以长期和平和 2000 金镑换取利奥在巴格达的短期讲学，上演两国争夺人才的精彩片断。① 现代学者对拜占庭和阿拉伯文学进行对比研究后，认为两者语言文学相互影响非常深刻。例如，阿拉伯史诗中歌颂的英雄阿布达莱，其原型可能是拜占庭史诗中的狄格尼斯·阿克利达斯，因为他们的经历和英勇无畏的英雄品质，以及史诗的表现手法都十分相像。这个形象后来又被奥斯曼土耳其文学所接受，只是英雄的名称改为赛义德·瓦塔尔·加茨。在语言方面，阿拉伯语中至今保留着许多拜占庭时代的用语。十字军战争和西欧十字军骑士对巴尔干半岛和中东地区的破坏彻底改变了拜占庭文化和伊斯兰教文化的关系，同时，由于阿拉伯帝国和拜占庭国家的持续衰落改变了西亚政局，遂使两种文化交往进入低潮。

中古时期拜占庭文化主要通过拜占庭帝国在南意大利的属地对西欧发生影响。中古早期，意大利南部和东部长期处于拜占庭帝国的势力范围，6世纪，拜占庭军队征服东哥特王国后，希腊居民大量涌入南意大利，希腊语和拜占庭文化的各种因素也随之进入该地区。由于拜占庭文化保留了古典希腊罗马文化的主要内容，因此，很容易获得当地人民的认同。伦巴第人在此后征服和统治意大利期间也接受拜占庭文化影响。巴尔干半岛的动荡局势使更多希腊人移居南意大利和西西里岛，特别是在毁坏圣像运动期间，大批有教养的教士和修士逃亡到南意大利，他们对拜占庭文化在西欧的传播起了重要作用。9—10世纪，阿拉伯人对西西里的征服和统治使希腊移民集中到卡拉布利亚、拉文纳等希腊人积聚地区，形成了有共同民族语言、同样宗教信仰、相同文化传统和生活习俗、人口密集的拜占庭文化传播中心。9世纪以后，在上述地区出现拜占庭文化传播的高潮，与西西里出现的阿拉伯人学习古典文化的热潮相呼应，促进了西欧人对古代光辉文化的了解。拜占庭文化西传的历史早在5世纪已经开始，当时"新亚历山大学派"的作家以对古典文学深刻的理解，用通俗的语言阐述古典文学创作的原则，他们的作品在西地中海流传，具有广泛影响。历史家尤西比

---

① A. A. Vasiliev, *Byzantium and Islam*，见［英］N·H·拜尼斯：《拜占庭：东罗马文明概论》，第11章。

乌斯在其模仿希罗多德文风的《教会史》和《编年史》中大量引用古代作家的作品，他的书被翻译为拉丁语和亚美尼亚语，流传于整个地中海世界和西亚地区。君士坦丁堡大学语言学教授写于526年前后的《文法》，成为中古欧洲最权威的语言教材之一。6—7世纪，拜占庭内科学、病理学专著和医疗教科书均对中古西欧医学产生重要影响。拜占庭文化的西传出现过多次高潮，例如在毁坏圣像运动期间，大批流亡西欧的教士成为文化的传播者。13世纪初，第四次十字军东侵前后，拜占庭文化再次出现西传的高潮。虽然这次战争对拜占庭帝国和中东地区造成极大破坏，但是，在客观上也使西欧各阶层民众亲身了解和接触到拜占庭文化。亲身参加过君士坦丁堡攻城战的法国骑士记载到：积聚在城下的西欧骑士们"不能相信整个世界上竟然有如此富有的城市……如果不是亲眼所见，真是难以相信"。这个时期，从君士坦丁堡抢夺的大批珍宝文物、图书和艺术品在西欧各国广泛传播，"拉丁人的住

描绘神话人物的彩釉玻璃罐

宅、官邸和教堂都用抢夺来的珍宝装饰起来"①。诸如玻璃制造、地图绘制等科学技术，也于同期从拜占庭帝国传入西欧。拜占庭文化西传的最后高潮出现在14世纪以后，这次高潮出现的原因是土耳其人在巴尔干半岛的军事扩张引起地区性局势动荡，使大批拜占庭学者工匠移居西欧，直接促进拜占庭文化在西欧地区的传播和意大利崇尚古典文

---

① ［苏］列夫臣柯：《拜占庭》，北京：生活·读书·新知三联书店，1962年版，第182页。

化热潮的形成。拜占庭文化对意大利文艺复兴的这种直接和间接的影响意义极为深远。当西欧早期资产阶级发动新文化运动时，拜占庭国家正遭到奥斯曼土耳其人进攻走向灭亡，大批报国无望的知识分子不堪忍受异教的压迫和动乱形势的骚扰，纷纷逃亡到意大利，他们以深厚的古典文化功底和情趣影响着意大利的人文主义者，推动文艺复兴运动的展开。这段历史值得后人认真研究。

对意大利文艺复兴产生重要影响的第一位拜占庭学者是巴尔拉姆（Barlaam，1290—1348）。他曾在君士坦丁堡、塞萨洛尼基和东正教圣地阿索斯修学多年，后来在意大利南部卡拉布利亚修道，皇帝安德罗尼库斯三世统治时期，他作为东西教会谈判特使被派往西欧，争取西欧君主的同情和支持，以共同反击土耳其人入侵。他在阿维农教廷和意大利各地讲授希腊语，传播古希腊知识。早期意大利"文学三杰"之一的彼特拉克（Petrarca，1304—1374）怀着崇敬的心情谈到巴尔拉姆，称之为"激起我无限希望"和"使我加深理解希腊文化……的老师"，将他描写成"杰出的希腊演说者"，认为他思想丰富、思维敏捷。另一位对文艺复兴运动有重要影响的拜占庭学者是巴尔拉姆的学生皮拉杜斯（Leontius Pilatus，15世纪人）。皮拉杜斯青年时往来于希腊和意大利各地求学，学成后回到意大利教授希腊语言和文学，彼特拉克和薄伽丘（Boccaccio，1313—1375）都曾是他的学生，后者在《异教诸神谱系》中将他说成"最伟大的希腊文学活权威和希腊传说故事的取之不尽的档案"[1]。在佛罗伦萨逗留期间，皮拉杜斯将《荷马史诗》从希腊语翻译为拉丁语，是为《荷马史诗》的拉丁语新译本，对该史诗在意大利和西欧的传播起了重要作用。可以说，巴尔拉姆和皮拉杜斯是早期意大利文艺复兴运动中的拜占庭文化先驱。对意大利文艺复兴影响最大的拜占庭学者曼努埃尔·赫利索罗拉斯（Manuel Chrysoloras，1350—1415）、基米斯杜斯·普来松（Gemistus Plethon，1360—1452）和贝萨隆（Bessarion of Nicaea，1399—1472）等人，被后人誉为"拜占庭人文主

---

[1]　A. A. Vasiliev, *History of the Byzantine Empire*，Ⅱ，pp. 714-716.

义者"。赫利索罗拉斯为君士坦丁堡人，自幼饱学古书，后在君士坦丁堡任哲学、修辞学教授，由于其门下的许多意大利留学生回国后积极投身文艺复兴运动，使他在意大利名声远扬。后来，他受聘前往意大利，在佛罗伦萨、威尼斯和米兰等文艺复兴中心城市讲学，其学生中有许多人文主义者。由于他精通古希腊语和古希腊文学，故受到意大利人文主义者高度评价和极大尊重，他的神学论文、希腊语法教材以及对柏拉图作品的翻译成果在人文主义者中传阅，他们盛赞他是深陷在文化黑暗中的意大利升起的太阳，是"希腊语和哲学的王子"。[①] 普来松和贝萨隆是晚期拜占庭文化复兴热潮的领导人物，对意大利文艺复兴也有巨大影响，前者在佛罗伦萨积极参与创建著名的柏拉图学院，并在该院讲授柏拉图哲学，对西欧学者复兴柏拉图哲学起了很大推动作用。贝萨隆出生在特拉比仲德，在君士坦丁堡接受过系统的教育，对古希腊诗人、演说家和哲学家进行过研究，并在伯罗奔尼撒半岛的米斯特拉修道院研究古希腊学术，后来担任尼西亚大主教。由于他具有精深的古希腊学问，受到意大利各界的广泛欢迎，定居罗马后，其驻地便成为人文主义者聚会的沙龙。特别值得提到的是，贝萨隆精心收集大量早期教父作品、神学论文和古代书稿，并将这些书捐献给威尼斯图书馆，它们构成该图书馆最珍贵的收藏。他本人的大量著作、神学论文和对古典作品的翻译对复兴古典学术起了积极的推动作用，他对色诺芬、德摩斯梯尼和亚里士多德作品所作的翻译是文艺复兴时代最好的拉丁文译本。现代学者对他高度评价，认为"贝萨隆生活在两个时代的分界，他是拉丁化的希腊人……是保护学者的红衣主教，是捍卫柏拉图学说的学者型神学家，一位对开启近现代文化作出无与伦比贡献的尚古的学者"[②]。拜占庭文化对意大利文艺复兴所作的另一个贡献是为当时的人文主义者提供大量的古代手稿文物和书籍。一方面流亡的拜占庭学者将包括古希腊和拜占庭时代的许多手稿书籍带往意

---

① 人文主义者布鲁尼甚至认为他是 700 年来意大利的第一位希腊语教师。《末代拜占廷知识分子对文艺复兴运动的影响》，载《史学集刊》，2016(3)。

② A. A. Vasiliev, *History of the Byzantine Empire*, Ⅱ, pp. 718-721.

大利，另一方面许多意大利学者前往君士坦丁堡收集古代书稿和文物，其中最突出的是乔万尼(Giovanni Aurispa)，他在君士坦丁堡、伯罗奔尼撒地区和爱琴海诸岛收集了许多古希腊文物书籍。这些图书文物对当时具有新文化观念的知识分子震动极大，正如恩格斯所说："拜占庭灭亡时抢救出来的手稿，罗马废墟中发掘出来的古典古代雕像，在惊讶的西方面前展示了一个新世界——希腊古代；在它的光辉的形象面前，中世纪的幽灵消逝了；意大利出现了出人意料的艺术繁荣，这种艺术繁荣好像是古典古代的反照，以后就再也不曾达到过。"[①]

拜占庭文化之所以具有明显的开放性，首先反映出拜占庭人对本国文化具有强烈的自信心，这种自信是建立在对本民族文化深刻的理解和对本民族历史文化的优越感基础之上的。他们清醒地认识到本国文化的优越性，确信在当时的世界上，本国文化所占据的优势地位是不可动摇的，不可能受到其他文化的挑战，经得住任何冲击。其次，拜占庭帝国所在的特殊的地理位置，使它不仅在经济上独享东西南北商业贸易的便利，而且使它能够比较容易地进行多种文化间的交流活动，至少频繁的贸易往来为拜占庭文化对外开放提供了必要的条件。最后，活跃的商业和频繁的军事活动也成为拜占庭文化与其他文化交流的媒介。拜占庭帝国历史上军事外交和商业贸易活动始终十分活跃，而在商旅、军营和外交使团中，经常有拜占庭学者或传教士，拜占庭帝国商业贸易和军事外交活动扩展到何处，其文化影响便传播到何处。应该说，拜占庭文化的开放性也是其历史演化的必然结果。

总之，拜占庭文化是欧洲中古文化的明珠，是人类文化宝库的重要组成部分，它在西方文化发展史上起了承上启下、继往开来的作用。拜占庭文化在世界范围内游牧民族普遍冲击农耕民族的时代，保护古典希腊罗马文化遗产免遭灭亡，使古典文化能够传于后世。同时，拜占庭人使古典文化适合于中古社会生活，形成古典文化的特殊形式。拜占庭文化内容丰富，体系完备，发展水平较高，因此在文化发展缓

---

① ［德］恩格斯：《自然辩证法》，见《马克思恩格斯选集》第4卷，北京：人民出版社，1995年版，第261页。

慢的中古欧洲发挥了积极作用，直接促进了斯拉夫世界的文明化，加速了斯拉夫各民族国家的发展，并形成了以东正教为核心的东欧世界。拜占庭文化还对周围其他民族文化产生了积极的影响，推动了中古时期不同文化间的交流。拜占庭文化为中古晚期的西欧提供了有利于未来发展的进步因素，在学术和艺术领域留下的宝贵遗产通过各种渠道传遍了世界。

第六章　拜占庭宗教生活

一、东正教神学

　　拜占庭神学主要是指拜占庭帝国时代的基督教神学。基督教是古代罗马帝国留给后世的重要遗产。8世纪中期罗马教皇国形成以前，基督教东、西方教会基本上共同发展。1054年基督教东西方教会正式分裂以后，罗马天主教和拜占庭东正教各自走上不同的发展道路。拜占庭帝国有别于罗马帝国的重要方面是确定基督教为国教，因此，基督教在拜占庭历史上占有极为重要的地位。可以说，不了解拜占庭基督教就无法了解拜占庭历史。作为地中海世界广泛传播的世界性宗教，基督教经历了相当长的信仰体系形成期，最初教会内部对于主要信条存在多种解释，拜占庭神学经历数百年的争论后，直到8世纪才大体形成比较完整、独立和稳定的思想体系。

　　拜占庭神学的主要来源是古典希腊哲学和犹太宗教的神秘思想。拜占庭帝国的主要疆域为希腊和希腊化地区，古代希腊哲学在这里有广泛而深刻的影响。柏拉图哲学中独立于人的心灵并与人的知识相对应的"理念"，和独立于人的肉体并有别于人的感性世界的"灵魂"学说对拜占庭神学影响至深。按照柏拉图主义的说法，理念世界是完美的、永恒的和真实的，由理性、激情和欲望构成的灵魂就生活在理念世界中，现实世界只是理念世界的影子。不幸的灵魂与肉体结合而堕落，其纯正的特性因此被干扰，不朽的灵魂需要通过学习，回忆知识，返璞归真，重归理念世界。这套学说构成拜占庭基督教神学理论的哲学基础。亚里士多德哲学中的世界体系原则和灵魂等级学说对拜占庭神学也有重要影响。亚里士多德认为灵魂的等级依照世界万物的等级而排列，最低等级的灵魂是植物灵魂，其次是动物灵魂，人类的理性灵魂是高级灵魂，"如同整个自然之中的每一种存在物里都有一种潜在的原则和一个把它们带入存在的动力因"①。这里，一个等级不同的世界体系和每个等级灵魂寻求最高原则的动因的学说就为拜占庭神学提供了外在的理论轮廓。当柏拉图的"理念"变为支配自然的"逻各斯"，斯多葛派哲学中理性心灵成为罗马帝国官方哲学时，禁欲节制、服从忍让、仁爱慈善就逐渐成为基督教伦理的核心，也奠定了拜占庭基督教的伦理基础。1世纪初前后的犹太哲学家菲洛将古希腊哲学与希伯来宗教思想相结合，认为只有具有灵性的人才能了解上帝，逻各斯是神、人中介的"灵"，现世的人唯有靠逻各斯才能摆脱罪恶和堕落，这些思想成为基督教"道成肉身"和"基督救赎"等主要信条的来源，也是拜占庭神学理论的重要内容。

晚期罗马帝国时代的基督教希腊教父对拜占庭神学具有直接的影响，他们在基督教神学、犹太教神学和古希腊哲学碰撞和融合的过程中，以"正统"教义捍卫者的身份对尚在形成中的基督教教义进行系统的神学说明，逐步建立起神学体系的框架。撒玛利亚的查士丁（约100—165）极力将古希腊哲学与基督教神学结合在一起，提出基督教"圣道"之光早在古希腊哲学和犹太教神学中映射于人间，"一切被人们正确地说出来的东西，都是我们基督徒的财产"，进而创立基督教哲学。查士丁的学生塔提安（约110—172）致力于提高基督教神学的地位，认为基督教"把宇宙的统治集中于一个存在者"，"把我们从众多的统治者和成千上万暴君手中解放出来"，上帝在把物质"分离成各部分之后"进行了巧妙完美的安排。雅典的雅典纳格拉斯（2世纪下半叶）运用其丰富的哲学知识证明基督教的合理性，肯定基督教信仰的真理性，他公开宣称"我们用证据和合乎真理的推理来证明我们所领悟的正当的东西，即只有一个上帝"。安条克的塞奥菲鲁斯（约115—181）用哲学思辨阐述《圣经》，针对"上帝虚无"的意见，提出"如果我说他是光，我指他的工作；如果我称他为心灵，我在谈他的智慧……如果我称他为

---

① 转引自赵敦华：《基督教哲学1500年》，第38页。以下使用的原文资料如无特别注明均转引自《基督教哲学1500年》，恕不一一注明。

力量，我在谈他的权力；如果我称他为权力，我提及他的行动；如果我称他为天意，我在说他的善；如果称他为国王，在说他的光荣；如果称他为主，是在谈他的仲裁；如果称他为裁判，是说他的正义；如果称他为父亲，意思是说一切事物都来自于他"。埃及亚历山大的克莱门特（约 153—217）像查士丁一样致力于证明基督教和古希腊哲学及犹太神学的同源性，认为上帝显示于古代东方文化中的真理由基督作了完全的揭示，"在（希腊）哲学里虽然只有如同普罗米修斯盗取的火种那样微弱的光芒，但也能够燃成大火，显现上帝的智慧和力量"。亚历山大的奥立金在其《第一原则》中探讨和解释基督教神学的主要命题，初步构建起基督教神学的思想体系，特别是他对基督教核心信条"圣父、圣子、圣灵"和"灵魂不灭"的哲学阐述对拜占庭神学产生深刻的影响。

拜占庭帝国官方承认的基督教正统神学和教义是在 325 年尼西亚会议以后逐步形成的，通过 7 次宗教会议发展成为拜占庭基督教的基本信条。第一次大公会议是于 325 年 5 月 20 日（另一说为 6 月 19 日）至 8 月 25 日由君士坦丁一世皇帝在尼西亚召开的，根据教会官方记载，共有 318 名主教参加会议。会议主要讨论并否定阿里乌的神学观点。阿里乌（约 250—336）生于利比亚，师从安条克著名学者卢西安，后任神职，在当时地中海世界文化中心亚历山大担任布道讲师。他认为圣父和圣子在本体和本性上不同，圣父无始无终，永恒存在，其本性不变，而圣子基督为上帝所造，不能与圣父上帝一样永恒，其本体和本性经历发生、发展的过程，他只是体现上帝的道，因此不是神，进而坚持圣父的至尊地位和严格的一神教神学。这一理论造成严重的思想危机，因为，如果否认基督的神性，那么芸芸众生就无法分享神恩，也难于得到上帝的拯救。亚历山大主教亚历山大和阿塔纳修斯坚决反对阿里乌的观点，而许多反对亚历山大的著名教会人士则支持阿里乌。激烈的神学争论表明基督教神学尚在其形成的过程中，也反映出基督教教会各派势力处于分化组合的阶段。尼西亚会议斥责阿里乌学说为异端，有针对性地发表《尼西亚信经》，确定圣父、圣子、圣灵同性同体，提出三位一体等基督教基本信仰，确定基督为上帝所生而非被造，是从真神而出的真神。

尼西亚会议没能彻底解决基督教神学争论，君士坦丁皇帝本人后来也改变观点接受了阿里乌派神学，基督教内部出现许多新的派别，教会之外则出现异教势力兴起的局面，支持古代希腊学术的朱利安皇帝甚至冷落基督教而参加多神教祭礼仪式。第二次大公会议为进一步肯定基督教国教地位，于381年5月1日至7月9日根据皇帝塞奥多西一世的命令在君士坦丁堡召开，来自东方各教会的150名主教参加会议。会议承认和肯定尼西亚会议的决议和《尼西亚信经》，斥责"圣灵派"（或音译为普奈马都马菲派）和阿普利纳里斯派为异端。圣灵派认为圣灵也是圣父上帝的创造物，而非上帝本身，因此圣灵是独立于上帝的，信徒必须通过禁欲苦修和冥思默想才能感知圣灵。阿普利纳里斯派则认为基督虽然也有人的魂与体，但其心灵具有神性，其神性高于人性，其人性在其肉体复活升天后被圣灵所代替，或者说在其人的肉体之中居住着体现天智的圣灵，因而否认基督的人性。这两种观点在反对阿里乌派时过分强调基督的神性和圣灵的特殊性，与三位一体的正统教义不同，并与阿里乌派神学一样造成拜占庭帝国普通信徒信仰上的混乱，因此，它们均遭到第二次大公会议的批判，其著作被焚烧，其信徒被迫害。这样，圣父、圣子、圣灵三位一体，同质、同性、同位、同格的教义始被明确。值得注意的是，君士坦丁堡教区的地位得到承认，被排列在五大教区的次席。

前两次基督教大会解决了圣父、圣子、圣灵的关系和基督具有神性和人性的神学问题，但是，却没有解决两种性质是如何结合的问题。428年4月10日，闻名遐迩的安条克神学家聂斯脱利（约380—约451）受皇帝塞奥多西二世的聘请担任君士坦丁堡大教长，将其两元论神学带往拜占庭帝国首都。他提出基督的神性和人性分离，分别构成两个位格，其人性由玛利亚所生，而其神性来自上帝，非人母所生，玛利亚是"人母"而非"神母"。由于他激烈反对任何不同意见，镇压迫害其神学对手，招致广泛的反对，特别是罗马主教克里斯丁和亚历山大主教希利尔联合攻击聂斯脱利。塞奥多西皇帝于431年6月22日至7月

22 日在以弗所召集第三次基督教大公会议，150 名与会主教支持希利尔关于基督神性和人性统一共存于"一个具体的真实存在物"的观点，玛利亚既是"人母"也是"神母"的意见也得到会议的认可。会议斥责聂斯脱利派为异端，同时被确定为异端的还有主张人类依靠其"自由意志"得到拯救的帕拉君尼派。但是，这次会议未能根本解决聂斯脱利派问题，因为该派神学得到影响极大的安条克学派的有力支持。以安条克主教约翰（429—441/442 年在任）为首的势力与希利尔派展开激烈的论战，直到 433 年双方和解，同意接受希利尔神学主张。然而，围绕这一神学问题的斗争超越了教会范围，激进的宗教狂徒拒绝两派和解，拜占庭帝国社会因此陷入思想混乱。新的教义主张不断出现，新的宗教派别纷纷登场，其中尤提齐斯（370—约 454）极度发展的希利尔神学最有代表性，且影响深远，他认为基督在"化体"之后只有神性而无人性，其人性为其神性所融合，因此只有一性，首次提出一性论思想。这一主张立即遭到君士坦丁堡大教长弗拉文（446—449 年在任）的批判，尤提齐斯被剥夺神职，被斥责为异端。但是，塞奥多西皇帝听信谗言，于 449 年 8 月召集 140 名主教开会罢免弗拉文。

451 年 10 月，第四次基督教大公会议在察尔西顿举行，350 名与会主教在拜占庭皇帝马尔西安的支持下，批判尤提西斯的一性论，肯定弗拉文对一性论的斥责，提出基督的神性和人性不可分割，不可混淆，不能改变地统一于具体实在的人格中，明确指出聂斯脱利派和尤提齐斯派神学的谬误。事实上，450 年即位的皇帝马尔西安对一性论极为反感，尤其是代表一性论神学的亚历山大教会早已成为拜占庭帝国最高统治者的心病，必欲去之而后快。在这次规模空前的大公会议上，马尔西安支持罗马主教，压制亚历山大主教。会议决议明确指出："唯一同一的基督具有不可混淆或改变、分割或分离的神人两性。"[1]这一决议再度肯定第一、二次大公会议的精神，加强了拜占庭基督教神学的理论基础，也成为此后东正教的基本核心信条。然而，本次会议

---

[1]　A. A. Vasiliev, *History of the Byzantine Empire*, I, p. 105.

对一性论神学的彻底否定却产生极为严重的政治后果，以笃信一性论的亚历山大教会为首、包括叙利亚在内的拜占庭帝国亚洲地区的大部分教会反对会议决定，他们以多种形式对抗中央政府强制推行的宗教神学，埃及各教会在宗教仪式中拒绝使用希腊语，开始使用科普特语，由此揭开基督教科普特教会的历史。亚洲各行省教徒爆发的起义此伏彼起，拜占庭帝国东方地区出现普遍的政治离心倾向。491年成为皇帝的阿纳斯塔修斯一世为消除因宗教分歧造成的社会矛盾，公开表明对一性论的支持，一度缓解了拜占庭帝国亚洲各省与中央的对立，但是旋即引发反对一性论的巴尔干地区军队的叛乱。

第五次基督教大公会议是由查士丁尼一世召集的。查士丁尼为实现其恢复罗马大帝国的政治理想，强化皇帝权威和中央集权，加强对教会的控制。他认为建立强大帝国的重要手段之一就是统一全国的思想，消除所有宗教分歧。皇帝不仅应该享有任免教会神职人员等项控制教会的权力，而且必须仲裁神学分歧，决定全国的信仰。他一方面授予教会多项特权，资助教堂和修道院的建设；另一方面积极撰写论文参加神学争论，颁布对神学问题的仲裁结果，以图统一帝国各教会的信条。553年5月5日至6月2日，查士丁尼在君士坦丁堡召集基督教大会，希望调解因一性论神学问题造成的政治对立，特别是安抚埃及、叙利亚和巴勒斯坦地区基督教信徒的情绪。一性论神学主张基督在所谓道成肉身的"化体"后，其神性与人性结合为一，而在化体前两性分离。这种观点通过东部行省各教会广泛流传于普通信徒中。查士丁尼在皇后塞奥多拉的影响下采取宽容一性论派教徒的政策，一度在皇宫内召集其中500名信徒发表神学见解。在第五次大公会议上，查士丁尼支持一性论派主教的意见，斥责前一世纪持有聂斯脱利派观点的3位作家为异端，他们的作品被焚烧，其追随者被流放。但是，这一决定使他面临否定察尔西顿大公会议、进而遭到罗马教会反对的困难处境。当时，他因进行对西地中海扩张战争迫切需要罗马教会的支持。事实上，第五次基督教大公会议没有提出任何新的神学观点，其调解宗教神学争端的目的也未能达到，它既没有完全满足一性论派的要求，又造成罗马教会的不满。查士丁尼去世后，拜占庭皇帝采取敌视一性论教派的政策，东部各省教会再度陷入混乱。

坚持一性论的教派和反对一性论的察尔西顿派之间的斗争不仅是基督教正统和非正统神学之间的对立，而且集中反映了拜占庭帝国各种深刻的矛盾。经济上比较富庶的东方各行省不满意中央政府在经济上的剥削，亚洲各民族也对西部贵族的长期政治压迫心怀不满，特别是社会上层各派势力利用宗教问题进行争权夺利的角逐早已使广大普通信徒感到厌烦。皇帝伊拉克略一世在此背景下提出"两性一意论"，企图调和不同神学派别间的矛盾。他于638年末发表《信仰宣言》，提出基督的神性和人性在其独一的意志中实现真正的结合。然而，这个宣言非但没有调和已经存在的神学争论，反而增添新的神学疑难，激起关于基督意志和能量问题的争论，10年后被新皇帝君士坦斯二世取消。648年颁布的《信仰模式》禁止讨论基督的性质、意志和能量问题，要求所有基督徒坚持正统教义，弥合因神学论战造成的隔阂，并肯定前5次大公会议的精神。次年，罗马主教马丁和君士坦丁堡大教长马克西姆因违犯禁令坚持继续争论有关神学问题而被监禁和流放。680年，皇帝君士坦丁四世为澄清第五次大公会议以后130年来的思想混乱，于11月7日至次年9月16日在君士坦丁堡举行第六次基督教大公会议。会议决议肯定以前大公会议的正确性，再次明确提出基督的神性和人性演化为相互统一为一体的两种意志、两种能量和行为，称为"为拯救人类而和谐共存的两种天然意志和行为"。这次会议还斥责"一性论"和"两性一意论"为异端学说，满足罗马教会的神学主张，完全否定了东部各教会的意见。在当时拜占庭帝国亚洲领土大部分丧失于阿拉伯军队、东部各教会未能参加会议的情况下，达成上述决议是必然的。

第七次基督教大公会议是在百年以后举行的。当时拜占庭帝国爆发规模空前的毁坏圣像运动，伊苏里亚王朝头4位皇帝推行坚决的毁坏圣像政策，在整个帝国掀起清理圣像、迫害圣像崇拜者的高潮，企图以此打击势力日益膨胀的教会。"圣像"是指使用任何材料绘制的任何形式的宗教人物形象。在拜占庭历史上，圣像描绘的人物主要是圣母和圣子，由专业画师用天然或人工配制的染料在木板、墙壁和画布上画成，它在普通信徒的精神生活中起了非常重要的作用。基督教内部很早即存在关于如何对待圣像的争论。4 世纪初在西班牙举行的爱尔维拉大会就明确规定，教堂中严禁设置用于顶礼膜拜的绘画和图像。但是，基督教在目不识丁的普通民众中广泛传播过程中，这一规定被废弃不用，使用圣像和圣物装饰教堂日益流行，圣像艺术获得极大的发展，成为信仰基督教各民族的习俗。教会内部反对崇拜圣像者认为对圣像的崇拜有违上帝的意旨，因为《圣经》明确规定"不可跪拜那些偶像"[①]。而支持崇拜圣像者则认为没有文化的普通信徒唯有通过圣像才能了解基督教的信仰和基督的圣绩，圣像是将晦涩难懂的教义和普通信徒的日常宗教生活密切联系起来的重要方式。东方教会人士普遍反对崇拜圣像，他们撕毁教堂中饰有基督和圣徒的圣像画窗帘，向圣像投掷石块。但是，对圣像的崇拜却大有市场，圣像艺术迅速发展，从对基督和教父的描绘发展到对所有圣人和殉道者的描绘，包括绘画、镶嵌画在内的各类象牙、木料、宝石和各种贵金属制作的圣像艺术品到处被狂热的信徒顶礼膜拜。毁坏圣像和崇拜圣像之争的神学意义在于如何理解圣像的宗教意义和社会功能，它直接涉及基督教基本教义中的"救赎"理论。这次大公会议是在摄政女王伊琳尼支持和保护下于787 年 9 月 24 日至 10 月 13 日在尼西亚召开的，由于会议反对毁坏圣像政策而遭到军队的破坏，被迫从君士坦丁堡迁往尼西亚。包括罗马教皇代表在内的 350 名主教确定崇拜圣像的教义，明确提出圣像和圣礼仪式是以基督死后复活并降临人世为依据的，既然上帝派圣子拯救人类，那么基督必然是可见和可以描绘的。会议文件还从神学上解释了合法的圣像崇拜和非法的偶像崇拜的区别，强调对圣像的崇拜不应导致基督神性和人性分离的聂斯脱利派异端，也不应导致混淆基督两性为一性的一性论派异端。

---

① 《旧约全书·出埃及记》，XX，4。

拜占庭神学在上述 7 次基督教大公会议期间得到完善，此后，没有发生重大变动。综合考察这数百年的历史，拜占庭神学争论主要围绕"三位一体"的核心教义展开，其实质是在基督教的思维框架内继续探讨古希腊哲学涉及的基本问题，有关基督神性和人性的争论就直接涉及古希腊哲学"本质"和"本体"的关系问题，"个体与普遍的关系问题以上帝的实体与人格的关系问题的形式被保留下来"，"争论上帝的本体与本质是否等同实际上反映了本体与本质何者为先、两者关系如何等一系列形而上学的重大问题"。① 拜占庭神学的主要内容基本包括在《尼西亚信经》中。

这样，有关基督教"三位一体"的信仰核心问题在神学诠释方面基本得到了解决，基督人性、神性的定位和性质也用神学的语言作出明确的说明，有关普通信徒信仰的所有礼仪形式也从神学角度规定的十分精细。总之，一切能够引发争议的不明事项都在几个世纪的神学梳理中完全确定下来，所有能够产生歧义的学说也都在数百年的争论中被打上"异端"的标志。此后，拜占庭神学再没有新的发展，拜占庭人只是忠实而保守地坚持他们前辈神学家的思想成果。后来在拜占庭教会内发生的争论大多与现实政治有关，例如皇帝希望通过向罗马教廷让步争取西欧援军引起东正教的普遍反对，直到君士坦丁堡陷落时，情况并未改善。

二、东正教教会

拜占庭国家世俗权力和东正教教会的关系十分复杂，他们代表拜占庭社会世俗和宗教两大势力，在共同利益受到威胁时，他们能够联合，而在利害相互冲突时，则激烈斗争。总的看来，东正教教会一直处于皇帝的严密控制下，拜占庭帝国严厉的法律和富有实际效率的行政管理不仅剥夺了帝国臣民参与国家政治的权力，而且也极大地限制教会参与国家政治活动的余地。基督教教会获得合法地位并成为国教

---

① 赵敦华：《基督教哲学 1500 年》，第 122 页。

以后，教会事务就成为拜占庭帝国国家事务的一部分，皇帝则成为教会的保护人。在晚期罗马帝国普遍的精神危机中，基督教以宣传和预言更加美好的未来世界，劝导人们出俗遁世、逃避现世苦难去追求永恒的幸福，赢得广泛欢迎，也使统治者逐渐了解其安抚世人灵魂麻痹公众精神的特殊作用，进而大力扶植和利用基督教。

拜占庭教、俗权力的特殊关系是在相互斗争中形成的。自4世纪基督教成为国教之初，拜占庭皇帝就享有控制教会的"至尊权"，这一权力是早期拜占庭皇帝作为羽翼未丰的教会的保护人而自然形成的。从理论上讲，皇权和教权的结合是拜占庭君主权力的重要基础，两者相互支持，相互配合，皇帝需要教会从精神统治方面给以帮助，而教会则在皇帝的直接庇护下发展起来。最初，皇帝对教会的权力是无限的，但是，随着教会实力的增加，这种权力被侵害。因此，直到毁坏圣像运动爆发前，皇帝们维护其"至尊权"的斗争一直没有停止，教、俗统治集体之间的斗争愈演愈烈。首先，皇帝们极力维护其召开基督教大公会议的权力。自君士坦丁一世于325年亲自主持召开第一届基督教大会后，塞奥多西一世、塞奥多西二世、马尔西安、查士丁尼一世、君士坦丁四世和伊琳妮分别召开了其他各次大公会议。罗马大主教马丁(649—653年在任)曾企图主持拉特兰基督教大会，但旋即被皇帝君士坦丁二世下令押解至首都监禁，而后遭到流放，最终死于流放地。其次，皇帝们极力控制基督教高级教职人员的任免权，干涉各教区争夺最高地位的斗争。早期基督教曾以势力最大的教会为首形成罗马等大教区，325年的尼西亚会议确定罗马、亚历山大和安条克3大教区。随着君士坦丁堡政治地位的上升，381年的大公会议在皇帝塞奥多西一世干涉下，置亚历山大和安条克教区的不满情绪于不顾，确定君士坦丁堡教区地位上升至第二位，仅次于罗马教区。451年的察尔西顿会议更进一步提高君士坦丁堡教区的地位。拜占庭皇帝牢牢控制罗马和君士坦丁堡两个最高教区的主教和大教长任免权，对不与皇帝合作者进行迫害。君士坦丁一世就曾免去亚历山大城主教阿苦纳修斯的教职，塞奥多西二世则通过宗教会议罢免了君士坦丁堡大教长聂斯脱利，将其流放。查士丁尼一世统治时期，皇后塞奥多拉曾命令驻扎于意大利的拜占庭军队统帅贝利撒留罢免罗马主教西尔维留斯（536—537 年在任）。在 8 世纪中期以前，罗马主教一直被迫听命于拜占庭帝国皇帝，服从皇帝的指令，随时到君士坦丁堡面君。皇帝们则利用这一权力将那些敢于抗旨的教皇置于死地，其中最突出的例子就是教皇马丁和维基流斯（537—555 年在任），后者曾被软禁于君士坦丁堡达 7 年之久，最后死于返回罗马的途中。再者，皇帝们努力扩大其调解和仲裁教会争端的权力。拜占庭皇帝极为重视教会内部的思想动向，一方面是出于防止教会脱离皇权控制的考虑，另一方面则是及时制止宗教争端造成的社会分裂。自基督教成为国教以后至 8 世纪的数百年间，皇帝们几乎参与和决定教会所有争端的最后结果。除了我们上面提到有关三位一体等重大神学教义之争是由皇帝最终作出裁决以外，皇帝泽诺提出过旨在平息教义争端的"联合论"，伊拉克略一世提出过调和察尔西顿派和一性论派争端的"两性一意论"神学方案，[①] 君士坦丁二世甚至颁发了《信仰模式》[②]作为全帝国基督徒共同遵守的信仰准则。皇帝们企图以此保持其凌驾于教会各派之上的最高权力形象。

拜占庭皇帝控制教会的努力是与基督教势力迅速发展同时进行的，换言之，随着教会实力从小到大、从弱到强的发展，教权一直力图摆脱皇权的控制。由于基督教势力大发展，教会不仅要求教、俗权力平等，甚至提出教权高于皇权的理论。教会权力的扩大主要表现在下述诸方面：第一，教会司法权首先摆脱皇权的控制而独立。君士坦丁一世时，主教即有权审理世俗法庭经手的任何案子，而主教的判决被认为是终审判决，任何世俗法官都必须接受教会法庭的判决。塞奥多西一世时，教会进一步获得税收和司法等方面的特权。教会司法权的扩大必然与皇帝为首的世俗司法权发生冲突，因此，塞奥多西一世在承

---

① 一性论主张上帝神性与信徒人性的联合，而两性一意论提出基督虽有两性但其唯一的意志起决定作用，企图绕开教义争论的焦点，使各方都能接受。

② 该信仰模式的主旨在于停止神学争论，实现宗教和解。

认基督教为国教的同时，却限制教会司法权，取消了教会的"罪犯庇护权"。值得注意的是，5世纪时尚处于拜占庭皇帝控制下的罗马主教获得立法权，其决定从此具有法律效力，这就为6世纪末7世纪初皇帝被迫承认罗马主教是基督教教规最高捍卫人，并有权对皇帝进行司法监督打下基础。第二，教会力图在宗教理论的争论中保持独立性，并积极发展教权高于君权的理论。451年，尚在拜占庭皇帝控制下的罗马主教利奥，就公开否定由皇帝支持的察尔西顿大公会议关于罗马和君士坦丁堡两教区地位平等的决定，其目的不仅在于保持罗马教区在基督教世界的最高地位，而且在于摆脱皇帝控制。此后，罗马主教积极参与反对由皇帝提出的"联合论"和"两性一意论"的活动，并取得成功。5世纪初君士坦丁堡大教长约翰充当反对皇帝的政治领袖，公开著书立说兜售其教权高于君权，教会高于世俗政府的理论。

君权和教权之间的斗争自5世纪后便愈演愈烈。当时作为拜占庭皇帝臣民的罗马主教格列高利一世（590—604年在任）公开与皇帝分庭抗礼，反对禁止官员和士兵在未完成世俗职责以前进入修道院的皇帝敕令，并利用拜占庭世俗大贵族争夺皇权的斗争，迫使皇帝承认其"基督教教规最高捍卫者"的地位。另一位罗马主教塞尔基奥（687—701年在任）在与皇帝的斗争中公然煽动军队反叛朝廷。对于教会势力的膨胀，以皇帝为首的拜占庭世俗统治集团深感忧虑。特别是在8世纪初时，教会的势力已经发展到足以与皇权抗衡的地步，并在帝国政治生活中对皇权构成威胁，这就不能不引起世俗君主的极大恐惧。毁坏圣像运动即是拜占庭教、俗统治集团之间长期较量的结果。拜占庭世俗统治集团借助有关圣像的神学争论通过自上而下的政治运动打击教会势力，他们在这方面的积极性超过对圣像的关心。利奥三世迫害以大教长日耳曼努斯为首的反对派势力就极大瓦解教会组织。随后，君士坦丁五世采取的包括在君士坦丁堡游斗教会上层人士等激烈的暴力措施，使教士人格备受侮辱，昔日威风尽扫。他还处死许多高级教士，以刺瞎眼睛、砍去手脚、监禁流放等方式迫害崇拜圣像派教士。在毁坏圣像派皇帝的许可下，各地迫害教会人士的行动不断升级，教士和修女们被集中在广场上，在"所有服从皇帝的人换上白衣并领走新娘，所有违抗者将被刺瞎眼睛或流放塞浦路斯岛"的威胁下，被强迫还俗。[①] 支持崇拜圣像的世俗君主在反攻倒算中也对毁坏圣像派教士大肆迫害。这样，在毁坏圣像运动进行的100余年期间，教会元气大伤，势力迅速下降，很难再与皇权对抗。无论毁坏圣像还是崇拜圣像的皇帝，在限制教会势力发展、干涉教会事务和剥夺教会财产的问题上，都毫不犹豫痛下狠手。843年的法令虽然确定崇拜圣像的教义，但是再次明确皇权对教会的控制。显然，毁坏圣像运动对教会势力的致命打击造成了东正教的一大特点，使之始终未能像罗马教会那样发展成为凌驾于世俗权力之上的至高权力。

　　毁坏圣像运动之后，拜占庭基督教教会面临的问题大都不是来自神学争论，教、俗统治权力之间的关系也没有形成重大危机，但是，教会内部争夺最高领袖地位的斗争和拜占庭社会长期存在的政治、经济、民族等各种深刻矛盾伴随宗教问题或披着某个宗教派别的外衣造成拜占庭历史的重大事件，也成为东正教历史的重要内容。基督教早期发展过程中形成的教区在神学论战的同时也积极进行争夺最高宗教地位的角逐，形成大大小小的宗派，使基督教教会长期陷于分裂。9世纪以后，各教会之间的斗争更带有个人色彩，以塞奥多利院长创建的斯都底奥斯修道院僧侣组成斯都底奥斯派，与大教长麦绍底乌斯（843—847年在任）为首的教派发生严重对立。前者借口后者对毁坏圣像派斗争不利，反对后者的宗教宽容政策，企图以此取代后者地位。为平息两派斗争造成的教徒分裂，皇后塞奥多拉任命伊格纳条斯（847—858年，867—877年在任）为君士坦丁堡大教长。当伊格纳条斯被皇帝米哈伊尔三世罢免后，拜占庭教会大约有半数僧侣表示反对，他们结成新的宗教派别拒绝承认新任大教长佛条斯。后者是当时拜占庭帝国著名学者，在教、俗两界均有较大影响，在其担任大教长的近20年间，通过教、俗势力的支持，建立起以其名命名的教派，并与伊

---

　　① 君士坦丁五世对此大加赞赏，他在信中说："你是完全实现朕意愿的人。"A. A. Vasiliev, *History of the Byzantine Empire*, I, p. 262.

格纳条斯派和罗马教皇尼古拉斯一世（858—867 年在位）发生长期斗争。在斗争中，对立的各方几乎都利用神学教义问题为武器攻击对方，实质上没有提出任何新理论。他们共同的手段是无情打击异己分子，顺我者昌，逆我者亡，使东正教内部对立情绪极为紧张。当某一宗派的首领去世后，东正教内部斗争暂时缓和或停止。但是，新的宗派和教派间的斗争随着新大教长的上任重新开始。

除了东正教内部争权夺利的教派之争外，教派斗争常常与世俗统治集团内部斗争相结合。皇帝利奥六世统治时期，大教长尼古拉斯（901—907 年，912—925 年在任）为首的宗派深深地卷入"皇帝第四次婚姻"事件。利奥六世前 3 次婚姻十分不幸，皇后塞奥发诺、邹伊和尤多西亚先后早亡，所生一子三女中其子也幼年夭折，王朝因此面临没有男性继承人的政治危机。在婚姻问题上，拜占庭人继承了古罗马的婚姻法，但是，修改了罗马法关于夫权和离婚的规定，允许离婚和再婚；5—6 世纪的许多法律都有类似的规定。此后，由于教会影响的扩大，社会上只承认第一次婚姻的神圣性，谴责第二次婚姻，至于第三次婚姻，教会法加以严格的限制，并坚决反对第四次婚姻。利奥担心皇权旁落，因此与其情妇"黑眼圈"邹伊于 905 年生下一子，取名为君士坦丁（七世）。但是，当利奥打算明媒正娶邹伊为妻进而使其子具有继承皇位的合法权利时却遭到尼古拉斯的反对，后者甚至禁止利奥进入教堂，因此被皇帝免职。在这一问题上，东正教教会内部再度陷入分裂，支持皇帝第四次婚姻的宗派在新任大教长尤塞米欧斯（907—912 年在任）领导下积极参与利奥皇帝迫害反对派的行动，而尼古拉斯则支持大贵族杜卡家族对皇帝的斗争。直到利奥死后，君士坦丁的合法地位经多年才得到认可。显然，东正教的分裂常常与拜占庭世俗统治阶层的政治斗争相联系。这种东正教教会参与皇室政治斗争的习俗继续到拜占庭末代王朝统治时期，大教长阿森尼乌斯（1254—1265 年在任）因参与拉斯卡利斯家族和帕列奥列格王朝之间的政治斗争而被罢免，教会也因此分裂。

东正教与罗马天主教的斗争是基督教历史上的重大事件。这两个教派原来都是基督教的主要教区，但是，在基督教发展壮大的过程中，两大教区为争夺最高宗教地位展开激烈的斗争，最终导致公开分裂。

按照325年尼西亚大公会议的决议，罗马教会在几大教区中名列首位，其次为亚历山大教会和安条克教会。后来随着君士坦丁堡的建成和发展，这种情况发生了变化，君士坦丁堡教会因其特殊的政治地位而获得迅速发展，381年基督教第二次大公会议确定其地位在罗马教会之下其他教会之上。但是，君士坦丁堡教会不满足其基督教世界第二的地位，特别是古都罗马丧失原有的政治文化中心地位后，它希望取代罗马教会的地位。451年的第四次大公会议决定扩大君士坦丁堡教区的宗教管辖权，并明确承认君士坦丁堡教会享有与罗马教会一样的宗教特权。会议决议第28款指出：与罗马教区"同样的特权授予最神圣的皇都新罗马，因为这个拥有皇权和元老院光荣并享有与帝国故都罗马同等特权的城市，理应在宗教事务中享有与其地位相符的权利"[1]。罗马教会在日耳曼民族迁徙造成的西欧世界混乱中，不甘心接受其基督教世界最高地位丧失的现实，于是打起"彼得教会"的大旗，坚持其在基督教世界中的最高地位。两大教区在争夺最高地位的斗争中各持一端，日趋激烈。罗马教会利用君士坦丁堡教会与亚历山大和安条克等东方教区的矛盾达到自己的目的，君士坦丁堡教会则利用拜占庭皇帝控制和打击罗马教会。双方均利用神学问题相互攻击，任何细微的神学争议都成为两大教区领袖借用的武器，都可能演化为势不两立的信仰大战。当大教长约翰（John，582—595年在任）公开采用"普世的"教会时，罗马主教格列高利一世立即加以否认，声称在上帝面前人人平等，任何教区都不拥有对其他教区的管辖权，自称代表他人的普世的教会就是反对基督。在毁坏圣像运动期间，双方的斗争导致互不承认对方的合法性。拜占庭皇帝决定由驻拉文纳的总督监管罗马教会，并收回罗马教区在西西里和意大利南部地区的财政权，加速了罗马教会脱离拜占庭帝国的过程。当意大利北部伦巴第人进攻罗马

---

[1]　A. A. Vasiliev, *History of the Byzantine Empire*, I, p. 106.

城时，罗马主教立即向法兰克王国寻求支持。756 年，教皇斯提芬二世(752—757 年在任)接受法兰克宫相丕平的"献土"，开始行使其教、俗君主权力结合的教皇权，而教皇利奥三世(795—816 年在位)于 800年底为查理大帝加冕标志罗马教会最终脱离拜占庭帝国控制。这一事件加剧了两大教会之间的对立。

拉丁教会和希腊教会不同的文化背景更使它们相互蔑视和仇恨，终于导致基督教历史上的第一次公开大分裂。1054 年 7 月 16 日，教皇利奥九世(1049—1054 年在位)派往君士坦丁堡的特使宏伯特，利用在东正教最高圣坛圣索非亚教堂做弥撒之机，宣读开除大教长米哈伊尔一世(1043—1058 年在任)教籍的命令，指责"米哈伊尔及其追随者因犯有上述(使用面包做圣餐)的错误和渎神之罪"。米哈伊尔立即在宗教大会上反唇相讥，对罗马特使及其有关教徒处以破门律，指控他们"如同野猪一样来到圣城企图推翻真理"①。基督教东、西教会的分裂是双方长期斗争的结果，此后，东正教和罗马天主教分道扬镳，各自独立发展，在教义信条、宗教礼仪和组织制度等方面形成不同的特点。两大教会间的对立因第四次十字军攻占君士坦丁堡前后拜占庭居民与西欧骑士之间的矛盾冲突而进一步加强，势不两立，如同水火。

在拉丁帝国统治拜占庭国家期间，各地东正教教会被罗马教皇所控制，坚持东正教信仰的希腊信徒遭到迫害，纷纷流亡，但是，深刻的民族对立情绪和社会矛盾使大部分东正教信徒拒绝承认罗马天主教的信条，拒不承认罗马教皇。他们认为教皇是第四次十字军征服君士坦丁堡的幕后支持者。1207 年，拉丁帝国统治下的东正教领袖联合致信教皇英诺森三世(1198—1216 年在位)，明确坚持东正教信条，拒绝天主教信条，声称英诺森所要求的最高宗教领导权应归基督教大公会议。在拉丁帝国统治的半个多世纪里，东正教教会一直采取不与罗马教会合作，不承认教皇领导的态度，直到 1261 年帕列奥列格王朝恢复拜占庭人在君士坦丁堡的统治。拜占庭末代王朝统治的恢复迫使罗马

---

① A. A. Vasiliev, *History of the Byzantine Empire*, I, p. 338.

教皇改变征服东正教的政策，采取争取联合的政策，而帕列奥列格王朝的皇帝们也希望得到教皇的支持，进而联合西欧其他国家的君主粉碎西西里国王安茹的查理（1265—1285 年在位）领导下的复辟拉丁帝国的阴谋。皇帝米哈伊尔八世首先提出东正教与罗马教皇重新合并的问题，主动派遣特使晋见教皇，表达其领导东正教归顺教皇的意愿。1274 年 5 月 7 日至 7 月 17 日举行的里昂会议达成两大教会的联合决议，米哈伊尔提前签署《联合宣言》承认教皇的宗主权，他的 3 名特使在会上宣誓服从罗马教皇。但是，一纸宣言不仅没有解决两大教会联合的问题，而且引起东正教各阶层普遍的反对，分布在巴尔干半岛各地的东正教组织纷纷表示拒绝联合，连皇族内部也因此发生内讧，米哈伊尔的妹妹尤洛基亚公主宣布与皇帝决裂，内阁中最得力的大臣则成为公开的反对派。

事实上，帕列奥列格王朝时期围绕东正教与罗马教会联合问题进行的斗争是出于政治的而非宗教的目的，衰弱的拜占庭国家无力抵抗巴尔干和小亚细亚地区任何国家的入侵，尤其是新兴的奥斯曼土耳其人的扩张，因此将获救的希望完全寄托于西欧基督教国家。然而，东正教不能接受皇帝们纯粹出于政治目的的宗教政策，东正教普通信徒对拉丁骑士的统治和民族仇恨记忆犹新，两大教会的联合遂成为拜占庭末代王朝愈陷愈深的难题。1438—1439 年在菲拉拉-佛罗伦萨举行的两大教会和解会议即是在此背景下召开的。拜占庭皇帝约翰八世和大教长约瑟芬二世（1416—1439 年在任）亲自到会，为争取西欧国家的军事援助而接受教皇提出的所有条件，包括承认罗马教会在所有神学问题上的正确性和教皇在基督教世界的最高权威。但是，正像教皇早已丧失对西欧世俗君主的指挥权而不能组织援助拜占庭人的十字军一样，约翰八世根本控制不了东正教信徒的信仰。这一教会联合宣言引起更强烈的反对。极端反对派甚至认为土耳其素丹尚且允许东正教保持自己独立的信仰，比剥夺其信仰自由的罗马教会要好得多；直到土耳其军队攻破君士坦丁堡之际这一争论仍在进行。两大教会的分裂对欧洲近现代历史影响极为深刻，这一分裂划分东、西欧基督徒不同教派的界线，至今保持不变。

拜占庭国家深刻的社会矛盾和不同社会利益集团之间的冲突，也是东正教宗派斗争的重要根源。例如，10世纪兴起于保加利亚的"伯格米派"即在不满拜占庭王朝统治的下层民众和斯拉夫民族中广泛传播，他们攻击现存世界是罪恶的根源，否定东正教的所有正统教义，并与主张两元论神学的"保利斯派"和主张灵魂净化高于圣礼仪式的"静默派"相结合，组织下层民众和农民反抗拜占庭官吏的敲诈勒索。再以源于9世纪的"狂热派"为例，他们在13—14世纪拜占庭社会动荡中迅速发展，组织和领导了1341年塞萨洛尼基人民起义。狂热派领导人阿莱克修斯和米哈伊尔利用人民对王朝和贵族的不满，夺取政权，建立"塞萨洛尼基共和国"，打退皇帝约翰六世的军事进攻。起义民众杀死贵族，没收富人的财产，旧世界的秩序被颠倒过来，奴隶役使主人，平民殴打贵族，士兵攻击将军。斗争坚持了9年，最终为起义军上层贵族分子所出卖。

总之，东正教在其历史发展过程中形成某些不同于罗马天主教的特点，可以大致归纳为如下几点：其一，东正教坚持8世纪末以前基督教形成的正统教义，坚持以《圣经》为信仰经典，不承认任何后世教会权威制定的律法，保持其教义的纯洁和正统性，因此，东正教在基督教各派中显得最保守。其二，东正教坚持平等的组织原则，各地教会之间平等相待，各民族教会可以使用本民族语言举行宗教仪式，可以实现适当的自治。9世纪由君士坦丁（或称希利尔）兄弟传入斯拉夫民族的东正教不仅使用新创造的斯拉夫文字传教，而且实现了自治；在教会组织内部，任何人不论出身和地位高下，唯才唯德是用。其三，东正教始终没有摆脱拜占庭皇帝的控制，始终作为中央政府主管意识形态的工具而存在，教会的神职人员起着国家精神官吏的作用。其四，东正教因其所处的多种文化冲突交融地区而更多地吸取包括神秘主义在内的东方宗教思想，因此在不同文化的交流中发挥重要作用，东正教和伊斯兰教保持比较经常性的接触，并长期维持着比罗马教会更亲密的友好关系。

三、修道院

修道院是东正教组织的重要组成部分，在拜占庭历史上发挥极为重要的作用。

拜占庭修道院起源于基督教早期历史上禁欲苦修的思想。3世纪上半叶的亚历山大教区教士奥立金是最早从事苦修自省的人，为了断绝性欲，他自我阉割。被称为"隐居修道之父"的安东尼（251—356）在埃及比斯彼尔沙漠中开创隐居修道生活的先例，他放弃优越舒适的家庭生活条件，自愿躲入人迹罕至的沙漠中苦修15年，而后将自己关闭在空墓穴中20年左右。当时，罗马帝国社会危机严重，人们朝不保夕，精神颓废，避世思想盛行，因此其事迹传出后立即吸引大批追随者，他们效仿他，居住在他的墓室周围，聆听他的教诲。但是，安东尼及其弟子没有建立修道组织，他和弟子之间也只是保持精神和道德上的关系。而后，在埃及各地兴起的众多隐居修道中心逐渐发展出修道团体。史料证明，最早的修道团体出现在埃及尼特利亚和塞特沙漠的修道士中，他们三五成群分散居住在沙漠的简陋茅屋中，只在礼拜六、礼拜日集中举行礼拜仪式，由德高望重的年长者担任领袖，聚会时以讨论《圣经》和神学问题为主。对拜占庭修道制度影响最深的是埃及南部的教士帕毫缪斯（290—346）。帕毫缪斯年轻时经历过隐修生活，但是深感单独苦修对隐士人身造成诸多危险，不利于在精神上的修养，因此开始将附近的修道士组织起来，在塔比尼西建立第一所修道院，吸引许多修道士。最初的修道院由若干建筑组成，每所建筑集中居住30~40名修道士，由一位长者管理，平时从事祈祷、冥思、咏诗和力所能及的体力劳动。帕毫缪斯修道团的人数急剧增加，345年时发展成为9所男修道院和2所女修道院。

拜占庭帝国统治时期，埃及修道生活的风气极盛，有的城市修士修女达数万人。这种风气又从埃及迅速传入巴勒斯坦和叙利亚，并在加沙、约旦、尼西比斯等地形成修道中心，大小不等的修道院到处出现，修道士的组织方式和修道生活制度逐渐多样化。在加沙出现单独隐居和集体共同修道相结合的方式，称为"拉乌拉"。它是由中心修道院和分散隐居点组成的修道团体，修道院院长为领袖，平时修士们单独祈祷、冥思或从事手工劳动，礼拜末集中举行礼拜仪式。年轻的修道士首先需进入修道院锻炼 3 年，经考核批准方可成为隐修居士。这种修道方式和隐居与集体修道同样坚持"禁欲、守贫、服从"3 原则，但是由于集体修道具有许多优点，故成为主要的方式，而隐修独居因其更加艰苦而更受敬重。同时，各地出现极端的苦修派别，他们放弃自然修道，认为在肉体能够忍受的限度内修道还不能达到最高的境界，因此采取诸如长期斋戒、不眠不休、严格避世、自我鞭打、自我残害等极端方式，但这派修道方式未能广泛流传。

埃及、巴勒斯坦和叙利亚等地流行的修道风气在向北方传播的过程中受到寒冷天气的不利影响，因此集体修道成为主要方式。随着集体修道生活的发展，形成影响极为深远的修道制度。瓦西里（329—379）被认为是完整修道制度的制定者。瓦西里青年时曾在君士坦丁堡和雅典接受系统教育，后受其姐马克利娜居士的影响进入小亚细亚的安尼斯修道院。为制定修道生活法规，他游历埃及、巴勒斯坦和叙利亚等地，考察各地修道生活方式，形成比较完整的修道理论。他认为单独隐居修道生活不符合人的社会性，因为如果没有稳定的社会施舍环境，单独隐修的居士会因实际生活困难而影响精神上的修道，所以不宜提倡。根据考察的结果，他认为集体修道是最佳方式，但是，埃及等地修道院的人数过多，不利于修道院院长指导修炼，安排生活，因此应限定各修道院的人数。他制定的修道生活制度包括修道院所有的细节，例如修士每天祈祷、学习、劳动、饮食和睡眠的时间比例，服装的样式，修道院必须建立的纪律等等。

当埃及等拜占庭帝国在亚洲的领土受到阿拉伯军队入侵时，拜占庭修道生活的中心即逐步转移到小亚细亚、马其顿和君士坦丁堡地区。现代考古学家在这些地区的荒凉山区和沙漠中发现许多古代修道院的遗迹，证实古代文献有关修道院记载的真实性。早在君士坦丁一世时期，君士坦丁堡即有 15 所修道院，其中比较著名的有阿基麦尼修道院，其特点是修道士们分 3 班昼夜唱诗，没有睡眠时间。值得注意的是，君士坦丁堡修道风气受埃及南部极端苦修派的影响甚深，除了有以"无睡眠"命名的修道院外，还出现许多向人类肉体忍受极限挑战的修道士。其中达尼埃尔（409—493 或 518）以他长期居住在石柱顶端而闻名，这个石柱位于博斯普鲁斯海峡阿纳不鲁斯，此地也因其弟子云集而著名。皇帝利奥一世专门为他们建立修道院。为防止不法之徒浑水摸鱼和杜绝不能自律的修士任意滋事，拜占庭中央政府和教会一方面建筑更多修道院将分散的修士集中起来，另一方面推行严格的修道管理制度，禁止修士擅自离开修道院上街玩耍。察尔西顿大公会议和冈拉大会都为此通过决议，要求修道院严格执行修道纪律。察尔西顿会议决议明确指出，许多人对修道生活缺乏必要的了解，他们从事修道不是为追求更高的境界，而是为摄取功名，许多人到处游说，募集资金修建修道院，只为个人身后留名，因此禁止未经大教长和主教批准随意建立新的修道院，要求修士必须服从主教，任何修士除必须外不得走出修道院，明确修士的职责就是在修道院内吃斋祈祷。同时，决议还注意解决僧源问题，禁止修道院未经核查和主人同意就接受奴隶成为修士。规定修士和修女一经宣誓修道即不可结婚，也不得以任何借口分割或占有修道院的财产。

查士丁尼一世时期注意立法工作，其法典以前述瓦西里制定的修道制度为依据，对修道生活的意义和细节作出规定。法典指出："修士从事静思苦修的修道生活是神圣的事业，它使人的灵魂与上帝相通，不仅为修道的人服务，也对所有人有益。"[1]法典具体规定修道院的作息时间、修士的居住条件，要求修道院必须以高墙围筑，由可靠的年长者管理，看守大门，不经院长同意，任何人不得擅自出入；还要求男女修道院必须分开。这样，东正教修道制度逐步得到完善。一般而言，修道院由修士们选出的院长进行管理，由若干名高级修道士组成的修士团进行监督。修道院内以修士的居室为主，其活动中心是自用

---

　　① N. H. Baynes and H. Moss（eds.），*Byzantium：An Introduction to East Roman Civilization*，p. 146.

教堂。如果某修道院自己没有教堂，其修士可以集体前往附近教堂参加宗教仪式，而后立即返回本修道院。修道士在最初的 3 年预备期期间，身着普通信徒服装，可以自由支配个人财物，期满后，经考核合格，并验明身份不是奴隶，即可获得修士资格，但其财物归属修道院，并身着修士的特制服装。修士不得接受世俗权力监护和世俗职位，必须服从修道院纪律和院长的管理。查士丁尼法典成为此后拜占庭东正教修道生活的统一标准。

修道制度的完善有助于东正教的发展，事实上，东正教势力和思想影响的扩大是以其雄厚的经济实力为基础的。4 世纪以前基督教常常遭到罗马统治当局的查抄，它成为国教后受到国家权力的特殊保护，教会财产迅速增加。君士坦丁一世的《米兰敕令》即明确规定，发还教产，许可教徒向教会捐赠各种形式的财产。尼西亚基督教大公会议后，教会不仅得到大量地产、金钱和粮食，而且在皇帝的直接支持下，兴建大批教堂和修道院。君士坦丁一世和皇族其他成员在各大城市和帝国境内直接捐建的教堂就有上百座。此后，教会逐步获得许多经济上的特权，其中最主要的特权包括免税权、征收教产税权和接受遗产权。这些特权使得教会产业急剧增加，教会经济实力迅速增强，至 7—8 世纪已经超过世俗君主，构成对皇权的威胁。教会强大的经济实力主要表现在 4 个方面：第一，庞大的教会地产，一般由各级教堂和修道院控制经营。这种地产大多为庄园，或由教会委派的庄头管理，或由教堂和修道院直接经营。以君士坦丁堡教区为例，它拥有 29 处大小不等的庄园。各庄园内包括农用耕地、房产、果园、橄榄园、葡萄园、山坡牧场、小型手工作坊、农户、畜群等。据现代学者估计，当时拜占庭帝国有各种修道院千余所。各修道院除了直接控制的地产外，还占有其他地产。在修道院的高墙内，有修道士的居室、工作间、教堂、会堂，其周围的田地由下级修道士耕作。536 年，仅在君士坦丁堡就有 70 所大小不等的修道院。可以想见，教会的房地产是相当庞大的。教会的地产一般都享有免税权，因此，随着教会地产的增加，包括地租在内的教会地产收入也急剧增加。第二，教会通过接受捐赠、遗产和经营庄园等途径，每年都可以得到相当丰厚的收入，其数额远远高出世俗封建主的收入。第三，教会以教堂和修道院为实体聚敛大量财富，其富有的程度是世俗封建主难以攀比的。第四，教会通过吸引大批青、壮年人出家增加其劳动力资源。按照教会的规定，年满 18 岁的成年人都可以自愿进入修道院。大批修士成为教会庞大经济的基础，因为他们中的多数充当农庄式修道院的劳役僧侣，仅有少数过着独居或隐居或行游僧式的生活。据学者们保守的估计，8 世纪初拜占庭帝国有 10 万修道士，约占总人口的 2％。

7 世纪以后，拜占庭修道制度出现的重要改革是由塞奥多利（759—826）进行的。塞奥多利出身帝国贵族家庭，22 岁进入奥林匹亚山区属于其家族并由其叔父柏拉图任院长的修道院学习，后续任该院院长。他的改革是在其担任君士坦丁堡斯都底奥斯修道院院长期间进行的，主要包括建立修道院等级制和强化避世措施。修道院原有的各种职责均被确定为某个级别，从院长、高级修士、管理执事，到司务长、车夫、伙夫、木匠都分别属于各自的级别，修道院内人人职责明确。他作为院长的权力最大，负责维护修道院的纪律和秩序，分派工作，甚至将每个修士的职责抄写成卡片分发所有修士，以便各负其责完成任务，也便于检查。为防止出现道德败坏的事情，他严格规定禁止妇女和任何雌性动物进入修道院，并禁止雇佣俗人到修道院工作。他还制定有关违犯或破坏制度的惩罚措施。同时，他增加修道士的学习时间，每周举行 3 次讲座，宣讲关于服从、守贫、禁欲、仁慈、同情等神学道理，并以此为主要内容进行测验和考核。这些改革措施加强了修道院的管理，使斯都底奥斯修道院发展迅速，修士人数超过千人。其中的大部分条款仍然被今天希腊北部阿索斯的修道院所采用。在加强修道院院长权力方面，9 世纪以后形成的《修道院规范》反映集权化的趋势，它详细地规定修道院院长的选举过程，并通过具体措施保证院长本人的廉洁，要求他每日早晚进行两次反省和对上帝悔罪。修道院各级管事均由院长任命，并只对院长负责，其中重要的职位有负责教堂和圣器事务的"教堂司事"，主管钱币和账目的"财务管事"，采买分发生活用品的"实物总管"，负责维持修道院安全和秩序的"值班修士"，负责饮食和伙食的"司务长"，等等。

女修道院的情况大体与男修道院相同，但是比后者更加与世隔绝。从1118年伊琳尼皇后为圣母玛利亚女修道院制定的法规中，我们知道女修道院的一般状况。它们大都在某位亲王的庇护下独立自治，各院人数限制在30～50人之间。修女们地位完全平等，所有人一视同仁，除患病和例假外，对修女的严格要求绝不亚于男修道院。由于东正教禁止女性担任神职，当进行宗教礼仪或为新修女举行绝世仪式时，专门聘请已经阉割的主教前来主持。和男修道院一样，女修道院强调禁欲、守贫和服从，严禁分配任何财物，按需分配生活必需品，劳动成果归全体共同所有。白天祈祷和做适当的体力劳动，禁止懒惰和无所事事，禁止任何人参观访问。饮食和服装均有统一规定。由全体修女选举的院长多为德高望重的老年修女，因为修女比较安定，院长的权威也不似男修道院院长那样严厉。

东正教修道制度在拜占庭帝国历史上发挥的作用首先表现在政治生活中。修道院虽然是避世隐居思想的产物，但是作为东正教重要的组成部分，修道士并非始终远离世俗生活，特别是在有关东正教神学教义的争论中，修士们或是自觉主动或是被迫卷入斗争。在教、俗两界统治集团的斗争中，修士们通常站在教会一边。因为修士们宁可暂时放弃修道院的平静生活，也不能坐视正统的教义和纯洁的真理被世人曲解。例如在拜占庭皇帝反对一性论的斗争中，成千上万的修士走出修道院，参加抵制皇帝法令的暴力活动，他们以丝毫也不亚于普通信徒的残酷手段殴打致死反对派主教。又如著名的修士达尼埃尔，在篡位皇帝瓦西里斯库斯因一性论问题与君士坦丁堡人民发生冲突期间，离开他长期居住的石柱，被民众抬到圣索非亚教堂，劝说皇帝改变自己的错误。再如伊拉克略一世统治时期的修士马克西姆（580—662），公开反对皇帝提倡的"两性一意"理论，因此遭到严刑拷打和流放，但是始终不改变观点，成为著名的反对派精神领袖。正是由于修道士在拜占庭帝国政治生活中发挥巨大作用，才引起世俗君主的极端恐惧，皇帝君士坦丁五世利用圣像问题的争论，对教士和修士修女进行大规模迫害，拷打和流放反对派领袖，下令处死著名修士斯提芬（713—764），查抄和封闭许多修道院，没收教会财产。几乎所有的著名修道士在拜占庭重大政治斗争中都不甘寂寞，均青史留名。前述塞奥多利就是毁坏圣像运动后期反对派的主要领导人，在皇帝利奥召集的宗教会议上，他公开反对毁坏圣像政策，提出教会的事务只能由教士考虑，皇帝的权力只能涉及世俗事务。他不仅本人抵制朝廷的法令，而且组织民众反抗政府，带领大批修士高举圣像走出修道院上街游行。此后，他在被流放的 12 年间，继续写信鼓动其弟子斗争。可见，修道士参与政治斗争的方式主要是起精神领袖的作用，他们利用自己崇高的宗教理想和威望感染民众，以自己坚韧不拔的殉道精神和榜样鼓舞追随者。

修道制度在拜占庭经济生活中的作用是复杂的、多样性的。当我们在有关毁坏圣像运动的描述中比较详细地探讨修道院对拜占庭帝国经济的消极作用时，还应该注意修道院在动乱的形势中组织生产劳动，指导修士们在荒山野岭垦荒种地所发挥的积极作用。正是在修道院里，古代世界的生产技术通过书籍保留下来，并在生产实践中得到应用，有些技术还得到进一步的改进和发展，例如古罗马时代的提水技术在拜占庭修道院的农业生产中得到改进。也是在修道院的有效组织下，修士们集体劳动创造出提高生产技术的有利条件，因为在集体劳动中，生产过程的分工和劳动的专门化使技术的发展处于远比个体小农劳动更有利的环境。修道院所享有的各种经济特权使其生产经营更具有长远性，对各种农、林、牧、渔、手工业资源的利用更合理更充分，因为他们的生产不是以赢利为目的，他们的土地、林场、鱼塘能够得到更长久的保护。由于他们对生产资料的占有能够得到保证，没有朝不保夕的不安全感，可以防止采取杀鸡取卵的短期行为。有关修道制度在经济生产中的这些理论推断已经得到大量现代考古发现的证明，特别是近年来学者们在"活的拜占庭社会生活博物馆"——阿索斯山修道院的考察研究中证明上述结论。阿索斯山位于希腊北方哈里基底基半岛东侧，这是一个伸入爱琴海中约 50 千米的细长型半岛，面积只有

332.5 平方千米。半岛主体为海拔 2033 米的阿索斯山。963 年，岛上出现第一所修道院，是当时散居在岛内各个角落的隐居修士的集合体。此后，大大小小的修道院先后建立，至 14 世纪时达到 300 个左右，阿索斯山逐渐成为东正教的宗教圣地和拜占庭宗教生活的世外桃源。1204 年第四次十字军曾大肆洗劫岛上的修道院，造成阿索斯山最严重的破坏。1430 年，奥斯曼土耳其军队征服巴尔干半岛后，阿索斯山的修道士以 13 万银币向素丹换取部分的独立和自由。从此以后，不论是在俄土战争中还是在希腊独立战争中，阿索斯山始终作为希腊的自治区，保持独立自主的地位。20 世纪初的多项国际协议均认可阿索斯山的独立地位。作为希腊的"国中之国"，阿索斯山保留着从古代遗留下来的文化传统和生活习惯，目前全岛 20 所修道院、12 处修道士集合点和 700 个隐居舍都采取拜占庭时代的生活方式。岛上的修道士为营造断绝七情六欲的环境并防止岛内出现家庭、进而出现财产分割的现象，禁止女性进入圣地，这个不成文法保持一千余年，使它成为世界上少有的"男性王国"。山上的修道院类似于封闭的大农庄，高大的围墙内拥有生活所需的一切基本设备，如磨房、粮仓、小铁匠炉、牲畜房、羊圈和库房等等。修道士除了参加必要的集体劳动和宗教活动外，日常生活完全自由。自己劈柴生火做饭，自己到库房中领取需用的物品和食物，由负责的修士进行登记。食物除了面包和青菜外，可以喝自酿的葡萄酒。由于这里与外

阿索斯山斯莫纳斯·佩特拉斯修道院

部世界和现代生活没有任何联系，保持着中古欧洲的生活方式和几近原始状态的生活水平，所以自然资源和生态环境保持完好。阿索斯山所有的修道院都保存着拜占庭风格的建筑和大量历史文献文物，据学者们的初步调查，至今仍然保存在阿索斯山各修道院的文献有 11 万份，其中 1/3 是珍贵的手写文书。

东正教修道制度对拜占庭文化的积极作用值得重视。修道院相对安定的生活环境，为文化水平普遍高于普通信徒的修士、修女从事宗教文化艺术活动提供合适的环境。正是在修道院的圣像画装饰艺术中，许多具有绘画天赋的年轻修士获得展示其天才的机会，他们用美丽的壁画和镶嵌画装饰教堂和饭厅的墙壁，以精巧的细密画插图点缀珍贵的古代手抄本图书；也是在修道院的手工作坊里，心灵手巧的修道士有足够的时间精心制作各种贵重的金银宝石工艺品；也是在修道院幽静的书斋里，没有衣食忧虑的修士能够将他们冥思苦想的思想成果写成不朽的文史作品。修道院相对封闭的图书馆也成为古代文化作品的收藏地。

大事年表

306 年	君士坦提乌斯病逝，君士坦丁即位
324 年	君士坦丁击败李锡尼
325—330 年	兴建并启用君士坦丁堡
324—363 年	君士坦丁王朝
325 年	尼西亚宗教会议
379—457 年	塞奥多西王朝
381 年	塞奥多西召开第二次基督教宗教会议
388 年	出兵意大利
394 年	平息西部帝国叛乱
395 年	颁布法令正式确定基督教的国教地位
395 年	阿拉里克领导哥特人发动民族大起义
400 年	君士坦丁堡反对哥特人大起义
431 年	塞奥多西二世在以弗所召集第三届基督教大会
438 年	颁行《塞奥多西法典》
451 年	第四届基督教大会
457—518 年	利奥王朝
471 年	利奥诱杀阿斯巴及其子
488 年	塞奥多里克率东哥特人西渡亚得里亚海进攻西哥特人
518—582 年	查士丁尼王朝
529—565 年	颁行《罗马民法大全》
529 年	查士丁尼关闭雅典学院
532 年	尼卡起义

532—537 年	重建首都君士坦丁堡和圣索菲亚教堂
548 年	开始全面实行对一性论派的宗教迫害
531—532 年	对波斯战争
533—534 年	对汪达尔战争
535—544 年	对哥特战争
541 年	流行鼠疫，史称"查士丁尼瘟疫"
553 年	查士丁尼召集君士坦丁堡宗教大会（第五届）
559 年	保加利亚人和斯洛文尼亚人侵入巴尔干半岛
610—711 年	伊拉克略王朝
611 年	波斯军队夺取拜占庭帝国叙利亚首府安条克
619 年	波斯军队占领埃及首府亚历山大城
622 年	发动对波斯战争
626 年	大败阿瓦尔人
627 年	在尼尼微附近打败波斯主力
629 年	开始组建亚美尼亚等军区，推行军区制改革
634 年	在亚德兹那丹战役中被哈里发军队打败
636 年	在雅穆克战役中被阿拉伯军队打败
642 年	阿拉伯军队攻灭波斯萨珊王朝；阿拉伯西路军攻占埃及亚历山大
655 年	阿拉伯舰队兵临君士坦丁堡
674 年夏	阿拉伯海军封锁君士坦丁堡
678 年夏	凭借"希腊火"击溃阿拉伯舰队
680 年	君士坦丁宗教大会（第六届）
7 世纪末	第一次保加利亚战争；向奥普西金军区迁徙 7 万名斯拉夫人
704—724 年	第二次保加利亚战争
717—802 年	伊苏里亚王朝
726 年夏	颁布《禁止崇拜偶像法令》
726 年	大地震

730 年	毁坏圣像宗教大会
740 年	在阿克洛伊农战役大败阿拉伯主力部队
747—750 年	在东部边界取得胜利，重新推进到两河流域上游
754 年	宗教会议重新发布毁坏圣像法规
762 年	向小亚细亚军区迁入 21 万斯拉夫人
781 年	阿拉伯军队再犯，兵抵博斯普鲁斯海峡
786 年	君士坦丁堡宗教会议取消毁坏圣像立法
787 年	尼西亚基督教会议重申毁坏圣像政策（第七届）
8 世纪末	颁布《农业法》
807 年	爆发第三次保加利亚战争
820—867 年	阿莫利王朝
843 年	皇后塞奥多拉颁布反对毁坏圣像法令，结束运动
852—889 年	保加利亚国王伯利斯在位，其间皈依基督教
862 年	君士坦丁兄弟传教并创造希利尔文字
867—1056 年	马其顿王朝
886—912 年	利奥六世在位，期间爆发“第四次婚姻危机”
894—924 年	第四次保加利亚战争
907 年	罗斯人船队到达君士坦丁堡
913—959 年	君士坦丁七世在位期间推动“文化复兴”
922 年	颁布保护小农立法
976—1014 年	沙木埃尔称保加利亚沙皇
988 年	罗斯人受洗皈依基督教；瓦西里平息两巴尔达斯军事叛乱
994 年	第五次保加利亚战争开始
996 年	再度颁布保护小农立法
1004 年	在斯科比亚战役中击溃保加利亚军队
1014 年夏	全歼保加利亚主力
1018 年	灭亡保加利亚王国
1054 年	东正教与天主教分裂

1059—1081 年	杜卡斯王朝
1081—1185 年	科穆宁王朝
1096 年春	十字军发动东侵
1182 年	君士坦丁堡爆发反拉丁人民众起义
1185—1204 年	安茸鲁斯王朝
1187 年	萨拉丁军队在提比利亚湖战役中大败十字军，攻占耶路撒冷
12 世纪	军区制彻底衰败
1204 年	第四次十字军占领君士坦丁堡
1204—1261 年	拉丁帝国
1205 年	拜占庭、保加利亚联军在亚得里亚堡战役中全歼拉丁帝国军队
1211 年	突厥人进攻尼西亚帝国
1261 年	拜占庭人重新占领君士坦丁堡
1261—1453 年	帕列奥列格王朝
1267 年	许可热那亚人在首都近郊的加拉大建立商业特区
1273 年	颁布《里昂两大教会和解令》
1282 年	拜占庭皇帝策划"西西里晚祷"事件化解拉丁帝国复辟危机
1298 年	安德罗尼库斯二世被塞尔维亚人击败
1320—1328 年	皇族内讧爆发"两安德罗尼库斯之战"
1328 年	君士坦丁堡人民起义
1341 年	塞萨洛尼基人民起义建立了"塞萨洛尼基共和国"
1345—1356 年间	奥斯曼土耳其先后 5 次进兵巴尔干半岛
1351—1354 年	皇族内讧爆发约翰五世与约翰六世内战
1355 年	向土耳其割让色雷斯
1369 年	约翰五世亲赴意大利订立和签署《教会统一法令》
1371 年	塞尔维亚人在马里卡战役战败，承认土耳其人的宗主地位

1374 年	约翰五世正式承认素丹的宗主地位
1376 年	威尼斯和热那亚在拜占庭领土上爆发争夺商业霸权的战争
1383—1387 年	土耳其军队夺取第二大城市塞萨洛尼基
1389 年	塞尔维亚人在科索沃战役中失败
1393 年	素丹巴耶札德灭亡第二保加利亚王国
1402 年	土耳其军队在安卡拉战役被帖木儿统帅的蒙古军队歼灭
1423 年	将第二大城市塞萨洛尼基卖给威尼斯
1433 年	约翰八世再签《教会统一法令》
1438 年	签署《佛罗伦萨东西教会统一协议》
1444 年	奥斯曼土耳其军队在瓦尔纳战役中重创欧洲联军
1451 年	素丹穆罕默德二世与威尼斯人签订中立协议
1453 年初	奥斯曼土耳其军队开始围攻君士坦丁堡
1453 年 5 月 29 日	奥斯曼土耳其军队攻占君士坦丁堡
1461 年	土耳其军队灭亡拜占庭飞地特拉比仲德帝国

拜占庭皇帝年表

君士坦丁一世	（324—337 年）	Constantine Ⅰ
君士坦丁二世	（337—340 年）	Constantine Ⅱ
君士坦斯	（337—350 年）	Constans Ⅰ
君士坦提乌斯	（337—361 年）	Constantius Ⅱ
朱利安	（361—363 年）	Julian
卓维安	（363—364 年）	Jovian
瓦伦提年	（364—375 年）	Valentinian
瓦伦斯	（364—378 年）	Valens
塞奥多西一世	（379—395 年）	Theodosios Ⅰ
阿尔卡迪奥斯	（395—408 年）	Arkadios
塞奥多西二世	（408—450 年）	Theodosios Ⅱ
马尔西安	（450—457 年）	Marcian
利奥一世	（457—474 年）	Leo Ⅰ
利奥二世	（473—474 年）	Leo Ⅱ
泽诺	（474—491 年）	Zeno
瓦西里斯克斯	（475—476 年）	Basiliskos
阿纳斯塔修斯一世	（491—518 年）	Anastasios Ⅰ
查士丁一世	（518—527 年）	Justin Ⅰ
查士丁尼一世	（527—565 年）	Justinian Ⅰ
查士丁二世	（565—578 年）	Justin Ⅱ
提比略一世	（578—582 年）	Tiberios Ⅰ
莫里斯	（582—602 年）	Maurice
福卡斯	（602—610 年）	Phokas

伊拉克略一世	（610—641 年）	Herakleios Ⅰ
君士坦丁三世	（641—641 年）	Constantine Ⅲ
伊拉克罗纳斯	（641—641 年）	Heraklonas
君士坦斯二世	（641—668 年）	Constans Ⅱ
君士坦丁四世	（668—685 年）	Constantine Ⅳ
查士丁尼二世	（685—695 年，705—711 年）	Justinian Ⅱ
利昂提奥斯	（695—698 年）	Leontios
提比略二世	（698—705 年）	Tiberios Ⅱ
腓力皮克斯	（711—713 年）	Philippilos
阿纳斯塔修斯二世	（713—715 年）	Anastasios Ⅱ
塞奥多西三世	（715—717 年）	Theodosios Ⅲ
利奥三世	（717—741 年）	Leo Ⅲ
君士坦丁五世	（741—775 年）	Constantine Ⅴ
利奥四世	（775—780 年）	Leo Ⅳ
君士坦丁六世	（780—797 年）	Constantine Ⅵ
伊琳尼	（797—802 年）	Irene
尼基弗鲁斯一世	（802—811 年）	Nikephoros Ⅰ
斯达乌拉焦斯	（811—811 年）	Stauracios
米哈伊尔一世	（811—813 年）	Michael Ⅰ
利奥五世	（813—820 年）	Leo Ⅴ
米哈伊尔二世	（820—829 年）	Michael Ⅱ
塞奥菲罗斯	（829—842 年）	Theophilos
米哈伊尔三世	（842—867 年）	Michael Ⅲ
瓦西里一世	（867—886 年）	Basil Ⅰ
利奥六世	（886—912 年）	Leo Ⅵ
亚历山德尔	（912—913 年）	Alexander
君士坦丁七世	（913—920 年，945—959 年）	Constantine Ⅶ
罗曼努斯一世	（920—944 年）	Romanos Ⅰ
斯蒂芬和君士坦丁	（944—945 年）	Stephen、Constantine

罗曼努斯二世	（959—963 年）	Romanos II
尼基弗鲁斯二世	（963—969 年）	Nikephoros II
约翰一世	（969—976 年）	John I
瓦西里二世	（976—1025 年）	Basil II
君士坦丁八世	（1025—1028 年）	Constantine VIII
罗曼努斯三世	（1028—1034 年）	Romanos III
米哈伊尔四世	（1034—1041 年）	Michael IV
米哈伊尔五世	（1041—1042 年）	Michael V
邹伊	（1042—1050 年）	Zoe
君士坦丁九世	（1042—1055 年）	Constantine IX
塞奥多拉	（1042—1056 年）	Theodora
米哈伊尔六世	（1056—1057 年）	Michael VI
依沙克一世	（1057—1059 年）	Isaac I
君士坦丁十世	（1059—1067 年）	Constantine X
罗曼努斯四世	（1068—1071 年）	Romanos IV
米哈伊尔七世	（1071—1078 年）	Michael VII
尼基弗鲁斯三世	（1078—1081 年）	Nikephoros III
阿莱克修斯一世	（1081—1118 年）	Alexios I
约翰二世	（1118—1143 年）	John II
曼努埃尔一世	（1143—1180 年）	Manuel I
阿莱克修斯二世	（1180—1183 年）	Alexios II
安德罗尼库斯一世	（1183—1185 年）	Andronicus I
依沙克二世	（1185—1195 年）	Isaac II
阿莱克修斯三世	（1195—1203 年）	Alexios III
阿莱克修斯四世	（1203—1204 年）	Alexios IV
阿莱克修斯五世	（1204—1204 年）	Alexios V
塞奥多利一世	（1205—1221 年）	Theodore I
约翰三世	（1221—1254 年）	John III
塞奥多利二世	（1254—1258 年）	Theodore II

约翰四世	（1259—1261 年）	John Ⅳ
米哈伊尔八世	（1259—1282 年）	Michael Ⅷ
安德罗尼库斯二世	（1282—1328 年）	Andronicus Ⅱ
米哈伊尔九世	（1294—1320 年）	Michael Ⅸ
安德罗尼库斯三世	（1328—1341 年）	Andronicus Ⅲ
约翰五世	（1341—1391 年）	John Ⅴ
约翰六世	（1347—1354 年）	John Ⅵ
安德罗尼库斯四世	（1376—1379 年）	Andronicus Ⅳ
约翰七世	（1390—1390 年）	John Ⅶ
曼努埃尔二世	（1391—1425 年）	Manuel Ⅱ
约翰八世	（1425—1448 年）	John Ⅷ
君士坦丁十一世	（1449—1453 年）	Constantine Ⅺ

主要参考书目

Angold, M. , *Church and Society in Byzantium under the Comneni*, 1081—1261, Cambridge: Cambridge University Press, 1995.

Baynes, N. H. , and H. Moss (eds.), *Byzantium: An Introduction to East Roman Civilization*, Oxford 1948.

Browning, R. , *The Byzantine Empire*, London, 1980.

Bury, J. B. , *History of the Later Roman Empire*, Amsterdam: Adolf M. Hakkert, 1966.

Cameron, A. , *The Byzantines*, Malden, MA: Blackwell Pub. , 2006.

Dvornik, F. , *Byzantine Missions among the Slavs*, New Brunswick, N. J. 1970.

Geanakoplos, Deno John, *Medieval Western Civilization and the Byzantine and Islamic Worlds: Interaction of Three Cultures*, Lexington, Mass. : D. C. Heath, 1979.

Gibbon, Edward, *The History of the Decline and Fall of the Roman Empire*, London, 1905-1906.

Hussey, J. M. , *The Orthodox Church in the Byzantine Empire*, Oxford, 1986.

Imber, C. , *The Ottoman Empire*, 1300—1481, Istanbul, 1990.

Jones, A. H. M. , *The Later Roman Empire* (284 — 602), Oxford, 1964.

Kazdan, A. P. , *The History of the Byzantines*, N. Y. , 1985.

Lynn, White, Jr. , "The Byzantinization of Sicily", Jack Lindsay, *Byzantium into Europe*, London, 1952.

Mango，B.，*Byzantium*：*The Empire of New Rome*，London，1980.

Mango，C.（ed.），*The Oxford History of Byzantium*，Oxford，2002.

Ostrogorsky，G.，*History of the Byzantine State*，tr. J. Hussey，Oxford，1956，1968.

Rice，D. T.，*Art of the Byzantine Era*，London，1963.

Runciman，S.，*Byzantine Civilization*，London，1933，1959.

Runciman，S.，*The Fall of Constantinople*，Cambridge，1965.

Treadgold，W. T.，*A History of the Byzantine State and Society*，Stanford，1997.

Vasiliev，A. A.，*History of the Byzantine Empire*，Wisconsin，1958.

［英］N·H·拜尼斯：《拜占庭：东罗马文明概论》，陈志强、郑玮、孙鹏译，郑州：大象出版社，2012。

［俄］C·H·布尔加科夫：《东正教——教会学说概要》，徐凤林译，北京：商务印书馆，2001。

［瑞士］雅各布·布克哈特：《君士坦丁大帝时代》，宋立宏等译，上海：上海三联书店，2006。

陈志强：《君士坦丁堡陷落记》，广州：广东人民出版社，1996。

陈志强：《独特的拜占庭文明》，北京：中国青年出版社，1998。

陈志强：《拜占庭学研究》，北京：人民出版社，2001。

陈志强：《拜占庭帝国史》，北京：商务印书馆，2003，2006。

陈志强：《盛世余晖：拜占庭文明探秘》，昆明：云南人民出版社，2001。

陈志强：《巴尔干古代史》，北京：中华书局，2007。

陈志强：《拜占庭史研究入门》，北京：北京大学出版社，2012。

陈志强：《拜占庭帝国通史》，上海：上海社会科学院出版社，2013。

崔艳红：《古战争——拜占庭历史学家普罗柯比〈战记〉研究》，北京：时事出版社，2006。

［英］爱德华·吉本：《罗马帝国衰亡史》，黄宜思、黄雨石译，北京：商务印书馆，1997。

［英］玛丽·坎宁安：《拜占庭的信仰》，李志雨译，北京：北京大学出版

社，2005。

厉以宁：《罗马—拜占庭经济史》，北京：商务印书馆，2006。

林英：《金钱之旅——从君士坦丁堡到长安》，北京：人民美术出版
　　社，2004。

林英：《唐代拂菻丛说》，北京：中华书局，2006。

［俄］弗·洛斯基：《东正教神学导论》，杨德友译，石家庄：河北教育出
　　版社，2002。

［南斯拉夫］乔治·奥斯特洛格尔斯基：《拜占庭帝国》，陈志强译，西宁：
　　青海人民出版社，2006。

［东罗马］普罗柯比：《秘史》，吴舒屏、吕丽蓉译，上海：上海三联书
　　店，2007。

［东罗马］普罗柯比：《战史》，崔艳红译，郑州：大象出版社，2010。

［拜占庭］普洛科皮乌斯：《普洛科皮乌斯战争史》，王以铸等译，北京：
　　商务印书馆，2010。

［美］沃伦·特里高德：《拜占庭简史》，崔艳红译，上海：上海人民出版
　　社，2008。

田明：《罗马—拜占庭时代的埃及基督教史研究》，天津：天津人民出版
　　社，2009。

徐家玲：《早期拜占庭和查士丁尼时代研究》，长春：东北师范大学出版
　　社，1998。

徐家玲：《拜占庭文明》，太原：山西教育出版社，2001。

徐家玲：《拜占庭文明》，北京：人民出版社，2006。

［古罗马］优西比乌：《教会史》，瞿旭彤译，北京：生活·读书·新知三
　　联书店，2009。

张绪山：《从中国到拜占庭》，雅典，1998。

郑玮：《雅典：公元267—582年：从古典城市走向基督教城市》，天津：
　　天津人民出版社，2009。

尹忠海：《权贵与土地——马其顿王朝社会解析》，北京：人民出版
　　社，2010。

李秀玲：《安娜·科穆宁娜及其笔下的拜占庭帝国：〈阿莱科休斯传〉研究》，北京：燕山出版社，2014。

［英］罗杰·克劳利：《1453——君士坦丁堡之战》，陆大鹏译，北京：社会科学文献出版社，2014。

［英］斯蒂文·朗西曼：《1453——君士坦丁堡的陷落》，马千译，北京：北京时代华文书局，2014。

图书在版编目(CIP)数据

拜占庭文明/陈志强著. —北京：北京师范大学出版社，2018.7

(世界史丛书/齐世荣主编)

ISBN 978-7-303-21502-7

Ⅰ.①拜… Ⅱ.①陈… Ⅲ.①拜占庭帝国—历史—通俗读物 Ⅳ.①K134-49

中国版本图书馆 CIP 数据核字(2016)第 262422 号

营 销 中 心 电 话　010-58805072　58807651
北师大出版社高等教育与学术著作分社　http://xueda.bnup.com

BAIZHANTING WENMING

出版发行：北京师范大学出版社 www.bnup.com
　　　　　北京市海淀区新街口外大街 19 号
　　　　　邮政编码：100875

印　　刷：三河市兴达印务有限公司
经　　销：全国新华书店
开　　本：787mm×1092mm　1/16
印　　张：22.5
字　　数：318 千字
版　　次：2018 年 7 月第 1 版
印　　次：2018 年 7 月第 1 次印刷
定　　价：48.00 元

策划编辑：刘东明　　　　　责任编辑：刘东明　赵翠琴
美术编辑：王齐云　　　　　装帧设计：王齐云
责任校对：陈　民　　　　　责任印制：马　洁